현상학

시적 감각의 지성

phenomenology;
Intelligence of poetic sensation

현상학

시적 감각의 지성

송석랑

HUEBOOKs

머리말

현대의 철학에서 예술론 내지 미학은 철학의 한 분과가 아니라 심장이다. 이는 미의 문제가 진리의 외부 혹은 주변에서 중심으로 자리를 옮겼다는 것을 뜻한다. 철학의 쪽에서 보자면 자신의 시적 본질을 회복한 사태가, 그리고 예술의 쪽에서 보자면 자신의 철학적 본질을 회복한 사태가 될 이 이행의 기미는 따지고 보면 니체 이후 비합리주의의 통찰에 있었지만, 미학주의의 장애를 돌파하며 감각과 지성 사이의 균열을 봉합, '철학 같은 미학' 혹은 '미학 같은 철학'의 수준에서 예술과 진리, 그리고 감각과 지성을 아우른 것은 후설에서 비롯한 현상학의 논리였다.

이러한 사실은 '고고학적 해명' 측면에서의 철학의 우위와 '발생학적 기원' 측면에서의 시의 우위 사이를 비집고 나올 동일성과 차이성의 문제에 대한, 다시 말해 '다르면서 같고 같으면서 다른' 혹은 '서로를 서로로서 지시하면서도 고유성을 놓지 않는' 예술 내지 '회화를 비롯한 넓은 의미에서의 시'와 '철학'의 관계에 대한 여러 차원의 해명을 요구할 것이지만, 무엇보다도 긴한 것은 그 둘의 표현

방식들에 반영된 ‘차이성’과 ‘동일성’이다. 가령, 철학이 <“세계의 ‘진리’는 어떤 외딴 곳에 고립되어 있는 것, 즉 실재론에서 말하는 세계나, 관념론의 절대정신에 내재해 있는 것으로 생각되어서는 안 된다. […]왜냐하면, 세계는 순수한 존재가 아니라 ‘나’의 숱한 경험들이 교차하고, 또 그것들이 ‘타자’의 경험들과 만나 서로의 얽힘이 중층을 형성하는 곳에서 돋아나는 ‘의미’(le sens)체이기 때문이다.”[1] [메를로-퐁티] >라고 쓰거나, 또는 <“세계의 진리는 어떤 면에서 일상에 사용되는 것이기에 ‘나’는 그것이 거기에서 무엇을 뜻하는지를 자연스럽게 알고 있다. 거리를 둘 수도, 위에서 내려다보거나 꿰뚫어볼 수도 없을 정도로 진리는 ‘나’의 곁에 가까이 있다. 따라서 진리의 본질을 알기 위해 제일 먼저 해야 할 일은 진리의 그러한 모든 자명함으로부터 거리를 두는 것, 물러나는 것이다. 그렇게 물러나 진리의 개념에 대한 역사적 고찰을 통해 볼 때, […]그것은 ‘우리’ 모두의 실존에 주어지는 존재의 의미다”[2][하이데거] >라고 쓰면서 직접적으로 ‘진리’에 대한 하나의 철학적 관념을 진술할 때, 예술은 그 진리에 대해 예컨대 우리의 시인(詩人) 이정록이 시 「머리맡에 대하여」에서 그러했듯이 그저 ‘나’의 “머리맡” 삶의 일상으로 스며들어 우리에게 <“내 머리맡”에 있던 ‘당신’이 “당신의 머리맡”에 있

---

1 M. Merleau-Ponty, *Phénoménologie de la Perception*, Paris Gallimard, 1945, p.xv. (이 중 “세계의 진리”는 원문의 “의미”를 달리 표기한 것인데, 이렇게 써도 내용이 훼손되지 않는다.)

2 M. Heidegger, *Vom Wesen der Wahrheit*, Vittorio Klostermann, Frankfurt am Main, 1988 : 『진리의 본질에 관하여』, 이기상 옮김, 까치글방, 2004, pp.17-18 (그러나 문맥에 맞도록 일부 바꿔 썼으며, 뒷부분([…]이하)은 인용한 문장을 따온 책의 이후에 쓰인 내용을 참고하여 필자가 요약한 내용이다.)

던 '나'를 거쳐 "누군가의 머리맡"으로 확장해가는 시간>의 의미와 같은 것이 거기에 있었음을 보여주기만 해도, 그 진리에 대한 시의 표명과 무관히, 충분하였다.[3]

예술은 '철학적 관념'의 명제들 내지 철학의 진리를 간접적으로, 아니 더 적확히 표현하자면 '침묵'으로써 진술한다. 예술에도 물론 '직접적인 진술'—만일 그렇게 말할 수 있다면, '주제의 언급'—이 나타날 수 있을 것이다. 하지만 이때의 예술의 진술은, 예컨대 그 진술이 시 「머리맡에 대하여」의 <"진리는 내 머리 속이 아니라/ 내 머리맡에 있던 따뜻한 손길과 목소리">라 하더라도, 그 침묵의 진술만큼 중요한 것은 아니다. 예술 본연의 진술은 분명 명시적이지 않다. 그러나 그것은 명시적인 철학의 진술이 가리키는 '의미'를 현존시켜 보여준다는 점에서, '철학과 다르지만 같게' 혹은 '같지만 다르게' 세계의 진실을 담아낸다. 이 진실은 종래의 '철학적인 예술'의 그것보다 세계의 본령에 더 가까이 다가선 것이겠지만, 단 하나의 예술작품이나 단 하나의 해석이 존재하지 않는 이상, 문제는 그것의 이질성일 것이다. 따지고 보면 철학의 시적 본질에 닿아있지 않은 예술, 달리 말하자면 철학적 본질과 단절한 예술은 없다. 그것을 부인하는 철학이 있거나, 아니면 시적 본질을 망각한 철학에게 복무하는, 그래서 자신의 철학적 본질을 겨우 흔적으로 남길 수밖에 없었던 수준에서 성립한 철학적인 예술이 있을 뿐이다. 이 책은, 철학처럼 명시적이진 않지만 철학보다 더 직접적으로 '철학의 시적

---

3 이정록, 『의자』, 문학과 지성사, 2006. 특히 이 시집의 시 「머리맡에 대하여」와 연관된 이 사안에 대해선 이 책의 1장 <현상학과 진리의 미학>의 후반부에서 논급했다.

본질'의 차원에서 세계의 진실을 '시[예술]의 철학적 본질'로써 이야기하고 있는 문학(시와 소설)과 회화의 미적 인식의 내용과 이 내용의 이질성에 대해 기왕에 썼던 나름의 현상학적 해석들을 모은 것이다. 하지만, 특히 1장 <현상학과 진리의 미학>과 8장 <소설의 철학적 진실들>을 비롯한 글들의 많은 부분이 재구성되고 제목과 내용 또한 적지 않게 변경 되거나 '첨가/수정'되었다. 가능한 일관성을 부여하기 위해서 그러한 것인데, 그러나 각주의 서지사항과 약기의 체계는 통일하지 않았다. 각 장의 글들에 참고 된 책들을 뒤에 장별로 묶어 정리한 마당에 굳이 그럴 필요가 없다고 판단했기 때문이다. 물론, 서지사항을 확인하는 데에는 아무런 지장이 없을 것이다.

필자가 읽은 몇몇의 우리 시인과 작가, 그들의 시와 소설들에 대한 필자의 논의와, 주로 세잔과 고흐의 미술작품에 대한 특정의 현상학자들의, 특히 하이데거와 메를로-퐁티의, 논의들에 대한 재(再)논의들로 구성된 이 책의 해석들은 해당 작품들을 현상학의 존재론적 논리로 수렴한다는 점에서 형식과 내용에 대한 비평적 차이를 사상(捨象)하고 있다. 이는 어쩌면 하이데거가 게오르게의 시 「말」(Das Wort) 을 자신의 자리에서 읽었을 때 받았던 비난, 즉 "그 시에 대한 읽기는 하이데거가 자신의 언어철학을 되풀이해 설명할 기회를 확보하기 위해 시를 임의로 끌어온 것"이라는 비난에 걸릴지도 모른다. 하지만 하이데거의 읽기가 "비록 시(「말」)와 자신의 입장 사이에 놓인 유사점들에 주목하면서 논의를 펼친다 하더라도 그것은 그의 시 해석의 첫 발자국을 의미할 뿐이며, 궁극적으로 이 해석은 시인과 사유가 사이의 대화를 겨냥"하고 있는 것과 마찬가지로 이 책의 해석들 역시 다소 스스러운 감이 들지만 시를[나아가 예술작품을] 하나의 철학 논리로 재결하려는 것이 아니라, 이후의 새 비평적 차이를 초래할 근원의 차원에서의 대화를 지향하고 있다.

현대의 철학은 종종 예술작품의 의미로써 진리에 대한 자신의 '관념'을 '설명'하거나 '예시'하려 든다. 그 견해와 논리에 무리가 없는 한, 시나 소설 혹은 회화가 갖는 인식의 구체성에 기대 철학이 자신의 내용을 전달하려는 것이니 책잡힐 일은 아니다. 또, 예술작품들 쪽에서 보면 자신들의 철학적 관념을 내주는 것이 될 그 일이 <예술과 철학의 대화>를 이르는 것이라면, 시가 시로서, 소설이 소설로서, 회화가 회화로서 취급되지 않는다고 불평할 이유도 없다. 이 경우, 문제는 그것들 밖에서 이미 확립된 철학적 관념을 일방적 또는 자의적으로 투입하여 시적 감각을 한정하거나 교살하려드는 해석의 태도에 있다. 이 새삼스런 사실에도 불구하고 우리는 비단 '감각을 통제하는 지성' 위에 건축된 옛 철학들뿐 아니라 심지어 '감각에 뿌리내린 지성' 위에 건축된 현대의 철학들을 위해 이야기되는 예술론에서조차, 그리고 예술작품들을 위해 철학의 담론들이 동원되는 비평의 현장에서까지, 그러한 태도에 의식적으로 혹은 무의식적으로 빠져있는 풍경을 목도한다. 일방적이고 자의적으로 철학의 관념을 들이대는 해석의 태도는 우선은 시적 감각을 억압하고, 결국은 예술작품 읽기를 통한 철학의 확장을 방해한다. 이 나쁜 귀결의 반복을 차단할 이론적 방도는 예술작품들에 대한 철학적 해석의 오류 내지 과잉의 사례를 일일이 호출하여 논파하거나, 아니면 예술과 철학의 대화원론을 환기하는 것, 그 두 가지일 것이다. 이 책의 해석들은, 전자에 비해 소극적이지만 사실은 전자를 가능하게 한다는 점에서 보다 일차적인, 후자에 걸려 있다. 언젠가는 출판될 것들이었지만, 필자의 게으름으로 서랍에 흩어져 박혀있던 원고들이 생각보다 빨리 이처럼 깔끔히 책으로 묶인 것은 한국외국어대학교의 철학과 박치완 교수님의 주선과 출판부 탁경구 팀장님의 세심한 배려 때문이었다. 감사드린다.

2012년 9월

송 석 랑

생을 강인하게 살든 유약하게 살든, 예술가는 이 세계에 대하여
반추(反芻)하는 일에서는 그 누구보다도 뛰어난 존재다.

M. Merleau-Ponty

시인과 사유가, 둘은 가장 멀리 떨어진 각자의
산봉우리에서 서로 이웃해 거주한다.

M. Heidegger

목차

1 현상학과 진리의 미학

— 예술을 위하여, 아니 사실은 철학을 위하여

1. 현상학의 양면: 철학과 미학

후설 이후, 현상학은 기초존재론으로서 수행된 하이데거의 현존재 분석을 매개로 실존주의와 결합하고, 이어 사르트르와 메를로-퐁티 같은 이들이 그 결합에 가세했다. 실증의 객관성을 진리의 척도로 삼으려했던 당대의 경향과는 정반대로 자기성찰의 귀결에서 모든 진리의 토대를 구축하며 현대의 길목에서 '지식의 주관화'(객관을 포기한 주관화가 아니라 객관을 전혀 달리 재구성할 주관화)라는 대전환의 기착지를 구축했던 후설의 현상학과 인간의 내부로 파고들어 객관의 기정개념에 묻힌 사물의 진리를 캐고자 했던 실존주의, 그 둘의 결합은 물론 단순한 절충을 초과한다. 거기에는 후설 현상학의 한계를 지적하고 성취를 수용하는 논박의 내막, 요컨대 선험적 관념론에 대한 거부와 "생활세계"를 사는 인간의 "수동적인 선(先)구성"[4]의 근원성에 대한 수용의 과정이 있었다. 이 과정을 통해 구축된 '실존론적 현상학'은 이전의 현상학과 마찬가지로 '지식의 주관화'를 지향하되, 비(非)합리적 실존론의 주관주의적 주관이 아니라 그것이 객관주의의 객관과 함께 무화된 전(前)합리적 실존론적 주관[5]을 갖고 지향한다.

후설의 순수의식을 거부하면서, 동시에 그의 생활세계를 '사실자체로'(zu den Sachen selbst) 향하는 태도의 종착지로 가리키면서, 그곳의 원주민["세계-내-존재"]에 천착해 '실존론적 현상학'을 누구보다 정교히 펼쳤던 이는 하이데거와 메를로-퐁티다. 비록 하이데거 후기의 경우 '생활세계'의 의의가, 전기와 달리 '진리역운'의 도래를 기다리기 위한 종착지라는 점에서, 메를로-퐁티의 경우와 다르게 읽히지만, 그러나 그곳이 인간이 '사유의 사실' 혹은 '진리의 현상'을 얻기 위해 더 이상 갈 곳이 없는 '인간의 자리'라는 점에선 동일하다. 후설의 생활세계를 취함으로써 비록 자율성과 자기명증이라는 이성의 신화를 깨긴 했지만 "실존의 의식['무'(le Néant)]을 위해 후설의 선험적 의식을 극단화"[6]한 까닭에 데카르트의 이분도식에 갇혔던 사르트르와 달리, 그 둘은 의식의 판단 및 술어작용에 앞서 삶의 시간에서 이루어지는 "현존재"와 "지각주체"의 세계경험에 절대의 우선권을 부여한다, 그리고는 그 경험에 주어질 의미세계를 진

---

4 "die passive Vorkonstitution", E. Husserl, *Krisis der europäischen Wissenschaften und die transzendentale Phänomenologie,* The Hague, Martinus Nijhoff, 1962, p.143이하.

5 송석랑, 『언어와 합리성의 새 차원: 하이데거와 메를로-퐁티』, 충남대학교 출판부, 2003, pp.9-28.

6 P. 테브나즈, 『현상학이란 무엇인가』, 심설당, 1989, pp.57-76.

리의 근원으로 정초하며 현상학적 탐구의 대상으로 삼아 기술했다. 따라서 후설이나 사르트르에서와 달리 그들에게 현상학적 환원과 지향성은 선험적 의식["노에시스"]의 세계인식이 아니라, 실존의 세계인식에 걸려있게 된다. 이로써 하이데거와 메를로-퐁티에게 진리의 근원세계는 '형이상학적 주관' 이성의 고안물이나 '현상학적 주관 이성'의 구성물이 될 수 없다. 후자의 말로 다시 쓰자면, 그것은 "앞서 주어진 사물을 설명하는 것, […]즉 진리의 반영이 아니라, 흡사 예술처럼 진리를 '실현하는'(réalisation) 철학,"[7] 곧 일상의 현실을 사는 '현상학의 실존론적 주관'의 이성에게 비로소 드러나게 되는 생성물이다.[8]

"예술처럼 진리를 실현하는 철학"이라는 말은 철학과 예술이 대등하게 진리를 인식할 수 있다는 의미를 함축하지만, 다음의 두 사실을 전제로 한다: (1)예술의 창작이나 감상에 작용하는 감성의 '미적 경험'을 철학의 '이성적 인식'과 연결하는 사태가 가리킬 전통의 해체가 있되, 전자에 후자를 종속시키는 미학주의나 거꾸로 후자에 전자를 종속시키는 이성주의의 우(愚)를 딛고 양자를 서로가 서로의 본질을 말하는—즉, <'미적 경험'의 철학적 본질을 '이성적 인식'의 예술적 본질로서, 또는 '이성적 인식'의 예술적 본질을 '미적 경험'의 철학적 본질로서 말하는>—형국으로 연결하는 사태가 가리킬

---

7 M. Merleau-Ponty, *Phénoménologie de la Perception*, Paris, Gallimard, 1945, p.xv.

8 현상학에 여전히 의식이 남아있다면, 그리고 의식이 진리의 심급이 된다면, 예술은 자신의 감각을 어떤 식으로든 의식에 맞추어야한다. 이 경우에도 철학과 미학이 예술을 매개로 연결될 수는 있지만, 거기엔 예술의 감각을 위반하고 철학의 진리에 복무하는 철학과 미학이 작용하게 된다.

전통의 해체가 있다는 것. 그리고 (2)그럴 경우 철학은 종래의 철학과는 전혀 다른 철학, 즉 <예술의 미를 통해 진리를 이야기하는 '진리의 미학'>으로서의 철학이 된다는 것. 이때, 뒤의 사실이 가리키는 것은 '미학으로서 철학이 되고 철학으로서 미학이 될 현상학[9]의 양면성'일 것이지만, 중요한 것은 다음의 두 물음이다. 즉 (1)의 해체는 무엇이고, 또 (2)의 양면성은 어떤 식으로 전개되는가?

2. 진리와 미적 경험: 철학과 미학과 예술

〈2-1〉

감성의 의미에 오류의 낙인을 찍어 이성의 진리 영역 밖으로 추방함으로써 '예술 감성'의 미적 경험과 '철학 이성'의 지적 인식을 분리하거나[10], 아니면 그 둘을 연결하되 감성을 "불완전한 이성" 내지 "낮은 수준의 인식능력"으로 간주하여 '예술 감성'의 의미로 '철학 이성'의 진리를 보완하는 것.[11] '예술 감성'의 미적 경험과 '철학 이성'의 지적 인식에 대한 전통의 관점 대강은 그러했다. 그리고 이

---

9 이하 '현상학'은 특별한 수식이 없는 한 '실존론적 현상학'을 가리킨다.

10 이를테면 플라톤의 경우, "그에게 미는 '감각경험의 세계'(the world of sense experience)를 초월한다." George Dickie, *Aesthetics, An Introduction*, Pegasus, New York, 1971, p.4. 플라톤의 미론에 대해선, Plato, *Symposium : The Collected Dialogues of Plato* vol,2, ed. Hamilton, Princeton University Press, New Jersey, 1961, pp.526-574 참조. 이와 연관해, 이 글에서 이야기하는 '진리의 미학'은 "감각경험의 세계"에서 취하는 아름다움을 진리의 차원에서 논급하는 이론체계를 뜻한다.

11 George Dickie, *Aesthetics, An Introduction,* p.10. 예컨대 바움가르텐이 우선 여기에 해당하겠지만, 이러한 경향은 "낮은 수준"(low level)의 양상과 정도의 차이를 나타내며 헤겔에서도 나타난다.

러한 관점은 미학(혹은 미학적인 것)을 결국은, 비록 미학적인 것 내지 미학이 철학에서 언급된다하더라도 이는 철학이 자신의 '이성적 진리'와 단절한 '감성적 미'의 대상과 속성을 이야기하거나 아니면 전자에 대해 후자가 갖는 기여의 수준에서의 연관성을 주장하는 정도에 그치는 까닭에, 철학과 단절시키며 예술의 감성적 아름다움을 철학의 이성적 진리로부터 떼어내거나 그것에 종속시키는 사태를 초래했다. 지성(의 진리)과 감각(의 아름다움), 이성의 철학과 감성의 미학(및 예술)의 영역을 사실상 분할했던, 그리하여 기껏해야 전자로써 후자를 통제하는 수준에서의 연계성을 제공했던, 이 사태의 귀결에 균열을 낸 것은 다른 무엇이 아닌 철학의 진리를 보증하던 이성의 한계였다. 하지만 어느 경우에든 역사는 일시에 다 일어나지 않는다. 철학과 미학 그리고 예술에서 근대(혹은 중세의 신학적 버전을 경유해 근대로 수렴된 전통)의 해체를 가리켰던 그 균열 역시 그러했는데, 우선은 이 '균열의 예고'로서 먼저 왔던 이성의 한계가 실제로 실현된 것은 '근대 안에서의 근대의 전복'이라는 기착의 사건 이후였다. 근대의 해체는 '자기 속에서 끓었던 과도(過渡)의 증후'를 통과했으며, 진리의 인식과 미적 경험의 관계를 근대의 구도 내부에서 비합리주의의 논리로써 전도시킨 낭만주의 경향의 철학과 미학과 예술은 그 뚜렷한 증후였다.

이성과 감성을 '분할/대치'시켜 놓는 한, 어차피 처음부터 감성의 문제를 이성으로 해소하는 것이나 이성의 문제를 감성으로 해소하는 것은 불가능한 일이다. 이 경우 만일 전자가 가능하다면 '진리의 수준'에서 감성의 예술이 불가능해지고, 후자가 가능하다면 역시 '진리의 수준'에서 이성의 철학이 불가능해질 것이기 때문이다. 하지만 그렇다 해도, 철학과 미학과 예술의 관계여부를 '진리의 수준'에서 '판명/주장'할 수 있는 이유가 <감성을 배제하거나 이성의 하위에 포함시켰거나> 중 어느 하나만은 아니다. 대략 두 개의 이유, 이를테면 <이성을 감성의 아래에 두었는지 대등한 자리에 두었는지>가 더 있는데, 우선, 낭만주의 경향의 예술과 미학과 철학이 근대의 진리관을 전복하는 비합리주의의 태도로써 철학과 미학과 예술의 관계를 새로이 '규정/주장'할 수 있었던 것은 이성을 감성의 아래에 둔 발상의 전환이 있었기 때문이다. 그러나 따지고 보면 이 경우 역시—그러나 이번에는 이성주의에서와는 다른, 그러면서도 여전히 근대의 구도에 갇힌, '미학주의적인 전복'의 분할, 즉 '예술 감성'에 대한 '철학 이성'의 종속이 빚는 전도의 분할이 존재하는 까닭에—이를테면 니체에서의 철학의 이성과 예술의 감성이 그러하듯 <예술의 미를 통해 진리를 이야기해야하는 '진리의 미학'으로서의 철학>을 온전히 말할 수 없게 된다.[12] 물론 진리에 걸려있지 않더라도 예술이, 그리고 [만일 감성적 진리인식의 문제에 국한되지 않은 '미론 내지 예술론'이 미학이라면[13]] 미학이, 무의미한 것은 아니다. 이를테면 상상력의 유희, 형식이 주는 감각의 즐거움, 정서적 충격과 쾌감 같은 것들이 주는 위안과 휴식 또한 우리의 삶에서 진리만큼이나 필요한 것들이라는 사실을 고려할 때, 예술과 미학의 의의는 진리와 무관한 자리에서도 여전할 것이다. 이런 면에서, 진

12 이러한 종속의 국면은 이성을 압도하는 '숭고의 미'가 진리의 합리성을 부차적인 것으로 만드는 상황으로 치달아 결국엔 철학의 이성을 무력화 할 사태를 초래할 수 있다.

13 George Dickie, *Aesthetics, An Introduction,* p.1("[…]aesthetics have developed out of twin concerns in history of thought: the theory of beauty and the theory of art.")

리의 새 미학이 절실했던 것은 오히려 철학이었다. 근대의 밖에서 이성을 재건하되, 허무의 유입을 차단하며 다시 진리를 이야기기하기 위해서라도 예술의 미가 진리의 내용을 함축해야 했기에 그렇다. 아닌 것이 아니라, 이성의 한계에 직면한 철학이 이성을 뒤져도 처음부터 그 한계로 지적된 동일화의 '폭력성'과 '추상의 관념성'을 극복할 여지가 없었다면, 남아있는 길 중 가장 유력한 것은 감성의 자리에서 이성을 다시 세우는 일이었을 것이다.

하지만 여기에는 감성이되, 비합리적(이성과 이질의 것으로 이성을 부리는) 감성을 우위에 두었던, 때문에 철학의 진리로부터 합리성의 뿌리를 앗아간 낭만주의 경향의 미학주의를 깨고 나가야 하는 문제가 있다. '근대의 근대에 의한' 전도의 전복이 아니라 근대의 해체를 통해 이성을 감성과 대등한 자리에 둠으로써 예술과 미학과 철학을 진리의 차원에서 묶는 또 하나의, 그리고 감성과 이성의 경계를 지운다는 점에서 보다 온전한, 길은 그러니까 이 문제 뒤에 있다. 현상학의 실존론적 논리로써 펼쳐질 이 길은 예술이나 미학 쪽에서 보면, 진리표현의 위상을 더해준다는 점에서 충분히 자신들을 위한 길이 되겠지만, 그에 앞서 사실은 철학을 위해 철학이 예술로써 연 길이다. 왜냐하면, 예술에 대한 진리의 미학으로서의 철학이 됨으로써 비로소 전통의 철학을 극복하는 철학의 한 전형을 철학이 이야기할 수 있었기 때문이다.

〈2-2〉

예술의 감성과 철학의 이성 혹은 예술의 미와 철학의 진리 사이의 불일치를 없애는 '논리의 구성'은 예술의 몫이 아니라 철학의 문제일 것이지만, 이때의 철학은 '전통의 미학을 통해 제시된 예술접근방식과의 맞대결'[14]을 통해 이전의 미학을 폐기하며[15] '철학인 채' 새로운 미학이 되어 예술의 감성적 의미로써 이성의 진리를 그것들의 '감성적 본질'의 차원에서 이야기해야한다. 따라서 철학의 그러한 이야기가 가능한 것은 전통미학의 생각, 즉 "예술가나 감상자의 감정 상태와 연관된 미의 운반자 및 유발자로 표현된 예술작품"[16]으로부터 인간의 주관성을 제거하고 남은 예술작품 위에서다.

---

14 R. Bernasconi, *The Question of language im Heidegger's History of Being*, Humanities Press, London, 1985: 『하이데거의 존재의 역사와 언어의 변형』, 송석랑 옮김, 자작아카데미, 1995, p.94.

15 이 폐기의 가장 중요한 이유는 전통의 미학에 작용했던 철학의 인식론적 객관성과 주관성이다. 요컨대, 감각에 연원한 까닭에 예술의 미적 경험에 언뜻 비치는 상대성과 주관성의 혼란에 대한 전통미학의 한 대응은 관념론적이고 실재론적으로 미적 경험의 객관적 대상을 설정하는 것이었다. 하지만 그것은 미적 경험 자체에서의 접근이 아니라 하나의 형이상학적 틀에 끼워 맞추는 파악이 될 것이므로 미적 경험 자체에 도달할 수 없다. 한편, 전통미학의 또 다른 대극, 예컨대 '미적 태도'론에 있어서도 여전히 미적 경험은 명쾌히 설명되지 못한다. 미적 경험을 우리가 미적 태도를 취하고 있는 대상들에 대한 것으로서 이해하고 있는 '미적 태도'론에 따르면, 어떠한 대상이든 간에 미적 지각이라는 것이 그것에 겨누어지기만 하면 그것은 미적 대상이 될 수 있다. 따라서 이 미론에서의 미적 경험은 '취미론' 보다 더 주관적이어서 그것의 경우에서와는 달리 특수한 종류의 미적 대상이 불필요하다. 다시 말해, 태도론의 미적 경험은 외적 세계의 특수한 대상에 의해 촉발되는 주관의 정서가 아니라 주관의 상태에 전적으로 의존하게 되는 정서다.[George Dickie, *Aesthetics, An Introduction,* pp.9-17 참조] 그러나 이때 미적 경험이라는 것은 이미 주관 속에 내재해 있는 것을 의미할 뿐 주관 속에 들어있는 그 미적 경험자체가 무엇인지는 여전히 남아 있다. 미적 태도에서 끝까지 유의미한 것은 미의 내적 계기에 반응하는 심리상태에 대한 분석의 여지일 뿐인데, 이를 미적 경험자체로의 접근이라 볼 수는 없다.

16 M. Heidegger, *Nietzsche Vol. 1: The Wille to Power as Art*, tr. D. F. Krell, Harper & Row, San Francisco, 1987, pp.77-91.

그러나 이 말이 우리 인간과 무관한 예술의 존재를 승인하는 것은 아니다. 그보다, 그것은 대상이되 의식의 주관성을 벗고 생활세계의 사실자체로 육박하는 '현상학적 실존주관'의 존재론적 초월로서의 '미적 경험'을 통해 접근 가능한 대상인 '예술작품의 의미'와, 나아가 그러한 경험을 통해 드러낼 수 있는 '세계사물의 의미'를 통해 기존의 것을 능가하는 '진리의 미학'으로서의 철학이 성립한다는 것을 뜻한다.

그러나 그렇게 되기 위해선 무엇보다도 현상학의 '이성적 진리인식'과 예술의 '미적 경험'이 다르지 않은 것이어야 하는데, 어떻게 그럴 수 있는 것인가? 아니, 그 둘이 '서로의 본질을 가리키는 형국'으로 연결된다 했던 사태의 진상은 무엇인가?

이 물음은 예술의 '미적 경험의 대상'과 현상학의 '이성적 인식의 대상' 모두를 동시에 가리킬 생활세계의 "의미"(le sens/ der Sinn) 위에서 답해질 수 있지만, '전통미학의 멍에를 벗은 미적 경험자체'[본질의 미적 경험]와 '전통의 내력을 극복한 이성적 인식'[본질의 철학적 인식]의 동일성이 관건이다. 만일 미적 경험이라는 것이 누구에게나 달리 나타나는 상대적 심리적인 것이라면, 아무 것이나 예술작품으로서 주장될 수 있는 상황이 가능하다.[17] 그러나 예술작품을 임의적으로 승인될 수 있는 성질의 것으로 보는 일은 아무래도 난감하다. 예술작품의 창작 및 감상행위의 고유성이 필요하다면, 그

---

17 주체의 죽음, 예술과 비예술의 경계가 사라지는 경향 속에서 제기된 '예술의 죽음' 내지 '예술의 종언'에서 보면 이 현상은 적확하며, 예술에 대한 또 다른 논의를 가능하게 해준다. 하지만 현상학의 자리에서 보면 여전히 예술의 척도로서의 고유한 미적 경험이 존재한다, 그러나 이 척도는 근대성이 아니라 '탈근대의 무질서'를 겨냥한 탈근대성을 띤다.

리고 이 고유성이 전통미학의 논리를 넘어선 것이어야 한다면, 그것들[예술작품의 창작과 감상]은 보다 깊은 근거 속에서 마침내 '주/객'관주의의 심리상태를 벗어난 '미적 경험 자체'와 연관되어야 하는데, 이 경우 미적 경험을 미적 경험 자체에서 근거지우기 위해선 그에 상응할 미적 경험의 대상 역시 그러한 심리상태가 해소된 자명한 것이 되어야만 한다. 그리고 이때의 미적 경험의 대상은, 전통의 미학 바깥에 있어야 하므로, 미적 경험의 주체에 대립한 것이 아니라 속해있는 것으로서 어떠한 '내/외'적 실재의 형태로는 규정될 수 없게 된다. 미적 대상과의 그러한 '존재론적 연계' 속에서 드러날 미적 경험은 '예술작품'(감상의 대상)과 '창작의 대상'(표현의 대상)이 서로 같지 않은 까닭에 창작자의 것과 감상자의 것 모두를 포함한다는 점에서, 그리고 감상이 예술작품을 통한 미적 경험이라는 측면에서, 일단은 창작자의 미적 경험으로 환원된 후 '예술작품' 혹은 '미적 대상 자체'에 입각한 감성의 것일 수 있다.

만일 미적 대상과 이 대상에 대한 창작자의 미적 경험이 이루어지는 곳, 즉 '미적 세계'가 '태도이론'이나 '취미이론' 혹은 '객관주의적 관념론이나 실재론' 등의 논리가 아닌 현상학의 논리로써 입증된다면, 그래서 마치 현상학적 인식의 장에서처럼 미적 경험의 영역에서도 미적 경험의 주체가 자신의 대상을 존재론적 초월의 '비-반성'으로써 지각하여 기술함으로써 예술작품이 성립된다면, 우리는 적어도 무 전제 속에 놓일 '미적 경험 자체'를 일단 확보할 수 있을 것이다. 물론, 주관 밖으로부터 유래하는 미적 경험이든 주관 안에서 유래하는 미적 경험이든 간에 우리에겐 결과적으로 어쨌든 '미적 대상'이 존재한다. 그러나 미적 대상에 대한 창작자의 '존재론적 연계'를 벗어난 자리에서 미적 경험만을 주장하는 것은 미적 경험의 주체들에 내포되어 있는 형이상학적 혹은 인식론적 문제를 다루는, 달리 말하자면 그들 각자의 입장들이 함축된 형이상학 혹은 인식론을 적용하는, 일에 그치게 된다. 이러한 자리에서라면 미학['미론'과 '예술론']은 플라톤 이래 오늘날까지 어떤 차이나 발전이라 할 내용이 없었다고 말해도 틀리지 않을 것이다. 아무래도 예술작품과 이것의 미에 대한 철학적 논구는 종래의 관념론이나 실재론이 범했던 과오를 고려하여 진정한 미적 경험과 대상의 본질을 해명하는 일이 필요하다.

무전제와 무편견의 태도 아래에서 이루어지는 창작자의 미적 경험이 미적 대상과의 '내재적 관계' 속에서 파악될 수 있는 것이라면, 이때의 미적 대상은 창작자의 미적 경험과 함께 분리불가의 것으로 무전제와 무편견의 미적 세계를 이룬다. 현상학적인 인식이 이루어지는 '존재론적 초월의 세계'는 그러한 세계와 흡사한데, 이렇게 말할 수 있는 이유는 한 논자의 말대로 무엇보다도 "현상학적 환원이란 것이 어떤 대상에 대한 우리의 일상적 경험을 본질경험 혹은 본질직관으로 전환시키는 것이라고 할 때, 그것은 […]'무관심의 관조'(disinterested contemplation)라는 전통의 미학적 가정과 비슷한 것이 되기 때문이다."[18] 하지만 이러한 주장이 '현상학적 인식의 세계'와 '미적 경험의 세계'를 무차별적인 것으로 만들지는 않는다. '무관심의 관조'는 '현상학적 환원의 인식'과 달리 세계의 사물과 단절한 관념의 상태일 수 있기 때문이다. 따라서 현상학적 인식의 세계'와

18 오병남, 「현상학과 미학의 문제」, 한국현상학회편, 『현상학이란 무엇인가』, 심설당, 1987, p.221.

'미적 경험의 세계'를 무차별적인 것으로 만드는 것은 '현상학적 인식' 혹은 '미적 경험'과 분리불가의 것으로 섞여 세계를 이루는 대상들[현상학적 인식의 대상과 미적 경험의 대상] 사이의 일치성이다. 그러니, 비록 현상학적 인식의 대상으로서의 세계와 미적 경험의 대상으로서의 세계가 함께 무전제의 또는 무편견의 세계로 확보되어있다 하더라도, 그것들이 전적으로 같은지는 더 따져보아야 할 일이다. 얼핏 생각하면, 참된 대상에 대한 인식의 내용이 진리라고 할 때, 그리고 그러한 진리가 아름다움을 수반하고 아름다움은 참된 것이기에 양자[현상학적 인식의 대상과 예술의 미적 경험의 대상]가 동일한 것이라고 주장할 수도 있다. 하지만 지금 여기서 중요한 것은 예술의 감성적 아름다움인데, 그렇게 주장할 경우 우리는 모든 예술작품을 일종의 현상학적 기술로 보아야한다. 그리고 예술의 기능이 어떤 대상에 대한 진리의 인식에 있다는 말도 성립되어야 한다. 정말 그럴 수 있는 것인가? 달리 말해, 감성의 아름다움이 이성의 아름다움과 어떻게 일치될 수 있는 것인가?

이 물음과 연관해 한 논자는 문학을 예로써 다음과 같이 부정적인 견해를 제출한 바 있다. 즉, "사물현상에 대한 문학적 표상이 설명이 아니라 서술적이라는 점에서 그것은 같은 사물현상에 대한 과학적 접근과 다르고 현상학적 접근과 일치할 듯싶으며[…], 이와 같이 볼 때 문학작품은 현상학적 환원작업인 일종의 현상학적 서술이라고 간주된다. 그러나 좀 더 생각해 보면 허구의 대상은 사실상 대상이 될 수 없고 따라서 인식의 문제 밖으로 제외되며 오로지 이해의 문제, 보다 구체적으로 말해서 순전히 개념의 문제로만 남게 된다."[19] 참으로 진정한 예술작품 창작자의 미적 경험이 표현된 작품이 있다할 때, 그리고 그 작품이 예컨대 허구적인 대상 날개달린 천사를 묘사했을 때, 그것이 아름다움을 나타내고 있다하더라도 표현된 것은 엄연히 대상이 될 수 없고 (비록 현상학의 '인식/서술' 대상이 물질적으로 환원될 수 있는 대상이 아니라하여도) 단지 개념(날개 달린 천사라는 말의 의미)일 뿐이라는 것이 이 진술의 요체다. 이 진술이 맞을 경우, 예술작품은 어떤 의미에서 인식의 내용이 없기 때문에 현상학적인 서술로 볼 수 없으며, 따라서 하나의 미적 경험의 세계는 "외형적으로 아무리 현상학적 서술과 동일하다 하더라도"[20] 현상학적 인식의 세계와 다르다. 아무리 미적 경험의 대상과 현상학적 서술의 대상이 무전제와 무편견의 세계라 할지라도 미적인 경험의 표현이 현상학적 인식의 기술이 아니라면, 우리는 미적 대상의 세계를 현상학적인 세계가 아니라 다른 어떤 세계로 가정해야 하는 난국에 처한다.

그렇지만 달리 생각하면, 예술이 심지어 리얼리즘에서조차 허구의 본질을 갖고 있다하더라도 이 허구가 순전히 개념의 문제로만 남는 것은 아니다. 어떤 개념을 통해 결국은 세계의 의미를 이를테면 은유와 환유를 통해 그려냄으로써 존재하는 대상에 대한 참된 정보를 제공할 수도 있기 때문이다. 그것이 '날개달린 천사'든 '유니콘'이든 중요한 것은 그 말들의 의미를 '통해' 이야기될 세계 사물의 진실이다. 사실이 그러하다면, 현상학적 인식과 미적 경험이 가리킬 세계의 무차별성은 오히려 개념을 포괄하는 언어의 본질 차원에서 주장될 수 있을 것이며, 이를 위해 우리는 이렇게 물을 수 있

19 박이문, 「현상학과 문학」, 『현상학이란 무엇인가』, pp.246-247.
20 같은 논문, p.248.

다. 즉, '종래의 이성과 비이성을 이겨낸 철학[현상학]의 인식', 그리고 그러한 철학에 근거한 '전통의 미학을 극복한 예술의 미적 경험', 그 둘은 어떻게 언어와 하나의 관계를 공유하는가?

말 이전의 말, 로고스 이전의 로고스를 통해 언어와 합리성의 새 차원을 열어 보이며 예술이 철학의 언어와 합리성의 거처가 된다는 것을 예컨대 『예술작품의 근원』과 『의미와 무의미』를 통해 입증했던 하이데거와 메를로-퐁티의 논리[21]는 이 물음에 대한 답의 전형이

---

21 M. Heidegger, *Holzwege*, Vittorio Klostermann, Frankfurt a/M, 1977. M. Merleau-Ponty, *Sens et Non Sens*, Nagel, Paris, 1964. 요컨대, 현상학적 생활세계의 '의미'는 아직 질서를 갖지 못한다. 그렇다고 질서자체를 결여하고 있는 것은 아니다. 비록 논리와 술어의 차원으로써 정립된 인간주의적 질서가 개입되어 있진 않지만, 거기에는 실존의 고유한 구조화 및 표현 능력을 통해 마침내 의식의 수준에서 출현하게 될, 그러나 일거에 자신을 다 드러내지 않을, 잠정적 질서가 내재해 있기 때문에 그러하다. 메를로-퐁티의 말을 빌려 쓰자면, 그것은 "실존의 로고스"의 세계이며, 모든 독단을 벗어나서 "객관성 자체의 진정한 조건"을 우리에게 알려주는 것이기 때문이다. 따라서 그것은 우리에게 이후의 지식과 행위의 책무를 부여하고 있다는 사실을 뜻한다. 이때 우리에게 부과된 지식과 행위의 과제들이란 바로 생활세계의 의미에 질서를 부여하는 것이다. 이 질서의 부여가 의식을 통해 개별적으로 나타날 때 그것은 2차적 표현으로서 인식의 진리를 획득하게 된다. 그러니까 현상학적 인식은 이중성, 즉 의식이성과 그 이면의 전(前)의식이성을 갖는다. 미적 경험과 이성적 인식이 서로의 본질을 공유하는 현상학적 인식일 수 있는 것은 이 전의식이성의 차원에서다. 그러나 그 둘은 하이데거의 말대로 본질의 차원에서 "동일할"(gleich) 뿐, 똑같은 것은 아니다. 그 질서가 1차적 표현의 수준에서 잡힐 때, 즉 생활세계 전체에 대한 경험과의 관계 속에서 수동적으로 형성될 때, 예술 경험의 대상과 철학 인식의 대상으로 나뉘어 이야기될(그러나 결국은 어떤 대상의 진리로서 수렴될) 의미가 형성된다고 볼 수 있기 때문이다. 정말로 그러하다면, 미적 경험만을 가능하게 해주는 어떤 세계가 있다고 말하기보다는 그것이 진리 인식을 가능케 하는 세계와 무차별적으로 섞여있으며, 이로써 철학{현상학}은 진리로써 미를 이야기하고 예술은 미로써 진리를 이야기할 수 있게 된다고 말해야 한다. 그리고 그러한 미와 진리의 세계는 항상 발생 중에 있는 것이고, 따라서 우리는 이 미와 진리의 탄생에 매순간 현존하며 세계 형성의 증인으로 임석할 도리가 있게 된다.

되어, <'미적 경험'의 철학적 본질을 '이성적 인식'의 예술적 본질로서, 또는 '이성적 인식'의 예술적 본질을 미적 경험의 철학적 본질로서 말하는 형국>으로 예술의 미적 경험과 현상학의 이성적 인식을 잇는다. 그리고는 현상학을 <예술의 내용과 형식이 주는 의미를 통해, 하지만 예술과는 전혀 다른 표현방식으로, 진리를 이야기하는 진리의 미학>으로서의 철학으로 만든다.

3. 예술: 진리의 아름다운 '비문'(碑文)

〈3-1〉

미적 경험을 근거지어주고 있는 현상학적 인식의 대상이 '생활세계의 의미' 내지 '존재론적 초월의 세계'로서 존재한다면, 미적 경험의 대상 역시 이 세계로서 존재한다. 이러한 사실은 우리 주변의 것들이 '현상학적 환원'을 거친다면 미적 경험의 대상이 될 수 있다는 뜻을 내포하며, 자연대상을 비롯한 모든 사물에서도 미적 경험을 취할 수 있음을 고지한다. 설령 미적 경험이 하나의 예술작품(이를테면 풍경화)이라고 불릴 수 있는 것에서만 나타난다고 하여도 작품이 있게끔 해준 것으로서의 미적 경험과 대상은 엄연한 것으로 전제된다. 하나의 예로써 말하건대, 쓰레기더미가 쌓인 골목의 불결한 경관을 보고 일상적인 우리의 반성 수준에선 전혀 미적인 감동을 가질 수 없다. 그러나 만일 현상학적 지각을 수행할 수 있는 창작자의 눈에 띌 경우, 그것은 악취 나고 비위생적인 의미에 앞서 미적 경험에 주어지는 현상학적 인식의 대상일 뿐이다. 이 국면에서 우선 현상학적 세계가 전체 경험과의 관계 속에서 수동적으로 질서 지어지고, 이로부터 미적 세계[미적 대상]가 발생하는 동시에 무차별적으로 미적 경험이 발생하게 된다. 그리고 이러한 미적 경험이 예컨대 형태와 색채와 선, 혹은 리듬과 몸짓, 침묵의 언어 등의 실존론적 로고스를 통해 자신을 표현, 예술작품이 성립된다는 점에서 자연대상을 비롯한 모든 사물은 비록 미적 경험의 주체와 분리불가의 조직으로지만 미적 세계에 들어설 수 있게 된다.[22]

사물에 대한 미적 경험은 그것을 충분히 표현할 수 있는 능력을 갖춘 창작자의 수고를 거쳐 하나의 예술작품으로 된다. 이러한 예술작품은 마치 '실존적 인간'이 그러하듯이 예술작품을 예술작품이게끔 해주는 본질을 갖고 있는 것이 아니다. 개념적 분석을 통해서는 예술작품의 의미에 접근할 수 없고, 따라서 예술작품의 의미를

---

22 창작을 가능하게 해주는 미적 경험 혹은 이것과 분리 불가한 현상학적 미의 세계는 "제도이론"에서 이야기되는 예술계의 토대와 흡사하다. 제도이론에서 말하고 있는 예술계란 일종의 유기적인 문화를 의미하기 때문에 그것은 하나의 예술작품을 생산하는 창작자의 미적 경험의 세계가 아니라, 예술작품을 예술작품이게 하는 '사회제도'(Social Institution)를 의미하기 때문이다. 하지만 제도이론은 '자연에서의 미적 대상이 존재하는가?'라는 물음에 대해 자연 대상들은 예술작품이 갖는 "내적 생명"(inner life)이나 미적인 국면들에 내재된 관례적 요건들을 갖추고 있지 않다는 점을 들어 회의적이다.[George Dickie, *Aesthetics, An Introduction,* pp.98-108.] 제도이론의 이러한 견해는 언뜻 보기에 자연대상을, 비록 세계구성의 한 축이라는 조건이 따르지만, 미적 세계에 들어설 수 있음을 승인하는 현상학적 입장과 대립하는 듯 보인다. 그러나 더 살펴보면, 제도론 역시 미적 대상의 문제가 심리주의적인 입장에서 도출 가정된 미적 태도나 또는 주관 밖의 미적 리얼리티를 분석함으로써는 극복될 수 없다는 확신을 현상학적 입장과 공유한다는 사실, 그리고 문화라는 것이 미적 세계를 근거지어 주고 있는 생활세계의 한 중요한 특성이라는 사실을 고려할 때(손봉호, 「생활세계」, 『현상학이란 무엇인가』, p.151). 비(非)반성적인 세계와 경험 속에서 예술의 창작을 가능하게 하는 것으로서의 '발생중인 미적 세계'는 예술계라는 문화적 사회제도와 단절하지만은 않을 것이다.

전달하는 것도 불가능하다. 예술작품의 의미를 이해하기 위해선 지각의 수준으로 진입해야하는 바, 이는 감상자가—이때의 감상자는 창작자인 채 감상자가 되는 경우를 포함 한다—예술작품을 매개로 예술가의 경험에 참여해야한다는 것을 뜻하며, 감상자의 미적 경험은 이 참여에 다름 아니다. 감상자 스스로 창작자의 작품을 매개로 해서 미적 경험을 겪는다는 것은 곧 창작자의 미적 경험에로의 접근을 시도한다는 것을 뜻한다. 그러나 사실 창작자의 것에 육박하는 미적 안목을 갖는다는 것은 쉬운 일이 아니다. 물론 창작자가 자신의 작품을 감상할 때라면 그 작품을 가능케 했던 미적 경험에로의 접근은 훨씬 용이한 일이 될 것이다. 하지만 그렇지 않고 다른 작가의 작품을 보았을 때라면 그 역시 예술작품에 들어있는 미적 경험에로의 접근은 쉽지 않을 것이다.

그러므로, 분명한 것은 어떤 예술작품이 갖고 있는 미적 경험자체에로의 끊임없는 접근일 것이다. 미적 경험은 예술작품을 매개로 해서 이루어질 수 있지만, 예술작품의 매개 없이 삶의 어떤 시간에 각별히 다가오는 '사물'로 인해 조우할 미적 세계를 통해 취할 수도 있다. 이때 전자에 해당하는 부류가 예술작품 감상자다. 물론 이 감상자는 일반 감상자, 비평가, 창작자 모두를 내포한다. 여기서 비평가와 창작자에 비해 일반 감상자는 하나의 작품을 매개로 창작자의 미적 경험에로 접근하려할 때, 예술적 소양의 문제도 있겠지만 일상사에 매인 처지 때문에도, 상대적으로 더 어려움을 느낀다. 그리고 이러한 상황은 후자에 해당하는 경우에도 마찬가지 일것이다. 이때 비평가[나아가, 미학자 내지 예술철학자]는 예술작품을 대하는 감상의 태도나 사물을 대하는 심미적 태도를 창작자 수준의 미적 경험으로 이끌어 주어야 한다. 이 인도는 개념적인 분석으로는 불가능하다. 비평가는 단지 일반 감상자들을 예술가의 창작이 '비롯한 혹은 비롯할' 곳인 감성 활동의 장, 즉 미적 세계와 무차별적으로 발생하는 미적 경험의 상황으로 이끌어서 그들 스스로 작품의 의미나 사물의 의미를 느끼도록 해주어야할 것이다. 그러니까 미적 경험의 문제는 작가주의적인 관점에 짝하거나 예술 감상의 차원에 그치지 않는다. 오히려 그것이 가리키는 끝은 창작자의 미적 경험에 의해 비로소 표현된 의미의 발생과, 이 발생의 의미를 현상학적 세계의 수준에서 환기하며 공감하는 전통미학의 극복과정 (즉, 감상자가 창작자의 미적 경험으로 그리고 창작자의 미적 경험이 '예술작품의 미적 경험' 혹은 '미적 경험자체'로 환원되는 과정)의 끝에서 철학 같은 예술작품의 의미로서, 혹은 미학[예술론] 같은 철학[현상학]의 의미로서 드러나는 세계 사물들의 진리다.

〈3-2〉

진리의 미학으로서의 현상학은 예술작품의 형식과 내용이 주는 의미를 통해 어떤 사물, 이를테면 바다와 꽃과 강물과 하늘, 아니면 사랑과 미움과 전쟁과 가난 등등의 것들에 대한 진리를 '이야기'할 수도 있지만, 그러한 사물들을 바라보는 작가의 자기반성이 함축된 예술작품에 기대 자신의 철학적 '견해'를 펼칠 수도 있다.[23] 뒤의 경

23 여기서의 '이야기'와 '견해'가 전혀 섞이지 않은 [현상학적]예술론이 사실은 성립할 수 없는 것이라면 그 '이야기'는 예술비평이되 철학[현상학]을 함축한 예술비평으로 , 그리고 그 '견해'는 철학[현상학]이되 예술비평을 함축한 철학[현상학]으로 읽히며 상호 소통할 것이다.

우로써 말하자면, 현상학이 예컨대 <'세계-내-존재'로서의 실존, 그 존재론적 주관의 인식은 세계를 개념으로 가공하는 인식론적 사건이 아니라, 인칭수준에 앞선 삶의 세계 내에서 의미를 발생시키는 '존재론적 초월'의 사건이다>라는 자신의 주제를 논급하고자 할 때, 예술작품의 의미는 그러한 주제의 예증과 논거가 될 것이다. 그러나 정말로 그렇게 되려면, 먼저 '이성적 인식'[철학]의 예술적 본질을 '미적 경험'[예술]의 철학적 본질로 취하는 예술작품이 이 주제를 최소한 은폐의 수준에서라도 먼저 진술하고 있어야 한다. 찾으려든다면 그러한 예술작품은 도처에 있을 것이지만, 예컨대 시인 이정록의 시집 『의자』(문학과 지성사, 2006)의 한 곳은 그것['존재론적 초월의 사건']을 "내 머리 속"으로부터 "내 머리맡"으로의 이동 뒤에야 마침내 실현될 그런 것으로 이야기한다.

이제 내가 누군가의 머리맡에서
물수건이 되고 기도가 되어야 하죠
벌써 하느님이 되신 추운 밤길들
알아요 이마와 정수리 시린 나날들이
남은 내 삶의 길이란 것을 말이에요
쓸쓸하다는 것은 내 머리맡에서
살얼음이 잡히기 시작한 거죠 그래요
진리는 내 머리 속이 아니라
내 머리맡에 있던 따뜻한 손길과 목소리란 것을
알고 있지만 말이에요 다음 주에 다음 달에
내년에 내 후년에 제 손길이 갈 거예요
전화 한 번 넣을게요 소포가 갈 거예요 택배로 갈 거예요

울먹이다가 링거 줄을 만나겠지요
금식 팻말이 나붙겠지요
내가 한 번도 해보지 못한 기도소리가
내 머리맡에서 들려오겠지요 끝내는
머리맡 혼자 남아 제 온기만으로 서성이다가
가랑비 만난 짚불처럼 잦아들겠지요
검은 무릎을 진창에 접겠지요

<「머리맡에 대하여」 3, 전부>

시가 세계의 진실에 닿는 '철학적 인식'—혹은, '이성적 인식'의 예술적 본질을 '미적 경험'의 철학적 본질로서 말하는 예술의 인식—이기 위해 스스로 "내 머리맡"에서 회복해야할 '존재론적 초월'은 '세계의 내부' 혹은 '비(非)반성적인 삶'의 경험에 대한 하나의 '반성'[24]이되 '세계의 밖에 놓인 인식의 자리', 그 "머릿속의 나"에 대한 일종의 '회한'(悔恨)을 어떤 식으로든 수반하는 반성이어야 한다. 그것이 반성인 것은 늘 그 안에 있어왔으면서도 모르고 지나쳐 온 경험의 진실에 대한 '되돌아봄'이기 때문이며, 그것이 회한의 정서를 수반해야 하는 것은 이 '되돌아봄'의 자리가 그 반성의 진실을 유기했던 인식의 태도를 부끄럽게 하는 까닭에서다. 아니, 자기만의 인식의 틀에 갇혀 "당신의 마음이 가장 차갑다고 이십 년도 넘게 식식거렸던"—또, 그러했기에, "세상에서 가장 추운 발가락으로" 병든

24 "반성"(la réflexion) : 우선은 '시적 주체'의 자기내면으로 쏠릴 것이지만, 이때의 '시적 주체'는 '세계를 향한 초월'의 주체이므로 결국은 '시적 주체'의 경험에 대한 것이며, 나아가 이 경험에 인식된[이해된] '존재론적 의미'의 세계에 대한 것이 된다.

몸을 부려 배웅 나온 '당신'의 손에 들린 "방울 달린, […]털모자"(「머리말에 대하여 2」)로부터 퍼져나던 커다란 침묵의 소리를 미처 듣지 못했던―'나'의 아둔함을 질책하는 이유에서다. 물론, 내막을 고려하지 않고 단지 '단어'에만 집중할 경우를 염두에 두고 하는 말인데, '세계의 밖에 놓인 인식의 자리'에서 '전통의 철학'과 상응하는 대가로써 철학적일 수 있었던 시들이나 '세계의 내부에' 혹은 '비(非)반성적인 삶에' 내내 입각해 있으면서 '예술의 철학적 본질을 자신의 예술적 본질로서 취하는 철학'과 미처 합류하지 못한―하여, 자신이 갖고 있는 '아직 철학이 아닌 철학'의 속성을 미처 인지하지 못한―시들의 '초월'에도 '회한을 수반하는 반성'은 보일 듯 말 듯 내면화된 내용으로 숨겨진 것이든 혹은 밖으로 터져 나와 명백한 내용으로 노출된 것이든 들어있다. 그렇다면 중요한 것은 그 시들의 차이다.

따지고 보면, 회한 없는 반성이 '인간의 시간' 어디에 있겠는가. 이래저래 하나의 '초월'에서 빚어질 것이기에 '반성'일 수밖에 없는 것이 시라면, 시는 '회한 딸린 반성'일 것이다. 그러나 지금의 문제는 '전통의' 또는 '예술의 철학적 본질을 자신의 예술적 본질로서 취하는 철학'과 관련해 위에서 언급된 그 두 형국의 시들 역시, '세계의 밖에 놓인 투명한 인식의 자리'를 지켜내지 못했던 과거의 시간에 대한 '철학적 회한'의 논리를 띤 반성과 '세계의 속에 놓인 맑은 느낌의 자리'를 비워두었던 지난 시간에 대한 '비철학적 회한'의 느낌을 띤 반성에 각각 짝한다는 사실에 있다. '철학적인' 전자일 경우 시가 보여주는 것은 <'전통의 철학적 초월' 혹은 '세계의 외부'에서 작동하는 까닭에 결국은 '누항의 삶'을 이탈한다 했던 형이상학

적 초월'>의 진실일 것이며, '철학적이지 않은' 후자일 경우 시가 보여주는 것은 전자의 그러한 진실을 비롯한 어떠한 철학적 진실에도 무심할 '막연한 미학적 초월'의 의미일 것이기 때문이다. 끈질긴 '일상의 야만' 속에서 늘 미래의 '어떤 가능성'에 희망을 걸어둘 수밖에 없는 처지가 우리의 운명이라면, 그리고 그러한 처지에서 그러한 처지를 위하여 시가 나오는 것이라면, 시의 그 '형이상학적 초월의 진실'이나 철학 저 편에서 이 진실을 방치할 시의 '미학적 초월의 의미'나 수용하기에 모두 난감한 것들이기는 한가지다. 그러니까 철학이 '예술의 철학적 본질을 자신의 예술적 본질로서 취하는 철학'이 되어버린 마당에서 달리 철학적이고자 하는 시가 회복해야할 '존재론적 초월'이 '회한을 수반하는 반성'이라 했을 때, 그것은 다음의 두 가지를 함축한다. (ㄱ) 누항의 삶과 절연된 형이상학적 초월'의 '회한 딸린 반성'을 역전시키는 동시에, (ㄴ) 세계내부에서 철학과 단절한 상태로 작동하고 있는 미학적 초월의 '회한 딸린 반성'을 '예술의 철학적 본질을 자신의 예술적 본질로서 취하는 철학'의 사유 속에서 '전용'(轉用)하며 세계의 진실과 접할 '인식의 태도'를 취하는 것. 그러니까, 시가 이 시대에 철학적 성취를 맞는 것은 "내 머리맡"의 무수한 사실들에 육박하는 시의 '미학적 의미'가 '형이상학적 진실'이 되고, 그리하여 『명상록』의 저자 파스칼의 말대로 이제는 "심장의 미세한 움직임"(le moindre mouvement du coeur) 속에 현존하는 바의 것이 되어버린 '형이상학적 진실'[25]이 시의 '미학적 의미'가 되는 초월의 순간에서다.

---

25 M. Merleau-Ponty, *Sens et Non Sens*, p.48.

인용한 시의 구절 중 한 곳을 가리켜 다시 말하자면; <"진리는 내 머리 속이 아니라/ 내 머리맡에 있던 따뜻한 손길과 목소리">라는 구절에 이르러 시가 '자신의 철학적 본질'['아직 철학이 아닌 철학'] 을 스스로 표명하며 '예술의 철학적 본질을 자신의 예술적 본질로서 취하는 철학'의 단계에서 '철학의 시적 본질'을 통해 '철학적'이 될 수 있었던 것[26]은 그 표명도 표명이지만 시인이 그 표명과 더불어 소리 없이 보여주었던 "진리"가 형이상학적인 것이되, "내 머리 속" 창백한 지성의 관념적 진실로써 은밀히 검열된 미학적 감각의 의미가 아니라 "내 머리맡"의 삶에서 핏기를 되찾은 지성이 미학적 감각과 서로의 몸을 섞어 생산한 '진실로서의 의미' 내지 '의미로서의 진실'일 수 있었기 때문이다. '탄생', '사랑', '고통', '저항' 혹은 '혁명', '순응', '반목', '화해'(「머리맡에 대하여」1), …그리고 '죽음.' 살아있는 나날, 존재의 씨실과 날실로 밀려올 그 숱한 사건들의 순간순간이 '감각적인 지성'의 판단과 '지성적인 감각'의 느낌으로 포착될 '존재론적 초월'의 자리로 우리를 이끌어서는 흡사 하나의 직

---

26 '예술의 철학적 본질을 자신의 예술적 본질로서 취하는 철학'이고자하는 철학이 자신의 '시적 본질'을 진술하며 시적인 것이 되는 것은 이 같은 '시(예술)의 철학적 본질'을 통해서이다. 물론, 철학은 시(예술)의 그러한 자기 진술 없이도 자신의 '시적 본질'을 말할 수 있다. 이것은 어떤 면에서 세계의 진실을 두고 <시(예술)에 대한 '철학의 우위'가 여전하다>고 주장할 이유가 될 수 있는 사안이지만, 그러나 이때의 우위가 <시(예술)의 발생론적 우위>를 전제할 경우에 성립하는 '설명 측면에서의 우선성'이라는 점을 고려하면, 결과적으로는 '시(예술)의 우위'가 맞다. "시와 철학은 동근원적이다."[M. Heidegger, *Holzwege*,, p.328]라는 명제도 실은 '철학에 대한 시(예술)의 발생론적 우위'와 이 우위를 전제로 하는 '설명 측면에서의 철학의 우위'가 감안된 말이다. 철학의 시적 본질이라 할 수 있는 '아직 철학이 아닌 철학'은 철학이 시(예술)보다 먼저 '시(예술)에서' 찾아 명명한 '철학적 본질'을 이른다는 점에서 그렇다.

물처럼 빚어질 세계의 '의미' 내지 '진실'을 <볼 수 있게 해주는 것>이 시인의 시라면, 그것은 "단 한마디의 철학적 어휘가 없더라도 철저히 철학적인 것"[27]이 될 것이다. 물론 이러한 귀결은 시의 '철학적 본질', 즉 '아직 철학이 아닌 철학'으로서의 시의 면모를 고려하는 환원론적 견지에서 나온 것이니 만큼 다른 시인의 시에게도 해당할 수 있을 것이다. 하지만 이정록의 이 시가 그래도 각별한 것이, 거기에는 <시 자신의 '내적 가능성'을 통해 도달한 '존재론적 초월'이 실상은 생각보다 훨씬 더 고된 노동>이라는 생각을 남다르게 펼쳐보였던 '인생의 논리'가 있었다.

> (…)내가 당신의 머리맡에 서서 /다음 주에 다시 올라올게요
> (…)그 얼어붙은 손발, 다음 주에 와서 녹여드릴게요
> 그 다음 주에 와서/ , / 그, /그 다음 주에
> 와서 녹여드릴게요

<「머리맡에 대하여」, 2의 부분>

'세계와 섞인 채 세계로부터 한 걸음 뒤로 물러서는 것'이라 했으니, 존재론적 초월은 '내재 속의 초월'[내재적 초월]이다. 이 말은 '세계-내재성'을 먼저 회복하지 않고서는 시가 '예술의 철학적 본질을 자신의 예술적 본질로서 취하는 철학'의 시적 본질인 자신의 '철학적 본질'[즉, '아직 철학이 아닌 철학']을 되찾을 수도, 따라서 '세계의 진실'을 제대로 인식할 수도 없다는 것을 뜻한다. "내 머리 속"

27 M. Merleau-Ponty, *Sens et Non-Sens*. pp.50-71

에서 "내 머리말"으로의 이행 뒤에 얻어질 '세계-내재성'이 있고 나서야 시는 '나'를 통해 '형이상학적 진실로서의 미학적 의미' 혹은 '미학적 의미로서의 형이상학적 진실'을—시인의 말을 살려 쓰자면, <아름다운 "진리">를—인식할 '존재론적 초월'의 자리를 선명히 확보할 수 있다. 아니, '당신'이 지금껏 '나'에게 그러했듯이 이제는 '나'가 그런 '당신'처럼 "누군가의 머리말에서 물수건이 되고 기도"가 될 "따뜻한 손길과 목소리"를 터득할 수 있다. 그러나 지금 시에서의 '나'는 이상해 보인다. 시가 초월 없는 내재에 갇혀 자꾸만 '당신-되기'를 미루고 있는 듯하다. 위에서 '존재론적 초월'을 통해 언급했던 시의 '철학적 본질'을 거부하는 '나'의 체념어린 유보가 있는 것은 혹시 아닌가 싶어 언뜻 불안하다. 사실, 이제야 말하게 되었는데, 이러한 느낌은 여기에서 이보다 앞서 인용된 다음의 구절이 먼저 주었던 것이다.

(…)그래요
진리는 내 머리 속이 아니라
내 머리맡에 있던 따뜻한 손길과 목소리란 것을
알고 있지만 말이에요 다음 주에 다음 달에
내년에 내 후년에 제 손길이 갈 거예요
전화 한 번 넣을게요 소포가 갈 거예요 택배로 갈 거예요

<「머리맡에 대하여」, 3의 부분>

그러나 다시 읽어도 역시 그 불안은 공연한 것이었고, 그렇기는

여기에서도 마찬가지다. 시에 어디에도 걱정했던 '유보'는 없다. "진리는 머리맡에" 있음을 충분히 알면서, 그리고 막상 "당신의 머리맡"에 있음을 또렷이 말하면서, '당신-되기'의 종료를 기어이 선언하지 않는 '나'의 안타깝고 역설적인 처지가 있을 뿐이다. 그 구절들이 마냥 되풀이된다 하여도 시의 '존재론적 초월'이 실없는 관념의 환상과 무관한 것은 그 반복이, 적어도 시의 의미가 그 초월을 가리키는 이상, <이미 "내 머리맡"의 '당신'의 되어버린 '나'의 부단한 열망>을 표현한 것으로 읽히기 때문이다. "내 머리맡"의 '당신'과 같이 되려는 '나'의 행보가 일거에 끝나지 않을 가장 큰 이유는 아마도 '누항의 삶'이라 했던 '일상'[28]의 무게일 것이다. 헤아려보면, "내 머리 속"의 <'명석-판명'[29]할 자아>가 되려는 '나'의 행보를 마치 장애처럼 가로막고 있는 것도 '일상의 무게'이기는 같다. 우리가 이룰 수 있는 모든 꿈은 생존의 힘겨운 현실을 딛고서야 이루어질

---

28 "내 머리맡"의 '일상'(日常)은 통상의 관점에서 흔히 생각하는 일상, 즉 "내 머리 속"의 주-객관적주의적인 태도에 식민화된(물화된) 삶의 '소외된 일상'만을 가리키지는 않는다. 만일 '소외된 일상'만을 뜻하는 말로서 정의되면, '일상'은 지금 이 글이 부여하고 있는 존재론적 의의를 누락하게 될 것이다. 그것은 통상의 관점에서 생각하는 그러한 일상 뿐 아니라 이 일상의 '가려진 깊이'로서 존재하는 일상, 즉 자연적인 태도에 걸려있는 삶의 '본질적 일상'을 함께 가리키는 '실존의 일상' 내지 현상학적인 '생활세계'(生活世界)를 뜻한다. 이렇게 보면 일상은 '표면'과 '깊이', 그 두 겹이다.

29 "clear and distinct"[R. Descartes, <Rules for the Direction of our Native Intelligence>, in *Descartes-Selcted Philosophical Writings* , tr. J. Cottingham & R. Stoothoff & D. Murdoch, Cambridge University Press, 1988, p.11]. "명석-판명"한 데카르트의 '자아'는 '예술의 철학적 본질을 자신의 예술적 본질로서 취하는 철학'이 해체할 요체였지만, 그러나 이 '자아'가 순연한 '전통의 철학'(이 글의 문맥에 맞추어 쓴다면, "내 머리 속"의 철학)에서 끝난 것은 아니다. 철학의 역사를 통해서 볼 때, 그것은 '전통의 철학'을 극복하려 시도하며 '예술의 철학적 본질을 자신의 예술적 본질로서 취하는 철학'의 기미를 보였던, 그러나 미완에 그쳤던 과도기의 철학에서도 변형된 혹은 전도된 형태로 다양하게 나타난다.

그런 것이니 왜 그렇지 않겠는가. 그러나 여기에는 결정적인 차이가 있는데, 따지고 보면 '물화된 표면의 소외'와 '숨겨진 깊이의 본질' 두 층으로 이루어진 그 일상이 전자["내 머리맡"의 '당신'을 향한 행보]에서는 끝내 단절할 수 없는 것이었으며, 후자["내 머리 속"의 '자아'를 향한 행보]에서는 그러한 일상이 처음부터 결국은 단절될 것이었다는 이질의 측면에서 그렇다. 이 차이는 다음의 내용을 말할 수 있게 해 준다: '나'가 '당신'과 같아질, 그래서 "따뜻한 손길과 목소리"로 <아름다운 "진리">를 세상에 퍼뜨릴 수 있게 될 "내 머리맡"—우리는 앞에서 이것을 '세계의 내부' 혹은 '비(非)반성적인 삶의 세계'라 불렀다—에 들어섰다고 해서 "진리"가 그냥 얻어지는 것은 아니다.

시인이 "진리"를 두고 "내 머리 맡"이 아니라 "내 머리맡에 <있던> 따뜻한 손길과 목소리"라 했으므로, 이 판단이 가리키는 논리적 외연을 고려할 경우, 우리는 다시 이렇게 이야기할 수 있다. 즉, 그저 "당신의 머리맡에 서서" 일상에 몰입할 '나'의 실존적 '내재성'만으로는 아무래도 "내 머리맡"의 '당신'과 같은 모습으로 살아가기가 어렵다. 시가, 비록 '전통의 형이상학적 초월'을 극복함으로써 "내 머리 속"을 빠져나와 "내 머리맡"에 임했다 하더라도, 철학적 진실에 무심했던 '막연한 미학적 초월'을 자신의 것으로 온전히 전용하며 자신의 '철학적 본질'을 회복한 것이고자 하는 시는 "내 머리맡"의 '일상'이 내리는 힘겨운 생존의 무게를 껴안는 동시에 그 포옹의 여지 내에서 초월할 수 있어야한다. 하여, '당신'이 '나'에게 그랬던 것처럼 "진리의 따뜻한 손길과 목소리"를 길어 올려 어느 누군가에게 "물수건"처럼 드리우고 또 "기도"처럼 들려줄 수 있는

'나'의 인식의 자리를 확보해야 한다.

'존재론적 초월'의 장(場)인 "내 머리맡"은 거짓과 단절된 선험의 영원한 진리로 꽉차있는 '저쪽 피안'의 세계가 아니다. 거짓과 진실이 시간의 두께 속에서 뒤엉켜 '인생의 논리'를 이루는 '여기 실존'의 일상이다. "링거 줄이 내려오고 금식팻말이 나붙고, 마침내 검은 무릎을 진창에 접으며 제 온기를 거두어" 갈 그때까지 매순간 '나'에게 지속될 수밖에 없는 불가피한 역사성이 그 '일상'의 속성이라면, '존재론적 초월' 또한 일상의 시간 속에서 일상의 시간만큼 되풀이될 수밖에 없을 것이다. 그러니까 시가 "다음 주에, 그 다음 주에, [⋯]그, 그 다음 주에 다시 올라올게요"라고 말하고 나서 "다음 주에, 다음 달에, 내년에, 내 후년에 제 손길이 갈 거예요"라고 또 말하는 것은 '당신-되기'를 마냥 미루는 존재론적 지연의 반복을 가리키지 않는다. 오히려 그것들은 이미 '당신'의 마음을 익힌 '나'에게 예기될 '초월로부터의 내재'["다시 올라올게요"]와 그런 '나'에게 기획될 '내재로부터의 초월'["갈 거예요"], 그 두 방향을 끊임없이 오가야할 고단한 존재론적 노동의 반복을 지시한다. 이 '반복'은 다른 것이 아니라 앞에서 말했던 <세계내부에서 철학과 단절한 상태로 작동하는 미학적 초월의 '회한 딸린 반성'>을 '예술의 철학적 본질을 자신의 예술적 본질로서 취하는 철학'[현상학]의 사유 속에서 '전용'할 때 시의 '존재론적 초월'이 겪는 수고의 진상일 것이므로 우리는 결국, "내 머리맡"에서 제 안에 든 '철학적 본질'['아직 철학이 아닌 철학']의 가능성을 실현함으로써 스스로 철학적이 되어버린 시에 대해, 이렇게 부연할 수 있다: '세계 밖'의 자리를 부정하고 '세계 안'으로 들어가 '일상'을 감당하며 세계의 사물을 '예술의 철학적 본질을 자신의 예술적 본질로서 취하는 철학'[현상학]과 함께 인식하는, 그러나 여전히 예술작품인 채 '자신만의 양식'으로써 달리 표현하는, 아름다운 진리의 '비문'(碑文).[30]

4. 현상학: 예술적 진리의 진술

현상학은 미학으로서의 철학 혹은 철학으로서의 미학이 되어 예술적 인식의 진리를 진술한다. 사물들에 대해 세계의 진리를 의미로서 이야기할 경우에도 다르지 않겠지만, 앞의 시 <머리말에 대하여>처럼 '철학적 진리'의 의미를 이야기할 때에도 예술작품은 그것을 우리의 눈앞에 현존시켜 보여준다. 그러나 그렇다고 해서 이 경우 현상학적 주제를 이야기하는 예술작품이 별도로 있는 것은 아니다. "세상의 모든 이는 겉으로 드러난 것으로든 속으로 숨기고 있는 것으로든 철학을 갖거나, 아니면 존재하지 않거나 둘 중 하나다"[31] 라는 말이 예술가에게도 해당할 것이라면 모든 예술작품에는, 밖으로 보이는 가시성의 차이를 염두에 두고 말하건대, 철학이 그것도 하나의 철학이 아니라 또 다른 철학을 부르는 형국으로 다수의 가

---

30 그러나 이 비문(碑文)이 쇼펜하우어가 말했던 "감옥에서 보든 궁전에서 보든 차이가 없는 황혼"[W. Durant, *The Story of Philosophy*, W. S. Pres, New York, 1970, p.337]의 아름다움 같은 것이라면 아름답지만은 않을 것이다. 그러므로 예술가(여기에서는 시인)가 "내 머리 맡"의 '당신'이 되었기에 보여줄 수 있었을 '나'의 경지, "세상을 거머쥐려 나돌던 손가락"(「뒷짐」)을 거두며 주위의 모든 것들에게 "의자를 내"주는(「의자」) 그 '비움'과 '윤리'의 경지에 오른 '시적 주체'의 내력이 무엇인지는 달리 더 헤아릴 사안이다. 현상학논의들의 질적 차이와 관계된 이 사안은 이후의 장들에서 다른 주제를 통해 지속적으로 다루어질 것이다.

31 M. Merleau-Ponty, *Sens et Non Sens*, le Édiions Nagel, Paris, 1960, p.47.

능한 철학적 주장이 숨어있다. 부단히 지적 모험을 전개했던 시인 김춘수의 다음 시는 그러한 예술작품의 전형으로 읽힌다.

나는 시방 위험한 짐승이다
나의 손이 닿으면 너는
미지의 까마득한 어둠이 된다.

존재의 흔들리는 가지 끝에서
너는 이름도 없이 피었다 진다.
눈시울에 젖어드는 이 무명의 어둠에
추억의 한 접시 불을 밝히고
나는 한밤 내 운다.

나의 울음은 차츰 아닌 밤 돌개바람이 되어
탑을 흔들다가
돌에까지 스미면 金이 될 것이다.

…얼굴을 가리운 나의 新婦여.

<「꽃을 위한 序詩」[32] 전문>

어느 순간 의미를 압도하는 관념이 시인을 무력하게 할 수 있지만, 그럴 수 있기는 관념을 압도하는 의미의 폭발도 마찬가지다. 의미를 결핍한 관념의 창백함도, 관념을 결핍한 의미의 표류도 시인

32 김춘수, 『꽃을 위한 序詩』(詩 選集), 미래사, 2002, p.61 〔뒤에 언급될 「꽃」과 「꽃2」는 각각 이 책의 p.55와 p.52〕

에겐 재앙일 수 있다. 그리고 실제로 이 재앙에 맞았을 시에 출구는 다음 둘 중 하나다. 관념이되 의미의 관념. 아니면, 의미이되 관념의 의미. 전자의 경우엔 관념에 핏기를 돌게 할 의미가, 후자의 경우엔 의미를 무리모양으로 두를 관념이 관건일 것이다. 만일 어느 시인이 있어 "터질 듯이 부풀어 오르는 의미" 속에서 "관념의 무진 기갈"에 휩쓸린다면, 그는 후자를 벗겨야한다. 그러나 이때 그 기갈의 해소가 요구하는 "관념을 담을 유추(類推)"를 하필[33] 관념철학의 태도가 반영된 사물로 삼으려 한다면, 그는 결국 자신의 언어에 완강히 저항하는 '물자체'(Ding an sich)와 직면하게 된다. 늘 "손님이 갖다 주는 선물"처럼 다가왔던 "장미"(薔薇)의 이국성에 매료되어 그것으로써 관념의 결핍을 이기려했던 시인이 사실은 그러했다.[34] 그런 시인에게 관념은 시의 언어 속에서 의미와 결합하는 동시에 분리하는 이중의 속성을 두를 것인데, 위의 시가 쉽지 않은 사유의 깊이를 보여주는 까닭은 아마도 여기에 있을 것이다. 이 시에는 장미가 "꽃"이 되어 '의미와 빈틈없이 결합하는 관념'이 있는 한편, 의미로부터 멀어지는 관념'으로 각각 형상화된 언어들, 예컨대 "내가 그의 이름을 불러주기 전에는/ 그는 다만/ 하나의 몸짓에 지나지 않았다.// 내가 그의 이름을 불러주었을 때/ 그는 나에게로 와서 꽃이 되었다."(「꽃」)와 "바람도 없는데 꽃이 하나 나무에서 떨어진다. 그것을 주워 손바닥에 얹어놓고 바라보면, 바르르 꽃잎이 훈김에 떤다. 花粉도 나(飛)다. '꽃이여!'라고 내가 부르면, 그것은 내 손바닥에서

33 여기서 '하필'이라고 수식한 이유는 '관념'이 반드시 '관념철학'과 짝하는 것은 아니기 때문이다. 굳이 관념론이 아니더라도 철학은 '관념의 본질'을 해명하는 과제를 갖는다.

34 김춘수, 「의미에서 무의미까지」, 『현대시사상』, 고려원, 1989, pp.171-172.

어디론지 까마득히 떨어져간다./ 지금 한 나무의 변두리에 뭐라는 이름도 없는 것이 와서 가만히 머문다."(「꽃2」)의 수준을 넘어온 '반성의 내력'과 '모색의 치열함'이 있다. 이와 연관해 시인은 훗날 이렇게 회고한 바 있다.

"나는 […]어떤 관념은 시의 형상을 통해서만 표시될 수 있다는 것을 눈치챘고, 또 어떤 관념은 말의 피안에 있다는 것도 눈치 채게 되었다. 나는 관념공포증에 걸려들었다. '말의 피안에 있는 것'을 나는 알고 싶었다. 그 앞에서는 말이 하나의 물체로 얼어붙는다. 이 쓸모없게 된 말을 부수어 보면 의미는 분말이 되어 흩어지고, 말은 아무 것도 없는 거기에서 제 무능을 운다. 그것은 '있는 것'(存在)의 덧없음의 소리요, 말의 새로운 모습이다."[35]

하려든다면, 다른 철학적 관념을 들춰내는 일도 분명 가능하다. 그러나 이처럼 시인이 그것을 애써 밝혀놓은 마당에, 더욱이 새로운 철학적 해석에 목적을 두고 있지 않는 판에 구태여 그럴 필요는 없을 것이다. 오히려 우리는 시인의 회고로부터 분석의 수고를 덜고 다음의 진술을 곧바로 취할 수 있다 : 이 시, 아니 예술작품에는 '의미를 버리며 언어의 피안으로 달아나는 관념 속에서 실재와 감각을 놓치는 허무'라는 철학적 명제의 현존과 '존재의 덧없음의 소리' 혹은 '스스로를 부수는 자리에서 의미를 넘어 무의미의 의미, 그 관념 이전의 세계로 초월하는 언어'라는 철학적 명제의 은폐가 혼재한다. 물론, 겉은 말할 것도 없고 안을 뒤져도 역시 그럴 것 같아 보이기에 하는 말인데, 철학적 주장의 진술과 양립할 수 없을 듯 보이는 예술작품들도 있다. 하지만 <시적 폭력을 통해 사물의 껍질을 깨

---

35 김춘수, 「의미에서 무의미까지」, p.173.

뜨릴 예술가의 정신은 세계에 대한 인식의 어떤 태도를 수립할 지성과 결코 단절할 수 없다>는 점을 주목할 때, 거기에서도 철학적 주장은 나타난다. 가령, 시인 김종삼이

> 한 모퉁이는 달빛 드는 낡은 構造의 大理石. 그 마당 〔寺院〕 한 구석
> 잎사귀가 한 잎 두 잎 내려앉았다.
>
> <「주름 간 대리석」[36] 전문>

라고 쓴 모던한 구절들에는 아예 어떤 관념의 표상이나 비유가 없다. 있다면, 자율적인 '대리석과 낙엽의 이미지'가 있을 뿐이다. 한 평자에 따르면, 이 두 이미지들은 "이미지가 비유적인 속성을 띠거나 상징적인 의미를 거느린다는 전통시학을 부정한다. 내적인 필연성이 없이 배치된 그 이미지들은 휠 라이트가 말하는 이른바 '병치은유'의 미학을 보여주며, 그것은 그냥 있음, 가장 단순하게 존재한다는 사실을 암시한다."[37] 이런 시에는 철학적 입장의 현존은 고사하고, 애당초 그것이 끼어들 여지조차 있었을 것 같지가 않다. 그러나 이곳에도 예컨대 '의미를 들어낸 세계의 탐미적 본질'이라는 이지적 허무의 철학적 주장을 표면에서 수락하는 허용과, '외부의 사물자체로 육박하는 주관 그 자신에게 주어지는 선(先)술어적인 의미의 세계'—이 세계는 관념 이전의 '무의미한 것'이되, 끝내는 무

---

36 김종삼, 『시 전집』(권명옥 엮음), 나남출판사, 2005, p.77.
37 이승훈, 「1950년대의 우리 시와 모더니즘」, 『한국모더니즘 60년』, 고려원, 1995, pp.139-140.

의미가 몰아올 역설의 세계, 즉 대상을 버린 곳에서 '관념 너머의 관념' 내지 '순수관념'이 구성하는 의미체로 전환된 것이라는 점에서 "꽃"으로써 관념을 가리켰던 앞의 시가 지향하는 곳과 적어도 한 번은 조우할 것이다—라는 '현상'(現象)의 철학적 주장을 부르며 이미 허용된 하나의 철학적 주장을 이면에서 부정하는 '이탈의 균열'이 흡사 이미지의 변증법처럼 작동한다. 이래저래, 그러니까 「꽃을 위한 序詩」나 「주름 간 대리석」이 그러하듯 시인이 대놓고 표내지 않더라도 혹은 언뜻 떨어낸 것처럼 보이더라도, 시는 "예기치 않았고 항상 다르게 나타나는 의도와 실행의 역설"[38]을 수반하는 표현력으로써 철학의 주장들을 의미의 두께 아래에서 모호하게 품고 있으며, 그러한 의미가 있기는 어느 경우의 시나 매일반이다. 아니, 굳이 말하자면 더 모호한 것이 차라리 더 시답다.

엄밀히 말하자면, 시가 아니라면 모를까 시로서 읽히는 이상, 철학적인 '양상과 정도'의 '차이와 높낮이'는 있어도 '비(非)철학적인 시'는 없다. 그보다는 시의 철학적 속성, 그 본질을 상실한 '시 아닌 시', 즉 '의사적인'(pseudo) 시가 있을 뿐이다. 하지만 '의사적인' 시를 규정하는 일도 그나마 읽는 이에 따라 달라질 수 있다는 점에서 상대적인 것이다. 세상에 절대의 눈은 없다. 물론, 철학적인 정도가 '낮아' 혹은 '없어' 보이는 시를 편의상 '비철학적인 시'로 부를 수는 있을 것이다. 그러나 그 본질의 동일성을 고려할 때, '의사적인' 시를 '비철학적인 시'로서 가리킬 경우 우리는 '시가 아닌 것'을 시로서 인정하는 분류의 역설에 직면하게 된다.[39] 시들은, 아니 예술

---

38 M. Merleau-Ponty, *Résumés de Cours*, Paris, Gallimard, 1968, p.23

39 '문학'을 '시'로 바꿔 읽으면, 다음의 글은 그런 역설이 투영된 예다 : "깊이

작품들은 어쨌든 가능한 이질의 철학적 주장들을 함축하고 있겠지만 그것이 '철학의 예술적 본질을 자신의 철학적 본질로서 취하는 예술'인 이상, 거기엔 적어도 흔적의 형태로 현상학적 주장이 함축되어 있다. 그리고 '예술의 철학적 본질을 자신의 예술적 본질로서 취하는 철학'이 현상학이라면, 예술작품의 의미를 읽는 자리에서 현상학의 지평을 확장하는 일 또한 가능하다. 하지만 그럴 수 있으려면 이 자리는 예컨대 한 시인이 "너와 나의 그리움은 맞닿을 수 없는 거리에 있다 기다리는 만큼 멀어져 간 그 자리 너와 나의 그리움은 이름이나 부르면서 가슴이나 태우면서 끝 간 데 없이 뻗쳐간 세월의 너울 속에 있다"(「線」[40])라고 구현했던 시간, 이를테면 이미 "뻗쳐간 세월의 너울"을 우리의 현재로 불러들이는 닫힌 시간이 아니라 그것 쪽으로 우리의 현재를 되돌려 놓는 열린 시간의 자리여야 한다. 그러할 때, 비로소 철학은 과거와 미래로 뻗는 현재의 의미를 타고 자신의 몸을 불릴 새 주장을 부단히 생성할 수 있을 것이기 때문이다.

나 가치가 없는, 즉 <철학적>이지 않은 엉터리 문학작품도 '분류'적으로는 역시 <문학작품>이라는 데에는 변함이 없다. '분류'적으로는 문학이 철학적이어야 할 필요는 없다. 그럼에도 불구하고 문학이 철학적이어야 한다면 그것은 천박한, 값싼 즉 <비철학적> 문학작품이 득세하는 오늘의 문학적 현실에 대해 비판적인 의미를 가진다." 박이문, 「문학은 철학이어야 하는가?」, 강지수 外, 『문학과 철학의 만남』, 민음사, 2000, p.39.

40 강신용, 『나무들은 서서 기도를 한다』, 문경출판사, 2003, p.13.

2

두 개의 정물화, 두 개의 현상학

— 하이데거의 고흐와 메를로-퐁티의 세잔 사이에서

1. 회화의 여백과 철학

이가세트가 말한 대로 설령 "숙명적인 진화의 법칙"이 있어 오늘의 회화를 이끌어 왔고, 그래서 화가의 주의력이 "처음엔 외부의 실재에 고정되었다가 그 다음엔 주관적인, 그리고 마지막엔 '주관 내부적인'[혹은 '시각 그 자체'의]실재에 고정"[41]되기에 이르렀다 해도, 애초부터 회화는 예컨대 '객관주의'나 '주관주의' 또는 '선험주의'와 같은 하나의 특정한 철학의 관념에 갇힐 그런 것은 아니었다. 회화의 역사 근저에는 '인식론적 재현'의 감각을 조건 짓는 '존재론적 표현'의 감각이 관통하고 있기 때문이다.[42] 현대에 와서 '회화의

41 Jose Ortega y Gasset, *The Dehumanization of Art, and Other Writings on Art and Culture*, Doubleday Anchor Books, New York, 1956: 박상규 옮김(1991), 『藝術의 非人間化』, 미진사, 1991, p.49.

42 '존재론적 표현의 감각'에 대해선 필자의 다음 논문; 송석랑, 「지성의 감각, 감각의 지성: 메를로-퐁티의 세잔論과 탈근대의 진리」, 『동서철학연구』[46

실천'과 이 실천에 대한 '철학의 반성' 모두를 통해 복구된 후자는 달리 쓰자면 "비인간적인 감각"으로 회자하는 '본질의 감각'이다.

회화의 역사에 통일성을 달리 부여할 '존재론적 표현'의 감각은 회화들을 하나의 본질로 환원하는 '예술철학'의 기재가 될 수 있지만, 그러나 이러한 사실이 하나의 회화가 '인식론적 태도를 벗어난 하나의 철학적 관념'에 새로이 고정된다는 것을 뜻하지는 않는다. 본질을 보는 '눈의 차이'라는 것도 있을 것이기에 그렇다. 이 사실의 새삼스러움에도 불구하고 우리는, 흡사 '감각의 본질을 인식론적 재현의 영역에 가두었던 지성' 위에 건축된 옛 철학의 '가상에 대한 부정의 혹은 긍정의 논리'들[43] 앞에서 그랬던 것처럼, '존재론적 표현의 본질을 감각에게 되돌려준 뒤에 이 감각을 자신의 본질로 삼은 지성' 위에 건축된 탈근대의 철학을 위해 이야기되는 회화론은 물론이고 심지어 회화를 위해 그러한 '탈근대의 철학'의 담론들이 호명되는 '현장의 비평'조차 회화의 의미를 <더 이상의 나위가 없는 어떤 본질>의 차원에서 사유하는 해석의 태도에 의식적 혹은 무의식적으로 빠져있는 풍경을 목도한다. 그러한 해석의 태도가 펼치는 사유는 회화를 특정한 '철학적 관념'－비록 이것이 '작가' 혹은 '주

호, 2006], pp.245-285 참조.

43 회화를 "낮 꿈의 환영"으로 간주했던 플라톤[Plato, *Sophist* 266c: *The Collected Dialogues of Plato* vol,2, ed. Hamilton(1961), Princeton University Press, New Jersey, p.1014]이후, 근대에 이르기까지 "회화의 역사는 '환영'의 누명을 벗고 '재인식의 힘'[아리스토텔레스]과 '유사이성'[바움가르텐] 그리고 '절대정신의 직관'[헤겔]을 거친 뒤, 급기야 '이성을 압도하는 욕망의 혜안'[니체] 등 자신의 감각에 주어진 '철학적 지성'을 통해 사물의 실재로 다가서는 운동의 흐름이었다. '아름다운 거짓'에서 '아름다운 진실'로 상승하는 '재현의 시간'이었다." 송석랑, 「지성의 감각, 감각의 지성」, p.246.

체'와 단절한 탈근대의 어떤 '존재론적 감각'에 상응하는 것이라 하더라도—으로 압도하는 언어의 폭력을 가하며 결국은 '회화 읽기를 통한 철학적 관념의 확장'을 방해한다. 우리를 철학적 관념의 '생산자'가 아닌 '소비적 사용자' 내지 '약한 생산자'로 그치게 할 이 난국의 <충분한> 출구는 '이미 존재하는 철학적 관념의 사용을 통한 수동의 회화읽기'가 아니라 '그것으로부터 자유로운 능동의 회화읽기를 통한 철학적 관념의 생산'에 있다. 그러나 그것이 우리 인간의 행위에 걸려있는 것이라면 '사용 없는 생산'은 여기서도 환상일 터이므로, 막상 취할 것은 '생산'이되, '사용 속의 생산'이다.

철학은 회화를 읽어 '관념의 의미'를 경험(經驗)하고, 회화는 철학에게 읽혀짐으로써 자신이 함축하고 있던 '의미의 관념'을 발설할 수 있게 되는 것. 회화와 철학이 나누어야할 진정한 대화의 귀결을 정의하고 싶다면 우리는 그렇게 말해야할 것이다. 그러니까 회화는 어떠한 철학이 자신의 관념을 '설명'하는 예시적 해석의 자리일 수 있지만, 더 깊이 헤아려보면 그와 같은 해석을 압도하며 또 다른 철학적 관념을 '제출'하는 창의적 해석의 자리, 달리 말하자면 철학의 여백을 읽는 자리, 이기도하다. 이 글은 고흐와 세잔의 정물화 위에서 전통의 철학적 관념들을 사용하는 가운데 '근대의 대립구도'(관념론 대 유물론)를 회화의 '전(前/pre)철학'적 위상에 기댄 존재론적 논리로 변주하며 탈근대의 철학적 관념을 생산했던 하이데거와 메를로-퐁티의 회화론에 관한 것으로서, 이들의 회화론을 논의의 두 기착지로 삼아, <탈근대의 '더 나은' 철학적 관념>이 모색될 보다 올바른 노선을 가리킬 귀결에 이르고자 한다. 그들의 관점에 기대어 회화를 이해하는 자리에서 보면 그들이 생산한 철학적 관념들은 먼저 '소비적' 사용의 대상으로 다가온다. 때문에 우선의 화두는 회화의 장(場)에서 새로운 철학적 관념을 이야기한 그 두 철학자의 논리일 것이지만, 그러나 '사용 속의 생산'이라 했으니, 정작 그들의 것을 딛고 그들의 것을 이탈하는 회화론의 '또 다른 철학적 관념'은 어떻게 빚어지는가? 그리고, 빚어질 그 '또 다른 철학적 관념'을 돌파하기 위해 다시 회화에서 읽을 것은 무엇인가?

2. 회화: 철학적 관념에 대한 허용과 이탈

회화는 '하나의' 철학적 관념이 객체화된 '평면의 넓이'가 아니다.[44] 그보다, 그것은 차라리 해독 '가능한' 철학적 관념들을 내어줄 '수직의 깊이'다. 이때 그 '가능한' 철학적 관념들이 회화[화가]의 고유한 내적 형성체인지, 아니면 회화와 별개의 '철학' 혹은 '철학에 준하는 사유'의 주체에서 흘러들 외적 유입물인지를 따지는 것은 무의미하다. 왜냐하면 후자일 경우라 하더라도 그 주체의 읽기가 타당하여 '부여된 듯 보이는 논리'가 사실은 '회화에 숨겨진 논리'였음이 입증된다면 결국 그 관념들은 '회화의 것'이 되기 때문이다. 그러므로 예컨대 하이데거가 "예술이 무엇인지를 깨닫는 것은 온전히 그리고 결정적으로 단지 '존재에 대한 물음'(die Frage nach dem Sein)에서부터 규정될 일"[45]이라고 했을 때, 이 말은 예술(여기서는 회화)이 그의 철학적 관념에 바쳐진 "단순한 수단임"을 교시하지 않

44 M. Dufrenne, *The Phenomenology of Aesthetic Experience*, tr. E. S. Casey, Northwestern Univ Press, Evanston, 1973, pp.476-477 참조.

45 M. Heidegger, *Holzwege*, Vittorio Klostermann, Frankfurt, am Main, 1977, p.73.

는다.

이에 대해 한 논자는 다음과 같이 언급한다. 즉, "하이데거의 예술론에서 예술은 '존재에 대한 물음'을 위해 소모되는 것이 아니다. 예술은 오히려 존재의 본질에 대한 포괄적인 물음 안에서, 그리고 '존재에 대한 물음'을 새롭게 정리하며 좇는 과정에서 하나의 탁월한 방식, 이르자면 존재자의 '비'은폐성 및 '탈'은폐로서의 '존재자의 존재'의 진리가 발생하는 방식으로 입증된다."[46] 철학과 회화의 대화에 진정성을 제공할 '본질의 동일성'을 환기하는 진술이지만, 우선 중요한 것은 '하나의 철학적 관념을 허용하는 한편 그것을 이탈하며 또 다른 철학적 관념을 부르는 회화의 개방적인 내력'인 회화의 '전(前/pre)철학'적 위상을 이 진술이 함축한다는 사실이다. 이런 사실의 이유는 "언어의 요소들을 띠고 있는 예술들은 '넓은 의미의 시작'(die Dichtung im weiten Sinne), 즉 '언어의 본질에서의 근본 사건'(자기를 내어주는 '비'은폐성의 던짐을 풀어내어옴으로서 대응 투사하는 말함)"[47]이라는 점에서 회화 역시 '최초로 이야기하는 언어'—하이데거의 표현을 들자면 "정적의 소리"[48]—라는 '예술의 본질'을 공유하는 데에 있다. 물론 이 '예술의 본질'은 "소리 나

---

46 F. Wilhelm von Hermann, *Heideggers Philosophie der Kunst: Eine systemaatishe Interpretation der Holzwege-Abhandlung "Der Ursprung des Kunstwerkes"*, Vittorio Klostermann, Frankfurt, am Main, 1980: 이기상 外 역, 『하이데거의 예술철학』, 문예출판사, 1997, p.456 (번역본을 인용했지만, 문맥상 필요한 경우 일부 내용을 원문을 참조해 바꾸거나 괄호로써 묶어 원구절과 병기했다.)

47 같은 책, p.332.

48 "das Geläut der Stille" M. Heidegger, *Unterwegs zur Sprache*, Vittorio Klostermann, Frankfurt, am Main, 1959, p.27. (이 말은 이 책에 실린 「언어」(Die Sprache)에서 트라클(G. Trakl))의 시 <겨울저녁>(Ein Winterabend)에 대한 논급의 과정에서 나왔다.)

는 언어"(das verlautende Wort)[49]를 사용하는 문학으로서의 시(詩)인 "좁은 의미의 시작"에서 가장 현저하게 실현되는데 비해, "소리 없는 언어"를 사용하는 조형예술인 회화에서는 "주목되지 않은 채"[50] 실현된다. 그러나 '존재자의 존재'의 진리를 폭로하면서 은폐하고, 은폐하면서 폭로하는 '본질의 언어'의 사건[51]을 감당하기는 회화도 마찬가지다. 한 시인은 이 '본질의 언어'의 사건을 '시의 말'로 치환한 후, 시가 스스로를 말하는 격에 기대어 이렇게 썼다: "하늘은 사람에게 말을 주었다 / 말은 꽃이 되거나 / 뱀이 되고,/ 불길로 타올라서 어둠을 밝히거나 / 수풀 무덤의 그늘이 되기도 한다."[52] '존재'의 차원에서 우리의 '인식'에 앞서 "불길"의 명징함과 "그늘"의 깊이 모두로써 사물을 있게 하는 이런 '말' 혹은 '시', 아니 넓은 의미에서의 시작(詩作)의 고유한 길들 중 하나인 '회화'에는 무엇보다도 인간의 정신을 구체적인 상황으로 내몰아 거기에 '드러난 채 숨겨진' 혹은 '숨겨진 채 드러난' 의미로서 내재된 것들을 '눈앞의 사물처럼' 체험토록 하는 힘이 내재해있다. "최초로 이야기 하는 언어"라는 '예술의 본질'이 현저히 실현되는 곳을 시가 아닌 회화로 지목하는 '외적인 차이'와 이 차이에 함축된 '내적인 이질성' 모두를 보류하고 볼 경우 하이데거의 "정적의 소리"에 정확히 상응할 "침묵의 목소리"(les voix du silence)[53]를 이야기했던 메를로-퐁티는 회화의

49 M. Heidegger, *Unterwegs zur Sprache*, p.204.

50 F. W. von Hermann, *Heideggers Philosophie der Kunst*, *p.*457.

51 언어의 이러한 사건은 "밝히면서 감추는 것"(das lichtendes Bergen)이라 불리는 '진리의 근본적인 특성'에 부합한다. M. Heidegger, *Wegmarken*, Vittorio Klostermann, Frankfurt, am Main, 1976, p.201.

52 최형, 『돌길의 풀꽃』 중 「말」의 부분, 산하출판, 1991, p.57.

53 "le langage dit, et les voix de la peinture sont les voix du silence", M.

그 힘에 대해 이렇게 묘사한다. "아무 것도 아닌 것의 풍경이 됨으로써, 즉 사물들이 어떻게 사물들로 되며 눈앞의 세계가 어떻게 눈앞의 세계로 되는지를 입증하기 위해 '사물들의 껍질'(la peau des choses)을 벗겨냄으로써, 무엇의 풍경을 나타내며 세계를 가리키는 회화"[54]는 "완성되어 이해된 자신이 있고서야 비로소, 할 말이 없었던 것이 아니라 말해질 무엇인가가 있었다는 사실을 몸으로 증명한다."[55] 이 역설적인 현상에 주의력을 맡기며 시선을 집중할 때, 우리는 어두운 배경에 둘러싸인 하나의 밝은 의미로서의 철학적 관념을 '경험'할 수 있게 된다.

하나의 철학적 관념을 환대하며 펼치는 동시에 그것을 이탈하며 또 하나의 철학적 관념을 내주게 될 회화의 균열을 하이데거와 메를로-퐁티를 통해서 만나게 된 셈인데, 이러한 귀결은 그러나 회화에 든 '존재론적 감각'의 본질이 어떤 하나로 규정될 수 없을 것이라는 생각의 타당성을 갖다 대면 그들 자신이 읽은 회화의 경우에도 해당한다. '철학적 관념'이 '예술적 감각'의 근거가 아니라 그 역이 아무래도 맞는 말이라 할 때, 그 회화는 자신의 '시적 감각'이 그 두 철학자가 말하는 '철학의 지성'에 짝하는 한계 내에서 그 두 철학자의 철학적 관념을 비준할 것이다. 하지만 그 한계를 넘는 순간, 그 두 철학자로 인해 비로소 침묵을 깨며 입을 열었던 회화는 흡사 자신에 대한 이전의 고전주의나 리얼리즘 또는 모더니즘과 같은 전통의 미학적 해석들을 안으로 접어 넣으며 이것들의 철학적 관념이

Merleau-Ponty, *Signes*, Gallimard. Paris, 1960, p.101.

54 M. Merleau-Ponty, *L'Oeil et l'Esprit*, Gallimard. Paris, 1964, p.69.

55 M. Merleau-Ponty, *Sens et Non-sens*, Nagel, Paris, 1948, p.32.

자신의 옛 의미가 되도록 할 수 있었듯이 언제든 그 두 철학자의 철학적 관념도 초과할 수 있다. '허용'과 '이탈'의 충돌이 수반하는 이 의미 확장의 운동은 화가가 하나의 특정한 철학적 관념을 회화의 작업에 앞서 개입시켜 놓은 경우로써 생각하면 완연히 두드러져 나타난다.

마그리트의 ≪헤겔의 휴일≫(1958) 은 그 경우의 한 예가 될 수 있다. 화가는 이 작품을 하나의 특정한 철학적 관념, 즉 "헤겔의 변증법"에 의거해 그렸지만[56] 그것을 논제화하여서 그린 것이 아니라 [회화인 이상 사실은 그럴 수도 없다] 우리에게 마치 사물들이 실존하는 것처럼 "현존"(présent)하도록 그렇게 그렸다. 이렇게 되면 '회화의 의미' 위에서 '철학적 관념'이 생겨나는 것이 아니라, 거꾸로 철학적 관념 밑에서 회화의 의미가 생겨난다. 그러나 이렇게 생기는 철학적 관념은, 회화가 자신의 시적 본질에 닿아있는 한, '철학자로서의 마그리트'가 말한 내용이 아니라 '화가로서의 마그리트'가 보여줌으로써 말한 내용이어야 한다. 철학적 관념이 선행된 듯해도, 사실은 이후에 표현된 회화의 의미가 있었기에 철학적 관념도 가능할 수 있었을 것이라는 점에서 그러하다. 그러니까 '헤겔의 변증법'

---

56 요컨대, 이 그림은 "반대되는 것들의 결합이 현실의 주요 동기로 작용하는 '헤겔의 변증법'에 근거를 두고 있다." S. Gablik, *R. Magritte*, Thames and Hudson Ltd, London, 1985: 천수원 옮김, 『르네 마그리트』, 시공사, 2001, p.105. 마그리트는 이 책의 p.116에 실린 '이 책의 저자에게 보낸 편지'에서 이와 연관해 이렇게 썼다: "[…]우산은 컵 안에 담겨졌다가 결국 컵 아래로 가게 되었습니다. 이는 어떻게 컵을 천재적으로 그릴 것인가에 대한 정확한 해답이었습니다. 그러나 나는 헤겔이 두 개의 대비되는 기능을 지닌 이 오브제에 대하여 예민하게 반응하였을 것이라고 생각하였습니다. 대비되는 두 기능이란 물을 '인정하지 않는'(거부하는) 동시에 물을 '인정하기도 하는'(수용하는) 것입니다. 내 생각에 헤겔이 보면 아주 기뻐할 것 같아서 이 작품을 《헤겔의 휴일≫(Les vacances de Hegel)이라고 명명했습니다."

을 표상하는 철학적 관념에 대해 말하려 마음먹었을 순간부터 화가에겐 예컨대 "정과 반은 모순을 포함하고 모든 경험의 기반이 역설을 활발하게 제시하는 합을 산출하는 쪽으로 선택 된다"[57]와 같은 철학적 명제에 앞서 그것을 '발생적 본질의 차원'에서 배태한 감각의 이미지가 문제였을 것이다. 그 명제의 의미를 말하기 위해 화가는 단지 '관념에 대한 경험의 사실'을 우리의 눈앞에 이미지로서 현존시켰을 뿐이며, 또 그것만으로도 충분했다. '현존시키는 것'은 '보여주는 것'이며, 이로써 '보이게 된 것'에는 철학적 관념의 '추상'이 은폐했던 구체적 경험의 '의미를 드러내는 누설'이 있는 법이다. 회화가 자신의 본질, 특히 '현존화의 책무'에 충실하다면 이미 '논제'화 된 하나의 철학적 관념을 대놓고 따르는 회화라도 그런 사태의 예외일 수는 없다. 마그리트의 그 작품 또한 '헤겔의 변증법'이라는 철학적 관념을 맞아들이되, 이 관념으로 해소될 수 없는 '의미의 잉여'-예컨대 화가의 말과는 달리 막상은 헤겔이 싫어했을 '논리적 질서에 대한 감각적 질서의 우위', 헤겔에서조차 인정될 수밖에 없을 '노쇠한 정신의 피로를 풀어줄 감각의 생산성' 등—가 가리키는 은유의 심연을 품고 있다. 이 경우 '의미의 잉여'는 여백이되, "현실 자체의 모호한 본성을 암시하는 통합"[58]의 이미지와 호응하며 적어도 '우리가 알던 헤겔'을 넘어서는 '변증법'에 대한 또 다른 철학적 관념이 잠재한 '여백'이 된다.[59]

---

57 S. Gablik, *R. Magritte*, p.113.

58 같은 책, pp.118-119.

59 이러한 사실은 아래의 시 (강윤후, 『다시 쓸쓸한 날에』 [문학과 지성사, 1995] 중 pp.58-59의 「자크 데리다에게」의 부분)에서처럼 역시 '하나의 특정한 철학적 관념'을 대놓고 이야기하는 시(문학)의 경우에서 보다 더 선명하게 드러난다.

책을 읽으면 밑줄을 그을 수 없다
밑줄을 그으면
활자들을 벼랑 끝에 세우는 것 같고
뿌리 없는 활자들이 금방이라도
밑줄 아래로 떨어질 듯 비틀거리며 불안하다.
윗점을 찍을 수도 없다.
활자들이 발돋움하며 목을 매려 하기 때문이다.
[…]
활자와 종이 사이에 틈이 있다.
소리와 의미 사이에 틈이 있다.
넓이와 깊이를 잴 수 없는 그 틈으로
풍향과 풍속을 가늠할 수 없는 바람이 불고
그 바람에 홀린 듯 빨려 들어가면
나는 무수히 분해 되어 풀풀 날린다.
(어! 내가 없다.)

시인은 당대에 회자하는 철학적 관념에 의존해서 시를 썼지만, 그것을 논제화해서 쓴 것이 아니라 우리에게 마치 사물들이 실존하는 것처럼 '현존'(présent)하도록 그렇게 썼다. 이렇게 되면 시의 의미 위에서 철학적 관념이 생겨나는 것이 아니라, 거꾸로 철학적 관념 밑에서 시의 의미가 생겨나게 된다. 그리고 이 경우 철학적 관념은, 시인의 시가 '시의 본질'에 닿아있는 한, 더 이상 어떤 어휘로써 분명히 표명되지 않는다. 아닌 것이 아니라, 이 시에서 그것은 흡사 '영상'(映像)의 동작이 잇따르는 부동의 이미지들 사이에 있는 것처럼 "단어와 단어들이 자신들 사이에 빚어놓은 공간과 시간과 의미작용의 빈터"— 이 표현은 메를로-퐁티가 스탕달의 『적과 흑』의 현상학적 의미를 분석하는 가운데 이 작품 속의 인물 '쥬리앙 소렐'(Julien Sorel)의 '레날'(Rênal) 부인에 대한 살의(殺意)가 "간접적인 언어" 혹은 "침묵의 목소리"로 말해지고 있음을 논증할 때 썼던 것을 따온 것이다. 즉, "la volonté de mort, elle n'est donc nulle part dans les mots : elle est entre eux, dans les creux d'espace, de temps, de significations qu'ils délimitent […]", M. Merleau-Ponty, *Signes*, Gallimard, Paris, 1960, p.95— 내부에 침묵의 소리로서 존재한다. 그러니까 "차연의 경제학"과 "주체의 해체"에 걸려있는 데리다의 '읽기'를 표상하는 철학적 관념에 대해 말하려 마음먹었을 순간부터 시인에겐 예컨대 "문자의 뜻은 우리 인간으로부터 자유롭다"와 같은 종류의 명제를 '논술'(discourir)로 구성해낼 필요가 없었을 것이다. 그런 명제의 의미를 말하기 위해 시인은 단지 '읽기의 경험', 위의 시에서 생략된 구절들 일부를 불러 쓰자면 "활자들이/ 극장의 객석을 가득 메운 관중처럼 보인다./ 갑자기 나는 무대에 선 배우가 된다.// 연극이 끝나면 활자들은 한꺼번에 책 밖으로 빠져나가고/ 페이지는 밑줄만이 텅 하이데거와 메를로-퐁티가 논증하듯 "진술하는 비진술"(die sagende Nichtsagen)[60]을 통해 "무엇인가를 이야기한다는 것을 주장하지 않는"(ne pretendait pas dir quelque chose)[61] 시(詩)적 방식으로써 그 자체가 "언어의 본질"을 실현하고 있는 것이 회화라면, 회화는 '존재하는 것들의 진상'과 '이 진상에 대한 인식'을 함축하는 사유의 철학적 관념을 늘 '또 다른 철학적 관념을 분출할 여백'과 함께 '보여

빈 객석처럼 썰렁할 것이다."[위의 시] 라는 '독서체험'의 사실을 우리에게 보여주었을 뿐이며, 또 그것이 그가 할 수 있는 전부였다. 물론 이 시에는 예컨대 "활자와 종이 사이에 틈이 있다/ 소리와 의미 사이에 틈이 있다" 에서처럼 하나의 철학적 관념, 즉 "차연의 경제학"과 "주체의 해체"를 '현존'화하는 것이 아니라 '논제'화하여 다룬 듯한 구절도 있다. "하나의 기호, 하나의 시니피앙과 시니피에의 단위가 현재와 절대적 현전의 충만 속에서는 생산될 수 없음을 말하는 '틈'이 있다."(J. Derrida, *Of Grammatology*, tr. Gayatri Chakravorty Spivak, The Johns Hopkins University Press, Baltimore/London, 1974, p.69)라는 데리다의 '논술'적 명제와 진배없어 보이기에 아무래도 불안한 표현이다. 만일 그 논제화의 기미가 이론의 여지가 없는 것이라면, 시가 스스로를 하나의 철학으로 한정하며 자신의 고유한 가능성을 훼손하고 있는 셈이다. 그러나 사실은 그렇지가 않은데, 논술적인 그 표현이 철학적 관념의 '현존'화를 수렴하며 발산하는 시적 긴장을 위해 의도된 것으로 읽혀지기 때문이다. 그것은 견고히 버티는 정물이 아니라, 자신의 실존으로 녹아든다. 녹아들어서는 데리다의 철학적 관념을 육화해 현존시킨다. 현존시키는 것은 '보여주는 것'이며, 이로써 '보이게 된 것'에는 관념의 추상이 은폐했던 의미를 드러내는 폭로가 있는 법이다. 시가 자신의 본질, 특히 '현존화의 책무'에 충실하다면 이미 '논제'화 된 하나의 철학적 관념을 따르는 시라도 그런 사태의 예외일 수는 없다. 위의 시 역시 마찬가지인데, 이 시는 "차연의 경제학"과 "주체의 해체"라는 철학적 관념을 맞아들이되 이 관념으로서는 감당할 수 없는 '의미의 초과', 예컨대 "무대에 선 배우가 된 나의 연극"이 끝나는 시점에서 "한꺼번에 책 밖으로 빠져나가는 활자들"이 가리키는 은유의 심연을 품고 있다. 시인도 어찌하지 못할 텅 빈 그 '의미의 여백'은 끝 연의 괄호 속에 유보된 '나의 부재'[(어! 내가 없다.)]와 호응하며 '주체의 죽음'을 이탈한다. 그리고는 '문자의 뜻과 인간의 관계'에 대한 또 다른 철학적 관념을 우리에게 던진다.

60 M. Heidegger, *Identität und Differenz*, Tübingen, Günter Neske Pfullingen, 1978, p.66.

61 M. Merleau-Ponty, *Résumés de Cours*, Gallimard, Paris, 1968, p.26.

준다.' 따라서 하려고 들 경우, '회화를 읽는 어떤 철학'이 혹은 '그것을 사용하는 우리'가 온당한 논리를 갖다 대며 '변증법'에 대한 철학적 관념의 심층에 넓고 정교하게 설치된 '헤겔의 빗장'을 여는 대화를 통해 결국은 <그 '어떤 철학'이 주장하는 '리얼리티'와 '주체'와 '진리'에 대한 철학적 관념>을 마그리트의 그 그림을 통해 이야기하게 할 수 있을 것이다. 그리고 나아가, 그렇게 이야기될 '어떤 철학'의 여백을 들추며 아직 말하여지지 않은 '또 다른 철학'의 관념을 말하게 하는 것 또한 분명 가능한 일이다. 하나의 철학적 관념을 초과하는 회화의 여백과 상응할 그 '어떤 철학'에는 하이데거와 메를로-퐁티의 것 역시 해당할 것이다. 그러나 문제는 이 철학자들이 마그리트의 그림을 실상 다루지 않았다는 것인데, 이 경우 우리는 그들의 눈을 통해 그 화가의 그 그림을 읽으며 철학적 관념에 대한 회화의 허용과 이탈을 고찰하는 방법을 취할 수도 있다. 이중의 성과를 낼 수 있기에 충분히 의미 있는 일이 되겠지만, 앞서 말한 이 글의 목적을 고려하면 적어도 이 자리에선 그 두 철학자, 하이데거와 메를로-퐁티의 회화론으로부터 시작하는 것이 훨씬 경제적이다.[62]

3. 하이데거: ≪끈 달린 구두≫와 '부재'의 현상학

≪헤겔의 휴일≫이 그렇듯 '표현'의 극단인 "오브제"(l'Objet)라 해서 탈근대의 철학들만이 수용되고 과거화 되지 않는 것처럼, 전

62 그럼에도 앞에서 ≪헤겔의 휴일≫에 대한 언급을 무릅썼던 것은 하나의 철학적 관념을 초과하는 '회화의 여백'을 단적으로 가리키기 위해서였다.

통의 '재현'의 미학에 충실한 회화의 '구상'이든 아니면 그것을 '필요'에 따라—들뢰즈의 말을 쓰자면, "비구상적인 혼란을 끌어안는 방식의 차이" 또는 "도래하게 될 회화의 질서를 예측하고 그 질서와 무질서의 관계를 평가하는 방식의 차이"에 따라[63]—뒤틀거나 폐기하는 표현적인 회화들의 '형상' 혹은 '추상'이든 그 모두를 막론하고 역시 가능한 어떤 철학적 관념들에 대한 '허용'과 '이탈'의 장 일 수 있다. '재현'은 자신의 조건인 표현의 '흔적'으로부터 자유로울 수 없으며, 만일 오브제의 창조나 변형들조차 "의식과 외부세계 간의 접촉을 확고히 하기 위하여 쓰이는 수단"[64]이라는 인식을 거부하는 것이 아니라면 '표현'은 '재현의 담론'—이 담론이 비록 전혀 다른 의미에서의 리얼리티를 겨냥한다 하더라도—과 단절할 수 없게 된다. 따라서 표현과 재현을 가르는 분석의 날도 중요하지만 그보다 더 중요한 것은 아마도 '재현들에 숨겨진 표현들의 흔적'과 '표현들에 내재한 질들의 차이'를 추적하고 가늠하며 회화의 더 나은 감각을 복구, 더 나은 철학적 관념에 바치는 일일 것이다. 하지만 그렇다 하더라도 ≪헤겔의 휴일≫처럼 철학적 관념의 정체를 투명하게 노출시킨 회화는 드물다. 대부분의 회화들은 그것(철학적 관념)을 속으로 함축하고 있다. 때문에 이러한 회화들에선 철학적 관념을 현존시킴으로써 회화의 의미가 살아나는 특이한 현상이 아니

63 G. Deuleze, *Francis Bacon: The Logic of Sensation*, tr. D. W. Smith, University of Minnesota Press, Minneapolis, 2003, p.84. 들뢰즈는 여기서의 "차이"를 감각을 사이에 둔 '눈'과 '손'의 역학관계로서 설명하고 있는데, 이는 인식론적이거나 존재론적인 '표현'의 여러 차원들을 함축한다.

64 「생명선」(La Ligne de Vie)이라는 제목을 달고 잡지 『논쟁』 [*Combat*, vol.3. no.105(10 December 1938)]에 실렸던 마그리트의 자전적 글의 한 구절. S. Gablik, *R. Magritte,* p.192.

라, 거꾸로 회화의 의미로써 철학적 관념이 현존하는 일반적 현상이 나타난다. 하이데거가 "예술작품의 근원"을 이야기하는 중에 거론했던 고흐의 ≪끈 달린 구두≫(1886)는 그런 경우에서의 한 전형이다. 우선, 하이데거는 『숲길』에서 고흐의 이 정물화를 보고 이렇게 진술한다.

"낡은 구두[도구]의 어두운 내부가 드러나는 '구멍(die Öffnung)'[65]으로부터 노동의 고단함이 배어나오고, 구두의 만만치 않은 중량에는 널따란 밭고랑을 느릿느릿 끈기 있게 누볐던 발걸음이 켜켜이 배어 있다. '대지'의 습기와 풍요를 머금고 있는 가죽 아래의 밑창에선 해질녘 들길의 아뜩한 정적이 묻어난다. '대지'(die Erde)의 '소리 없는 부름'(der verschwiegene Zuruf), 잘 익은 곡식을 내주는 대지의 '증여'(das Verschenken), 황량한 겨울들판에서 피어나는 대지의 수수께끼 같은 '자기거절'(das Sichversagen)이 구두 안에서 진동하고 있다. 양식을 걱정하는 불평 없는 근심, 궁핍을 넘겼을 때마다 찾아왔던 말없는 '환희'(die Freude), 임박한 출산에 대한 초조함, 그리고 엄습하는 '죽음의 위협'(die Umdrohung des Todes) 앞에서의 전율이 구두에 뒤엉켜 스며있다."[66]

하이데거가 말하고 있는 고흐의 정물화는 위에서 들었던 마그리트의 그림과 달리 누가 보아도 분명히 "낡은 구두"를 '재현'한 것처럼 보인다. 그러나 근대의 재현적인 사고를 넘으려했음에도 불구하고 하이데거에겐 이러한 점이 전혀 문제가 되지 않았는데, 이는 "이 화가가 정확한 묘사에 별 관심을 두지 않고 자신의 그림에 대해 느

65 이 글의 초고가 발표되었던 <2008 한국현상학회 신춘세미나>에서 "구멍"이라는 번역어의 적절성에 대한 다소의 논란이 있었지만, <die Öffnung>에 '구멍'(das Loch)의 뜻이 내포되어 있다는 점을, 그리고 무엇보다도 이 단어가 문맥상 "구두존재자"의 진리가 구두의 존재론적 깊이로부터 '현출'하는 장소(구두 내부의 출구)를 은유한다는 점을 고려해서 그대로 두었다.

66 M. Heidegger, *Holzwege*, p.19.

겼던 감정을 다른 사람도 느낄 수 있도록 전달하기 위해 색채와 형태를 달리 전용했으며, '입체경적 현실감'이 느껴지도록 자연을 사진처럼 그리는 것에 무관심 했다"[67]는 사실을 ≪끈 달린 구두≫의 재현적인 외관 이면에서 확인했기 때문이 아니었다. 그는 고흐의 이 정물화에서 재현의 틀을 깨는 형태와 색채의 어떤 기미도 언급하지 않는다. 하이데거는 '예술을 사물의 외관에 대한 모방'으로 여겼던 종래의 예술론을 거부하지만, 이로써 정작 부정되었던 것은 실제적인 존재자와 '대응하는 일치'(adaequatio)로서의 재현이다. 그가 보기에 "작품의 문제는 그때마다 눈앞에 주어진 '개별적 존재자의 재현'이 아니라 '사물들의 보편적 본질의 재현'이다."[68] 그에게서 재현의 형식은 이차적인 문제다.[69] 중요한 것은 외관의 재현이든 아니든 회화 속에 들어있는 내용이며, 또 내용이되 "사물들의 보편적 본질" [그의 다른 말을 쓰자면 비(非)인간적인 "존재의 의미" 혹은 "존재의 진리"]이다.

이렇게 보면 그가 고흐의 정물화를 빼어난 예술품으로 평가했던 척도는 "실제의 사물로부터 끌어낸 하나의 '모상' (das Abbild)"을 그림 가운데로 옮겨놓았는지의 여부가 아니며, '가시적인 세계로부터 완전히 물러난 인간의 감정'을 그렸는지의 여부도 아니다. 물론 '실물과의 유사성'이나 '화가의 주관적 감정의 표현'을 부추기는 이

---

67 E. H. Gombrich, *The Story of Art*, Phaidon Press Limited, London, 1995: 백승길 外 옮김, 『서양미술사』, 예경출판사, 2002, p.548.

68 "Also handelt es sich im Werk nicht um die Wiedergabe des jeweils vorhandenen einzelnen Seienden, wohl dagegen um die Wiedergabe des allgemeinen Wesens der Dinge.", M. Heidegger, *Holzwege*, p.22.

69 Jose Ortega y Gasset, *The Dehumanization of Art, pp.*68-69 참조.

론들에 따라 구상, 형상, 추상 등의 회화들이 생산되어왔고 또 앞으로도 생산될 수 있을 것이지만, 하이데거의 자리에서 보면 결국 우리가 그러한 생산물들의 '객관적'인 혹은 '주관적'인 내용 속에서 찾아야할 것은 "작품 속에 스스로 정립된"[70] 존재자—예컨대 "'도구'(das Zeug)로서의 구두"—의 진리다. 그러한 진리에 주목할 때, 미학이나 회화는 자신에게조차 은폐된 자신의 본질을, "'판에 박힌'(cliché) 듯했던, 두뇌의 이성에 매달린 듯했던"[71] 이전의 경우에서와 달리, 적극적으로 실현할 수 있다. 또, 역시 그것을 주목했을 때의 말인데, 오브제의 회화나 작품들만이 근대의 출구라는 생각의 소박함도 함께 버릴 수 있을 것이다. 이런 점에서 고흐의 정물화로써 펼친 하이데거의 회화론은 무엇보다도 근대의 <'형식과 내용' 및 '주체의 재현 혹은 표현'의 미학>을 너머서는 동시에 탈근대와 근대, 그리고 근대에 닿아있는 전통의 회화 전부를 끌어안는 회화사의 연속성을 재정립할 '탈근대 미학'의 한 경지를 함축한다. '형식과 내용' 대신 "열리는 세계와 닫히는 대지 사이의 '투쟁'(der Streit)"을, '아름다움의 유발자였던 예술가' 대신 "예술작품"을 이야기하며[72] 종래의 미학을 극복하려했던 하이데거의 고흐에 대한 논의가 시인 게오르게와 휄더린에 대한 논의와 함께 '예술가의 위상'을 규명하는 가운데 '사유가의 자리'에 대한 자신의 '현상학적 시각'을 함께 심화시켰다는 사실을 고려하면, 우리는 이렇게 말할 수 있다: ≪끈

70 "[…]das Sich-ins-Werk-Setzen der Wahrheit des Seienden", M. Heidegger, *Holzwege*, p.22.

71 G. Deuleze, *Francis Bacon, pp.*xx-xxiii.

72 M. Heidegger, *Holzwege*, p.50. 그리고 *Nietzsche(Band 1)*, Pfullingen, Neske, 1961, pp.92-94.

달린 구두≫는 '근대의 미학을 극복'하는 하이데거의 논리에 든 탈근대의 '철학적 관념', 즉 '현상학적 관념'을 현존시킨다.

"하이데거가 말하는 현상학에서 '현상'이란 전적으로 '[존재자의] 존재'의 현상이지 '존재자'의 현상이 아니다. 그는 현상학을 방법으로서, '스스로 내보이는 것을 그것 자체에서부터 나타나는 그대로 보이게 해줌'으로서 파악하는데, 이는 후설의 '사실 자체로'에 대한 하이데거의 수용이자 해석이다."[73] 그러니까 그의 현상학은 '숨겨져 있는 것'을 '숨겨져 있는 것'으로서, 그리고 '말하여지지 않은 것' ("정적의 소리")을 '말하여지지 않는 것'("정적의 소리")으로서 '드러내어 보일 수 있게' 하거나 '말하여 들릴 수 있게' 해주는[74] 철학이다. 이것은 진리의 '증여자'인 그의 리얼리티 혹은 "존재자의 존재"가 무(無), 즉 '부재'를 통해서만 경험될 수 있다는 사실에서 유래한다. 물론 이때의 '부재'는 "현존"(die Anwesenheit)과 단절된 형국으로 상호 대립하는 단순한 "부재"(die Abwesenheit)가 아니다. 그것은 현존하는 것들의 비(非)은폐를 가능하게 하는 "은폐"로서의 "결여"(das Fehlenden)[75]와 같은 것으로서 '현존'하는 존재자의 진리를 만날 경험—이 경험에는 "부재를 현존하는 것으로 만들어내는, 즉 현존의 부재 속에서 부재를 현존적인 것으로 설립하는 '현존과 부재의 이분법'이 없다"[76]—의 장이다. 하이데거의 이런 입장은 '죽

---

73 F. W. von Hermann, *Heideggers Philosophie der Kunst*, p.121.

74 M. Heidegger, *Unterwegs zur Sprache*, 1967, p.251. *Sein und Zeit*, Max Nnemeyer Verlag, Tübingen, 1961, pp.184-185. 그리고 *Wegmarken*, Vittorio Klo-stermann, Frankfurt am Main, 1967, pp.8-11.

75 M. Heidegger, *Sein und Zeit*, p.73.

76 R. Bernasconi, *The Question of language im Heidegger's History of Being*, Humanities Press, London, 1985, p.84.

음'의 철학인 『존재와 시간』부터 견지된 것이지만, 그러나 충분히 정리된 것은 그 책 이후였다.

그것이 충분하지 못했던 이유는 <존재의 드러남이 존재의 '밝혀져 있음'에만 치우치고, 의미를 드러나게 해줄 '무 자체'의 측면에선 제대로 사유되지 않음으로써 주관주의의 혐의로부터 자유롭지 못하다>는 데에 있었다. 「형이상학이란 무엇인가?」는 『존재와 시간』의 근저에 있던 "존재망각에 대한 경험"을 "무에 대한 경험"으로서 다시 제기함으로써 이 문제에 개입한 소론이다. 하지만 이 소론에선 "존재의 대리 역할을 하고 있는 무"가 인지되는 데 그쳤을 뿐, '무'라는 말 자체에 대한 물음은 아직 제기되지 않는다.[77] 이 물음이 적극적으로 다루어진 것은 휄더린과 게오르게의 시에 대한 논의들[예컨대, 「흡사 축제일 같이」에서의 "성스러운 것의 결여"[78]와 「말」(Das Wort)에서의 "시인의 '체념'(verzichten)"[79]에 대한 해명]에서였는데, ≪끈 달린 구두≫論은 바로 이 논의들을 받치는 주요 관점들을 선취하고 있다. 이 경로를 통해 하이데거가 얻은 것은 <"존재를 위한 말"이 더 이상 없는 자리, 그 '형이상학의 종말'에서 "무의 너울"을 쓰고 다가오는 존재를 '부재 그 자체'로서 경험하여 '의미의 진리'를 새로이 사유할 수 있는—따라서 '언어의 변형'을 수행할 수 있는—주체의 존재 방식을 터득한 논리의 성취>, 즉 '부재'로써 '현존'을 의미 있게 하는 '부재의 현상학'이었다.[80] 그렇다면, 이렇게

---

77 M. Heidegger, *Was ist Metaphysik?*, Vittorio Klostermann, Frankfurt am Main, 1965, pp.27-42.

78 "[…]es fehlen heilige Nahmen", M. Heidegger, *Erläuterungen zu Hölderlins Dichtung*, Vittorio Klostermann, Frankfurt am Main, 1981, p.11.

79 M. Heidegger, *Unterwegs zur Sprache*, pp.208-215.

말해도 될 것이다. 즉, '정물화'가 된 고흐의 감각이 허락하고 있는 것은 이 '부재의 현상학'에 수반하는 철학적 관념이다. 아닌 것이 아니라, 위의 인용된 진술을 다시 보면, 몇 개의 문장들 속에 하이데거 철학의 주요 용어들이 망라되어 있다: "구멍, 대지, 부름, 증여, 자기거절, 환희, 전율, 죽음" 등등.

우선, ≪끈 달린 구두≫는 "우리에게 자기중심적인 효용성을 벗어나 사물을 바라보는 법"을 알려준다. 때문에 마치 "이용불가능하고 '방해'적이며 분실적인 존재자의 결여에 대한 경험으로서의 이해"라는 '훼손된' 망치에 대한 인식[81]과 연관된 『존재와 시간』의 명제를 현존시키고 있는 듯하지만, 그러나 그 책보다 먼저 실존의 알리바이로써 실존을 현장으로 불러들였던 고흐의 이 그림에는 도구의 "집요한 지속성"(die Aufdringlichkeit)을 떨치고 부재자체에 직면한 '부재의 경험' 속에서 '존재자'[구두]의 의미를 사유케 함으로써 그 명제를 능가하는 '무'의 어두운 "구멍"이 있다. 우리에게 '말하여주려 하는 것, 즉 무의 의미'를 소리 나지 않게 말하여 줄 시적 언어였던 "진술하는 비(非)진술"은 여기에 먼저 있었던 셈이다. ≪끈 달린 구두≫는 이 언어에 다름 아닌 것으로서 그 "구멍"에 대한 경험으로부터 뻗쳤을 하이데거의 철학적 관념이 가리키는 것들—달리 다시 쓰자면, "현출하면서 감추는 대지", 그리고 이에 상응하는 "존재의 부름과 증여와 자기거절", 그리고 "현존재의 죽음과 전율과 환

80 그러나 이 성취는 『존재와 시간』과 단절하지 않는다. '무'(無)가 경험되는 '사건'은 현존재의 '죽음'으로부터 열리는 "시간의, 그리고 존재의 역동적이고 구체적인 종합"의 사건이기 때문이다. C. M. Sherover, *Heidegger, Kant, & Time*, Indiana University Press, Bloomington, 1971, p.282.

81 M. Heidegger, *Sein und Zeit*, pp.72-76.

희" 등등의 현상학적 의미들—을 우리의 눈앞에 펼쳐 보임으로써 "스스로 말한다."(das Gemämlde [⋯]hat gesporchen)[82] 마치 사물들의 진실을 말하듯, 그렇게 우리의 귓전에 '정적의 음성'으로 들려준다. 그도 그럴 것이, 하이데거의 현상학에서 하나의 '진리' 내지 '존재론적 의미'는 이해의 방식을 해명하는 철학적 관념 속에서 해석될 뿐이지 '별개의 어떤 것'으로서 의미의 진리가 따로 기술되지는 않는다. 이러한 사실은 결국 고흐의 '감각', 즉 예술가의 '부재에 대한 시적 경험'[83]이 하이데거에게 먼저 있고 나서야 비로소 하이데거의 '부재의 현상학'이 가능했다는 것을 뜻한다.

하이데거는 고흐를 통해 철학적 관념을 확장했지만, 문제는 그가 생산한 철학적 관념을 읽을 사용자에 있다. 그렇지 않으면 몰라도 만일 이 철학자의 해석에 그칠 수 없다면 그는 이 철학자가 한정했던 감각의 넓이와 깊이를 이탈해야할 것이기 때문이다. 고흐는 '낡은 구두'를 반복해 그렸는데. 이는 그가 자신의 낡은 구두그림에서 "어떤 중요한 사실이 일어난다는 것"을 알고 있었음을 반증한다. 그러나 당연히 말로 표현되지 않았던 이 중요한 사실을 두고 그것이 '하이데거가 말하게 한 감각의 깊이와 넓이'를 초과한다고 생각한 이들 중 하나가 데리다였는데, 그가 보기엔 고흐의 정물화의 그 "구멍" 속에서 분출하는 것은 아무래도 "존재"가 아니라 "유령"의 목소

82 M. Heidegger, *Holzwege*, p.21.

83 고흐의 이 경험은 "감동을 주었던 작가 디킨스가 죽었을 때", "아꼈던 동료 고갱이 아를을 떠나겠다고 선언했을 때", "화가공동체를 만들려 했던 꿈이 무너졌을 때"마다 각각 그렸던 "텅 빈 의자"들에서도 그대로 표현되었다. C. Edwards, *The Shoes of Van Gogh*, Crossroad Publishing Co., New York, 2004: 최문희 옮김, 『하느님의 구두』, 솔, 2007, pp.66-70.

리였다: "누군가가 '고흐의 그림에 유령이 있는가?'라고 묻는다면, 바로 여기 이 그림 ≪끈 달린 구두≫에서 그것을 이야기할 수 있다."[84] 이를테면 그 '유령'은 그를 읽은 한 시인이 "활자와 종이 사이에 소리와 의미 사이에 넓이와 깊이를 잴 수 없는" 것으로 놓였다 했던 그 틈,[85] 앞의 각주에서 쓴 데리다의 말을 다시 가져와 쓰건대, "하나의 기호, 하나의 '시니피앙'과 '시니피에'의 단위가 현재와 절대적 현전의 충만 속에서는 생산될 수 없음을 말하는 '틈'(la brisure)"[86]에 출몰하는 언어의 어떤 '의미작용'과 같은 것이다. 데리다의 ≪끈 달린 구두≫는 이 '유령'으로써 하이데거의 철학적 관념의 요체인 "존재"와 이에 상응하는 인간["현존재"]에 남아있던 근대의 형이상학적 '실재성'(die Realität)과 '주체성'(die Subjektivität)을 지운다. 그리고 '리얼리티'와 '주체'와 '진리'를 새로이 엮을 탈근대의 또 다른 철학적 관념을 우리에게 던진다. 그러나 ≪끈 달린 구두≫에는 데리다의 여백도 있다. '하이데거가 읽은 회화의 여백'에서 흘러나온 데리다의 철학적 관념이 아무래도 불안하다면, 우리는 데리다의 철학적 관념을 눈앞에 현존시켰던 '회화의 감각' 혹은 '시적 인식'의 여백을 하이데거가 읽은 회화의 여백을 고려하며 다시 뒤져야 한다.

---

84 J. Derrida, *The Truth in Painting*, tr. G. Bennington & I. Mcleod, The University of Chicago Press, Chicago, 1987, p.257.

85 "활자와 종이 사이에 틈이 있다. / 소리와 의미 사이에 틈이 있다. / 넓이와 깊이를 잴 수 없는 그 틈으로 / 풍향과 풍속을 가늠할 수 없는 바람이 불고 / 그 바람에 홀린 듯 빨려 들어가면 / 나는 무수히 분해되어 풀풀 날린다." (강윤후, 『다시 쓸쓸한 날에』, p.59).

86 J. Derrida, *Of Grammatology*, pp.65-73 부분 참조.

4. 메를로-퐁티: ≪푸른색 꽃병≫과 '현존'의 현상학

데리다가 불안을 준다면, 그것은 하이데거가 회화론으로써 '보여주었던' 철학적 관념의 '질'(質), 특히 근대적인 인식론의 한계였던 '관념론적 추상성'에 대한 극복의 논리에서 기인한다. 앞에서 하이데거의 현상학을 '부재의 현상학이라 명명했을 때, 그것은 "존재는 존재자 없이 '본재'(west)할 수 없고 존재자는 존재 없이 '존재'(ist)할 수 없다"[87]는 명제가 가리키는 '현존과 부재'의 '분리불가'성을 결코 깨뜨리지 않는 것이었다. 요컨대, '현상'이 어디까지나 '존재자의 존재의' 현상이라는 점에서 '부재의 현상학'은 현존이 부정된 곳에서 부재를 건축하는 일을 취할 수는 없다. 현존의 부재 속에서 현존의 의미를 진리로서 드러내기 위해 '현존과 부재'의 실제적이고 역동적인 종합의 "사건"에 주목하는 것이 하이데거의 '부재의 현상학'이다. 부재에 대한 전통의 이해가 '부재의 현상학'이란 용어의 진의를 가릴 수는 있지만, 그럼에도 불구하고 그 용어는 하이데거 현상학의 탈근대적인 성취와 이 성취의 그늘인 리얼리티와 주체와 진리의 '관념론적 추상성'을 동시에 함축하는 까닭에 다른 어떤 말보다 적확하다. 물론 "사실자체로" 가려는 현상학적 열망을 '순수의식'이 아닌 '현존재의 삶' 속에서 실현하고 있는 철학이라는 점에서 하이데거의 '리얼리티와' '주체' 그리고 이것들의 관계 속에 포착될 '진리'는 '구체적 현실성'을 주장할 수 있다. 그러나 하이데거의 구체적 현실성이 '어떤' 구체적 현실성인지는 더 헤아려 보아야할 사안이다. 실존의 시간에 "존재의 의미"로서 주어지는 '사실자체'는

87 M. Heidegger, *Was ist Metaphysik?*, p.46.

실존의 방식에 따라 '구체적 현실성'을 달리 가리킬 것이기 때문이다. 만일 탈근대의 철학에서도 <건강한 철학은 우리의 '사회적 일상'을 위한 철학>이라는 말이 여전히 유효하다면, 이러한 사실은 중요한 문제다.

하이데거의 철학이 <근대의 인간주의적 초월의 추상성을 근대극복의 논리로써 변주하는 탈근대의 새로운 관념론>이라는 비판에 시달리는 것은 이 문제의 해소방향을 제대로 잡지 못했거나 경시했음을 반증한다. "부재"를 통해 혹은 "존재철회"에 대한 경험을 통해 존재로의 접근을 시도하는 길도 타자와의 관계를 통과할 수 있다는 주장도 성립할 수 없는 것은 아니지만, 이때의 '관계'는 현존에 구속당하지 않는 하나의 '새로운 관계', 하이데거의 입장에서 쓰자면 <결국은 '과거'>에 설정된 의미의 이상주의적 진정성을 "회상"(die Erinnerung)하는 '언어의 시간' 속에서 이루어지는 관계일 것이다. 그러나 이때의 과거는 "비록 '근접'(die Nähe)의 현존으로부터 이탈한 것은 아니라 하더라도 […]어디까지나 잃어버린, 그래서 시간적으로 현재 소유할 수 없는 것"[88]이라는 점에서 '지금—여기'에서 '우리'가 능동적으로 빚어내는 구체적 현실과 단절한다. 이렇게 보면. 하이데거의 '부재의 현상학'에 함축된 '관념론적 추상성'은 <언어의 시간에게 현재의 우위를 부여하여 '의미의 이상주의적 진정성'을 제거>함으로써 극복될 수 있다. 이 극복은 '현존의 부재'를 통해 '부재의 현존'이 갖는 의미를 드러내는 것이 아니라, '부재의 현존'을 통해 '현존의 부재'가 갖는 의미를 드러내는 철학으로 귀착될 것인

88 A. Megill, *Prophet of Extremity: Nietzsche, Heidegger, Foucault, Derrida*:: 조형준 옮김, 『극단의 예언자들』, 새물결, 1996, pp.218-219.

데, 이 철학은 하이데거의 '부재의 현상학'에 대해 다음의 두 경우 중 하나로서 대립한다. 즉, ㈎ 현상학의 영역을 이탈하며 '현존의 해체'를 통해 '현존의 부재'가 갖는 의미를 드러내는 철학. ㈏ 현상학을 달리 전개하며 '현존의 현상'을 통해 '현존의 부재'가 갖는 의미를 드러내는 철학. 하이데거가 확신했던 '의미의 이상주의적 진정성'의 담보자인 '존재'와 이 존재에 전용된 '현존재'에 대한 "복원"(la restitution)[89]의 철학적 관념을 ≪끈 달린 구두≫를 통해 경험한 후, 그 여백의 감각에서 읽어낸 "유령"으로써 하이데거의 철학적 관념을 허물며 새로운 철학적 관념이 회화의 의미로서 현존토록 했던 데리다의 경우는 전자였다.

데리다가 생산한 철학적 관념의 요체는 "의미생산의 시공간적 운동", 즉 "차연"(la différance)이라는 "원-흔적"(l'archi-trace)의 흔적이다. '의미생성자체'성을 갖는 이 언어의 리얼리티를 통해 그는 하이데거의 '과거'에 뿌리내린 언어의 시간을 '현재'에 이식하며[90] 주체와 진리 및 이것들로부터 파생하는 일련의 철학적 관념을 해체의 논리로써 재구성한다. 그 흔적이 "문화적이자 자연적이며, 심리적이자 물질적이고, 또 정신적인 동시에 생물학적인 것"[91]인 까닭에 데리다의 철학적 관념은 "지시성의 구조"에 빠진 인간존재의 사유습관을 극복하며 하이데거의 한계인 탈근대의 '관념론적 추상성'을 이탈할 수 있게 된다. 하지만 그 이탈이 분명하지 않다. 타자의 물질적인 욕망이 누락된 비(非)인간의 초월을 유발하며 "현실적인 것"의

89 J. Derrida, *The Truth in Painting*, pp.260-261.
90 김형효, 『데리다의 해체철학』, 민음사, 1993, pp.39-48.
91 J. Derrida, *Of Grammatology*, p.47.

'사회적 구체성'에 대한 확신을 가로막는 한편 주체의 형이상학적 욕망이 제거된 자리에서 '차이의 미로'에 굴복하는 기미들, 즉 '의미의 상대성'과 '언어의 존재론적 환원'의 혐의를 온전히 벗지 못하고 있기 때문이다.

말하여지지 못한 감각의 깊이가 여전히 ≪끈 달린 구두≫에 있음을 뜻하지만, 그 깊이가 특정한 어떤 회화의 전유물은 아니다. 그러니 반드시 고흐의 이 정물화일 필요가 없다. 달리 말하자면, 언어인 이상 회화에 있어서도 "새 구조는 옛 구조 안에 '이미'(déjà) 현존해 있던 것으로서 '주어지는' 것이며, 거꾸로 옛 구조는 그 새로운 구조 내부에서 '지금'(maintenant) 이해될 과거의 것으로 존속"[92]한다는 점에서 고흐의 정물화에 든 의미는 대비의 선명함은 떨어지겠지만 다른 화가들의 회화에서도 읽힐 수 있다. 그 보여줌이 어차피 '본질의 차원'에서 성립하는 것이기 때문이다. 세잔의 정물화 위에서 그 안에 개입된 기존 미학의 철학적 관념들을 사용하며 데리다와는 다른 방식으로 하이데거를 능가하는 자신의 철학적 관념을 생산했던 메를로-퐁티가 취하게 되는 이 연속성은 분명 '본질의 차원'으로 환원되는 회화를 승인한다. 하지만 이 '환원'은 적어도 '비평의 자리'가 아니라 '철학의 자리'에서는 부정적이지가 않은데, 왜냐하면 예컨대 하이데거나 데리다와 같이 '대놓고' 혹은 그들과 달리 '은밀하게' 회화의 시적 감각을 통해 철학적 관념의 새 지평을 열었을 숱한 이들에서처럼 메를로-퐁티에서도 그 '본질의 차원'은 하나의 철학적 관념과 이질의 철학적 관념이 각각 사용되고 생성되기 위해 회

92 M. Merleau-Ponty, *Signes*, p.102.

화들이 수렴되는 고유한 공간이기 때문이다. 메를로-퐁티가 세잔의 정물화에서 읽어낸 철학적 관념의 의미는 고흐의 정물화에서도 현전될 수 있다.[93] 고흐가 남긴 하이데거의 여백을 세잔 속에서 찾아 깨우며 하이데거를 이탈하는 그에게서 우리는 오히려 '기존의' 철학적 관념을 뒤로 넘기며 '새로운' 철학적 관념을 이미지로 펼쳐낼 회화자체의 '전(前 / pre)철학'적 통일성을 보게 된다. "회화로써 사유"[94]한 '침묵의 철학자' 세잔의 입이 된 메를로-퐁티는 ≪푸른색 꽃병≫(1885-1887)으로 표상되는 세잔의 정물화를 보고 이렇게 말한다.

"세잔의 회화가 갖는 구성을 전체적으로 보면 '원근법상의 형태왜곡'(les déformations perspectives)은 더 이상 왜곡으로 보이지 않는다. 그것은 하나의 자연적 비전에서 일어나듯이 생기는 질서, 혹은 우리의 눈앞에 막 나타나 스스로 조직을 이루어가는 행위 속 대상의 인상을 주는 것처럼 존재한다. 대상을 둘러싸는 선으로서 간주된 윤곽선은 가시적인 세계에 속하고 있는 것이 아니라 기하학의 영역에 속해있다. 때문에 윤곽선이란 사과의 가장자리가 깊이로 침잠하는 이상적 한계로 생각하는 편이 맞다. 어떤 형태도 그리지 않는 것은 대상의 동일성을 박탈할 일이지만, 그러나 대상을 단순히 선으로 나타내는 것은 '눈앞에 보이는 표면의 세계가 아니라 유보로 가득 찬 무진한 리얼리티의 차원에게 희생을 강요한다. 세잔이 색채를 부풀리고 대상을 변조하고, 또 윤곽선을 푸른

93 역으로 말하면, 하이데거가 고흐의 정물화 ≪끈 달린 구두≫에서 읽어낸 의미는 세잔의 정물화에서도 현전될 수 있는 것, 달리 말해 세잔의 정물화에도 하나의 가능태로서 내재되어 있는 것이 된다. 물론 이러한 사실이 '하나의 회화가 이질적인 회화의 본질을 동시에 가질 수 있다'는 뜻을 가리키는 것은 아니다. 별개의 작품들을 통해 회화의 본질을 이야기할 수 있어도, 작품들 저마다가 각기 달리 갖는 회화의 본질을 이야기 할 수는 없는 노릇이다. 있다면, 작품들에 대해 달리 이야기 되는 '어떤 하나의 본질'과 이 본질의 차원에서 이루어질 수용 및 비판을 통한 극복의 담론 등이 있을 뿐이다.

94 "il pense en peinture", M. Merleau-Ponty, *L'Oeil et l'Esprit*, p.60.

색으로 나타낸 이유는 여기에 있다.'"[95]

하이데거가 "'현재화하는 지각'(die gegenwärtigende Wahrnehmung) 대신에 오히려 '머리 안에 떠올리는'(vergegenwärtigende) 접근방식"[96]으로 회화의 감각을 이해하려했다면, 메를로-퐁티는 그 반대라 할 수 있다. 이는 '푸른색 꽃병'(과 '사과')을 그린 정물화들의 시적 경험에 내재된 세계인식의 태도가 '현존의 부재'로써 '부재의 현존'을 말하는 '부재의 현상학'이 아니라 '부재의 현존'으로써 '현존의 부재'—즉, "눈앞에 보이는 표면의 세계" 이면의 "유보로 가득 찬 무진한 리얼리티"—를 말하는 '현존의 현상학'과 연결되어있음을 가리킨다. 하이데거를 극복하되, 현상학적 태도 위에서 극복하려 했던 그의 태도는 '과거의 우위'에 바쳐진 하이데거의 '언어의 시간'을 데리다와는 다른 방식으로 '현재의 우위'에 바치는 차이를 함축한다. 메를로-퐁티의 언어는 '현존에 구속당하지 않는 새로운[기억의] 관계' 속에서 '부재하는 현존'의 의미를 드러내는 시간이 아니라, "나와 타자가 '스스로를 투사하는 중에'(en se projetant) 서로 얽혀드는 관계"[97] 속에서 '현존하는 부재'의 의미를 드러낼 사유로 작동할 그런 것이다. 실질적인 타자와 현재에 대한 강조를 데리다와 공유할 것이지만 "유령"의 입지가 없던 메를로-퐁티에게는 하이데거에서처럼, 그러나 하이데거의 것과는 달리 능동적이고 사회적인, '언어의 주체'의 "복원"이 있다.

---

95 M. Merleau-Ponty, *Sens et Non-sens*, p.25.

96 F. W. von Hermann, *Heideggers Philosophie der Kunst*, p.153.

97 M. Merleau-Ponty, *Phénoménologie de la Perception*, Gallimard, Paris, 1945, p.495.

'현존'에 대한 "원근법적인 형태왜곡"이나 "색채의 변형" 및 "윤곽선의 폐지" 등 관념론적 기재들을 걷어내는 "자연적 비전"의 회복 위에서 "가시적인 것을 초월하지 않는 비가시적인 것"으로서의 '부재의 현존'을 드러내고 있다는 점에서 메를로-퐁티가 읽은 '세잔의 감각'은 이미 세계의 의미에 타자와 함께 빚는 '구체적 현실성'을 부여할 철학의 주체였다. 세잔의 회화가 현존시키고 있는 철학적 관념이 "포기할 수 없는 '하나의 현존'(une présence)으로 '이미 거기에' 늘 존재해 있는 세계와의 직접적이고도 원초적인 관계"[98]에 걸려있는 까닭은 여기에 있다. "실제로 세잔은 그려야할 실재를 향해 '내적'주관성마저 젖히며 '가차 없는 철저한 후퇴'를 단행한다. 인상주의의 망막을 넘어, 인식론적 주관을 넘어섰음에도 여전히 인식론적인 '주관 그 자신' 혹은 '시각 그 자체'까지 뿌리를 내리고 있는 감각의 토대로 하강한다. '대상과 자신 사이의 간격을 움직이는 주관'은 물론, '그 간격을 모두 없앤 주관' 모두의 아래에 매몰된 '거기에 있는 세계'로 파고들어 뒤에 올 입체파나 표현주의 같은 초기 이후의 모더니즘보다 더 멀리 나간다. 나가서는 타자와 '지금의 여기'에서 직접 접촉 체험하는 실존을 끌어내 감각의 시선에서 '주관'과 '객관', 그리고 '내적 주관' 그 전부의 성질을 제거한다."[99] 그리고는 탈근대의 단단한 존재론적 감각'을 복구하여 '현존의 현상학'에 걸릴 "주체"(l'sujet)와 "리얼리티"[l'Être]를 각각 이르는 두 개의 살, 즉 "신체의 살"(la chair du corps)과 "세계의 살"(la chair du monde)[100] 및 이것들의 '의미로서의 진리'에 대한 메를로-퐁티의 철

98 같은 책, p.i.
99 송석랑, 「지성의 감각, 감각의 지성」, pp.263-266.

학적 관념을 회화로써 표현한다.

따라서 여기서는 이렇게 써도 된다. 즉, 우리가 ≪푸른색 꽃병≫에서 "<빛의 방향을 무시하거나 분산시키는 시간의 파열>과 <대상의 모양을 왜곡하거나 단순화하는 공간의 해체>가 창출하는 '아무것도 아닌 무엇'의 현상"을 보았을 때, 우리가 보는 것은 '현존의 부재'의 의미를 드러내는 메를로-퐁티의 철학적 관념이다. 물론 철학적 관념이 표명된 것은 메를로-퐁티의 언어에서였지만, 결국은 그의 것이기도 했던 세잔의 감각이 없었다면 철학적 관념에 대한 그의 표명도 없었을 것이라는 점에서 그러하다. 바르바스가 말했듯 메를로-퐁티가 "'존재로서의 존재'(l'Être en tant qu'Être)에 대한 사유가 함유하는 [전통보다]더욱 추상적인 면을 암묵적으로 고발"[101]하며 건강한 탈근대의 방향을 제시할 수 있었던 것은 기왕의 해석이 미치지 않았던 세잔의 정물화, 아니 회화의 '시적 경험'에 숨어있던 철학적 관념의 여백에서 찾아낸 '존재론적 감각의 주체와 세계'에 작용하는 '살'의 "교차성"(le chiasme) 때문이었다. 회화의 그 여백에서 찾아낸 존재론적 감각의 침묵에 상응하듯 새롭지만 소란스럽지 않은 이 "고발"의 이면에는 "자아와 타자의 가역성을 통해 […]하이데거의 <더불어 존재>(Mit-Sein)를 지각차원에서 수정"[102]하는 구체의 논리로써 하이데거의 '관념론적 추상성'과 이것에 '의미의 상대성'

---

100 M. Merleau-Ponty, *Le Visible et l'Invisible*, Gallimard, Paris, 1964, p.302.

101 신인섭, 「메를로-퐁티의 타자경험에 대한 레비나스와 리쾨르의 논쟁」, 『철학과 현상학연구』[20집], 2003, pp.156-157 (원문에는 인용된 구절의 출처 <R. Barbars, *De l'être du phénoméne*, Genoble, Jérome Millon, 1991, p.364>가 각주로 딸려있다.)

102 같은 논문, pp.164-169.

을 더한 데리다의 위험성을 마저 치우는 메를로-퐁티의 진경이 있다. 그러나 그의 철학적 관념이 근대의 그림자를 완전히 벗어난 것은 아니다. 결국은 세잔의 회화를 통해 전적으로 "보이게 된" 그의 존재론적 감각이 따지고 보면 '지성적인 감각'인 채 '감각적인 지성'인 "지각"(la perception)이 되는 까닭에 '현존의 현상'이 어쨌든 '너'와 '나'를 가르는 하나의 '에고'가 될 주체와 묶일 것이기 때문이다. 모든 현상학자들이 그렇듯 그 역시 "비(非)인간적인 경험을 무시하거나 구조 밖에 있을 인식의 자리를 가정함으로써 실제의 '차이'와 '생성'을 어떤 근거나 기초 안에, 언어의 구조나 경험 안에 가두었다"[103]는 비판으로부터 온전히 자유롭지는 않다. 그러므로

---

103 C. Colebrock, *Gilles Deleuze*, Routledge & Kegan Paul, London, 2002: 백민정 옮김, 『질 들뢰즈』, 태학사, 2004, p.13. "차이와 생성"의 장일 "살의 세계"에 든 <주체'의' 타자성>이 말끔히 불식될 수 없다면, 메를로-퐁티에 대해서도 이러한 비판은 공연하지 않다. '타자로 열리는 <주체'의 타자> 또는 '주체로 수신되는' <'주체의 타자'>보다 더 근원적인 타자, 이를테면 '주체로서 타자가 되고 타자로서 주체가 되는' <'타자의 타자'> 차원도 있을 것이기 때문이다 : 메를로-퐁티의 주체는 '타자로 개방된 주체'의 극한이라는 점에서 하이데거의 그것과 흡사하지만, '개방'의 '상호주관적인'(intersubjectif) 내력을 끝까지 '생활세계'(die Lebenswelt) 안에서 확보하려하고 있다는 점에서 하이데거에서와는 달리 '사회적 현실의 구체성'을 두른다. 하지만 메를로-퐁티의 타자는, 주체와 "살"로 엮이며 "인간주의를 거부"[M. Merleau-Ponty, *LeVisible et l'invisible*, p.328]하고 있음에도 불구하고, <'주체의 타자'>라는 점에서 하이데거와 함께 '그래도 인간주의적 요소가 남아있다'는 지적을 받게 된다. 그의 비인간주의에서 지적되는 이 한계는 그러나 "근대의 환상을 탈근대로 지우고 탈근대의 혼란을 근대로 지우는" 성취의 그늘이라는 점에서 부정적이지만은 않다. 물론 이러한 말은 하이데거에게도 해당하겠지만, 그러나 메를로-퐁티에게는 그에게 없는 구체성의 미덕이 존재한다. 그리고 이 미덕은 <데리다보다 덜 급진적인 자리에서 하이데거의 현상학적 추상성을 '윤리의 존재'로써 '극단화'하며 반복하는듯한 레비나스>와 <메를로-퐁티의 현상학적 구체성을 타자의 자리에서 달리 펼쳐 보이지만 역시 하이데거의 그 추상성을 '욕망의 존재'로써 '세속화' 하는듯한 라캉> 등의 철학, 즉 '주체로 수신되는' <주체의 타자>를 주장하는 비인간주의 철학에서 보이는 인간주의적 흔적의 측면을 능가

회화의 '시적 경험'의 더 깊은 곳으로부터 새로운 철학적 관념을 끄집어내는 노동이 필요하기는 여기서도 마찬가지다.

고흐와 클레 같은 화가들도 언급하지만 각별히 세잔과 베이컨의 회화에서 "세계의 '카오스'와 '대재난'(la catastrophe)에 대한 경험과 탈출"[104]을 읽으며 이들로 하여금 현상학의 남은 토대를 마저 뚫는 '새로운 경험론'의 철학적 관념을 현존케 하였던 들뢰즈는 아마도 그 노동의 맨 앞일 것이다. 이 노동의 관건은 <탈근대의 재앙을 근대로써 이기고 근대의 환상을 탈근대로써 지웠던 수고의 성취> 이면에 있는 한계, 즉 <타자의 원심력과 맞바꾼 주체의 구심력>에 잔영처럼 남아있는 '근대적 관념성'이 될 것이다.[105] 길은 하이데거를 넘는 데리다의 탈근대적 성취를 참조해 메를로-퐁티의 '근대적인 형이상학의 얼룩'을 제거함으로써 주체와 리얼리티와 진리의 '타자성'과 '보편성'을 온전히 세우는 일에 있다. 따지고 보면, 결국 이 일은 현재로부터 뻗는 '언어의 시간'을 메를로-퐁티의 '갈라진 존재론적 감각'을 극복한 주체의 것으로 만들어 이 주체가 펼치는 '능동의 사회성'을 타고 '구체적 현실성'에 더 깊이 육박하는 작업 위에서나 가능할 일이다. '푸코를 보완하며 라캉주의를 넘었던'[106] 들뢰즈의 철학이 그와 같은 것이라 할 수 있는데, 그는 <'타자로서의 주체' 혹은 '주체로서의 타자'를 겨냥한 해체의 논리>로써 '비'(非)현상학적으로 '현존의 현상학'을 극단화하며, 혹은 "사유란 무엇인가에 대한

한다.

104 G. Deuleze, *Francis Bacon, p.*91.

105 이와 연관된 내용은 송석랑, 「지성의 감각, 감각의 지성」, pp.278-279참조.

106 김필호, 「욕망의 사회이론」, 서울사회과학연구소, 『들뢰즈·가타리의 정치적 사유: 탈주의 공간을 위하여』, 도서출판 푸른숲, 1997, pp.58-97.

현상학적인 새롭게 하기의 태도를 변형"[107]하며, 세잔의 회화에서 메를로-퐁티의 여백을 읽는다. 다음의 진술이 그 단서였다. 즉, "감각이란 '신경체계, 생명의 운동, 본능, 기질 등 자연주의와 세잔에게 공통적인 모든 어휘의 장인 주체'를 향한 측면과 '사실과 장소와 사건 같은 대상'을 향한 측면을 모두 갖고 있다. 그것은 둘 중 어느 쪽도 아니거나 둘 전부다."[108]

기왕의 '현존의 현상학'도 그러나 감각을 "세계－내－존재"라 했으니, 그 진술이 정말로 '세잔의 회화가 허용한 메를로-퐁티'의 여백을 위한 단서일 수 있으려면 그 끝이 메를로-퐁티가 말했던 "체험된 신체로서의 살"의 "지각"차원을 빠져나가야한다. 들뢰즈에게 이 문제는 <세잔이 열어 놓은 "감각의 길"을 통과한 베이컨>의 회화에 대한 탐구로써 해소된다.[109] 이 탐구 속에서 주장된 '철학적 관념'의 요체는 그것["체험된 신체"]보다 훨씬 깊은 "기관 없는 신체로서의 고기"의 "힘"(la force)이었다. 하지만 이 '힘'이 "자신의 혼돈에 맞선 '리듬'(le rythme)"으로서 "신경체계, 생명의 운동, 본능, 기질" 등 "살"의 물질성에 한층 더 깊이 뿌리내린 "감각의 논리"로 지목된다 해도, 그 '리듬'의 본질로 호출되는 "욕망"(le désir)의 "무리한 일반화"와 "파괴적인 부정성"[110]을 고려하면 회화의 여백은 여전하다. 우리에게 주어진 이 여백은 우선은 들뢰즈의 것이겠지만, 만일 거기에서 읽어야할 것이 세계의 '리얼리티와 주체와 진리'에 대한 '철학적 관념'에 걸어둘 '타자성'과 '보편성'을 '합리성 이전의 합리성'

---

107 C. Colebrock, *Gilles Deleuze*, p.19.
108 G. Deuleze, *Francis Bacon, p.3*1.
109 같은 책, pp.37-54.
110 김필호, 「욕망의 사회이론」, p.83.

내지 '논리성 이전의 논리성' 혹은 '도덕성 이전의 도덕성' 등의 끈으로 묶는 역설이라면, 이때의 들뢰즈는 '메를로-퐁티의 들뢰즈'일 것이다. "야생적인 지각"[111], 그 "체험된 신체로서의 살의 지각"의 세계 아래를 채 들추지 않았던 전자[메를로-퐁티]의 이유였을 것들에 대한 '논박'과 '반증'의 자리, 거기에 후자[들뢰즈]가 있다.

5. 철학의 확장과 회화

회화에는 하나의 '철학적 관념'을 허용하고 이탈하며, 심지어 우리가 미처 예기하지 못한 경지로까지 이끌어 갈 힘의 여백, 달리 말하자면 '말하여진 채 말하여지지 않은' 혹은 '말하여지지 않은 채 말하여진' 시적 의미가 있다. "최초의 언어"가 (넓은 의미에서의)시라면, 시의 말은 철학적 언어의 본질이며 '시적 감각'은 철학적 지성의 본질이다. '시적 감각' 속에서 복원한 '본질의 지성'으로써 탈(脫)근대의 '철학적 관념'을 달리 제출했던 두 철학자 하이데거와 메를로-퐁티가 각각 '부재의 현상학'과 '현존의 현상학'의 논리로써 '고흐의 정물화'와 '세잔의 정물화'에 내렸던 의미해명을 경유, 탈근대의 더 나은 '철학적 관념'이 모색될 하나의 유력한 길을 '시적 감각'을 통해 제시하는 성취에 닿기 위해 이 글은 <하이데거와 메를로-퐁티에게 먼저 있고 나서야 비로소 그들의 '철학적 관념'이 가능했을 '시적 감각'>의 전형에 다름 아니었던 <고흐와 세잔의 정물화—여기서는 ≪끈 달린 구두≫와 ≪푸른색 꽃병≫—의 감각>을 논의의 양축

111 M. Merleau-Ponty, *Le Visible et l'Invisible*, pp.266-267: "[…]la perception est de soi ignorance de soi comme perception sauvage."

으로 삼아 <이전의 회화론을 제치며 '철학적 관념'을 새로이 생산하는 하나의 회화론이 또 다른 회화론 위에서 사용되는 가운데 '철학적 관념'이 재생산되는 과정>의 한 경우를 짚은 뒤, 회화의 '시적 감각'의 의미로서 함축되어 있는 근대극복의 성취와 한계 및 과제를 논급했다.

요컨대, 철학이 회화로써 자신의 어떤 관념을 '설명'하는 한편으로 새로운 관념을 '생성'하는 일은 회화에 현존된 철학적 관념에 대한 철학의 해석을 통해 가능하다. 그러나 이러한 '대화'의 국면이 회화보다 철학이 더 앞선다는 것, 그러니까 철학이 서고 나서야 회화, 나아가 [넓은 의미에서의 '시작'(詩作)에 상응하는]시가 있다는 것을 함축하진 않는다. 거기에는 오히려 그러한 시작으로서의 회화와 철학이 동근원적이라는 '발생의 논리'－그러나 '본질의 차원'에서 보면 이 논리는 '아직 철학이 아닌 철학'과 '시적 인식'의 동일성을 전제하므로 회화의 '전(前/pre)철학'적 의의를 수락하게 될 것이다－가 깔려있다. '밖에서 유래한 하나의 철학적 관념'을 반영하고 있는 경우에서조차 회화에 현존된 철학적 관념은 그 반영의 대상, 즉 '밖에서 유래한 하나의 철학적 관념'을 있게끔 한 철학자의 '시적 경험'에 주어졌던 바의 것[112]이었다는 내막을 고려하면, 회화가 철학적 관념을 애당초 갖고 있던 형국이어서 회화는 철학과 다르지

112 '시적 경험'에 뿌리를 내린, 때문에 회화의 '전(前)철학'적 위상의 높이를 인정하는 '탈근대적인 비합리주의'—이 비합리주의는 근대적 합리성을 부인할 뿐 합리성자체를 부인하진 않는다—의 철학적 관념이 아니라, 그것이 부인하는 예컨대 근대적인 '합리주의'의 철학적 관념을 회화가 현존시키고 있다 해도, 이 사정은 변하지 않을 것이다. 어느 쪽이든 회화의 의미는 제출된 철학적 관념을 초과한다.

않은 것이 된다. 회화와 철학은, 물론 어디까지나 각각 '현존'화하는 시작과 '논술'하는 철학인 채, 본질에 있어 '아직 철학이 아닌 철학' 혹은 '시적 인식 내지 초월'로서 동일하다. 하이데거와 메를로-퐁티는 그 차이 속의 동일성을 각각 이렇게 달리 표현했다. 즉,

> "모든 시작(詩作)은 사유이며, 사유는 시작의 근원적 방식이다."[113] "누구도 언어의 온전한 투명성을 주장할 수 없는 한, 그리하여 '보여주는 방식'으로써가 아니고는 이 세계를 달리 표현할 수 없는 한, 철학은 시(문학)와 마찬가지로 [인식의]모호성을 띨 수밖에 없다."[114]

두 철학자가 현상학의 논리로써 다르게 펼쳤던 존재론적 귀결의 '성취/한계'와는 별도로 이 표현들의 온당함을 따르자면, '세계의 진실을 이해하는 가장 맑은 마음'을 공유하는 본질의 자리에서 회화와 철학은 둘인 채 하나로 서로의 몸이 된다. 사실은 앞에서 보류된 사안을 이제야 말하는 것인데, '철학의 본령'과 "넓은 의미의 시작" 혹은 "원초적인 표현"(le expression primordiale)[115]이 공유된 뒤에야 철학과 회화 사이에 '너로서의 나'를 혹은 '나로서의 너'를 말하는 대화의 진정성이 확보된다. 왜나하면 그럴 때 '회화의 감각'과 '철학의 지성'이 각각 '철학의 지성으로서의 감각'과 '회화의 감각으로서의 지성'으로 만나 말을 섞는 공간이 열리기 때문이다. 이 공간이

---

113 .M. Heidegger, *Holzwege*, pp.328-329. 여기에서 "모든 시작"은 좁은 의미에서의 시 짓기와 예술의 시적 창작 모두를 가리킨다. ("Alles Dichten in diesem weitern und im engeren Sinne des Poetischen ist in seinem Grund ein Denken.")

114 M. Merleau-Ponty, *Sens et Non-sens*, p.49.

115 M. Merleau-Ponty, *Signes*, p.84.

있고서야 비로소 회화는 회화대로 철학적 관념을 내적으로 현존시킬 수 있다. 또, 철학은 철학대로 그 현존의 의미가 불러 깨우는 회화의 '시적 경험'에 임하여 자신의 관념을 '설명'하거나 '예시'할 수 있으며, 나아가 이러한 해석의 여분에 상응할 잉여의 철학적 관념을 '생성'하거나 '예감'할 수 있다. 물론 이렇게 달리 생각한다 하여도 무방하다: 자신의 본질에 있어 시적이지 않은 철학이란 없을 것이니, 철학의 목적이 자기논리의 확장을 위한 관념의 극복에 있다면 꼭 회화, 나아가 예술과의 대화가 아니어도 된다. 이 생각이 결코 틀리지 않은 것이, 제 안의 본질인 '아직 철학이 아닌 철학', 그 '시적 초월'의 경지로 하강한 철학이 그곳에서 자신의 관념을 에워싼 의미를 이해하는 가운데 그 의미의 여백이 빚는 균열에 집중하며 새 차원의 논리지평을 여는 '자신과의 대화'도 있을 것이기에 그러하다. 하지만 그럼에도 불구하고 끝내는 철학이정확 회화[예술]를 호출할 수밖에 없고 회화[예술] 또한 철학의 입을 주목할 수밖에 없을 것인데, 이는 세계와 사유의 '전선'(戰線)에서 '소리의 침묵'과 '침묵의 소리'를 묶는 언어의 진경 때문이다.

회화는 철학적 관념을 따르는 것이 아니라 현존시킨다. 철학이 회화와 같은 예술작품을 읽는다는 것은 정확히 말하면 자신의 본질에서 자신을 반성한다는 것을 뜻한다. 아무리 시적 의미를 부정하는 철학의 관념이 있다 하더라도 '최초의 언어'가 전혀 별개의 언어가 아닌 한, 마치 하나의 회화가 어떤 철학의 특정한 관념에 복무하는듯한 상황에서조차 그 관념을 넘어설 수 있었던 것처럼, 거기에는 회화의 시적 의미가 '흔적'으로 남아있는 까닭에 이 반성은 충분히 가능한 일이다. 실제로 우리는 하이데거와 메를로-퐁티, 그리고 데리다나 들뢰즈와 같이 그들만의 철학사를 갖고 있는 탈근대의 지성들에서 실상이 회화들과의 대화와 다르지 않은 '철학책 읽기'를 확인할 수 있다. 하지만 이러한 대화 역시 회화의 '시적 인식 내지 초월' 또는 '철학 아닌 철학'의 감각 위에서나 가능했던 사건이었다. 그렇다면 그들처럼, 아니 그들 너머로 자신의 역사를 늘리기 위해서라도 철학은 '회화를 읽는 시간'을 통해 감각의 날을 더욱 벼려야한다. 오늘날 철학의 과제가 여전히 '올바른 탈근대의 모색'에 있다면, 최선의 길은 아직 읽히지 않은 '회화[나아가 예술]의 시적 감각'에 있을 것이다.

3

지성의 감각, 감각의 지성

— 메를로-퐁티의 현상학적 회화론과 탈(脫)근대의 진리

1. 더 나은 표현의 진리

가시적 세계의 사물에 대해 철학과 회화가 각각 '감각을 돌파한 지성'과 '지성에 못 미친 감각'으로써 뭇뭇이 실재와 가상을 재현해 낸다면, 철학과 회화의 그 지성과 감각은 인식의 끈으로 묶이되 우(優)와 열(劣)로 나뉜다. 그리고 이 경우라면, "회화는 깨어 있는 눈에 비친 인위적 환영"에 불과하다고 주장하며[116] 그 지적 관계의 분열을 정설로 다지고 회화를 진리의 타자로 만든 플라톤의 논리는

116 Plato, *Sophist* 266c (edited by Edith Hamilton & Huntington Cairns, *The Collected Dialogues Of Plato* 2권, Princeton University Press, 1961, p.1014). 요컨대 회화는 닮은꼴의 가상인데, 그것은 '실재의 최소량'에 대응하는 거짓된 허상일 뿐이어서 사물의 진상을 재현하거나 모방하지 못한다. 사물의 실재가 아니라 어느 한 시점에서 "보이는 대로"(as it appears) 그것의 외형을 그리는 회화는 보는 이의 '환상적 관념'을 불러일으킬 뿐이다. Plato, *Republic* X 598b (같은 책 1권, p.823) 이하.

정당하다. 철학의 지성이 재현해낸 것과는 달리, 회화의 감각이 재현해낸 것은 "사물의 닮은꼴"로 우리를 기만하는 낮 꿈의 인식이다.

그러나 정말로 그러하려면 철학의 '감각 없는 지성'과 회화의 '지성 없는 감각'이 있고, 그것들이 사물의 '실재'와 '가상'에 차례로 맞갖아야하는데, 사실은 그렇지가 않다. 회화가 사물의 가상에 그치지 않기 때문이다. '회화의 감각'은 오히려 사물의 실재를 재현하며 '철학의 지성'과 함께 가시적 세계의 진리에 참여한다. 플라톤 이후 일찍이 그러한 사실을 감지한 철학은 잇따른 인식론의 변형을 통해 나타났던 자신의 다양한 지성을 그때마다 회화의 감각에 부여한 후, '가상'으로 떨어지는 복제의 굴레에 매였던 회화의 재현을 실재와의 연관 속에서 재해석하며 가시적 세계의 사물에 대한 진리획득의 체계로 포섭해 왔다. 근대까지가 그랬는데, 어떤 면에서 이때에 이르도록 회화의 역사는 '환영'의 누명을 벗고 '재인식의 힘'과 '유사이성' 그리고 '절대정신의 직관'을 거친 후, 급기야 이성을 압도하는 '욕망의 혜안' 등 자신의 감각에 주어진 철학적 지성[117]을 통해 사물

117 그것이 '욕망의 혜안'일 경우, 철학은 회화와 같은 예술을 자신의 상위에 두게 되는데, '힘에의 의지'를 매개로 '철학의 지성적 진리'에 대해 그것의 근원인 '예술의 감각적 미'의 우위를 말하며 낭만주의에 영향을 끼쳤던 니체의 경우가 그럴 것이다. 물론 니체는 예술의 감각과 철학의 지성 사이의 통일을 말한다. 그러나 엄밀히 말하자면 거기에는 철학의 지성적 진리에 대한 예술의 감각적 미의 발생론적 우위가 들어있다. 그의 철학은 철학과 지성과 진리를 예술과 감각과 미로 대체하는 미학주의의 토대 위에 서있기 때문이다. 철학보다 예술이, 진리보다 미가, 그리고 지성보다 감각이 위다. '전도된 플라토니즘'으로 정의되는 니체의 가치론에서는 진리(이성적 지성에 의해 구성되는 세계가 아니라, 의지적 지성에 의해 형성되는 세계와 상응하는 감각적 진리)와 미, 철학과 예술은 '미 같은 진리, 진리 같은 미' 혹은 '예술 같은 철학', '철학 같은 예술'로 대등하지만, 그것도 철학과 지성과 진리를 예술과 감각과 미로 대체하는 미학주의적인 관점 위에서 그러할 것이다. 이런 의미에서 니체는 이렇게 말한다. "철학은 예술이 하고

의 실재로 다가서는 운동의 흐름이었다. 가시적 세계의 '아름다운 거짓'에서 '아름다운 진실'로 상승하는 재현의 시간이었다. 인식론적인 진리의 미학 차원에서 이루어진 '회화의 감각'과 '철학의 지성'의 이 같은 만남은 그러나 하이데거 식으로 말하자면 주관주의의 주관성과 객관주의의 객관성으로 변주되는 '동일성의 힘'에 현혹된 철학과 회화의 주체가 '지성과 감각'의 혹은 '사물의 실재'의 존재성을 망각하고 은폐한 '초월'(la transcendance)의 전통에 지나지 않는다. 가시적인 세계에 대해 회화와 철학이 파고들 진리는 생각보다 '더 깊은' 곳에 있었다. 이 같은 비판적 사실에 부응하는 철학과 회화의 새 동반관계를 두고 한 평자는 들뢰즈의 『감각의 논리』를 개념들의 궤도추적을 통해 분석하는 중에 이렇게 썼다. "현대의 철학과 회화는 하나의 유사한 문제에 관심을 쏟게 되는데, 이는 양자 모두 재현의 영역을 포기하는 대신에 재현의 조건을 탐구의 초점위에 놓게 되었다는 것을 의미한다."[118] 이 문장은 현대의 철학과

자하는 것을 바란다."또 그는 "예술가-철학자는 예술보다 더 상위의 개념"이라고 말하는데, 여기서 "예술가-철학자"는 보다 높은 예술뿐 아니라 '예술에 근거한' 보다 높은 철학을 동시에 함축한다. 그러나 니체의 예술과 감각은 철학과 지성의 근거가 되지만, 주관적 인격 혹은 인간의 한계 내에 있는 연유로, 근대의 전도 수준에 있다. 그러나 비인격적 해석을 충분히 허용할 정도로 그것엔 탈근대의 감각에 거의 육박하는 이면의 깊이가 있다. Nietzsche F, *Der Wille Zur Macht,* Alfred Kröner, Stuttgart, 1964, p.533. 그리고 M. Heidegger, *Nietzsche : Der Wille Zur Macht Als Kunst,* Vittorio Klostermann, Frankfurt a.M, 1985, pp. 85-107.

118 Daniel W. Smith, *Deleuze on Bacon-Three conceptual Trajectories,* <in, G. Deleuze, *Francis Bacon-The Logic of Sensation,* tr. by Daniel W. Smith, University of Minnesota Press, 2003(이하 *F. Bacon*으로 줄임)>, p. xiii. 여기에서 "재현의 조건"은 재현의 영역을 위한 기재들, 이를테면 '주관'이나 '객관' 혹은 '형이상학적 실재' 등을 뜻하지 않는다. 그보다는 예컨대 구조주의자들이나 현상학자들—이들도 사실은 "재현의 영역"을 온전히 탈피하진 못했지만—이 말하는 '상징체계'나 '체험된 세계'처럼 '주체의 재현행위

회화의 과제가 재현의 주체를 떠받치는 '근대와 근대 이전'의 인식론적인 '지성과 감각' 및 그에 상응하는 '사물의 실재'와의 단절과, 그 지성과 감각 및 사물의 실재를 가능하게 했던 기반에 대한 모색에 있음을 함축한다. 재현의 진리란 '기껏해야' 주체 자신이 미리 규정한 '객관적 실재'의 의미에 가시적 세계의 사물을 동일화시켜 전유하려는 '초월'의 욕망이 낳은 산물에 그친다는 지적은 그 단절의 무기, 이를테면 '탈근대의 서론을 위한 논리'의 푸른 날이다. 물론 이 경우 '근대'는, 주·객관적 주체가 세운 인간중심의 시간을 의미하는 이상, 특정 연대의 시기만을 가리키진 않는다. 근대의 몸에는 자신 이전부터 이미 있어서 결국엔 자신의 시대를 가능하게 했던 것들, 달리 말해 후에 비로소 '근대'라는 이름을 얻어 근대로서 현실화된 과거의 '근대적인 것들'이 스며있다. 따라서 단절의 논리는 '근대'뿐 아니라, 아직 개념으로 명명되진 않았지만 전부터 숨어 있다가 근대의 표면에서 근대로 수렴된 고대나 중세의 '잠정적 근대' 모두에게 날을 세운다. 세워서는, '인식론적 지성과 감각'의 주체와 이 주체가 규정한 '사물의 실재'라는 옛 진리근거의 두 축을 자르고, 거기로부터 유래하는 재현의 진리들과 결별한다. 더욱 중요한 것은 그러나 '재현의 조건'에 대한 탐구, 즉 '더 깊은' 진리의 '근거'와 그

와 그것의 결과물에 앞서 그런 것들들 '가능하게 만드는 어떤 선험'의 토대라는 의미에서의 '조건'을 뜻한다. "재현의 영역"은 그런 체계나 세계의 효과로서 '환상' 내지 '장애물'에 지나지 않는다. 따라서 "재현의 조건은 인식론적 고지가 아니라 존재론적 평면에서 대상과 관계할 때 발생하는, 그래서 재현을 거부하는 '의미로서의 실재' 내지는 '존재론적 주체의 세계'에 다름 아니다. […]'재현의 조건'에 대한 탐구는 재현의 주체와 그것의 연장인 실재와의 인식론적 관계를 깨고, 그 아래에서 그것의 존재조차 가능하게 했던 것을 규명하는 일"이다. 송석랑, 「시와 소설의 철학적 진실들」, 『동서철학연구』/33호, 2004, pp.101-102.

근거의 '진리'를 향한 모색의 측면일 것이다. 이 경우에는 '재현의 영역'을 형성했던 그 두 축의 '존재성 회복'이 논의의 단서가 되어서 탈근대의 '다양한' 본론들, 즉 '동일성의 힘'에 따라 주·객관적으로 사물의 실재를 재현했던 '인식론적 지성과 감각'의 주체를 허문 곳 아래에서 '차이성의 힘'에 따라 '사실적'(sachlich)으로 사물의 실재를 표현하는 '존재론적 감각과 지성'의 주체를 찾아 그에 상응하는 '의미'로써 가시적 세계의 '진리'를 밝히려는 회화와 철학의 여러 시도를 부른다.

이 글은 탈근대의 길들에 들어섰던 현대의 철학자와 화가들 가운데 메를로-퐁티와 세잔에 관한 것으로서, 뒤의 화가가 자신의 화폭 위에다 아름다운 형태와 색으로 펼쳐놓은 존재론적 감각에서 '주·객관적인 동일성'의 한계를 뚫는 존재론적 지성을 보았던 앞의 철학자가 자신이 본 것을 창의적 개념으로써 옮겨 전개한 회화론의 내용을 추적한 후, 거기에서 그 내용이 말하는 표현적 주체와 실재를 근대의 밖으로 나가려 했던 또 다른 철학자들의 그것들과 비교 평가함으로써 '가시적 세계'의 사물에 대한 탈근대의 '더 나은' 표현적 진리의 '근거' 및 그 근거의 '표현적 진리'를 찾는 철학의 담론에 닿고자한다. 어차피 '근대 후'[post-modern]라면 현 단계에서 우리가 얻어야할 진리가, 달리말하자면 일상에 더욱 깊게 몸을 숨긴 '해방의 적'들을 드러낼 간과(干戈)가, 가질 수 있는 도덕적 강도의 최대치는 무엇인가?

2. 탈근대의 감각과 진리의 재앙

철학의 경우 메를로-퐁티는 '재현의 조건'에 대한 현대의 '탈'근대적 모색의 양대 경향, 이르자면 '관념론 대 유물론'이라는 전통의 대치형국이 존재론적 차원에서 '추상'과 '구체'가 양립하는 방식으로 변주 반복되는 두 경향 중 자신이 속한 곳과 그렇지 않은 곳 모두에서 비교의의가 큰 성과를 낸 자다. 우선 그가 속하지 않은 경향과 견주어 볼 때, 옛 근거와의 단절에 따르는 회의나 허무를 극복하는 탈근대의 문제 앞에서, 예컨대 하이데거 같은 이와는 달리 '존재론적 지성'으로부터 그는 일상의 사회·역사 속에 들어있는 사물의 단단한 실재를 선명히 끌어내어 '가시적 세계'에 바쳐질 '표현의 진리'에 구체적 현실성을 확보해준다. 다음은 그가 속한 경향에 갖다댈 경우인데, 그가 이번엔 흡사 하이데거에서처럼 인식론적 지성의 '존재성'으로부터 동일과 닿아있는 동시에 떨어진 '존재론적 지성'을 도출하여 '가시적 세계'의 실재로 진입하는데 비해, 그것[동일성]과 확연히 떨어진 존재론적 지성을 통해 그렇게 하는 들뢰즈 같은 이들과 차이를 보임으로써 사물에 대한 '표현의 진리'에 구체적 현실성을 새기려는 탈근대의 시도에서조차 다 가시지 않은 근대의 얼룩과 그것을 한껏 지웠을 때 나타나는 근대 이후의 그늘을 종합할 기재를 제공한다.

탈근대라는 현대의 동일한 모색 속에서 다른 철학자들의 '존재론적 지성'에 대해 메를로-퐁티의 그것이 초래한 두 겹의 동질성과 이질성의 성과는 찾자면 세잔의 '존재론적 감각'과 다른 화가들, 예컨대 고흐와 베이컨이 보여준 '존재론적 감각' 사이에도 있다. 그러나 엄밀히 말하자면 회화의 탈근대는 철학의 탈근대를 앞질러간다.[119] 전자의 감각은 후자의 지성을 발표된 시간의 순서와 무관하게 발생적 혹은 기원적으로 선취하고 있다. 재현의 영역 대신 "재현의 조건"을 탐구하여 '존재론적 지성'을 찾는 철학의 일은 인간적인 대상의 실재를 지향하는 행위를 그치는 것, 즉 자신의 주체를 '비'(非)인간화시키는 작업을 뜻하는 것일진대, 이때 '대상'과 '나'의 인식론적 거리를 지우는 일과 다르지 않은 그 작업은 자신의 '지향'점을 주·객관이 '동일성의 힘'으로 억압한 '차이성'을 해방시켜 사물의 실재를 '사실'로서 표현하는 회화의 '존재론적 감각'의 주체에 두고 있기 때문이다.[120] 철학의 탈근대는 이런 의미에서 '차이성'에 천착하여 사물의 '사실적 실재'를 대놓고 표현하는 현대의 회화로부터 많은 것을 배울 수 있고, 또 배워야 한다. 탈근대의 철학이 찾게 된 '존재론적 지성'도 따지고 보면 표현적 회화의 '존재론적 감각'에 작용하는 지성에 다름 아니다. 그러니까 탈근대를 둘러싼 적지 않은 현대의 철학적 논의들이 자신들에 앞서 그것을 의식하고 성취한 현대의

---

119 Daniel W. Smith, *Deleuze on Bacon-Three conceptual Trajectories,* pp.xii-xiv 참조.

120 현대의 예술이 발견해낸 "가장 일반적이고도 특징적인 면을 우리가 확실히 말한다면, 그것은 예술을 '비(非)인간화' (dehumanization)시키는 경향이라 할 수 있다. [⋯]전통 예술가의 과실은 그들이 인간적인 대상을 지향했다는 점에 있다." Jose Ortega y Gasset, *The Dehumanization of Art, and Other Writings on Art and Culture*, New York, Doubleday Anchor Books, 1956: 박상규 옮김, 『藝術의 非人間化』, 미진사, 1991. pp.49-50, p.68. 그러나 현대예술이 발견해낸 '비인간화'는 그것을 망각한, 그래서 자신도 모르게 제 몸속에 그것을 은폐시킨 이전의 예술에도 있었다. '비인간화'는 전혀 새로운 것의 표출이 아니라 이전부터 있었던 예술의 본질이 발현된 것이다. 그러니까 비인간화로 인한 예술사의 단절은 없다. 있다면, 예술사를 연속하여 흐르던 비인간화가 표면으로 떠오른 사건이 있을 뿐이다.

회화에 대한 공부에 매달렸을 때, 그것은 괜한 일이 아니었다. 그것들은 저마다의 기획에 맞는 화가를 끌어들여 논지의 외연을 키운다. 따라서 우리는 이렇게 말할 수 있다. 고흐에 대한 하이데거, 그리고 베이컨에 대한 들뢰즈의 해석 등 현대의 숱한 철학자들의 회화론은 하나의 비평문이기 이전에 각자가 내세우는 '탈'근대의 진리에 바쳐질 존재론적 논리의 심화와 확장으로 읽혀야 한다. 이러한 사정은 세잔의 작품세계에 대한 탐구를 통해 탈근대의 진리를 향한 자신의 존재론적 모색에 깊이와 넓이를 더했던 메를로-퐁티의 회화론에도 동일하게 해당된다.[121] 우선, 메를로-퐁티가 세잔을 논의의 대상으로 선택한 것은 무엇보다도 전통의 재현 너머에서 무엇인가의 사실로서 표현된 그의 '존재론적 감각'에 내재한 지성이 '차이성을 유혹하는 회의나 허무의 재앙'을 물리칠 탈근대의 건강한 비전을 갖고 있기 때문이었다. 그러나 타성이든 아니든 적지 않은 이들은 전통의 재현을 버린 세잔의 그림과 같은 '현대회화'[122]의 표현성을

121 언급한 화가들 중 고흐는 20세기의 초반, 혹은 후반까지 살았던 세잔이나 베이컨 등과는 달리 19세기에 온 생애를 살았던 사람이다. 하지만 근대가 '근대이전의 근대'까지 확장될 수 있듯이 탈근대 역시—철학과 회화의 탈근대를 '현대'라 할 때—현대이전의 잠정적인 탈근대까지 확장될 수 있으므로 그 시간적 소원성은 문제가 되지 않는다. 잠정적인 탈근대는 19세기, 혹은 그 이전의 철학과 회화에게도 수없이 나타난다. 예컨대 회화, 나아가 예술의 경우 하이데거의 횔더린, 들뢰즈의 벨라스케스, 메를로-퐁티의 레오나르도 다빈치 등등이 그렇다. 사실 자신들의 본질을 망각하지 않고 지향했다하더라도 전통의 예술을 현대의 그것이라 할 수는 없지만, 탈근대성을 선취하고 있는 것, 즉 현대적인 것이라고 말할 수는 있다. 하지만 이 때 중요한 것은 그것들의 현대적 내용은 이미 근대극복의 눈을 갖는 철학, 혹은 예술의 시선으로 바라볼 때 비로소 인지 가능하다는 점이다. 그리고 논리상의 이유에서 이러한 점은 철학에 대한 예술의 시선, 그리고 철학에 대한 철학의 시선에서도 동일하게 적용될 것이다.

122 통상 회화의 '현대'는 인상주의 이후의 사조를 일컫는 광의의 모더니즘에서 말하는 '근대'(modern)와 통하는 개념이다. Daniel W. Smith, *Deleuze's*

감각의 주관성 회복에 따른 것이라 여긴다. 메를로-퐁티는 일찍이 말로와 같은 이에서 나타났던 그러한 견해의 결함을 지적하는데, 이유는 그의 책『기호』의 첫 논문으로 수록된「간접적인 언어와 침묵의 목소리」에 있다.

"재현에 대한 의존은 사람들이 자신들의 감각들 아래로 떨어지는 사물들에 대해 서로 동의하는 것처럼 그렇게 사람들이 작품에 동의하도록 만드는 완벽성, 완결성, 충실성 등이 예술작품의 법규인 듯 규정한다. 말로는 현대의 회화가 공격하는 그러한 객관주의자의 편견에 대해 탁월한 분석을 수행했지만, 그 편견이 뿌리내린 깊이에 닿지는 못했다. 아마도 그는 너무 빠르게 '가시적인 세계의 영역'(le domaine du monde visible)을 단념해 버린 것이 아닌가 싶다. 추측하건대 그는 현대의 회화를 가시적인 것과는 반대되는 주관성, 그 비할 대상이 없는 괴물로의 귀환이라 규정하며 그것을 보이는 세계의 밖에 있는 비밀스러운 삶의 내부에 묻어두게 했던 것도 그러한 양보에 기인했을 것이다."[123]

그래도 말로의 구분대로 감각을 주관성과 객관성으로 분리함으로써 회화를 현대와 전통의 것으로 가르려한다면, 우리는 두 개의 중대한 오류에 부닥치게 된다. 현대와 전통이 끊겨서 회화의 역사가 통일성을 상실한다는 것이 하나고, 현대의 회화를 개인의 내면

Theory of Sensation - Overcoming the Kantian Duality, in *Deleuze* : *A Critical Reader*, Blackwell, Oxford UK & Cambridge, USA, 1986, pp. 40-41참조. 그러나 '현대'라는 말이 상대적 개념으로서 인간의 '지금' 언저리를 의미하는 것이라면 여기서 논의되는 우리의 '지금'은 근대 이후의 시기라 할 수 있고, 이 경우 '현대'는 '탈근대'(post-modern)와 통하게 된다. 만일 이 점을 고려하지 않으면, '지금'의 우리는 이어 언급될 말로의 현대, 즉 '근대로서의 현대'에 갇힐 것이다.

123 M. Merleau-Ponty, *Signes*, Paris, Gallimard, 1960(이하 *Signes*로 줄임), p.59. 인용문의 첫 구절, 즉 <'재현'(la représentation)에 대한 의존>은 종래의 회화, 나아가 미술의 재현대상을 뜻하는 <'미술 이전의 미술'(un art d'avant l'art)에 대한 의존>을 이 글의 흐름에 맞도록 바꾼 말이다.

안에 가두어 '가시적인 세계'와의 소통을 끊는 동시에 그 세계의 사물을 오로지 전통의 "고전적 공식들"에 맡겨버리는 우를 범하는 것이 둘이다. 그러나 메를로-퐁티에 의하면 전통적인 회화라고 해서 객관적인 사물에 대한 재현, 혹은 그것에 대한 '우리의 감각'과의 연관만으로 규정되진 않는다. 현대의 회화 또한 반드시 주관적인 사물에 대한 재현, 혹은 그것에 대한 '우리의 감각'과의 연관만으로 규정될 수 없다. 가시적 세계와 회화, 우리의 감각과 "절대적인 회화"는 서로 교류한다.[124] 이는 결국 현대회화의 표현성으로부터 말로가 읽어낸 것이 '모습을 바꾼 전통'의 재현주체와 그것이 나타낸 가시적 세계의 실재에 지나지 않는다는 것을 둘러서 말한 격인데, 아닌 것이 아니라 말로가 뜻하는 '현대'는 재현의 장이 객관의 세계에서 주관의 세계로 '온전하게' 옮겨진 근대에 불과하다. '전통이 계승된 근대'나 '전통이 전도된 근대'와는 또 다른 '전통의 전도가 심화된 근대', 그 '늦은 근대'의 시간이 그의 '현대'다.[125] 따라서 그가 가리켰던 "표현"도 재현의 다른 이름으로서 인식론적인 것이 된다. 말로의 현대는 '전통이 계승된 근대'나 '전통이 전도된 근대'의 이후라

---

124 같은 책, p.61. 여기서 "절대적인 회화"(la peinture absolue)는 '본질의 회화'를 뜻한다.

125 이 문장에서의 근대에 대한 세 구분은 필자가 임의로 정한 것이지만, 그것은 예술의 인식과 연관된 '미학의 역사'를 요약한 다음 진술의 정당성에 기대고 있다. "일반적으로 미학은 본래 미에 관한 객관주의적 이론이었으나 근대에 와서 주관주의로 되었다고 믿는다. 그러나 그런 생각은 착오다. 미에 대한 주관주의 이론은 고대초기와 중세 때도 존재했고, 근대에도 오랫동안 객관주의 이론을 고수했다. 따라서 고대와 중세의 미학에는 객관주의 이론이 우세—'전통' [필자 첨가]—했고 근대에는 주관주의 이론이 우세—'전도된 혹은 전도가 심화된' 전통 [필자 첨가]—했다고 말하는 것이 가장 적절하다." W. 타타르키비츠, 『미학의 기본개념 史』, 손효주 옮김, 미진사, 1997, p.233.

면 몰라도 근대자체의 이후가 될 수 없다. 그는 전통의 동종이류라 할 근대의 한 양상에 그쳤을 뿐, 근대의 균열 밑에 놓인 '지금'의 시간에는 아직 이르지 못한 것이다. 그러나 훨씬 엄밀했던 메를로-퐁티는 현대의 회화란 '늦은 근대'의 재현까지 이탈한다는 사실을 간파하고 회화의 현대에서 말로의 현대를 분리한다. 현대가 사실은 '또 다른 전통'으로서의 근대라면, 진짜 현대는 그것 이후에나 있지 않겠는가. 그가 보기엔 '전통이 계승된 근대'와 '전통이 전도된 근대' 및 '전통의 전도가 심화된 근대'의 화가들이 있었다. 그리고 이들이 지향했던 대상에 대한 의심의 관성에 힘입어, '코기토로지(자아론)의 동일성이 빚은 욕망'의 증식을 주도했던 객관주의의 재현은 물론 그것이 변형된 주관주의의 재현을 뚫고 그 모두의 아래에서 회화의 역사를 관통해온 '존재론적 감각'으로써 사물의 차이와 접하며 가시적 세계의 실재가 내주는 사실적 진리를 표현하는 오롯한 현대의 회화주체, 탈근대의 화가들이 있었다. '재현의 영역'에 대한 보다 근원적인 불신의 결과였던 그들의 그 행보는 '회화의 역사'[미술사] 안에서 보자면 '르네상스나 고전주의의 외부 지향적 태도를 이어받은 리얼리즘'과 '바로코의 정신에 닿아있는 낭만주의의 내부지향적 태도를 끝까지 밀어붙인 모더니즘'이 부딪치는,[126] 달리 말해 '계승된 전통으로서의 근대'의 미학과 '전도된 전통으로서의 근대'가 심화된 '늦은 근대'의 미학이 충돌하는, 대립의 자리를 뚫고 '회화의 본질'로 나가려는 탈근대의 의지가 실린 것이었다.[127]

---

126 John Simmon, *Modern French Criticism*, Chicago: University of Chicago Press, 1972, p.230 이하.

127 여기서 '낭만주의'를 다음 문장에서 '전도된 전통'과 대응시킨 것은 그 회화가 외적 사물의 재현이되, "고전주의자들의 관례, 도식주의, 인위성 등으

그 출구는 그러나 하나가 아니었으며 그중엔 회의와 허무의 입구도 있었을 것이다. 하지만 그 어귀를 통과한 노선이 회화에서 뚜렷한 경향이 된 것은 20세기 중반에 와서다. 회화의 역사에 이미 있어야 했을 탈근대의 한 양상으로서의 '존재론적 회의와 허무'가 뒤늦게 회화의 입으로써 말해진 형국인데, '재현의 영역'에 대한 비판의 이면이라 할 수 있는 인식론적 감각의 주체와 실재에 대한 회의로부터 앞의 것의 존재에 밴 '무력함'과 뒤의 것의 존재에 든 '불가지성'을 도출하여 그것들을 '표현의 원리'로 삼았던 '포토'(photo)리얼리즘이 그 화자다. 이 이상한 리얼리즘의 특징은 "화가는 정보를 수집하기 위해 카메라를 이용"한다는 내부규정이 있을 정도로 사진 없이는 성립할 수 없는 회화에 있다. 무심한 눈에는 이 유파가 가시적 세계에 대하여 모더니즘의의 주관성을 부정하고 리얼리즘의 묘사를 극단화해 사물의 실재를 객관적으로 재현하는 것처럼 보인다. 실제로 이 미술양식은 모더니즘의 요소였던 '인상'(印象)을 거부함과 동시에 자신 이전의 리얼리즘조차 "일정부분 인상주의 적이거나, 적어도 하나의 인상"[128]이었다고 비판하면서 아주 세밀히 확대 촬영된 '사진처럼 생생하게' 대상을 그려내려 했다. 이전의 리얼리즘은 가시적인 세계의 내재적 의미 내지 법칙성을 확인해 가며 사물의 실재를 객관적으로 재현하는 작업의 방식을 따랐는데, 포토리얼리즘은 그 일조차도 주관성 혹은 '인상'을 위한 작업에 지나지 않다고 비판하며 새 길로 나선 것이다. 이것은 분명 주관주의로 치우

로부터 탈피"(W. 타타르키비츠, 『미학의 기본개념 史』, p.227)하려고 했다는 견해에 따른 것이다.

128 루이스 K. 마이즐, 『포토리얼리즘(Photo-Realism)』, 이영준 옮김, 열화당, 1996, p.18.

치는 흐름을 부정하고 사물을 보는 새로운 감각을 발굴하려했던 '60-'70년대 회화의 전환적인 주체정립 운동이었지만, 그러나 객관주의의 새로운 모색은 아니었다. 그 운동은 '재현의 영역'에 대한 불신을 진압하는 반동이라 할 수 없다. '감각의 주관성'에 대한 부정에 멈추지 않고 급기야 '인상' 내지 '주관성'이라는 이면을 폭로하며 '감각의 객관성'까지 부정하기에 이른 후, '재현의 조건' 속에서 회화의 주체를 '비인간화'시킴으로써 동일성의 욕망을 죽이고 비(非)대상주의의 형식을 실현하기 때문이다. 따라서 포토리얼리즘은 사물의 실재를 객관적으로도 재현해내지 않지만, 그렇다고 가상을 재현해내지도 않는다. 오히려 재현자체에 대한 불신의 여세를 몰아 사실의 차이성을 회복한 '존재론적 감각'으로써 사물의 실재가 아닌, 그러나 오히려 그것을 가상으로 만들 정도로 그것을 초과하는 실재, 곧 '초'(hyper)실재를 '표현'하며 탈근대의 회의와 허무의 미학을 형성한다. 이러한 귀결의 일차적 원인은 '사진처럼 생생하게'라는 구호에 있다. 찍자마자 죽은 순간이 되는 사진을 보고 생생하다 할 때, 그것은 운동의 시간과 공간이 정지된 박제의 생생함을 말하는 것만큼이나 사실과 어긋난다. 명료해 보이는 겉모습 뒤에는 사물의 "혼탁하고 착잡한" 실재국면들이 은폐되어 있기에, 하나의 사진이 사물의 실재를 명료하게 보여준다는 말은 일종의 모순이다. 예컨대 포토리얼리스트들 중 누군가가 앉아서 거리의 장면을 그리는 순간에도, "차들은 오가고 빛은 변한다. 그가 일인치의 백만분의 일이라도 움직이면 반사하는 모든 것은 엄청나게 바뀐다. 긴 시간 동안 그가 모든 세부를 기록하려고 하는 사이에 날씨가 변하듯 상가 진열장의 모습도 달라진다."[129] 그러니까 결국 그가 화폭에 그려

넣은 것은 '인식론적 감각'의 실재를 능가하는 어떤 실재가 아니라 과거와 미래, 그리고 그 시간들이 품고 있을 의미와 단절된 어떤 순간, 그 시간 아닌 시간에 카메라에 포착된 공허한 껍질의 공간일 뿐이다. 그럼에도 그런 화가가 리얼리스트라는 이름을 가질 수 있었던 것은 단지 그 무의미한 장면을 무의미한 장면 자체로서 보여준다는 이유에서일 것이다.

재현을 버린 뒤의 이러한 회의 내지 허무의 낙착은 근본적으로 주관주의와 객관주의의 인식론적 지성의 동일성을 버린 후 마주칠 수 있는 사물의 '사실적 실재'를 의미로 파악할 지성의 '새 힘'을 구하지 못한, 그래서 끝내는 자신의 표현을 허구의 차이성이 빚는 무의미로 떨어뜨릴 기형의 '존재론적 감각'에 기인한다. 그리려는 것이 육안이 아니라 카메라에 포착된 무엇이라는 점은 화가가 이제는 더 이상 눈앞의 대상과 직접 대면할 수 없게 되어 결국은 어떤 매개를 통하지 않으면 그의 감각과 가시적인 세계 사이의 의미 있는 소통이 불가능하다는 것을 고지하는 동시에, 사물의 실재를 "해석하고 묘사할 적절한 언어를 갖지 못한 예술가의 무력함에 대한 자기 고백"[130]을 담고 있는 회화를 가리킬 것이기에 그렇다. 그런데 혹자는 이런 점에서 포토리얼리즘 회화의 근대적 성질을 말하기도 한다. 달리 말하자면 비록 내면의 '심적 실재'를 재현함으로써 사물의 본질 혹은 진리와 내통하려했던 모더니즘에 속하진 않지만, 재현의 입장에서 사물을 불가해한 것으로 여기는 무력함이 밴 주체의 감각이 그려진 그것은 '근대를 거부하는 근대'의 회의와 허무의 미학을

129 같은 책, 같은 곳.
130 같은 책, p.80.

담고 있다는 것이 그 주장의 요체다. 그러나 렌즈를 눈으로 삼은 그 주체는 이미 근대의 인간이 아니다. 객관과 주관의 주관성자체를 거부하고 그것의 실재들을 부정하면서 존재론적 '표현의 영역'으로 들어서지만, 그 순간 조우할 사물의 실재에 대해 가시적 세계의 유의미한 진리를 표현해낼 힘이 없는 '감각의 지성'을 소유한 탈근대의 '비인간적 인간'이다. 그의 감각 앞에서 사물은 '기의'(signifié)와 대응하지 않는 '기표'(signifiant)로서 존재하고, 세계는 그 기표에 대한 '타자'의 기표가 떠도는 '차이의 바다'가 된다. 차이로 차있으니 세계는 우선 차이들이 만들 상대적인 의미로 시끄러울 것이지만, 기의의 실재를 부정하거나 알 수 없는 것이라고 여길 허약한 주체의 처지에서 비롯된 이상, 그 소란은 진정되지 않는다. 오히려 차이들은 의미생산의 극점을 지나 자신을 지우며 세계의 본질을 '무한히 증식하는 무의미 덩어리'로 침몰시킨다. "차이의 놀이가, 그리하여 의미의 비결정성이 절정에 달하면 아예 의미가 사라지는 변증법적 역설"[131]은 여기에 먼저 있었다. 포토리얼리스트들의 감각은 재현을 버렸다는 점에서 탈근대로 나간다. 하지만 무능한 지성 때문에 그 탈근대의 감각은 사물에 대해 '사실의' 실재조차 만나지 못

131 진중권, 『현대미학 강의-숭고와 시뮬라크르의 이중주』, 아트북스, 2003, p.261. 세계를 무의미화 하는 이러한 사건은 새로운 미적 사태를 가져다준다. "개별화의 원리가 깨지고 근원적인 일자와 합일하는 디오니소스의 황홀감처럼, 차이의 생성이 극점을 지나면 거꾸로 모든 개별적 가치들의 차이가 사라지는 '가치의 황홀경'이 도래한다."(같은 책, p.268). 포토리얼리즘은, 비록 그것이 무의미의 미를 위해 '무가치한 것' 혹은 '범상한 것' 등을 지향함으로써 예술의 종언이라는 문제를 야기하긴 해도, 존재의 가치를 평가받아야할 충분한 미학적 이유가 있다. 예컨대 무의미의 현상을 무의미로 버티는 '숙명의 전략'과, 원시적 공포감을 불러일으키며 '숭고의 미학'과 합류하는 예술의 성취가 있다. 그러나 의미 있는 진리에 희망을 걸려는 눈에는 의아하다.

한 채 '자신의 안팎에 존재하는 타자'의 차이성, 즉 '사물'의 차이성과 '타인'의 차이성 모두에 굴복한다. 그리고는, 회의의 미로를 헤매다 마침내 투명한 무의미의 세계로 초월한다. 실재도 가상도 아닌 '초'(超)실재로써 그들의 회화가 '존재론적 감각'으로 표현했던 사물의 진리는 '실재의 파국'이자 '의미의 죽음'으로 오는 허무다.

회화가 무언으로 선취한 이 같은 함축에 고무될 현대의 철학이 있다면, 그것은 무엇을 주장할까? 역시 회의나 허무다. '의사실재'지만 사물의 어떤 실재 보다 더 실재 같은 "네오-리얼리티"(la néo-réalité)로서의 시뮬라크르를 말하며 "백색의 외설"이라는 파국에 투항하는 보드리야르의 관념적 지성은 아마도 그런 종류의 철학이 '존재론적 감각'으로써 찾을 '탈'근대적 주체의 무력한 지성과 흡사할 것이다.[132] 그렇다면, 의미근거를 상실한 진리의 불운이 회

132 이 생각은 다음과 같은 진술로써 강화될 수 있다. 즉, "『시뮬라크르와 시뮬라시옹』에서 이미 짙은 그늘을 드리우고 있는 보드리야르의 허무주의적 직관은 이후의 저작들, 가령 『숙명의 전략』에서 더 심화된다. 특히 이 책에서 제시되는 '탈정치성'(le transpolitique)의 개념은 보드리야르의 허무주의적 기조를 최종적으로 요약하고 있는 것처럼 보인다. 이때 탈정치성이란 투명성과 외설성의 범람 속에서 사회·구조·역사·정치·상상·신체 혹은 그 밖의 일체의 비밀(이론·정보·목적·섹스)이 종언을 맞이하는 사건이다. 기호의 과잉증식으로 특징지을 수 있는 정보사회에서, 존재하는 모든 것은 스펙터클하게 되고 전적인 전시상태에 놓이면서 그 내면성과 심층 혹은 역사적 '유일성'을 상실한다. 정보화 사회에서 사물 일반의 운명은 '백색의 외설성'(J. Baudrillard, *Les stratégies fatales*, Paris, Grasset, 1983, p.83)이다. 백색의 외설성이 어떤 파국이라면, 이 파국은 기술복제시대에 예술작품과 자연적 사물이 겪는 '아우라'의 상실 즉, 작품의 내재적 가치, 사물의 내재적 공간성, 역사적 유일성의 상실 등을 언급한 벤야민의 직관이 이론적으로 도달하는 마지막 국면이라 할 수 있다. 이 기술복제 시대의 소외는 루카치적 의미의 사물화에 있다기보다, 사물의 실체성자체가 사라지는 '탈사물화'로서 이름붙일 수 있는 존재론적 대재난에 있다." 김상환, 『해체론 시대의 철학』, 문학과 지성사, 1996, pp.449-455.

화에서 철학으로 이행된 격이다. 하지만 근대의 출구가 여럿이라 했으니, 자신은 물론 철학의 이러한 '존재론적 재앙'을 몰고 올 난국에 빠지지 않을 감각으로 가는 회화도 있을 것이다. 길의 시작은 근대의 전면적 부정이 아니라 근대의 한 요소를 인정하는 데에 있다. 주·객관적인 감각의 지성에 작용하며 실재에 대한 긴장의 끈을 늦추지 않고 재현의 수준에서 '회의나 허무'의 침입을 차단하려 애썼던 '동일성'의 기능이 그 한 요소다. 그러니까 사물에 대한 '인식론적 지성'의 힘을 지양한 '존재론적 지성'의 힘이 필요하다는 말인데, 정말이지 연속 없는 단절이 어느 시간에, 역사에 있겠는가. '재현의 영역'에 대한 불신은 정당하지만, 문제는 믿을 수 없는 주체와 실재로 인해 주체와 실재 자체가 몰락될 경우 회의와 허무가 기다린다는 사실이다. 따라서 포토리얼리즘의 감각 앞에서 또 다른 현대의 화가들은 이렇게 토로할 수 있다. 정작 중요한 것은 재현의 '인식론적 감각과 실재'를 부정하는 일이 아니라, 그것들 아래에서 '동일성의 힘'을 대신할 지성의 어떤 힘을 갖는 표현의 '존재론적 감각과 실재'를 끄집어내는 일이다. 물론, 이 생각이 재현의 주·객관적 태도를 고수하는 뜻을 담고 있는 것은 아니다. 이른바 주관주의와 객관주의는 가시적인 세계에 대해 화가가 취할 수 있는 감각 혹은 지성의 두 스타일이지만, 그것들 자신의 '가능조건인 존재'의 진리를 은폐시키는 소극성을 띠기에 극복되어야할 것들임을 지시할 뿐이다. 그렇다면 그들의 현안은 '사실적 실재'에 육박하는 동시에 '사물의 차이성'과 '타인의 차이성'을 감당할 '지성의 힘'이 밴 '존재론적 감각'을 찾아 허구의 '허무나 회의'의 덫에 걸린 회화의 주체를 구출한 후, 그 감각에 잡힐 실재의 의미를 적극적으로 표현함으로써 가시적 세계에 대한 '더 깊은' 진리의 근거와 함께 그 '근거의 진리'를 제시하는 일이다. 세잔은 훗날의 화두가 될 이 같은 과제를 일찍이 앞서 인지하고 감당하며 '계승된 전통으로서의 근대'는 물론 '전도된 전통으로서의 근대'를 극단으로 밀어붙인 근대, 그 '늦은 근대'의 미학을 마저 넘는 회화의 '현대', 즉 '탈'근대를 고지한 화가들 중 하나였다. 그리고 메를로-퐁티는 세잔의 그런 건강한 성취를 누구보다 먼저 정확히 읽어냄으로써, 근대와의 단절 이후 제기될 '존재론적 재앙'을 넘어 근대를 극복하려는 자신의 철학적 기획을 한층 더 발전시켰다.

3. 지성의 감각, 감각의 지성

평가의 차이는 있겠지만, 그것이 회의나 허무를 극복했을 경우 인식론적 감각의 지성은 자신의 결여로 정의된 '사물의 차이성'과 '타인의 차이성', 한마디로 '타자의 차이성'을 추스르며 '주·객관적 실재'로 나가는 힘을 동일성의 형태로 갖고 있다. 그 '추스르는' 힘만을 분리해 취할 때 '존재론적 감각'은 가시적인 세계에 대해 '사실적 실재'의 유의미한 진리를 파악할 지성의 '새 힘'을 자신의 본질 내에 품게 된다. 근대에 대한 부정과 긍정의 과정 위에서 얻어질 그것은 '차이성의 힘'이다. 그러나 그 분리의 정도에 따라 이 힘은 타자로 열린 '주체의 것'과 주체로 열린 '타자의 것', 그리고 '주체의 것도 타자의 것도 아닌 자신의 것'으로 갈라진다. 달리 부연하자면, 우선 그 분리가 선명치 못할 경우 동일성의 흔적이 유입되어 '차이성의 힘'은 사물과 타인을 수렴하는 주체의 것, 아니면 사물과 타인에 의해 형성되는 주체의 것이 된다. 그리고 그 분리가 선명할 경우엔 동일성이 말끔히 차단되어 '차이성의 힘'은 '차이성의 힘' 자신이 생성한 주체의 것이 된다. 그렇다면 실재의 의미를 진리로서 표현할 탈근대의 건강한 감각의 길은 세 개다. 메를로-퐁티가 보기에 자신처럼 세잔은 이 중 맨 앞의 것을 통과했지만, 화가인 이상 그가 그러한 철학적 사실을 표명할 수는 없었다. 그는 단지 그림으로 사유했을 뿐이다. 회화는 보여줄 수는 있어도 말할 수는 없기 때문이다. 이제서 말하지만 회화는 사유를 눈이 보게 만들고 이때의 내용은 관념이 아닌 이미지와 함께 나간다. '침묵으로 의미를 보여주는 회화'나 '이미지 자체가 의미인 회화'를 그대로 느낄 수도 있지만, 침묵하는 이미지의 의미를 쓰려는 지금 필요한 것은 침묵과 이미지의 말이다. 물론 자신의 그림에 대해 말하는 화가도 있다. 그렇지만 이때의 말이라는 것 또한, "감각과 지성 같은 일상의 언어로는 회화의 진정한 의미를 적절히 나타낼 수 없다고 여기며 말 대신에 직접 그림을 그렸던 세잔"[133]이나 "언어로 표현될 수 있는 것들이라면 왜 그리려 하겠는가?"[134]라고 반문했던 베이컨에서처럼, 이내 회화의 등 뒤로 사라지고 말 처지다. 그러니 그 말은 또 하나의 침묵이다. 따라서 회화가 침묵을 깨고 무엇인가를 말한다는 것은 누군가가 회화로 하여금 그것을 말하게 한다는 것을 뜻한다. 굳이 따지고 들자면, 화가가 화가이기를 그치고 더 이상 화가가 아닌 자가 되어 회화의 침묵을 깰 수는 있다. 그러나 세잔은 "할 수 있는 일이란 화폭

133 M. Merleau-Ponty, *Sens et Non-sens*, Paris, Gallimard, 1948 (이하 *SN*으로 줄임), *pp*.22-23.

134 C. 도미노, 『베이컨-회화의 괴물』, 성기완 옮김, 시공사, 1999, p.105.

위에 묵묵히 사물의 상(像)을 지어내는 것뿐이라 생각하며 '표현한' 것이 타인에게서도 살아나길 기다렸던,"[135] 그리하여 화가이기를 포기하지 않은 채 침묵의 이미지로써 사유했던, '말없는' 철학자였다. 그런 그의 목청이 된 메를로-퐁티가 그 이미지의 철학적 함축을 이렇게 말한다.[136]

"세잔은 자연을 이상적인 모델로 삼고 있는 인상주의의 미학을 버리지 않은 채 대상으로 돌아가려 했다. 베르나르가 전통적인 화가들의 그림에는 윤곽과 구성과 빛의 분배가 필수요건이었다는 점을 그에게 이야기했을 때 그의 대답, 즉 "그들은 그림을 '고안'(faire)하려했지만 지금 우리는 '자연의 한 부분'(un morceau de nature)을 기획하고 있는 중이다"는 그 의지의 표현에 다름 아니었다. 또, 그는 전통의 화가들을 일컬어 "그들은 실재를 상상을 수반하는 추상으로 대체시켜 놓았다"고 말하면서 자연에 대해 다음과 같이 피력한다. "화가는 이 완벽한 예술작품에 순응해야한다. 모든 것은 자연으로부터 오고, 우리는 자연을 통해서 존재한다. 단지 이 사실만이 기억할 가치가 있다." [137]

'가시적 세계'의 사물로 육박하며 실재의 의미를 드러내는 진리 탐구의 새 길을 모색했던 세잔의 길은 '자연'과의 관계에서 분명히 나타난다. 근대의 고전주의와 리얼리즘에 이르기까지 전통의 화가

135 M. Merleau-Ponty, *SN, p.*33.

136 이것이 가능한 이유는 세잔의 침묵과 메를로-퐁티의 말이 별개의 것이 아니라는 데에 있다. 메를로-퐁티 자신이 말한 것처럼 그것들은 말과 침묵의 "소리와 의미가 만나는 기묘한 결합"(une 'union mystique' du son et du sens) [M. Merleau-Ponty, *Résumés de cours*, Paris, Gallimard, 1968, p.26]을 본질로 하는 언어의 양면이기 때문이다. 세잔의 침묵은 말이 작용하지 않는 것이 아니다. 거기에는 끊임없이 침묵의 의미 속으로 용해되는 말이 있다, 또, 메를로-퐁티의 말에도 역시 침묵이 작용한다. 거기에는 끊임없이 말로 흘러드는 침묵이 있다. 그들은 동일한 언어로 각자 다른 방식의, 그러나 본질상 동종(同種)의 사유인 예술의 사유와 철학의 사유를 수행한다.

137 M. Merleau-Ponty, *SN,* p.21.

들은 자연에 대해 그 가상만을 재현한다는 지적과는 달리 "철학자처럼 보편적 형태를 그리며"[138] 그 실재를 객관성—당분간 정확히 쓰자면, '외적 객관성'—의 거울에 비추어 재현하는 지성의 수준에 도달, 거기에서 '윤곽과 구성과 빛의 분배'에 대한 합리주의적 '이성의 규칙'에 따라 자연을 재현하려했던 감각의 주체였다. '또렷한 가상'처럼 보이는 그들의 그림은 사실은 선과 형태와 색채에 대한 합리적 연구가 빚어낸 자연의 객관적 실재를 표상한다. 그러나 결과적으로 볼 때, '가상'에 그쳐 실재처럼 보이는 환영을 지성 없는 감각으로 재현할 뿐이라는 비난의 경우와 마찬가지로, 실재를 '지성의 감각'을 통해 객관적으로 재현해 내려했다는 수정된 평가의 경우에서도 전통의 화가들은 자연에 대해 진정한 실재의 의미를 드러내지 못한 채 자연을 '초월'한다는 점에서 진리의 동일한 한계에 부딪히게 된다. 사실 세잔의 생각했던 대로 전통의 회화가 "고안"의 산물 혹은 "상상을 수반하는 추상"이라면 그 회화의 주체는 주관성—역시 당분간 정확히 쓰자면, '외적 주관성'—을 피할 도리가 없을 것이기 때문이다. 자연에 자신이 구성한 실재를 덮어씌우는 객관적 재현의 한계 내지 '초월적' 관념성 뒤에 은밀히 배어있던 그 주관성은 전통의 적자인 고전주의나 전통이 계승된 이후의 리얼리즘에서와는 달리 예컨대 사물의 실재를 '감정의 느낌'으로 재현하는 '주관적인' 비합리주의의 지성이 선취된 낭만주의의 감각에 적극 수용되기 시작한다. 그런 후, '경험주의와 비판적 관념론[칸트]을 극단으로 밀

---

138 M. C Beardsley M. C., *Aesthetics from Classical Greece to Present -A Short History*, The University of Alabama Press, 1966: 『미학사』, 이성훈 外 옮김, 이론과 실천사, 1987, p.169.

어붙이며 사물을 주관의 망막에 비친 현상으로 환원했던 신실증주의'의 지성이 선명하게 스며든 초기 모더니즘의 화가들의 감각에 와서 노골화 되면서 '인식론적 회의'와 직면한다. '전통이 계승된 근대'와 '전통이 전도된 근대'를 겪으며 '외적 주관성'이 근대의 좌절로 이행된 순간이다.

이를테면 회화주체의 관점을 대상에서 눈 쪽으로 바짝 이동시킴으로써 '보이는 대로'의 자연이 아니라 '보고 있는 경험' 자체로서의 자연의 실재를 재현한 인상주의자들의 감각에서 그랬는데,[139] 그들의 자연에는 부동의 형태나 색채가 존재하지 않으며, 형태나 색채는 광선의 변화에 따라 순간순간 변화한다. 자연은 빛과 색채의 유희가 빚는 신기루의 투영에 불과하다. 그러니 존재하는 것은 빛과 색채에 대한 시각적인, 그것도 순간적인 시각의 인상뿐이다. 인상주의자들은 하나의 사물을 그리는 대신에 '인상으로 들어오는 감각의 덩어리'를 사생함으로써 회화를 가시적인 세계로부터 '한껏 물러난' 주관의 상관물로 만들었다. 그려진 감각은 이제 더 이상 어떤 의미로든 자연이 아니다. 그것은 주관의 상대적 상태들로서 자연은 그 상태들을 통해, 그리고 그 상태들로 말미암아 나타나 보인다. 때문에 인상주의자들의 회화는 자연의 실재를 재현하되, 사물의

139 인상주의의 관점을 경험주의적 주관과 대응시킬 수 있었던 것은 "주관주의가 점점 더 근본적인 것이 됨으로써 1880년경에 이르러선 인상주의자들이 순수감각을 화폭에 옮겨놓고 있을 때, 극단적인 실증주의 철학자들은 보편적 실재를 순수감각에 환원시켰다"(Jose Ortega y Gasset, *The Dehumanization of Art, and Other Writings on Art and Culture*, p.50)는 사실 때문이었다. 물론 인상주의가 그러한 철학적 입장에만 상응하지는 않을 것이다. 그것은 주관적인 감정의 느낌을 존중한다는 점에서 '낭만주의'나 그것의 특성들에 일정부분 대응하는 '비판적 관념론' 및 '주관적 실존주의' 등과도 유관하다.

형체를 거의 무너뜨려 최소량의 '외적 객관성'을 갖는 '흐릿한 가상'처럼 보이도록 저마다 재현하며 회의와 허무의 경계에 다다르게 된다. 그들의 회화에 그려진 실재는 대놓고 드러낸 '외적 주관성'의 '초월적' 현상으로서의 관념적 실재였다. 그렇기에 비록 경험 혹은 선험의 방식으로 미에 관한 '일반원칙' 혹은 '공감각'에 이를 방도가 있다는 예컨대 '버어크나 칸트 같은 이들의 입장'[140]에 기댄다 하더라도, 막상 그들의 '현상론'적 지성이 그러했듯이 인상주의자들의 감각은 "자연의 한 부분"이 되는 사물의 실재는 물론 낭만주의자들의 그것[감각]처럼 주관적 실재의 의미조차 포착할 수가 없다. 리얼리즘에 이르는 전통과 그 전통의 전도가 드러낸 '외적 주관성.' 그리고 그 주관성의 끝에서 마침내 전통의 한계를 근대의 몸으로 드러낸 초기 모더니즘의 회의. 근대회화의 양 진영에서 진리에 대해 맞게 된 그 같은 좌절의 계기들은 주·객관적 주관에 든 나름의 '동일성'에 의존할 수밖에 없는 재현의 인식론적 숙명에 기인한다. 결국, 그러한 숙명의 재현은 아무리 애써야 그 본질이 니체의 말마따나 '회의와 허무를 숨긴 욕망의 노동'임을 가리킬 이 한계를 세잔은 자연자체로 돌아가는 혹은 "완벽한 예술작품에 순응"하는 회화의 주체로써 돌파하고자했다. 방법은 "새로운 광학"이었다: 주관주의 철학의 지성과 객관주의 철학의 지성, 그 양자의 주관성으로부터 해방된 지성의 시각에 대한 연구였다.

세잔의 길은 그러니까 시각을, 나아가 감각을 근대의 인식론적 사건에서 탈근대의 존재론적 사건으로 바꾸는 것, 달리 말해 '재현

140 H. Osborne, *Aesthetics and Art Theory -An historical introduction*, New York: A Dutton Paperback, 1970, pp.167 이하 참조.

의 영역'에 있던 회화의 주체를 어떤 '재현의 조건' 속으로 돌려보내는 것을 향해있다. 그런 그에게 그러나 인상주의는 하나의 초석이었다. 그 유파 덕분에 "회화란 화실 안에서 상상된 장면의 구현이나 꿈을 외부로 투사시키는 것이 아니라 화실 바깥에 있는 어떤 무엇의 외관에 대한 정확한 탐구,"[141] 즉 '자연', 나아가 '가시적 세계'를 바라다보며 사물의 내부로 파고드는 작업이라고 생각할 수 있었기 때문이다. 보이는 것들을 탐구하되, 전통의 화가들처럼 '객관적인 주관'의 장(場)이 아니라 보이는 것들 속에서 탐구하고자했던 자신의 욕구를 채워줄 방법의 단서를 세잔은 자연에 대한 인상주의자들의 '주관(주의)적 주관'을 딛고 잡으려했다. '전통이 계승된 근대'와 '전통이 전도된 근대', 그리고 그 두 근대의 '재현의 본질'이 몰고온 회의를 모두 넘으려는 세잔에게 필요한 것은 사물의 '전혀 다른' 인상이었다. 이 인상을 위해 인상주의의 시각에서 감각의 존재론적 경지를 개척하며 관점을 이행하는 세잔의 주체변형의 순간을 한 논자는 이렇게 진술한다. "사람들은 흔히 '각막에 가장 가까운 대상에 고정시키는 데에서 관점은 주관에 가능한 한 가까워지고 사물로부터는 가능한 한 멀어지리라' 믿는다. 그러나 그렇지가 않다. 가차 없는 철저한 후퇴가 계속된다. 각막에 와 닿아서조차 이 후퇴는 그치지를 않아 관점은 최후의 경계를 뚫고 들어간다."[142]

---

141 M. Merleau-Ponty, *SN*, p.19.

142 Jose Ortega y Gasset, *The Dehumanization of Art, and Other Writings on Art and Culture*, p.47. '세잔은 후기 인상파 혹은 신(新)인상파'라는 말은 이러한 사실 때문에 '인상주의 위에서 인상주의를 돌파한 세잔'이라는 말로 이해될 수 있게 된다. 그런데, 이 인용문에서는 끝부분의 "경계를"과 "뚫고" 사이에 있는 구절이 글의 논리적인 흐름을 위해 생략, 재구성되었다. 그러나 생략된 구절의 내용을 전달하기위해 그것의 요체, 쓰자면 "시각 그 자

'최후의 경계'는 말하자면 망막인데, 인상주의의 인상은 거기서 외적 객관성의 최저한계에 도달한다. 이때 외적 객관성의 높고 낮은 정도는 대상과의 인식론적 거리 위를 움직이는 회화주체의 관점과 그 대상 사이의 간격에 반비례한다. 그런 까닭에, 바라보는 사물로부터 외적 객관성의 최저 한계에 이르도록 '가능한 한 멀리' 떨어져 그것의 윤곽과 형체를 부수고 지우며 해체시키는 인상주의자들의 망막은 동시에 '외적 주관성의 최고한계' 내지는 '사물이 개입하는 최저한계', 곧 객관주의의 객관성에 내재해 있던 주관주의의 주관성의 막다른 지점이 된다. 그리고 새 길은 늘 하나의 길이 끝날 때 시작되므로, 외부와 내부의 '최후의 경계'인 망막 뒤로 파고든 회화의 감각주체가 어떤 '재현의 조건'에 기대 자신의 근대적 기능을 전도시키려 할 때 비로소 인식론적 '재현의 영역'을 깨고 존재론적 '표현의 영역'으로 진입하는 관점의 새로운 이행은 실현될 수 있다. 그러나 망막 이후가 곧바로 탈근대의 경지는 아니다. 그것 이전에 '시각 그 자체', 말하자면 '전통의 전도가 심화된 근대'의 눈이 있다. 초기 이후 모더니즘의 '입체파나 표현주의의 관점'[143] 등이 그것에서 비롯한 것들이라 할 수 있는데, 만약 여기에 멈추면 인상주의자들의 망막 뒤에서 세잔이 찾아낸 주체는 예컨대 이가세트 같은 이

체"와 "주관 그 자신"은 별도의 출처표기를 붙이지 않고 인용부호에 넣어 곧바로 복구시켰다.

143 이 두 유파는 인상주의를 사물의 피상적인 표면에 집착하는 '기계적 경향'이라 비난하면서 사물의 외양으로부터 벗어나 그것의 이면에 있는 사물자체의 깊이를 '시각자체'로써 그리려고 했다. 특히 이런 점에서 '표현주의'의 주관적 '표현'은 지금 언급되는 탈(脫)주관적 '표현'과는 다르다. E. H. 곰브리치, 『서양미술사』, 백승길 外옮김, 예경출판사, 2002, pp.558-597 참조.

가 생각하듯 객관과 주관 모두를 넘어선, 그리하여 외부의 사물로부터 자유로운 "주관 그 자신"이 된다.

이런 입장에선 세잔의 관점변형에 이르기까지의 실재에 대한 관계가 다음과 같이 요약된다. 즉, 화가의 주의가 처음엔 바깥의 객관적 실재에 고정되었다가 그 다음엔 내부의 주관적인, 그리고 마지막으론 주관 안의 실재에 고정되기에 이르렀다.[144] 고전의 회화에선 감각의 '외적 객관성'이 그려졌고, 예컨대 낭만주의나 모더니즘 초기의 인상주의 회화에선 감각의 긍정 혹은 부정적인 '외적 주관성'이, 그리고 이후 세잔에 와서는 그 객관성과 주관성을 넘는 감각의 '선험'성 혹은 '내적 주관성'이 그려지게 되었다는 뜻이다. 물론 이때의 '선험'성은 대상에 대한 종래의 주관주의와 객관주의적 태도를 벗고 사물과 묶여버린 주체의 것이지만, 흡사 후설의 '순수한 의식'에서처럼 새로운 채 아직도 인식론적인 주관성을 띤다.[145] 비록 대상과 붙어버려 외적인 객관성과 외적인 주관성이 사라지는 주관의 내부로 파고들었을지언정, 그 안에선 '초월'적 관념으로서 구성되는 사물의 실재, 그래서 '사유로 생각되는 바에 일치하는' 실재와 또 다른 재현의 관계가 발생하기 때문이다. 그렇다면 결국 세잔의

---

144 Jose Ortega y Gasset, *The Dehumanization of Art, and Other Writings on Art and Culture*, p.49 참조.

145 후설의 선험적 관념론은 '세계 속의 이성'이라는 전환적 개념을 통해 종래의 주관주의와 객관주의를 넘는 성과를 올렸지만, 마찬가지로 인식론적 주체의 주·객관적 주관성위에 놓여있다는 점에서 그것들을 벗어나지 못한다. 이러한 사태는 무엇보다 그의 '생활세계'(die Lebenswelt)가 '선험적 의식'이라는 현상학적 주관에 매달려있다는 데에서 유래한다. 왜냐하면 후설이 말하는 토대, 즉 '생활세계'는 주·객관주의를 능가하는 주관, 즉 '능동의 구성주관'과 이것의 토대를 이루는 또 하나의 주관, 즉 '수동의 구성주관'이 만들어낸 의미체이기 때문이다. 송석랑, 『메를로-퐁티의 철학-존재와 예술과 진리의 현상학』, 문경출판사, 2005. pp.130-132 참조.

감각은 여전히 주관주의에 머문 철학의 인식론적 지성에 든 '동일성'에 매인 재현—그러나 기존의 그것과는 달리 그 형태가 거의 소멸되어 이젠 '더 이상 가상처럼' 보이지 않는, 그래서 추상이 되어버린 재현—으로써 사물에 대해 '또 다른' 주관적 실재를 파악할 것이다. 그리고 이 실재는 잘해야 '상호 교차하는' 내적 주관성—만일 그렇게 부른다면 '내적 객관성'—을 띠게 된다. 회화의 역사가 아직 탈근대의 현대에 이르지 못하고 여전히 '전통이 전도된 근대'의 연장, 그 '늦은 근대'의 시간에 있는 것이다. 여기에선 사물에 대한 재현의 주관성이 극복되는 것이 아니라, 오히려 그 재현의 본질이 '더 깊은' 주관성이라는 사실이 입증된다. 그리하여 재현된 사물의 실재란 주·객관의 주관성을 두른 또 다른 종류의 가상, 즉 '초월적 가상'임이 판명된다. 이렇게 보면, 결국 '재현의 실재'는 지성 없는 감각주체의 '소박한 가상'임을 모면할 수는 있어도 주·객관의 인식론적 지성에 따르는 감각의 주체가 표상의 이름으로 강하게 혹은 약하게 회의나 허무를 가리며 재현한 '철학적 가상'임을 모면할 수는 없다. 사정이 이와 같다면 '가시적 세계'의 진리를 감각은 단념해야하는가? 아니라면 우선 그 두 지성을 제거해야할 것이지만, 그것들이 없는 감각은 다시 '소박한 가상의 인식론적 재현'으로 퇴행하거나 '실재 아닌 실재의 존재론적 표현'으로 나가거나 하지 않겠는가. 그럴 경우 남는 것은 '저급한 의미'나 '무의미'의 회화들일 터인데, 그렇다면 회화는 '진리의 미학'을 버리고 진리로부터 자유로운 비대상의 '형식'에 갇힌 '세계상실의 미학'이나 근대의 주관 혹은 그 주관의 진리를 무력하게 만드는 것—굳이 이르자면 '숭고'(崇高)—의 내용에 투항할 '시뮬라크르의 미학', 그 아름다움을 위한 아름다움의 미학들에

족해야하는가? 세계, 아니 '가시적 세계'의 진리를 위한 지성을 회화의 감각은 가질 수 없는 것일까?

차라리 철학이 풀어야할 의문들이었지만, 기다리지 않았던 세잔은 의문들을 통해 더 멀리 나간다. 그려야할 실재를 향해 '내적' 주관성을 마저 젖히며 '가차 없는 철저한 후퇴'를 단행한다; 인식론적 주관을 넘어섰음에도 여전히 인식론적인 '주관 그 자신' 혹은 '시각 그 자체'까지 뿌리를 내리고 있는 감각의 토대로 하강한다. 대상과 자신 사이의 간격 위를 움직이는 주관은 물론, 그 간격을 없앤 주관 모두의 아래에 매몰된 "거기에 있는"(il y a)[146] 세계로 파고들며 자신 뒤의 '입체파'나 '표현주의' 같은 초기 이후의 모더니즘보다 더 멀리 나간다. 나가서는 사물과 직접 접촉 체험하는 주체를 끌어내 감각의 시야에서 '주관'과 '객관' 그리고 '내적 주관', 그 모두의 성질을 제거한다. 그리고는 모든 인식론적 지성 아래에서 새 지성을 갖는 현대, 아니 탈근대의 건강한 '존재론적 감각'을 복구한다. 근대를 넘는 회화의 주체가 나오게 된 셈인데, 이처럼 대상자체를 주관성의 극단에서 침몰시켰던 인상주의의 시선을 뚫고 들어간 곳에서 '주관성 자체를 극복한 주관성'조차 일소하여 고전주의자들처럼, 하지만 그들을 능가하는 새 관점으로 대상의 가시성을 통해 사물의 실재를 화폭에 옮길 탈근대의 주체로 세잔이 거듭날 수 있었던 것은 결국 우연의 돌출이 아니라 이전의 회화들이 몰고 온 요청에 대한 반응이었다. 처음부터 존재해왔지만 늘 '초월 당했던 감각'을 향해 흘러온 회화사의 일단락이었다.

146 M. Merleau-Ponty, *L'Oeil et l'Esprit*, Paris, Gallimard, 1964.(이하 *OE*로 줄임), p.12.

그러나 이 사건이 가능했던 것은 무엇보다도 세잔 자신이 시각의 더 근원적인 본질변화를 통과했기 때문이었다. 세잔의 바뀐 시각에 대해 메를로-퐁티는 이렇게 말한다. "그것은 세계의 상 또는 표상을 그리는 사유, 즉 내재성과 관념성의 세계를 정신 앞에 내놓고 있는 사유의 조작이 아니다. 본 것 자체가 가시적인 신체에 담겨있기 때문에 보는 사람은 자신이 본 것을 스스로가 임의적으로 만들어 가질 수 없다. 그는 단지 바라다보는 행위를 통해 그것에 접근하며 자기 자신을 세계에 열어놓을 뿐이다."[147] 이런 시각은 이전의 생각에서처럼 '보는 것'을 '사유하는 것'으로 환원함으로써 규정될 수 없다. 눈의 보는 작용과 그 작용이 발생하는 원인으로서의 신경구조가 서로 섞인 그것은 순수한 사유에 의해 조작되는 것이 아니다. 그보다는 신체의 작용으로서의 눈의 작용이 그 안에 흘러들어갈 때 작동한다. 이러한 사실은 감각에 대한 지성의 우위를 깨며 '더 깊은' 지성, 즉 "보는 화가와 사유하는 화가, 자연과 구성, 원시와 전통, 느낌과 판단" 등이 구분되지 않는 화가의 지성, 환원하여 말하자면 '감각 내의 지성'이 있음을 가리킨다. 근대 밖의 세잔, 그러나 시대를 앞서 간 이들이 그러하듯 '오래된 미래'를 예견하며 메를로-퐁티의 탈근대 논리를 기다렸던 세잔, 그에게는 '지성 같은 감각'과 '감각 같은 지성', 달리 말해 '감각의 지성'이 되는 '지성의 감각'과 '지성의 감각'이 되는 '감각의 지성'이 있다. 자연 혹은 가시적 세계의 사물과 회화를 같게 만드는 "하나의 새로운 광학, 부조리가 전혀 없는 '하나의 논리적 시각'(une vision logique)"이 있다.[148]

---

147 같은 책, pp.17-18.
148 M. Merleau-Ponty, *SN*, p.22 참조.

"풍경은 내 안에서 이미 자신의 생각을 말하며, 그리고 나는 풍경의 의식이다"[149]는 자신의 말이 가리키는 존재론적 의식의 비인간적 지성이 있다. 정말이지 주·객관의 지성을 버린다 해서, 회화가 아무런 생각 없는 감각으로 이루어질 수는 없을 것이다. 회화는 "감각으로 체현한 후 지성의 도움을 받아 조직한 통각"[150]이기 때문이다. 감각 없는 지성도 그렇거니와 지성 없는 감각도 없을 것이니 왜 그렇지 않겠는가. 세잔은 정신의 지성과 중첩하는 신체의 감각을 갖게 되었다. 이는 '보는 것'이 '보이는 것' 안으로 스며들고 '보이는 것' 또한 '보는 것' 안으로 스며드는 시각의, 아니 '느끼는 것'이 '느껴지는 것' 안으로 스며들고 '느껴지는 것' 또한 '느끼는 것' 안으로 스며드는 감각의 주체로 그가 거듭났음을 의미한다. 메를로-퐁티는 이처럼 '정신의 지성'과 '신체의 감각'이 중첩된 그 주체를 두고 "살"(la chair)[151]이라 부른다. 그런 주체의 감각은 더 이상 가시적인 세계에 대한 주·객관적 시선의 단순한 '물리적 광학'의 관계가 아니다. 그것은 "재현의 표상을 통해 가시적인 세계를 나타나게 하는 것이 아니라, 보이는 것의 자기집중, 혹은 자기복귀와 같은 방식을 통해 그 세계의 사물들이 탄생시켜놓는"[152] 사물 내의 존재다. '사물 내의 존재'라는 말은 자기를 연장해 사물의 직물을 이루는 '살'로서 "자연과 예술을 같은 것으로 만드는" 혹은 "완벽한 예술작품에 순응하는" 새로운 광학을 터득한 세잔, 그 '존재론적 감각'의 주체가

149 같은 책, p.30.

150 같은 책, 같은 곳.

151 M. Merleau-Ponty, *Le visible et l'invisible*, Paris, Gallimard, 1964.(이하 *VI*로 줄임) pp.324-325.

152 M. Merleau-Ponty, *OE*, p.69.

갖는 표현력이 가시적 세계 밖의 '사실적 허구'가 아닌 그것 내의 '사실적 실재'에 닿아 있음을 함축한다. 감각의 사실성과 사물의 실재를 잇는 이 주체는 사물의 존재에 대해 인식의 우위를 주장할 대상화의 욕망을 버렸다는 의미에서 비인간적이다. 그리고 바로 이 때문에 그의 '존재론적 감각' 또한 포토리얼리즘의 그것처럼 사물의 차이성을 수락한다. 그러나 '주관 그 자신'의 주관성이 갖는 동일성마저 지우는 데 그치지 않고, 그 주관 너머에 있는 '허무의 관념'까지 마저 극복한 후 들어간 '사실의 세계'에 실재로서 주어진 사물의 차이성을 수락한다는 점에서 그 감각의 본질이 다르다. 하지만 문제는 '사물의 차이성' 속에서 허무나 회의의 유혹을 떨치며 타인과 함께 사물의 실재를 드러낼 건강성의 확보다. 그러니 어떻게 타인과 교류하며 사물의 실재로 다가서는가? 다시 말해 사물의 차이성과 타인의 차이성 모두를 꿰며 세계의 진실로 육박하는 '감각의 지성'의 새 힘은 무엇인가? 결국은 공연한 걱정이 되겠지만, 무지와 어둠 속으로 침몰한 듯 그려진 세잔의 감각 때문에 그럼에도 하는 말인데, 혹시 그것의 표현에는 '가시적 세계'의 진리에 내렸던 포토리얼리즘의 '재앙'보다 더 나을 것도 없을 탈(脫)근대의 '혼돈'이 있는 것은 아닌가? 실재에 겨우 접했을 뿐, 매일반의 무능함이 있는 것은 아닌가?

4. 탈근대의 지성과 진리의 질서

사물에 대한 주체의 '존재론적 일치'로서의 사실적 진리를 겨냥한 반성의 결과는 무엇보다 주관주의와 객관주의로부터 단절한 색채와 형태의 새로운 추구로 실현된다. 우선 세잔은 인상주의자들처럼 빛을 그리되, 그들과 달리 사물이 연출하는 시간의 빛에 가깝도록 색채를 사용해 그렸다. 따라서 그의 회화에서 "대상은 이제 반사광으로 가려지거나 대기 혹은 다른 대상과의 관계 항으로 소멸되어 버리는 일이 없었으며, 마치 대상 내부에서 미묘히 비춰지는 빛이 대상에서부터 발산되는 것처럼 보이고, 이로 인해 대상은 견고한 입체성과 물적 실체성의 인상을 갖게 된다."[153] 또 그렇게 풍성한 색채로 형태를 살리되, 그는 고전적 화가들처럼 '가시적인 세계'를 이탈한 '기하학적 원근법'이나 '윤곽선'으로 구성하지 않았다. '시점의 복수처리'와 '이차평면의 설정' 등의 새로운 공간개념을 끌어들여 훗날 클레가 말한 "존재의 직공"이 벌써 된 색 덕분에 다소 가까워진 사물에 더욱 밀착하고자 했다.[154] 사물들의 심장은 인간적인 색채를 넘어서 있듯이 인간적인 형태도 넘어서 있다. 세잔의 색채 변조와 형태변형은 사물을 덮개처럼 싸고 있는 시간과 공간이라는 두 겹의 껍질을 벗기며, 그렇지만 사물의 조건이 부정될 수는 없으니 시간과 공간 속에서 시간과 공간을 벗기며, '사물의 사실'자체의 색과 형태에 이르는 존재론적 주체의 표현방식에 다름 아니다. 그로써 이제 회화는 그가 그린 일련의 《생뜨빅뚜아르 산(山)》이 그러하듯[155] 고전과 인상주의의 객관성과 주관성을, 그리고 이후의 입체

153 M. Merleau-Ponty, *SN*, p.21.

154 같은 책, pp.23-25. 그리고 *OE*, pp.67-68 참조.

155 "세잔이 만년에 그린 생뜨빅뚜아르 그림 속에서 산은 더 이상 언덕, 땅, 녹음, 등과 어우러지는 파노라마의 일부분이 아니었다. 산은 이것들과는 별도로 떨어져있는 하나의 덩어리였다. 그것은 분명 풍경의 한 부분이 아니었고 언덕, 나무, 집과 같은 차원에 놓인 물체가 아니었다. 산은 이미 다른 성질을 획득하고 있었던 것이다." 미셸 오, 『세잔, 사과 하나로 시작된 현

파나 표현주의의 '선험'성을 넘어 '재현의 영역' 아래에 묻혀있던 사물의 존재론적 감각의 실재로 몰입, 가시적인 세계에 대한 탈(脫)근대의 진리를 '살의 의미'로서 표현한다. 그런데, 표현된 '살의 의미'가 산만하다. '본 것'과 '보인 것', '그린 것'과 '그려진 것'의 구분이 불가능할 정도로 사물의 사실에 충실하다지만, 거기엔 사물의 차이성이 개입되는 만큼의 무지스러움이 있다. 차이성을 위해 "감각적 외관을 포기하지 않은 채 자연에 대한 '직접적인' 인상을 갖고, 윤곽으로 대상을 둘러싸거나 데생 후에 색을 채우는 일 없이, 또한 원근법이나 회화적 구성을 사용하지 않는"[156] 회화의 비인간적인 주체가 색채를 변조하고 형태를 변형시킨 실재에는 분명 대상을 왜곡하고 착각을 불러일으키는 '감각의 혼돈'이 있다.

시간과 공간 속에서 시간과 공간이 벗겨지는 '혼란한 풍경', 예컨대 사물들의 연관과 음영이 지워진 《푸른 화병》이나 형태와 색채가 반란하는 《구스타브 제프루아의 초상》등의 작품에서처럼 '빛의 방향을 무시하거나 분산하는 시간의 균열'과 '대상의 모양을 왜곡하거나 단순화하는 공간의 해체'가 창출하는 '아무것도 아닌 무엇'의 현상, 그 비인간적인 '감각주체의 의미세계'엔 '동일성의 힘'에서 벗어난 감각의 타자성이 사물과 함께 빚는, 그래서 사물의 것이라 해도 좋을 차이의 무질서가 있다. 아닌 것이 아니라, 실제로 세잔의 그림은 '인간적인' 인식의 타성을 통해 알게 된 친숙한 질서의 사물세계로부터 우리를 떼어 놓는다.

대미술』, 이종인 옮김, 시공사, 2001, p.124.

156 M. Merleau-Ponty, *SN*, p.21.

"우리는 주변의 모든 것들이 필연적으로, 그리고 확고하게 존재한다고 여기는데 익숙해져 있다. 세잔의 그림은 그러한 습관의 사고를 잠시 중단시키고, 인간이 깔고 앉았던 '비인간적인'(inhumaine) 세계로 내려가 그것의 본질을 드러내준다. 이로 인해 그가 그린 인물들은 마치 인간이 아닌 다른 종의 존재가 바라보는 것처럼 그렇게 생소하고 이상하게 보인다. 그가 그린 자연 역시 물활론에 입각한 교섭을 야기할만한 모든 속성을 벗어버렸다. 풍경에는 바람 한 점 없고, 《아네시 호수》에서처럼 물의 파동도 없어 흡사 세계의 처음이 그러하였던 것처럼 모든 대상들은 얼어붙은 듯 멈추어있다. 그것은 일체의 인간적인 심정의 유출이 금지된, 그래서 인간이 편안함을 느낄 수 없는 낯선 세계다."[157]

존재의 시간과 공간에서 실재의 의미를 진리로서 추구하는 세잔에게 "습관의 사고"가 쌓는 익숙함은 지속적으로 깨뜨려야할 벽이다. 그것은 인식론적 주체로 하여금 애초에 자신의 존립을 가능하게 했던 비인간적인 의미의 생성사건을 일회성에 가두어, 결국은 정형화된 관념의 땅에 가시적인 세계의 진리를 묻는 망각의 정서이기 때문이다. 그러나 거기엔 사물에 대한 '자기 안의 타자'를 통제하는 '인간적인' 질서가 있다. 만일 이 질서를 포기하는 것이 무질서를 수락하는 것이라면, 그 결과는 의미 없는 진리에 직면한 포토리얼리스트들의 존재론적 재앙보다 나을 것도 없을 것이다. '실재보다 더 실재 같은 초(超)실재'로 가린 '사실적 허구'의 차이성이 빚는 무의미의 무질서도 그렇지만, '사실적 실재'의 차이성이 빚는 의미의 무질서도 곧바로 존재론적인 회의로 이어져 결국은 허무의 진리를 수락하기는 마찬가지일 것이기에 그렇다. 이 경우 다른 점이 있다면, 전자의 그것이 카메라의 렌즈 뒤에서 관념으로 정치하게 조작된 실재의 탈을 쓰고 있는데 비해 후자의 그것은 육안으로 받아들

157 같은 책, p.28.

인 사실적인 실재의 맨얼굴이라는 점이다. 물론 세잔은 그러한 솔직함, 그러니까 무질서한 혼돈의 실재에 머무르지 않았다. 그는 표현을 통해 질서 있는 실재의 의미를 진리로서 보여주려 했다. 동일자의 고지에서 사실의 평지로 내려온 주체의 눈이 방황하듯 사물을 따라 사물의 입장에서 이것저것 포착한 것들, 그 산만하게 흩어진 의미의 조각들을 다시 연결하고 통일시켜 "끊임없이 흐르고 있는 가시적 세계의 '실재'를 밀도 있게 그리고자 하였다."[158] 그렇게 말할 수 있는 까닭을 메를로-퐁티는 이렇게 쓴다. "세잔은 혼돈과 질서 중 어떤 것을 택할 필요가 없다고 믿었다. 눈에 보이는 지속의

158 같은 책, p.29. 세잔의 그림에 나타나는 '사실적' 성질과 '실재'의 개념을 좀 더 잘 이해하기 위해 우리는 큐레이터 미셸 오(Michel Hoog)의 말을 참고할 수 있다. 즉 "세잔이 일구어낸 심오한 개혁과 외관상 전통적으로 보이는 작업방식 사이에는 모순이 놓여 있었다. 세잔은 정물화이건 인물화이건 또는 풍경화이건 자연에서 직접 작업했다. 그는 늘 아름다운 소재를 찾아다닌다고 말하곤 했는데, 평론가들은 세잔의 상상력이 부족하다고 떠들어댔고, 그의 그림이 갖는 사실적인 특징을 깎아내렸다. 이 '사실적'이라는 말은 여러 가지 뜻으로 해석될 수 있는 것이어서, 후세 미술사가들 사이에 많은 오해를 불러일으켰다. 세잔이 1895년 이후에야 비로소 완벽하게 실현할 수 있었던 '새로운 시간(빛)의 해석과'(필자첨가) 새로운 형태의 공간구성은, 끈덕지게 개성을 고집한 끝에 결실을 이룬 것이었다. '리얼리티'에 대한 집요한 관찰이 극히 주관적인 회화의 한 형태를 구축하는 출발점이 되었던 것이다." [미셸 오, 『세잔, 사과 하나로 시작된 현대미술』, pp.66-67]. 미셸 오가 "사실적"이라는 말을 "여러 가지 뜻으로 해석될 수 있는 것"이라 했을 때, 그것은 존재론적 의미에서의 다양한 '실재' 뿐 아니라 인식론적 의미에서의 다양한 '객관성'과 '주관성'에 상응하는 여러 '실재'들에 대한 사실성—그러니까 이 경우 사실성은 <la réalité>를 뜻한다.—이 있다는 뜻으로 읽힌다. 그렇다면, "세잔의 사실적인 특징을 깎아내렸다"는 그의 말은 전통의 구상화가 지향했던 '객관적 실재'를 준거로 삼는 평자들이 세잔의 '사실적' 실재를 왜곡된 '객관적 실재'나 빈곤한 '주관적 실재'로 폄하한 점에 대해 언급하고 있는 것으로 여길 수 있다. 하지만 세잔의 "사실적 특징"은 주·객관의 인식론적 주체 모두를 넘어선 '존재론적' 혹은 '사실적'(sachlich) 주체의 실재— 미셸 오의 표현을 쓰자면 "극히 주관적"인 주체의 "리얼리티"—에 대한 탐구의 결과물이다.

사물과 그 사물이 출현하는 가변적인 방식을 나누지도 않았다. 그보다는 형태를 드러내는 내용, 혹은 자발적인 조직을 거쳐 '막 발생하는 질서'(l'ordre naissant)를 묘사하고자 했다."[159] 따라서 세잔이 표현한 '살의 의미'가 보였던 산만함은 무능한 감각의 지성이 부른 '존재론적 회의와 허무'의 무질서에 밴 혼돈의 정서가 아니다. 그렇기 보다는 사물에 대한 '자기 안의 타자'성을 동일화했던 '주·객관적'인 지성의 힘을 대신해 존재론적 회의와 허무를 차단해줄 어떤 '사실적'인 지성의 힘이 '자기 안의 타자'성으로 인해 생긴 사물의 차이성에 새긴 질서의 정서다.

그러니까 세잔의 형태변형과 색채변조는 그 질서를 향한 의도의 표시였다. 세잔은 결코 "무지 속으로 자신의 그림을, 어둠 속으로 자신의 지성을 침몰"[160]시키지 않았다. 그의 감각이 보였던 차이의 무질서는 질서의 무질서다. 물론 이 무질서를 일컬어 '또 다른' 무의미라고 말할 수도 있지만, 이때의 무의미는 오롯한 무의미가 아니라 '의미의 무의미'이어야한다. 그럼에도 불구하고 여전히 그 '산만함'에서 '무지와 어둠'의 '의미 없는 무의미'를 느낀다면, 그 원인은 감각 밖에서 감각 안으로 개입하여 감각을 검열하고 질서를 부여하는 주·객관적 지성의 '동일성'에 덜미가 잡힌 재현의 감각에 익숙한 사고의 타성이다. 그러나 그런 감각이 아니더라도, 지성의 고유한 힘이 자신 내부에 있는 감각, 즉 '외적 지성'의 힘에 기댄 타율의 감각이 아니라 '내적 지성'의 힘에 따르는 자율의 감각인 존재론적 감각이 있다. 이 감각은 사물의 차이성을 어떤 하나의 관점으로 반복

159 M. Merleau-Ponty, *SN*, p.23.
160 같은 책, p.22.

해 해소하는 '동일성의 힘'이 아니라, 자신이 타자로서 사물의 일부가 됨으로써 결국은 사물의 것으로 변하는 '차이성의 힘'을 사실적인 지성의 힘으로 갖는다. 세잔의 '살'은 사물의 사실적인 실재세계로 그냥 늘어나지 않는다. 감각의 "분리된 삶"(la vie séparée)이 매순간 다른 경험의 조망으로 확산시킬 혼돈의 심연에서 감각의 "실천적 종합"(practical synthesis)으로 행사될 지성의 힘, 즉 '차이성의 힘'을 통해 '의미의 질서'를 끌어올리는 변증법의 시간을 타고 연장한다.[161]

사물에 대한 지금의 결속양태만으로도 세잔의 '새로운 감각'은 건강할 듯싶지만 아직 이것만으로는 충분하지 않다. 그 감각의 지성이 가졌던 '차이성의 힘'이 '너'를 거쳐 '우리'로 나가지 못하고 '나'에 머무는 것일 수도 있기 때문이다. 만일 세잔이 획득한 '의미의 질서'가 그런 감각의 것이라면, 그 새로움은 가시적 세계에 대한 한 개인의 극적인 사건으로 축소될 것이다. 이러한 사안은 회의와 허무를 부를 상대성의 파괴력이 '의미의 질서' 안에서도 생길 수 있음을 시인한다. 여전히 '의미의 혼돈'이 문제인 셈인데, 동일성을 버림으로써 타자의 차이성이 주는 상대성을 피할 수 없게 된 이상, 이 경우 중요한 것은 감각의 상대성자체가 아니라 감각의 상대성이 숨겨놓은 덫, 즉 '의미의 질서의 파편화'를 피하는 일이다. 이는 사물과의 그 결속양태를 '자기 안의 타자'와의 관계 뿐 아니라 '타인의 타자'와의 관계로까지 연장하는 '살'을 확보하는 것일 텐데, 하지만 이 작업은 재현의 장에서 다양하게 변주된 동일성을 통해 소극적

---

161 같은 책, p.30, 그리고 M. Merleau-Ponty, *The Primacy of Perception*, Northwestern University Press, 1964 (이하 *Primacy*로 줄임), p.14 참조.

혹은 적극적으로 행해졌던 노력들, 말하자면 주관주의자들과 객관주의자들의 보편성 확보를 위한 '인식론적 시도들'[162]과는 애당초 무관하다. 지금 필요한 것은 존재의 세계에서 발생하는 상대성의 위험을 극복할 표현의 보편성, 즉 타인과의 차이성 안에서 차이의 공간이 빚는 상대성의 위험을 그 '차이성의 힘'으로 극복한 '사실적 보편성'이다. 길은 '인간과 사물' 뿐 아니라 '인간과 인간', 그리고 심지어 '사물과 사물'의 경계를 무화시켜 "우주적인 보편성"을 띠는 "세계의 살"(la chair du monde)[163]로 가시성의 몸을 불린 '살'에 있다. 세잔 같은 화가의 "비인간적인" 살은 "타인의 신체에서 나온 것들을 자기의 것으로 수용할 수 있는 신체로서 인간에 대한 거울, 다시 말해서 사물을 하나의 광경으로 바꿔놓고 다시 그 광경을 사물로 바꿔놓는데 그치지 않고 나 자신을 타인으로, 타인을 나 자신으로 바꿔놓는 보편의 마술도구 같은 것"[164]이다. 이 논리 안에서 '살'이 인간적이 아니라는 것은, 감각의 주체가 사물에 대한 '자기 안의 타자'성 뿐 아니라 '타인의 타자'성을 통제했던 주·객관적인 '동일성의 힘'까지 버리고 안팎의 모든 타자에 스며듦으로써 타자의 능력이 되는 사실적인 '차이성의 힘'을 취한다는 것을 뜻한다. 탈근대의 '건강한' 감각은 "외적 지성"의 행위도 아니며 "나만의 단순

---

162 상대성이 허무와 회의로 가는 것을 차단하는 인식론적 혹은 주·객관주의적 수준에서 도출되었던 대응물은 거칠게 말해 두 가지다. 대상에 대한 동일화욕구가 제한적인 객관적 '상대주의'의 보편성, 그리고 절대적. 선험적 내지 초월론적, 상대적 내지 변증법적 '객관주의' 등의 보편성이 그것이다. W. H. Walsh, *Philosophy of History*, New York, Harper & Row Publishers, 1967 중 특히 역사의 객관성 문제를 다룬 pp.93-116 참조.

163 M. Merleau-Ponty, *VI p.*302-304 참조.

164 M. Merleau-Ponty, *OE*, p.34.

한 감각"도 아니다.[165] 그런 감각의 주체가 된다는 것은 사물과 섞여 존재하는 신체의 세계에서 타자와 묶이며 보편적인 질서의 의미를 진리로서 추구하는 삶을 맞는 일이다. 물론 이때 의미의 질서가 갖는 보편성은 초(超)시간적인 것이 아니다. 시간 속에서 차이성이 자력으로 자신의 상대성을 수렴한 것이다. 이 수렴은 역사적이다. 그러나 그렇다고 해서 그 역사성이 '자기를 객관화하는 어떤 의식주관'의 닫힌 변증법을 뜻하는 것은 아니다. 사물과 함께 세계의 직물을 이루는 신체로서의 감각의 주체는 이제 "더 이상 인식론적 인간이 아니라 존재론적 인간의 '열린 변증법'을 통해 상황에 따라 사유하고 자신의 경험에서 스스로의 범주를 형성하며, 그러한 중에 자신이 발견해낸 의미를 가지고 [세계에 대한 자신의]상황과 경험을 수정"[166]해가기 때문이다.

따라서 세잔이 육박하여 그릴 사물의 실재 역시 더 이상 타자를 통제하며 사물과 굽어보는 정신적 주체가 구축한 임의의 공간과 시간에서 '주·객관'에 표상될 어떤 고정물이 아니다. 그 보다는 몸의 교환력으로 타자와 얽혀들면서 사물로 파고드는 육체주체에게 주어진 실제의 공간과 시간에서 때마다 보편적인 사실로서 떠오를 어떤 가변물이다. 그것은 말하자면 상대적 혹은 변증법적 보편성을 띠는 '의미'일 것이지만, 주·객관의 인간적 지성이 내리는 형이상학적 교시에 따르는 감각이 모방할 '인식의 의미'가 아니다. 그 지성에 앞서 이미 사물에 스며든 감각이 타자와 함께 "각기 고립된 우리의 삶을 결합"(aura joint ces vies séparées)[167]하는 열린 시간 속에서 비

165 M. Merleau-Ponty, Primacy, p.17.
166 M. Merleau-Ponty, *SN*, p.237.

인간의 지성으로 부단히 드러낼 '존재의 의미'다. 정신으로 인식하는 주체가 타자에 앞서 사물의 배후에 재현될 어떤 대상으로 규정해놓은 무엇이 아니라 아직 사유되지 않은, 그래서 몸으로써 타자와 더불어 존재하는 감각의 주체가 '사실의 세계'에서 자신을 개방하며 사물과 접촉하는 순간에 생성될 '야생의' 의미다. 가시적 세계의 실재를 포착하기 위해 늘 그 의미에 임해야했던 세잔은 그렇기에 '지금껏 어느 누구도 그리지 않았던 것'을 사물에 대한 주·객관의 틀을 허문 '너와 나', 즉 상호간의 시각사슬로 결합된 '우리'의 사실로 그리려 할 수 밖에 없었다. 따라서 그가 그린 것은 우선 "명료하게 규정된 사유의 번역일 수 없다. 그러한 사유는 이미 우리 자신들이나 다른 사람들에 의해 표명된 것이기 때문이다. 개념이 작업에 선행될 수도 없다. 표현의 행위가 있기 전에는 막연한 흥분이 있을 뿐이며, 완성되어 이해된 작품이 있고나서야 비로소 말할 것이 없었던 것이 아니라 말하여질 무엇인가가 있었다는 사실이 증명되는 것이다."[168] 세잔에게 회화는 인식론적 주체의 감각이 객관적 입장에서 고안한 '외적 실재'에 대한 재현의 결과가 아니며, 주관적 취미에 따라 상상한 '내적 실재'에 대한 재현의 결과도 역시 아니다. 그런 만큼 사물을 전유하려는 욕망으로부터 자유로운 그것은 "아무것도 아닌 것의 광경이 됨으로써, 즉 사물들이 어떻게 사물들로 되며, 또 가시적인 세계가 어떻게 세계로 되는가를 밝히기 위해 '사물들의 껍질'(la peau des choses)을 벗겨냄으로써 나타나는 무엇의 광경"[169]과 같이 스스로 형성되는 사실의 세계를 나타낸다. 이는 세잔

167 같은 책, p.34.
168 같은 책, p.32.

의 회화가 "하나의 표현작용"[170]으로써 '비인간의 질서 속에서 의미로 주어지는 사물의 실재'를 끝없이 재창조하는 '존재론적 감각'의 산물인 동시에 어떤 주관의 '가상'도 '허구'도 아닌 살의, 그것도 보편적인 살의 '실재'라는 것을 뜻한다.

요컨대, 세잔은 살이다. 그리고 이 살은 사실적인 실재를 파악할 지성의 새 힘, 즉 '차이성의 힘'을 본질로 갖는 존재론적 감각의 주체다. 이 주체는 "우주의 사물이 '우리의' 뇌와 만나는 장소"[171]인 색채의 시간 및 "체험된 원근법"의 공간 등으로써 자신의 비인간적 지성을 변주시켜, 타자와의 교감 속에 질서의 의미로 주어지는 실재의 진리를 표현한다. 세잔이 '가시적인 세계'에 대해 표현한 것은 주·객관의 지성에서 풀려나는 동시에 사실적인 지성의 힘, 즉 '차이성의 힘'을 본질로 삼는 '존재론적 감각'의 주체 내지 '살'이 사물과 함께 역사적으로 생성한 '실재로서의 보편적인 의미' 내지 '진리'다. 이 진리가 보였던 '감각의 혼돈'은 그러니까 지성의 몰락이 초래한 무지이기는커녕, 타인과 사물에 개방된 더 깊은 정신의 자연적인 비전이 대상에 흘러들어감으로 인해 생긴 생소한 현상일 뿐이다. 그 이면엔 예컨대 《부엌의 정물》그림이 보여주는 것처럼 마치 가시적 세계의 자발적인 체계로부터 생기하듯이 떠오르는 새로운 질서, 달리 말하자면 '차이성의 힘'으로 타인과 하나가 된 주체가 다시 사물과 몸을 섞어 만드는 차이의 질서가 있다. 그 질서가 언뜻 혼돈으로 비쳤던 것은 주관과 객관의 '인간적인' 익숙한 질서에 가려있다

169 M. Merleau-Ponty, *OE*, p.69.
170 "une opération d'expression." M. Merleau-Ponty, *SN*, p.30.
171 같은 책, p.67.

갑자기 자신을 내보이는 '비인간적인' 야생의 낯선 의미로서 다가왔기 때문이다. 마치 혼돈과도 같았던 그 질서의 진리는 사물 밖에서 '가상'으로 재현된 실재의 의미가 아니라, 사물 내에서 표현으로써 생성된 실재의 의미다. 그런 만큼 세잔의 회화가 의미로써 보여주는 진리는 '내/외'부의 대상에 '구속된' 인식론적 감각의 재현은 물론, 대상의 경험자체로부터 '해방된' 존재론적 감각의 표현과도 무관하다. 그것은 대상의 경험자체에 묶여있는 동시에 그것으로부터 자유로운 역설의 삶을 그치지 않음으로써 사물의 '사실적 실재'가 형성하는 보편적인 질서의 의미에 보다 충실할 수 있었던 존재론적 감각의 지성적 표현물이다. 이로써 세잔은 '비대상의 세계상실'이나 '실재 없는 시뮬라크르'의 미학에 빠지지 않고, 가시적 세계의 진리에 이른다. '형식의 미'가 내용과 결합하고, 근대의 주관을 압도했던 '숭고의 미'는 진리의 표현으로 통한다.

개념의 차이는 있겠지만 어쨌든 이성이라 불리는 것의 성능을 지성이 내포한다면, 세잔의 그러한 '존재론적 감각'의 표현적 지성은 더 깊은 이성, 즉 '비인간적인 이성'이라 말할 수도 있다. 세잔의 '감각의 지성'을 "침묵의 코기토" 혹은 "발생 중인 로고스" 등 비인간적인 이성과 등가의 것으로 놓은 메를로-퐁티가 사실은 그랬다. 그는 그러한 이성이 분리불가의 살의 원리로 작동함으로써 '이성적 감각'인 채 '감각적 이성'이 될 수 있었던 회화주체의 '존재론적 감각'을 "지각"(la perception)이라 호명한다. 그리고는 '존재론적 지성', 그 본질의 지성의 실물로 삼아 철학의 탈근대 논리를 보강한다. '보는 동시에 보이는' 신체였던 회화의 주체가 '가시적인 세계 내의 살'이었으므로 이 경우에 '지각'은 '지각하는 것'과 '지각된 것'이라는 인식론적 재현의 이항으로 분열하지 않는, 그래서 타자와 얽힌 몸으로 사물의 실재로 파고들어 진리를 드러내는 자연적 비전, 즉 "가시적 세계의 이성"이 된다.[172] 그런 의미에서 메를로-퐁티의 '세잔論'은 '재현의 영역'을 양분했던 모더니즘과 리얼리즘을 넘는 조망으로 회화의 근대를 극복하면서도 보편적인 실재의 진리를 포기하지 않았던 세잔과 동일한 종류의 의지로써 착수된 자신의 철학적 기획, 즉 철학의 근대를 퍼뜨린 주·객관주의와 단절하면서도 보편적 실재의 진리를 포기하지 않았던 현상학의 실천이었다. 따라서 이렇게 말할 수 있다. 철학 같은 세잔의 회화를 들추는 논의로 이어져 '철학적인 회화론'이 된 후, 다시 회화 같은 철학의 진리를 주장하는 '회화론적인 철학'이 되어 '철학으로서의 회화론'과 '회화론으로서의 철학'이 서로의 꼬리를 문 형국으로 근대를 넘는 '세잔론'은 메를로-퐁티 현상학의 복판을 자른 단면이다.

세잔의 회화로 하여금 '재현의 조건' 속에 내재한 건강한 탈근대의 한 갈래를 말하게 했던 그의 현상학이지만, 동시에 그것은 세잔의 회화를 통해 자신의 내용을 주장하는 탈근대의 철학인 것이다. 신체의 '이성적 감각'을 따라 '재현의 영역'에서 가시적 세계의 실재로 귀환했던 세잔이 회화로 그렸고, 그의 감각에 '살의 지각'을 입힌 메를로-퐁티가 '감각적 이성'이 되어 회화론의 철학으로 썼던 그 비인간적인 의미로서의 '표현적 진리'는 일상의 해방을 소망하는 우리에게 매혹적이다. 타자의 차이성을 인정하면서 바로 그 '차이성의 힘'으로 허무와 회의를 극복하는 탈근대의 보편적 질서가 그 안

---

172 M. Merleau-Ponty, *Phénoménologie de la perception*, Paris, Gallimard, 1945 (이하 *PP*로 줄임), p. xv와 *Primacy*, pp.17-25 참조.

에 들어있기 때문이다. 그러나 허무와 회의를 넘는 건강함보다 더 중요한 것은 그 건강함의 도덕성이다. 물론 동일성의 욕망을 버리고 타인과 함께 사물의 세계를 차이성의 실로 직조하므로 타자에게 자신의 관점을 덮어씌울 까닭이 없을 '이성적 감각' 혹은 '감각적 이성'은 이미 존재의 시간 속에서 사방 온갖 것들과 어울리며 그들의 소리에 귀 기울이는 이타(利他)성을 갖는다. 그리고 그 이타성은 '닫힌 윤리'의 공간을 빠져나와 "도덕 너머의 참된 도덕성,"[173] 그 비도덕성의 도덕을 열며 열린 윤리의 공간으로 들어간다. 따라서 그것들에 잡힌 실재의 진리 또한 그러한 도덕의 품성을 두를 것이다. 하지만, 그 질이 문제다. 윤리로써 가장한 일상의 숨은 폭력과 맞설 진리의 도덕적 강도를 '진리의 근거'에서 가늠할 더 깊은 척도가 필요한 것이다. 결국은 '문화의 질서'가 될 진리를 평가할 기준일 그것은 '차이성의 힘'을 행사할 '이성적 감각', 아니 '감각적 이성'의 주체와 그에 맞갖은 실재의 구체적 현실성이다.

사실 세잔의 회화가 말하는 것을 두고, "아직 의미를 품고 있지 않은 사물들 속에 있는 것도 아니며, 예술가 자신의 명확하지 않은 삶 속에 있는 것도 아니다. 그것은 이른 바 문화인들이 스스로 그 안에 갇힌 '기존의 이성'(la raison déjà constituée)에 불복하고, '자신의 고유한 근원들'(ses propres origines)을 잊지 않고 챙길 또 다른 이성을 요청하는 그런 의미다"[174]라고 이해하는 메를로-퐁티가 안팎의 주관을 넘어온 그 화가에서 찾은 탈근대 철학의 비인간적 이성인 '감각적 이성' 내지 '지각'이 궁극으로 겨냥하고 있는 것은 문화

173 "une «vraie morale» par delà la «morale»", M. Merleau-Ponty, *SN*, p.49.
174 같은 책, p.32.

의 부단한 교환이다. 이미 소유한 하나의 문화에 스스로를 감금하며 그 안에서 만족했던 인간의 이성으로부터 떠난 세잔이 화가의 감각으로써 "포착"(placer)하고 화가의 비인간적 이성으로써 "구축"(organiser)했던, 그리고 그런 그를 통해 입증된 '감각적 이성'으로 메를로-퐁티가 개념화했던 회화와 철학의 진리는 그러므로 아직 인간의 질서를 갖지 못한 야만인의 무도한 감각은 물론, 더 이상 인간의 질서에 머물 수 없는 문화인의 소외된 이성과도 무관하다. 그것은 어디까지나 문화로부터 '인간적 인간'의 질서가 씌운 억압을 벗겨낼 '비인간적 인간'의 질서를 존재론적인 자율의 힘으로 읽어내는 문화인의 '이성적 감각' 혹은 '감각적 이성'에 늘 새롭게 인식될 '자연'의 진리다. 세잔의 회화는 야만의 폭력을 이겨낼 인간의 문화도, 그 문화를 조직하는 인간의 질서도 포기하지 않는다. 메를로-퐁티의 철학 또한 단지 "문화를 가진 동물이 되는 것으로 만족하지 않고, 그 문화의 근본으로까지 파내려가 이해하여 거기에 새로운 구조를 부여"[175]하고자 했을 뿐이다. 보이는 세계가 비인간적인 인간 신체의 감각과 비인간적인 인간 정신의 이성이 교차하는 살이 확장된 것이라 했으니, 그것들이 스미어 얽힌 짝치고 살 아닌 존재가 어디 있겠는가. 무엇보다도 비인간과 인간, 신체와 정신, 감각과 이성이 그렇고, 그들에서 증식된 사물과 인간, 타자와 주체, 사물과 사물, 회화(예술)와 철학, 철학과 과학, 침묵과 소리, 낯설음과 익숙함, 혼돈과 질서, 무의미와 의미, 비도덕과 도덕, 존재와 인식, 심지어 삶과 죽음 등을 비롯한 모든 것의 관계는 두 항이 서로 중첩하는 살로서 가시적 세계를 '자연과 문화'의 살로 만든다.

---

175 같은 책, 같은 곳.

메를로-퐁티의 '철학'이 '신체적 정신'의 '감각적 이성'으로 말하는 탈근대의 진리는 따라서, 세잔의 '회화'가 '정신적 신체'의 '이성적 감각'으로 보여준 것같이 더 나은 인간의 문화에 바쳐질, 달리 말해 우리의 일상을 억압하는 문화에 들어있는 '인간적 인간'의 질서를 와해시킬, '비인간적 인간'의 혼돈 같은 질서가 사물과 인간, 타자와 주체, 사물과 사물, 낯설음과 익숙함, 비도덕과 도덕, 존재와 인식, 침묵과 언어 등의 살로써 무의미처럼 표현된 그런 의미라고 말할 수 있다.[176] '비인간과 인간'의 살인 비인간적 인간, 그렇기에 비인간을 잊지 않을 인간과 그런 인간의 '감각적 이성' 내지 '지각'—감각이라는 "비이성의 경험과 연결된 이성"으로서의 살[177]—은 인간과 이성의 더 진정한 본질로서 가시적 세계에 대한 '탈'근대적 '표현의 진리', 그 '더 깊은 진리'의 근거다. 그리고 이 근거의 진리, 즉 철학적 진리는 더 진실한 인간일 비인간적 인간의 문화를 지탱하는 질서로 이행된다. 하지만 생성되는 '실재로서의 의미'에 다름 아니었던 그 철학적 진리의 내용이 무엇이든 간에 그것이 일상의 삶을 기만하지 않는 양질의 도덕성을 두른 '문화의 질서'로 이행되려면 '차이의 질서'를 낳는 '지각' 혹은 '감각적 이성'이라는 존재론적 주체의 지성이 우선 구체적 현실의 끈을 잡고 있어야한다. 인식론적 주체의 지성이 갖는 주관성을 해소했다고 해서 상대성이 그냥 사라지지 않았던 것처럼, 추상의 관념성 역시 저절로 없어지지 않기 때문이다. "주관 그 자신"의 주관성과 관념성조차 넘어서는 곳,

---

176 여기서 만일 철학과 과학의 관계가 문제라면, 그것 역시 따지고 보면 예컨대 예술과 철학의 관계에서와 마찬가지로 무의미처럼 표현된 의미의 이행에 걸려 '자연과 문화의 살'에 속한다.

177 M. Merleau-Ponty, *SN*, p.8.

그 '존재의 세계'에는 비인간적 인간의 눈—굳이 말한다면, 존재론적 혹은 사실적 주관—이 불러온 상대성이 가능하듯 그것이 부를 관념성도 가능하다. 이는 어떤 '추상적 관념'이 그 인간 안으로 개입해 그를 인간의 사회와 역사에 걸려있는 '구체적 현실'을 간과 혹은 은폐하는 형이상학의 초월로 떨어뜨릴 여지가 있다는 것을 의미한다. 그렇다면 관념의 추상성을 극복하지 못하는 존재론적 주체의 지성은, 설령 '재현의 영역' 너머의 상대성을 시간과 역사의 논리로 수습하는 건강한 '차이성의 힘'을 갖고 있다하더라도, 올바른 공존의 방식을 익히지 못하고 마침내 자신에 상응할 실재의 진리는 일상에 대한 도덕적 강도를 상실하게 될 것이다. '재현의 조건'에 대한 탐구가 부딪칠 마지막 관건일 이 문제를 여기에선 이렇게 말해도 된다. 즉, 세잔론을 통해 메를로-퐁티가 이야기했던 '지각' 혹은 '감각의 이성', 그 존재론적 주체의 지성이 확보한 '차이성의 힘'은 구체적인 현실성을 띠는가?

5. 차이성의 궁지와 출구

가시적 세계에 대한 진리의 근거를 새 주체와 실재 위에 두려는 탈근대의 철학적 시도가 타자의 목소리를 복원하는 일이라 할 때, 그것은 사물에 대한 주체의 욕망을 제거하고 타자의 감금된 욕망을 해방시키는 노동일 것이다. 그런데 문제는 주체의 욕망을 제거한 세계에 남는 것이 고삐 풀린 타자의 욕망이라는 사실이다. 그렇다면, 그것을 그대로 복원할 수는 없는 노릇이다. 억압의 균열이 분출하는 차이가 어지럽게 부유할 세계도 불사하겠다면 몰라도, 그렇지 않는 이상 우리는 어떤 질서를 찾아야한다. 이렇게 보면 탈근대의 세계에 보였던 차이의 무질서는 타자의 욕망에서 비롯된 것이 되며, 복원되자마자 자칫하면 '사물의 실재'에 이르지 못하고 회의와 허무의 늪에 빠질지도 모를 타자의 운명을 극복할 '무질서의 질서'의 원리가 될 '차이성의 힘'을 주체의 지성에서 찾아 진리의 근거를 새로이 정초하려는 탈근대의 철학적 작업은 역설이 된다.

논리적으로 볼 때 이 역설은 주·객관적인 인식론적 주체 대신에 다음 세 가지의 '또 다른' 주체, 즉 사실적인 존재론적 주체를 통해 풀릴 수 있다. (1)타자를 자신으로 환원하거나 동일화하는 욕망을 버렸기에 결국은 타자의 욕망에 대한 타자의 통제력으로 작용하는 주체. 아니면, (2)타자의 욕망에 내재하는 구조적 역학에 포섭되는 주체. 또, (3)그런 욕망의 관념성까지 덜어냄으로써 '한층 더 급진된 비인간적 인간' 내지 '타자의 타자'의 것이 될 욕망의 논리에 따르는 주체. 그러나 문제는 건강의 상태와 도덕성의 질이다. 우선 처음의 것을 통해서라면 '차이성의 힘'은 '타자로 열린 주체의 것'이 되는데, 세잔의 회화에 표현된 탈근대의 감각을 통해 메를로-퐁티가 가리킨 존재론적 주체의 지성인 '감각적 이성' 혹은 '지각'의 힘은 여기에 해당한다. 다른 무엇보다 '볼 수 있는' 신체를 매개로 타자로 흘러든 후, 변증법의 시간을 타고 타자와 섞여 사물과 하나가 됨으로써 물질적인 타자의 욕망에 살로서 내재한다는 이유로 그 힘은 분산하지 않는 동시에 우리의 행동과 존재를 받쳐주는 일상의 사회와 역사에 걸린 구체적 현실성을 띤다. 살의 논리가 여기서도 유효하다. 그러나 '차이성의 힘'이 일상의 우리에 대해 갖게 될 도덕적 강도를 아직 확신할 수 없다. 살은 '보이는 것'과 '보이지 않는 것'의 이중체이므로, '볼 수 없는' 신체가 자발적으로 수행하는 목적 지향적 활동이라 할 수 있는 '자신 안으로 타자의 욕망을 수렴하며 사물에 반응할 그 차이성의 힘'은 물질적인 타자의 욕망을 '살'인 채 초월하는 주체의 것이기도 하기 때문이다.[178] 물론 이 때의 초월은 관계와 통합을 수반하기에 그 욕망이 연속적으로 자기를 주장할 기재가 되는 것이긴 해도, 주어진 것을 변형시키는 힘이 '볼 수 없는' 신체의 인간적 초월능력으로 작용하는 이상 추상의 관념으로부터 자유로울 수 없다. 그만큼 일상에 대한 도덕의 강도가 떨어질 수밖에 없지만, 그래도 신체의 감각과 정신의 지성에 대해 자신의 존재론적 주체가 그러하듯 메를로-퐁티의 '차이성의 힘'에는 '물질적인 타자의 욕망과 일치하는 세계'와 '물질적인 타자의 욕망과 단절하는 세계'에, 즉 구체적인 현실의 안과 밖에 공존한다는 보루의 사실이 있다. 이 기막힌 사실로 인해 그는 예컨대 고흐의 《끈이 달린 낡은 구두》와 초현실주의 화가 홀바인의 《대사들》에 표현된 회화의 감각이 선취한 존재론적 주체의 건강한 지성을 탈근대의 실재와 진리의 증표로 삼았던 하이데거나 라캉[179] 같은 탈근대의 또 다른 철학자들을 앞지른다. 메를로-퐁티의 그것과 마찬가지로 '타자로 열린' 현상학적 속성을 띰에도 불구하고 '언어의 자율적 권력' 내지 '구체적

---

178 이와 연관해서 메를로-퐁티는 이렇게 썼다. "그러므로 우리는 우리의 신체를 '양면을 갖는 존재'(un étre à deux feuillets)라고 말할 수 있다. 그것은 한쪽에서 보면 수많은 사물들 중 하나에 지나지 않지만, 또 다른 한쪽에서 보면 사물을 바라보며 만지는 그런 존재다." M. Merleau-Ponty, *VI, p.*180.

179 하이데거와 라캉의 회화론은 각각, M. Heidegger, *Holzwege*, Vittorio Klostermann, Frankfurt a.M, 1977, pp.18-21, 그리고 J. Lacan, *The Four Fundamental Concepts of Psychoanalysis*, London: Penguin, 1979, pp.86-89 참조.

현실과 단절하는 비인간적 이성의 존재'에 변증법적으로 "전용"(die Aneignung)되기 위해 자신과 타자의 물질적 욕망을 '지양'(止揚)한 발판을 딛고 그 위로 비약하는[180] 하이데거의 존재론적 주체, 그리고 무의식적 언어구조의 '상징질서'로 그 물질성이 환원된 '타자의 욕망'에 "동화"(la identification)하는 주체를 통해 '현상학을 타자의 것으로 역전'시키며[181] 앞에서 나열한 세 가지 중 두 번째 것처럼 '주체로 열린' 타자에 포섭된 라캉의 존재론적 주체 등의 지성—여러 가지로 쓸 수 있을 것이지만 굳이 각각 하나씩 들자면 "이해"와 "무의식"—이 자신들의 본질에 추상과 관념의 끈으로 매달아 놓은 '차이성의 힘'을 능가한다. 이때, 능가한다는 것은 근대 이후의 회의

---

180 하이데거의 존재론적 주체라 할 수 있는 '현존재'는 "서로가 타자를 통해 서로의 타자를 넘어 존재이해의 지평에 들어서는" 초월성을 갖는다. M. Heidegger, *Sein und Zeit,* Max Nemeyer Verlag, Tübingen, 1972, p.298 이하. 그리고 그에 대한 논의는 송석랑, 『언어와 합리성의 새 차원 —하이데거와 메를로-퐁티』, 충남대학교출판부, 2003, p.82 이하 참조.

181 라캉의 구조주의적 욕망이론은 하이데거 이후 그 중심이 존재론의 영역으로 이동된 현상학을 타자의 위치에서 보완한 것으로 이해될 수도 있음을 의미하는 이 말은 정신분석학에 대한 메를로-퐁티의 입장을 반영한 것이다. 유고 『가시적인 것과 비가시적인 것』(*VI*)에 나타난 메를로-퐁티의 그 입장과 라캉의 관계를 한 연구서(홍준기, 『라캉과 현대철학』, 문학과 지성사, 1999, p.184)는 다음과 같이 간명하게 요약했다. "현상학자로서 메를로-퐁티는 바로 그 책에서 정신분석학을 완전히 '복권'했을 뿐 아니라, 이를 바탕으로 새로운 현상학적 사유의 장을 열어놓았다. 메를로-퐁티는 이제 더 이상 '프로이드의 무의식'을 자연주의적 고찰방식의 잔재로 보지 않는다. 프로이드의 철학은 육체의 철학이 아니라 살의 철학이다. 프로이드의 철학은 실존적 혹은 인간학적 정신분석학이 아니라 '존재론적 정신분석학'이다.[M. Merleau-Ponty, *Das Sichtbare und Unsichtbare*, München: Wilhelm Fink, 1994, p.338] 이와 마찬가지로 라캉도 '주체의 분열'[「구성하는 분열 속에 사로잡힌 주체 le sujet pris dans une division constituante」(J. Lacan, *Ecrits*, Paris: Seuil, 1966, p.856)]을 주체와 세계의 분열을 가능케 하는 '존재론적 범주'[J-A. Miller, Entretien sur Le Séminaire, Paris: Navarin, 1985, p.19]라 보았다."(꺽쇠묶음 안은 인용문에 딸린 각주.)

나 허무를 이길 '건강함'이나 탈근대의 '진척 정도'가 아니라 '구체적 현실성'의 측면을 이른다. 그들은 모두 사물의 어떤 실재로 파고드는 '비인간'을 통해 가시적 세계의 보편적 진리를 말한다. 그리고 이제야 말할 수 있게 되었는데, 메를로-퐁티는 자신에 대해 타자의 수동성과 능동성이라는 유사성과 차이성을 보이는 하이데거와 라캉과 함께 미완의 탈근대에 있다. 주체를 타자에 개방 혹은 포섭시켜 비인간화하는 까닭에 그 사정이 많이 약해지긴 했어도, 그들이 말하는 '차이성의 힘'이 수렴, 비약, 그리고 환원이라는 '인간적 초월'이 부를 형이상학적 관념에 여전히 붙들려있다는 점 때문이다.

다시 말하건대, 지금 이야기하고 있는 것은 바로 그 동일한 수준의 서로 다른 자리에서 그들이 보여주는 진리가 '일상에 대해' 갖게 될 도덕적 강도를 그 근거 내지 존재론적 주체의 지성에서 측정된 구체적 현실성의 농도다. '차이성의 힘'을 어쨌든 '인간적 초월'로 설정하는 한, 메를로-퐁티와 하이데거와 라캉은 '자기동일성'이 뽑히며 남긴 근대적 관념의 얼룩을 공유한다. 이는 분명 '새로운 종류의 형이상학'이라고 불리는 한계일 것이지만, 이 한계가 내내 부정적이지 않은 것은 의미 있는 대가를 얻었기 때문이다. 그들은 거의 끊어질 듯 팽팽하게 당기는 '타자의 원심력'을 참아낼 '주체의 구심력'과 그 한계를 맞바꾸었다. 사실 이런 면에서 보면, 그들에겐 탈근대의 재앙을 근대로 이기고 근대의 환상을 탈근대로 지우는 한계와 성취의 분배가 있다. 약해졌지만 여전한 '인간적 초월'을 언어의 형이상학적 '존재' 혹은 '구조'에 잡힌 정신에 두고 있는 앞의 두 철학자들에 비해 그것을 차라리 '언어의 발생계기'가 되는 신체에 둠으로써 동일성의 자취로 남은 추상적 관념성을 절대적 혹은 상대적으로 더 크게 압도하며 그 농도의 선명성을 주장하는 메를로-퐁티의 돌출은 바로 그 고르게 나뉜 한계와 성취 이면에 있다. 여기에서, '절대적으로'와 '상대적으로'라는 말은 하이데거의 빽빽한 관념성과 그보다 옅고 메를로-퐁티보다 짙은 라캉의 그것을 각각 지시한다. 라캉의 경우 하이데거에서와 달리 '상징적인 것'(언어)의 물질성이 인정된다 해도, 거기에 '상상적인 것'(나르시시즘의 환상)이 묻어 있는 한, 흡사 칸트의 '물자체'처럼 온전히 해소되지 않을 물질적인 타자의 욕망세계가 환원될 수 없는 잉여로서 언어 저편에 남는다. 남아서, 존재론적으로 파악될 수 없는 "불가능한 실재"가 된다.[182] 때문에 비록 그 실재가 '상징'계와 내밀하게 상호 결부되어 "상징적 질서로 파악된 사회를 조화롭고 완성된, 따라서 변화를 더 이상 불가능하게 만드는 닫힌 체계가 아니라, 자신 속에 '모순'을 배태하고 있는 불완전한 체계로서 파악"[183]할 수 있도록 해줄 상징적 질서의 "비-전체"(pas-tout)성, 즉 "불가능한 실재를 내포하고 있는 불완전한 전체"성을 야기한다 해도, 언어의 그 사회적이고 역사적인 상징질서가 실재의 물질성과 '직접' 만나는 접점이 너무 흐릿하다. 이는 '상징질서'로써 파악된 실재를 이야기할 라캉의 변증법적 지성이 보일 '차이성의 힘'이 인식론적 주체의 관념성을 극복하지만 하이데거보다 얇게, 그러나 메를로-퐁티보다 두껍게 존재론적 주체의 관념성을 허락할 것임을 뜻한다. 이러한 비교우위는 여기서 끝나지 않는다. 형이상학적 언어에 종속된, 아니면 그것의 근거가 된 어떤

182 F. Roustang, *The Lacanian Delusion*, tr. Greg Sims, Oxford: Oxford University Press, 1990, p.130.

183 홍준기, 『라캉과 현대철학』, p.229.

‘인간적 초월’에 ‘차이성의 힘’을 매다는 구조주의자들이나 현상학자들 모두와의 사이에서도 나온다. 따라서 이렇게 말해도 새되진 않을 것이다: ‘존재론적 주체의 지성’과 ‘그에 상응하는 의미로서의 실재’에 작용하는 ‘차이성의 힘’이 ‘인간적 초월’에 걸려있는 한, 가시적 세계에 대한 탈근대의 표현적 진리가 ‘일상에 대해’ 가질 수 있는 도덕적 강도의 최대치가 메를로-퐁티에 있다.

만일 그 최대치의 궁지가 문제라면, 우리는 ‘차이성의 힘’으로부터 ‘인간적 초월’을 씻어내는 한편으로 ‘어떤 새 구심력’과 ‘구체적인 현실성’을 진리의 근원일 그 힘에 부여하는 이중의 수고를 감당해야한다. 그리고 이 시도는 예컨대, ‘타자로 열린 주체’와 ‘주체로 열린 타자’ 모두를 해소하는 ‘초월론적인’(transcendantal) 논리로써 ‘차이성의 힘’을 ‘한층 더’ 비인간화된 존재론적 주체의 것으로 만들며 현상학을 구조주의와 함께 극한까지 밀어붙인 데리다와 들뢰즈의 ‘해체’와 ‘경험’을 통과해야할 것이다. 물론 ‘초월론적 논리’는 근대 안에서 근대에 저항했던 칸트나 후설, 그리고 근대의 환상을 탈근대로 지우고 탈근대의 재앙을 근대로 이겼던 하이데거와 라캉과 메를로-퐁티 같은 이들에게도 있다. 그러나 그들의 그것은 ‘인간적 초월’의 관념을 재생산하거나 ‘비인간’의 형태로 변형—이들 중 칸트와 후설의 초월론적 특성을 이 글의 앞에서 필요상 지시한 경우 나머지 세 사람들과의 이러한 변별성들을 나타내기 위해, 물론 그 변별성을 무시하면 결국 같은 용어가 되겠지만, ‘선험(성)’이라 표기했다—한다. 그것은 그래서 우리로 하여금 ‘의미로 생성하는 실재’를 관찰자 내지 주체의 ‘존재적’ 개념 혹은 ‘존재론적’ 현상이나 구조로 각각 가리거나 이해하게 함으로써 가시적 세계의 진리에

'인간의' 짙은, 아니면 옅은 관념의 추상을 입힌다.

근대의 "형이상학적 폭력"을 반복한 후, 탈근대로 흘러들어 결국은 탈근대의 궁지를 만든 그 재생산과 변형의 '초월론적 논리'에 비해 데리다와 들뢰즈의 '초월론적 논리'가 돋보이는 것은, 그것이 '인간적 초월성'을 '이탈'하며 타자의 결과, 아니 효과로서 생겨나는 존재론적 주체와 실재의 진리를 보여주기 때문이다. 이때 타자는 '타자로 열린 주체'의 타자도 '주체로 열린 타자'도 아니다. 그것은 뒤의 철학자가 말한 "타자의 타자"[184] 같은 것으로서, 형이상학적인 '지각'과 '무의식'과 "이해"를 떨어냄으로써 메를로-퐁티와 라캉과 하이데거에 '수렴'과 '환원'과 '비약'으로서 잔재하던 인간의 초월성을 마저 거부하는 '언어'[문자]와 '욕망'으로 현성한다. 현성하여, 존재론적 주체의 '전제'(前提)성을 파기하는 "차이의 경제학" 혹은 "리비도의 경제학"으로써 '한층 더' 비인간화된 존재론적 주체를 생산한다. 언어의 "목소리"를 '해체'하거나 욕망의 "강도들"[185]을 '경험'할 때 작동되는 그 주체는 가령 "행위주체"[186]나 "머리-고기"[187]와 같은 것인데, 찾자면 거기에는 "차연의 작용"과 "기관 없는 신체의 감각"이라는 새 지성의 본질이 있다. "해체라는 이름 없이도 해

---

184 "the otherwise-Other(*de l'Autre qu'autrui*)", G. Deleuze, *The Logic of Sense*, tr. Mark Lester, New York: Columbia University Press, 1990, p.319.

185 "intensities", G. Deleuze & F. Guattari, *A Thousand Plateaus- Capitalism and Schizophrenia*, tr. B. Massumi, Minneapolis: The University of Minnesota Press, 1987, p.153.

186 "the acting subject", J. Derrida, *Dissemination*, tr. B. Johnson, Chicago: The University of Chicago Press, 1981, p.223. 이 말(행위주체)과 연관된 "데리다의 새로운 주체 개념"에 대해선 다음 참조. 윤효녕, 「데리다 : 형이상학 비판과 해체적 주체 개념」, 윤효녕 외, 『주체 개념의 비판; 데리다. 라캉, 알튀세, 푸코』, 서울대학교 출판부, 1999, pp.15-53.

187 "the head-meat", G. Deleuze, *F. Bacon*, p.25.

체의 전략을 구사"하거나 "감정은 없고 히스테리만 존재"하는 예술, 예컨대 아다미의 《글라스 이후의 드로잉을 위한 연구》[188]나 베이컨의 《벨라스케스의 <교황 이노센트 10세 초상화>에 대한 연구》[189]같은 회화의 감각에 이미 감지된 그 지성들에는 '상대적인 일반의 보편'을 향한 초월의 열망이 담긴 변증법 대신 "보충-대리의 논리"[190]와 "리듬-카오스"[191] 커플이 '차이성의 힘'으로 작용한다. 작용하여, "비판적 전망"과 "일관성의 구도"로써 상대적인 제한의 보편을 가리킨다. 따라서 '가시적 세계'의 실재 또한 생성되는 것이되, '타자로 열리거나 타자에 포섭된' 주체의 '인간적 초월성'이 아니라 그 이전에 '타자의 타자'로서 존재하는 '언어'와 '욕망'에 의해 구축되는 주체의 '비인간적 내재성'을 통해 주체와 함께 "원(原)흔적의 흔적" 혹은 "기초 없는 이미지" 같은 표현적인 의미의 사실적 진리로 생성된다. 그 언어가, 그리고 욕망이, 정말로 주체와 타자의 관념을 어떤 식으로든 초래했던 '인간적 초월'의 관념을 지울 수 있는 것이라면 왜 그렇지 않겠는가.

---

188 J. Derrida, *The Truth in Painting*, tr. G. B. Bennington & I. McLeod, Chicago: The University of Chicago Press, 1987, pp.152-154 참조. 데리다는 이 책에서 하이데거가 취했던 고흐의 《끈이 달린 낡은 구두》를 통해 '감각의 지성'을 논하기도 한다. 그렇다고 해서 이 화가의 감각이 분열되거나 그 철학자들의 입장 중 하나가 틀린 것은 아니다. 하나의 화화가 어떤 하나의 입장에만 구속되는 것은 아니기 때문이다. 회화엔 그린 이들조차 어찌할 수 없는 의미의 초과가 있기에 한 명의 화가는 상이한 '탈'근대의 여러 논리들과 동시에 대응할 수 있다. 중요한 것은 그들의 회화가 불러 깨우는 '감각의 지성'에 육박하는 해석의 진실일 것이다.

189 G. Deleuze, *F. Bacon*, pp.46-47 참조.

190 the logic of supplementarity", J. Derrida, *Of Grammatology*, tr. C. C. Spivak, London: The Johns Hopkins University Press, 1976, p.215.

191 "rhythm-chaos."/ "이 짝은 '감각의 논리'의 심장이다." G. Deleuze, *F. Bacon*, p.xx.

'재현의 영역' <아래의 아래까지> 천착했던 그들의 철학은 인간적인 '초월과 관념'을 비운 비인간적 주체와 실재에 이르러, 마침내 진리의 생성을 '그 자체'로 보여주려 했다는 점에서 하이데거와 라캉과 메를로-퐁티의 탈근대에 남아있던 미완의 공백을 한껏 채운다. 그러나 그 주체의 지성에 든 '차이성의 힘'에서 동일성의 자취로 남았던 '인간적 초월의' 관념성을 빼내며 탈근대를 완수하는 듯 보이는 그들의 이 성과가 곧바로 진리의 '건강하면서도 구체적인 현실성'으로 이어지는 것은 아니다. '차이성의 힘'을 인간의 초월성과 상쇄하지 않고 비록 비(非)형이상학적인—정확히 말하면, 전통의 형이상학과는 다른—이종(異種)의 구심력을 나름대로 확보하고는 있지만, 허무나 회의에 맞설 그것의 기력이 허약하여 우선 불안하다는 비판과, '언어'[데리다]의 그 한없는 불투명성과 '욕망'[들뢰즈]의 그 직접성에도 불구하고 '물질적인 타자의 욕망'을 추상으로써 누락시킬 '비인간적 초월'의 관념성을 유발하는 인간 외부의 어떤 영역에 몰입된 '형이상학—역시 정확히 쓰자면, 전통의 형이상학—의 또 다른 신제품'일 수도 있다는 혐의에 시달리고 있기 때문이다.[192] 근대 이후의 그늘이다. 그러나 그렇다고 해도, 데리다와 들뢰즈가 말했던 무근거의 '생성자체'는 메를로-퐁티가 처한 탈근대의 궁지, 즉 '차이성의 힘에 든 인간적 초월'의 훌륭한 출구다. 거기에 빗장처럼 걸린 것들, 예컨대 언어와 사물, 담론과 실천, 비판과 소통, 신경과 마음,

---

192 예컨대, M. Foucault, *L'ordre du discours -Leçon inaugurale au Collège de France prononcée le 2 décembre 1970*, Paris: Gallimard, 1971 [『담론의 질서』, 이정우 옮김, 새길, 1993]과 A. Badiou, *Deleuze -La clameur de l'Être*, Hachette: Littératures, 1997 [『들뢰즈-존재의 함성』, 박정태 옮김, 이학사, 2001] 참조.

살과 고기, 욕망과 이성 등의 어긋남과 일치의 역학을 해독할 때 비로소 우리는 그 궁지 밖으로 나가 일상의 야만과 내통하지 않을 구체적이고 현실적인 '실재의 의미' 혹은 '사실적 표현의 진리'와 조우할 순간을 예감할 수 있을 것이다. 중요한 것은 그때 올 진리의 모습이겠지만, '지금 여기에서' 말할 수 있는 것은 그 사건의 장소, 즉 '메를로-퐁티의 외부 같은 내부, 내부 같은 외부'다.

요컨대, 「세잔의 회의」와 「눈과 마음」 등에 나타나는 메를로-퐁티의 회화론은 그의 철학, 즉 존재론이 예술론으로 작용하고 다시 예술론이 존재론으로 작용하며 근대를 넘는 현상학의 복판을 자른 단면이다. 그런 만큼 그것에는 그가 예술로써 펼친 현상학의 특징이 응축되어있다: '존재론적 표현'의 진리와 관계하는 '본질의 감각'을 회화를 통해 들춰내는 '존재론적 회화론'이 되는 동시에 회화의 '본질의 감각'이 품고 있는 '고유한 지성'으로써 자신의 논리를 보강하는 '회화론적 존재론'이 되어 철학의 영역을 '인식론적 재현' 밖으로 확정하는 탈근대의 전략이 메를로-퐁티의 회화론에 있다. 그러나 이 전략의 형식만 보자면, 그것은 현대의 다른 철학자들에서도 숱하게 취해진다. 그러므로 정작 주목해야할 것은 그 전략의 형식이 아니라 내용이다. 존재론적 사건을 회복한 회화의 '지성 같은 감각'과 '감각 같은 지성', 혹은 <'감각의 지성'이 되는 '지성의 감각'과 '지성의 감각'이 되는 '감각의 지성'>을 통해 이야기될 철학의 탈근대적인 '주체와 실재와 진리'의 질이다. 이 글이, '직접적인 감각'의 표현을 획득하기 위해 재현을 이탈하는 '세잔의 회화'의 말없는 사유를 메를로-퐁티의 회화론에 기대어 해명한 뒤에, 전자를 통해 후자가 말하는 철학의 '주체와 실재'를 다른 탈근대 철학자들의 그것들과 나란히 놓고 비교평가하려 했던 것은 그 때문이었으며, 이 해명과 비교평가는 '가시적 세계'의 사물에 대한 보다 '도덕적인' 진리, 즉 우리의 일상을 신기루 같은 꿈으로 기만하지 않을 단단한 '차이성의 힘'을 소유한 진리의 새 근거를 찾는 '현대의 철학적 모색'과의 소통을 향해있다. 물론, 메를로-퐁티의 회화론이 취한 탈근대의 전략에는 세잔의 '회화의 침묵'이 메를로-퐁티의 '철학의 말'을 통해 흘러나오고, 메를로-퐁티의 '철학의 말'이 세잔의 '회화의 침묵'으로 흘러들어가는 이중의 의미작용이 존재한다. 그러나 이런 경우 침묵은 늘 말을 초과하기 때문에 세잔의 회화 쪽에서 보면 말하지 못한 의미가 언제나 남아있게 된다. 그러니까, 어쩌면 더 중요한 것은 지금껏 한 이야기보다 오히려 남아있는 그 여지일지 모른다. 메를로-퐁티가 철학의 언어로써 끌어낸, 그래서 일정부분 개념화 된 탈근대의 전략의 내용이 더 큰 돌발의 의의를 갖고 있다면, 그것은 아직 말하여지지 않은 세잔의 더 깊은 의미를 부르는 데 있을 것이다. 하지만 '더 깊은' 의미란 것도 기존의 의미 층 아래에 있을 것이므로, 우선 중요한 것은 메를로-퐁티가 말한 세잔의 깊이다.

4 하이데거와 메를로-퐁티의 타자성

— <시적 폭력>의 극복과 재건의 논리에 바쳐

1. 프롤로그

메를로-퐁티와 하이데거의 현상학은 '시의 초월'의 철학적 본질을 '철학의 초월'의 시적 본질로서 가리킨다. 이때의 초월[193]을 후자의 말대로 "인간을 압도하는 것"[존재]에 대항하는 '폭력'(Gewalt)[194]이라

---

193 '초월'은 세계에 대한 '반성'의 태도를 취하는 일로서 다음의 둘 중 하나를 뜻하지만, 지금 말하는 것은 그중 뒤의 것을 뜻한다. 이후, 문맥에 따라 '초월'은 이 둘 모두를 뜻하거나 그중 하나를 뜻하게 될 것이다. 즉, (1)세계의 내부에 있던 '나'가, 사물의 진리에 이르기 위해, 사물을 대상화하며 인식할 주체의 '거리'를 확보하는 '인식론적 초월'. (2)세계 내부에 존재하는 '나'가, 역시 사물의 진리에 이르기 위해, 자신과 사물을 잇는 "지향성의 끈들"을 늦춤으로써, '세계 속에서 세계를 반성하는 역설의 형국'으로 사물을 현상학적 환원의 경지에서 인식할 주체의 '실존성'을 확보하는 '존재론적 초월.' 그러나 부연이 필요할 경우 전자는 '전통의 철학적 초월' 또는 '세계 밖에서 작동하는 인식의 초월' 및 '형이상학적 초월' 등으로써, 그리고 후자는 '내재적 초월' '초월론적 초월' 등으로써 달리 표기했다.

194 M. Heidegger, *Einführung in die Metaphysik* (Freiburger Vorlesung Sommer semester 1935), Max Niemeyer Verlag, Tübingen, 1976 : 박휘근 옮김, 『형이

할 때, 그리고 이것이 "애당초 '세계', 즉 '폭력'(violence)에 참여된 의식"[195]을 '철학의 주체'로 여겼던 전자에게도 해당한다는 사실을 고려할 때, 우리는 이렇게 다시 쓸 수 있다: 그 둘의 현상학은 '시적 폭력'의 철학적 본질을 '철학적 폭력'의 시적 본질로서 가리킨다.[196]

상학입문』, 문예출판사, 1994, pp.235-280. 이 책에서 하이데거가 이야기하는 "폭력"은 소포클레스의 비극 시 《안티고네》에 나오는 '데이논'(deinon)을 번역한 것이다. 흔히 "경이로운 것"으로 번역되는 이 말을 하이데거는 우선은 "두려운 것"["압도적인 것"에 대해]이라 번역한 후, 이것과 연관 지어 <"압도적인 것"에 맞서 "투쟁"한다>는 뜻에서 '폭력(행위자)'[der Gewalt-tätige]로 번역한다. 적어도 '하이데거의 존재론'의 체계 안에서 보면, "압도적인 것"의 중심부에서 행해지는 '인간존재의 폭력성'으로 수렴되는 이러한 이중의 번역은 '존재의 지배력'에 운명적으로 처한 '현-존재'의 "벗겨냄"(Entdeckung) [M. Heidegger, *Sein und Zeit*, Max Niemyer Verlag, Tubingen, 1972, p. 220] 같은 '탈취'의 사건에 상응한다는 점에서 분명 정합적이다. 물론 이 정합성과는 별도로 그러한 번역은 가령 문헌학의 전통에 비추어 보거나, 아니면 하이데거 자신이 이 책의 <54절>에서 먼저 써놓았듯이 "통상적인 정의"에 비추어 보면, "일면성"(Einseitigkeit)에 그칠 수 있을 것이다. 하지만 여기에서는 그러한 사실이 중요하지가 않은데, 왜냐하면 이 글의 문제가 그 시에 대한 하이데거의 '번역'과 '해석'의 정당성이 아니라, 그러한 번역과 해석을 통해 주장되는 '하이데거 고유의 폭력'의 의미와 의의에 있기 때문이다.

195 M. Merleau-Ponty, *Humanisme et terreur : Essai sur le problème communiste*, Paris, Gallimard, 1947, p.117. "La problème de la violence […]ne se pose qu'à l'égard d'une conscience originellement engagée dans le monde, c'est-à-dire dans la violence."

196 이 주장은 두 물음을 부를 수 있다. 즉, (1)'인간의 본질'과 연관해서 논해진 하이데거의 『형이상학 입문』에서의 "폭력"이 어떻게 '시적 폭력'으로 이해되는가? (2) '정치적 폭력'을 다루는 메를로-퐁티의 『휴머니즘과 테러』에서 '시적 폭력'은 또 어떻게 도출되는가? 물론 이것들에 대한 논의가 뒤에서 '달리 더' 보충 논급될 것이지만, 다음처럼 말할 수 있다. 우선 (1)에 대하여: 하이데거의 그 책에서 '폭력'은 "존재에 대한 '현-존재'의 가장 내적인 연관성 내지 가능성"을 통해 인간의 존재론적 본질을 해명하는 논리의 핵심개념이다. 그러나 이 가능성으로서의 본질이, 비록 <"존재"의 '압도'와 '말함'이 전제된 수동의 상황>에서의 일이긴 하지만, "폭력을 사용하는 '모음'(sammlung)[로고스]으로서 압도적인 것을 길들이고 보존하는 '언어'['본질의 언어' 혹은 '전(前)의식'적인 '침묵의 언어']"를 무기삼아 '부단히'('역사적/[가다머가 말하는 의미에서의]변증법적'으로) '일상세계'의 저편에서

비(非)은폐로서 '무의 너울'을 쓰고 도래하는 "존재의 압도적인 폭력을 꺾는 것"[존재론적 초월]이라는 점에서 인간의 본질은 세계진리의 "창조자로서의 폭력성"을 띠고 있다. 그리고 이때의 "언어는 존재를 노래하는 근원적인 시"—시의 이러한 본성을 하이데거는 이 책 『형이상학 입문』 외에도 다른 책들을 통해 숱하게 논증한다—에 다름 아닌 까닭에 "시인의 시적 말함은 폭력성"을 띤다는 점에서 하이데거의 그 책 이 말하는 '폭력'은 결국 '시적 본질'을 갖는 것, 즉 <'철학의 초월'의 본질로서의 '시의 초월'>의 '시적 폭력'이 된다. 〔M. Heidegger(1976), pp.235-284. 소괄호와 대괄호 표기 안의 내용은 필자 첨가.〕 또, (2)에 대해: "원칙은 '인간적'['인간주의'적이 아니라]이지만 비인간적인['비인간주의'적이 아니라] 폭력이 일상을 지배하는 체제"를 거부하며, <"일상생활의 인간성"에 뿌리내린 까닭에 "인간적인 미래를 위해 지양될 수 있을 폭력">에 대해 이야기했던 『휴머니즘과 테러』의 주제는 분명 '정치적 폭력'이다. 그러나 '비폭력'이 아닌["모든 종류의 폭력을 비방하는 것은 위선이다"] '폭력'을 통해 정치적 진정성을 추구했던 메를로-퐁티의 이유가 "폭력을 벗어날 수 없는 인간의 존재론적 숙운"이라는 사실을 고려할 때, 그리고 이 고려 속에서 그가 주장하는 '폭력의 의미'가 "미래와 타자를 향해서 현재와 자기를 '넘어서는'(enjamber) 인간적 행위의 법칙"이라는 사실을 숙고할 때, 이 책을 통해 메를로-퐁티가 말하는 '진정한 정치적 폭력'은 "육화된 인간존재"의 '존재론적 초월', 즉 '전(前)의식'적인 "지각"의 인식과 연결된다. 사실이지 '소외된 투쟁'에 처한 '대자'와 달리 '상호신체적인 얽힘'의 장에 처한 '지각주체'는 '호혜적'이지만, 그렇다고 해서 그 '장'이 어떤 '이상적인' 조화의 공간을 뜻하게 되는 것은 아니다. "역사는 테러"이며 '지각의 장'은 이 역사가 뿌리내리고 있는 세계다. 따라서 이 세계에 '조화의 합리성'이 있다면, 그것은 "일정한 권력과 의무를 통해 일정한 역할을 수행하는 인간들" 사이에서 우발적으로 발생하는 일치다. "불꽃의 섬광"같은 "승리의 순간"으로 도래할 이 '일치'는 그러나 폭력의 "숙운"(lot)을 진 '육화된 인간'의 (새로운)이성적 진리가 된다. 되어, '일상세계'의 가시적 껍질을 이루는 위선과 야만에 '의식적인' 인식과 실천의 수준에서 '부단히'(그리고 역시, '역사적'/ '변증법적'으로) 폭력을 행사하는 '육화된 인간'의 무기로서 기능한다. "인간의 의식이 '근원적으로'(originellement) 폭력에 참여"하고 있는 것은 그러니까 이미 "타자에 의해 창조되고 타자를 창조"하는 '육화된 인간'의 <'지각의 역사' 혹은 '생활세계의 시간'> 속에서 부터다. 그리고 이러한 '육화된 인간'의 전형은 메를로-퐁티에서도, <이 글의 뒤에서 논급될 양자 간의 '질적 차이'>를 유보하고 하는 말인데, 하이데거에서처럼 적지 않은 예술론들을 통해 '언어'라는 매개를 타고 '시적 주체'로 이행된다는 점에서 '시적 폭력'은 그 책이 옹호하고 있는 '정치적 폭력'의 존재론적 토대가 된다. 그 책의 '정치적 폭력'을 <'철학의 초월'의 본질로서의 '시의초월'>의 '시적 폭력'의 확장 내지 적용으로 볼 수 있는 것은 이 때문이다. 물론 그가 하이데거

하이데거와 메를로-퐁티의 현상학이 근대의 철학을 보다 명증한 논리로써 돌파할 수 있었던 것은 주체의 '존재론적 초월'의 폭력도 폭력이지만 그것을 예증할 수 있었던 '시의 초월'의 폭력이 있었기 때문이다. 그러나 이 글은, 그러한 예증의 경우와는 거꾸로, 철학의 역사 속에서 은폐되었던 '시의 초월'의 고유한 폭력을 폭로한 그들의 현상학이 미학과 예술의 역사 속에서도 역시 은폐되었던 그 폭력의 본질을 스스로 복구하려는 '시'[문학, 나아가 예술]에게 어떤 기여를 할 수 있는지에 대한 고찰을 통해, 현상학의 한 실천 혹은 응용적 차원에서 하이데거의 기여와 메를로-퐁티의 기여가 갖는 한계와 의의를 '타자'성(Anderheit / altérité)의 척도로써 '비교/평가'하는 것을 그 목적으로 삼는다. 근래에 우리의 문학 일각에서 제기된 하나의 난제와 소통한 뒤에 적용될[197] 이 '비교/평가'는, 부연하건대, 그 두 현상학자가 달리 가리킬 <'시의 초월'을 통한 '시적 폭력'의 '극복'과 '재건'의 방향 >을 짚으며, 모더니즘과 리얼리즘 이후 '사회'에 대한 시(문학)의 가능한 '정치성'을 후자[메를로-퐁티]의 편에서 주

와는 달리 '시적 폭력'을(심지어 '시'까지도) 정면에서 다루진 않았지만, 굳이 "예술은 가장 넓은 의미에서의 시작"이라는 명제를 끌어들이지 않더라도, 예컨대 '세잔의 회화와 보바르의 소설과 아뽈리네르의 시를 지각의 동일한 지평위에서 읽거나 언급하고 있는 메를로-퐁티의 태도'에서 우리는 <'시의 초월'의 철학적 본질과, '철학의 초월'의 시적 본질> 또는 <'시적 폭력'의 철학적 본질과, '철학적 폭력'의 시적 본질>을 충분히 추론할 수 있다. 〔M. Merleau-Ponty (1947), pp.100-120. ----, *Sens et non-sens*. Paris, Nagel, 1948, pp.323-340. ----, *L'Oeil et l'esprit,* Paris, Gallimard, 1964. pp.9-93〕

197 이런 까닭에, 그들[하이데거와 메를로-퐁티]의 서로 다른 "타자"성이 그들의 철학을 변별적으로 이해하는 요체이자 이들 이후의 현상학적 논의의 이슈(특히 탈근대의 해체론들과 연관된)를 결정하는 관건임에도 불구하고, 여기에서는 제한적으로 다루어질 수밖에 없었다.

장하는 '현상학적 모색'이고자 한다.

2. '시적 폭력'의 극복과 '질료'(hylè)적 심미성

사물들, 아니면 세계의 진리를 포착하기 위해 인식의 입지를 확보하는 '초월'의 귀결이기는 시와 철학이 같다. 그럼에도 전통의 철학이 '세계의 진리'를 두고 시에 대한 자신의 우위를 이야기할 수 있었던 것은 제 안의 초월에 따르는 인식의 '명석/판명'함을 확신했기 때문이다. 그러나 현상학자 메를로-퐁티의 말대로 "인간이 형이상학적인 것은 자신의 존재자체 '속에서'(dans)이며, 세계에 대한 경험을 발설할 때 우리들 중 어느 누구도 '더 이상' 표현의 무결한 투명성을 내세울 수 없다는 점에서 [···]철학의 표현은 문학의 표현과 같이 '모호성'을 띨 수밖에 없는 것"[198]이라면, 이제는 '세계의 진리'에 대한 '시의 우위'가 도리어 타당한 것이 된다. 하지만 이러한 반전이 결코 철학을 시로 환원하는 사태를 부르진 않을 것인데, 왜냐하면 "반성으로써 이해되고 정복되는 비(非)반성"[199]적인 시의 표현에 대해 '진리의 증인'으로서 "말을 해야 하는 인간의 책무"를 수행할 철학이 이제는 필요할 것이기에 그렇다. 이 경우엔 그러므로 시로 환원될 철학은 없다. 여전히 철학인 채로 '전통의 철학'을 넘어서 '시의 초월'의 경지로 진입해 '명료한 진리'의 토대로서의 '모호한 진리'를 그자체로 '인식/표현'하려는 다른 철학이 생겨날

198 M. Merleau-Ponty(1948), pp.48-49.

199 M. Merleau-Ponty, *Le prima de la perception et ses conséquences philosophique* : in, *Primacy of Perception*, Northwestern University, 1971, p.26.

뿐이다.

이 이종의 철학이 "더 이상 철학이 아닌 철학"[200]으로써 호명될 수 있다면, 시는 세계에 대한 초월의 형상을 '철학을 극복한 철학'과 공유하게 될 것이다. 이와 같은 사실은 그러나 전통의 한계에 직면한 철학이 자신의 초월과 전혀 별개의 것으로 존재해 오던 '시의 초월'을 돌파구로 삼았다는 것을 의미하지 않는다. 그렇기 보다는 오히려 '철학의 초월' 아래의 깊이에서 '철학의 초월'을 가능하게 했던, 그러나 종국에는 철학의 전통 속에서 잊힌 제 안의 '시의 초월'을 복구하는 것이 철학의 돌파구였다는 사실과 통한다. 따라서 <세계의 진리에 대한 '시의 우위'가 도리어 타당하다>라고 했을 때, '시의 우위'는 '아직 철학이 아닌 철학'이라 말할 수 있을 '시의 철학적 본질'로서의 '철학의 시적 본질'을 가리키는 사태다. 오늘의 철학이 "더 이상 철학이 아닌 철학"이기를 갈구하지 않을 수 없다면, 그래서 '아직 철학이 아닌 철학'으로서의 시의 (철학적)본질을 자신의 (시적)본질로서 상기해야만 한다면, 우선은 철학자신이 무엇보다도 먼저 <'아직 철학이 아닌 철학'의 수준에서 일어나는 '시의 초월'>의 경지로 파고들 것이다. 하지만, 적어도 시가 '철학적 인식'과 소통하는 '진리의 미학'을 포기하지 않는 한, 그래야 할 것이기는 시도 마찬가지다.

---

200 이 말은, "철학의 종말"에서 시인의 눈으로 '새로운 시원' 혹은 '또 다른 시원'을 보려했던 현상학자 하이데거가 '전통의 철학 속에서 전통의 철학을 극복'하는 역설의 논리를 펼치는 도중에 말했던 "더 이상 형이상학적이지 않은 사유"(nicht mehr metaphysisch, denken) [M. Heidegger, *Wegmarken*, Fankfurt ; Vittorio Klostermann a / M Main, 1967), p.100]라는 구절을 변형해서 표기한 것이다.

"더 이상 철학이 아닌 철학"이고자하는 철학의 새 국면에서 시가 '철학적'이 되는 것은 예전의 경우에서처럼 '시의 초월'이 '철학의 초월'을 뒤좇을 때가 아니라 '시의 초월'이 <'철학의 초월'의 시적 본질>이기도 한 자신의 철학적 본질을 깨달을 때 발생하는 '각별한 사건'이다. 비록 시의 '철학적 본질'이 철학의 '시적 본질'이라 해도, 이 본질의 다른 이름인 '아직 철학이 아닌 철학'이 "더 이상 철학이 아닌 철학"의 자리에서나 명명 가능한 것이라는 사실에 비추어 보면, 우리는 시가 자신의 '철학적 본질'을 망각한 경우를 감안하지 않을 수 없을 것이기 때문이다. 시와 철학의 역사를 나란히 놓고 볼 때, 즉 <말이 "망각한 경우"이지 '시의 초월'은 표현의 투명성을 주장했던 합리주의는 물론이고 그렇지 않았던 비합리주의의 일정부분까지 포함하는 '종래의 모든 철학' – 또는, '전통'과 '전도된 전통'을 망라한 "인간주의 철학"[201] – 의 초월에 상응하는 한에서 비로소 철학적일 수 있었던 시의 내력>을 생각할 때, "더 이상 철학이 아닌 철학"의 단계에서 철학적이고자 하는 시에게도 시의 '철학적 본질'은 자신 내부에 은폐된 채 잊어진 고유성이다. 그러나 '하나의 철학적 입장을 선택하고 나서야 비로소 시가 철학적일 수 있었다'는 진술을 이러한 사실이 함축하지 않는다. '시적 감각'이 하나의 '철학적 지성'을 대놓고 좇았을 경우도 물론 있었을 테지만, 이와는 달리 하나의 '철학적 지성'에 '시적 감각'이 우연히 포섭되는 경우도 있었을 것이기에 그러하다. 하지만 시가 철학적일 수 있었던 기준이

201 '주관주의 초월'과 '객관주의 초월'의 철학들로서, 예술사적 경향들로써 말하자면, <르네상스나 고전주의의 외부지향적인 태도가 흘러든 리얼리즘>과 <바로코의 정신에 닿아있는 낭만주의의 내부지향적인 태도가 전승된 모더니즘>의 논리와 맞물리는 철학들을 이른다.

<'시의 철학적 본질이자 철학의 시적 본질'로서의 '아직 철학이 아닌 철학'>의 깊이를 상실한 철학이었다는 판단이 그 사실로부터 추론될 수는 있다. 그러한 '상실의 철학'에 의존하지 않고 시가 철학적이 되는 것, 하여 인간주의의 인식론적 '자아론'(l'égoïsme)을 딛고 세계의 더 나은 진리와 만나는 일은 이제 온전히 '시'(詩)－정확히 말하자면, '아직 철학이 아닌' 인식의 차원에서 '더 이상 철학이 아닌 철학'과 초월의 본질을 섞어 나눌 까닭에 '시로서의 철학'이라고 해도 무방할 '철학으로서의 시'－의 '내적 가능성'에 달려 있다. 굳이 말하자면, 자신의 '철학적 본질'이 망각된 시에게 '시의 사명'과 '시가 말해야할 것'을 앞서 이야기 해주며 시를 새로운 철학의 경지로 이끈다는 점에서 "더 이상 철학이 아닌 철학"의 우위가 주장될 수도 있다.[202]

메타적인 이 우위는 그러나 '아직 철학이 아닌 철학'으로서의 철학의 것이라는 이유로 인해 결국엔 시의 '내적인 잠재력'으로 수렴된다. '자기 밖'이 아닌 바로 '자기 내부'의 철학적 본질을 통해 스스로를 철학적이 되게 할 시의 이 잠재력은 이를테면 <전통의 철학적 초월> 내지 <세계의 외부에서 작동하므로 '누항'(陋巷)의 삶을 이탈할 수밖에 없었던 형이상학적 인식의 초월>을 '세계의 진리'에 대한 진정성의 측면에서 발생론적으로 앞서 있는 시적 인식의 '근원적인 초월'－ 세계의 안에[달리 바꿔 쓰자면, 비(非)반성적인 삶에] 입각한 실존의 차원에서 작동하는 '더 깊은' 초월이라는 점을 반영, 후설을 딛고 "더 이상 철학이 아닌 철학"의 경지에 들어선 하이데거 이

202 송석랑 外, 『시와 인식』(14집), 시 무크, 2008, pp.187-189.

후 '현대의 철학들'['현상학의 여러 갈래들' 혹은 '현상학의 극한들'] 은 이것을 저마다의 고유한 '존재론적 초월'들로서 서로 다르게 논급하며 새로운 인식의 계기로 삼고 있다－로의 온전한 '복귀 가능성'을 이른다. 일찍이 모더니즘과 리얼리즘의 사상과 문법에 묶여있던 우리의 숱한 시인 혹은 작가들은 이 가능성을 통해 '시적 폭력'의 '극복'과 '재건'을 실현하려 했다. 이 경우, 극복과 재건은 '인식론적 초월의 단절'과 '존재론적 초월의 복구'에 각각 상응한다. 이처럼 '시의 초월'의 문제가 '시적 폭력'의 문제로 나타나는 것은 일상의 야만, 그 '부당한 폭력'에 저항하는 시의 '정치적 기능' 때문이다. 사실, 문학과 사회가 근대이후의 "상호 적대적인 관계"[203]를 여전히 맺고 있다면, 그래서 "현대예술의 주된 원리들 중 하나는 [소외된] '일상'(Alltäglichkeit)에 폭력을 가하는 것"[204]이라는 진술이 아직도 유효하다면, 그들 모두에게 시는[또는, 문학은] "일상이 품고 있는 현실적 진리"[205]를 드러냄으로써 <'현실의 가상'인 일상>의 친숙성

---

203 정과리, 『문학이라는 것의 욕망』, 도서출판 역락, 2005, pp.201-203.

204 K. Kosik, *Die Dialektik des Konkreten, eine Studie zur Problem des Menschen und der Welt*, Surkamp Verlag, Frankfurt a / M, 1967 : 『구체성의 변증법』, 박정호 옮김 도서출판 거름, 1985, p.75. (한편, 이와 동일한 입장에서 피셔는 이렇게 썼다. "시(예술)의 기능은 일상의 억압과 강제와 필연성 같은 현실의 부하에서 인간들을 해방시켜 그들로 하여금 '자유의 영역'을 확장하도록 해주는 '행동의 자극'에 있다." E. Fischer, *The Necessity of Art*, London, Penguin Book, 1978, pp.10-16).

205 K. Kosik(1985), pp.13-69. 여기에서 코지크는, 세계의 '철학적 진리'를 내포한다는 점에서 현상학적 '생활세계'와 등치될 "일상성"에 대해, 이렇게 쓰고 있다. "일상성에는 그 고유의 경험과 지혜, 세련化, 예측이 있다. 거기에는 반복이 있지만 특별한 경우도 있고, 또 판에 박힌 일뿐 아니라 이탈의 사건도 있다. 따라서 그것은 비일상적인 것, 카니발적인 것, 비범한 것, 그리고 역사적인 것에 대립하는 것을 의미하지 않는다. […]그것은 현실을 은폐하면서도 동시에 일정한 방식으로써 [직접적 혹은 총체적으로가 아니라 매개적으로 자신의 몇몇 국면을 통해] 그것을 드러내는 현상적 세계다. 이

을 균열시켜 '우리의' 해방을 당겨줄 '정당한 폭력으로서의 시적 폭력'의 표출일 수 있어야 한다.

하지만 '존재론적 초월'에 상응하는 시의 이러한 '정치적' 기능, 즉 일상화된 야만을 깨며 억압의 기재들을 부단히 치우는 작용이 취해지기에 앞서 아무래도 일상에 대한 '시적 폭력'의 부정적 양태, 즉 '인식론적 초월'에 상응했던 '시적 폭력'의 문제가 먼저 해소되어야할 것인데, 이 문제의 열쇠는 예컨대 이승훈이 현대를 사는 한 시인의 시들을 분석하는 가운데 일찍이 언급한 바 있던 '시적 폭력'의 극복에 걸려있다. 그는 시집 『조용한 푸른 하늘』(1997)의 의미로서 펼쳐진 시인 이시영의 '시적 인식'을 두고 이렇게 썼다.

> "그 시집이 돋보이는 것은 (삶과 분리된 '자율적 존재'이자 진리를 전달하는 '타율적 존재'로서의)시(詩)의 개념에 대한 비판 때문이었다. 이제까지 시인은 사회비판문학, 이데올로기문학에 동조하는 입장이었다. 그러나 이번 시집에서 시인이 보여준 것은 이런 이데올로기, 관념성, 의미의 과잉 등에서 벗어나려는 노력이고, 나는 그것을 '즉물성의 미학'이라고 부른 적이 있다. 시인이 추구하는 이 미학은 가령 ≪귀래에서≫라는 시에서, <강원도 원주 가까운 치악산 어느 장터 / 할머니를 따라 산골에 온 흑염소 한 마리가 / 할머니 등에 정든 낯을 부비다가 까만 눈을 들어 / 지나는 행인을 유심히 살펴본다>처럼 노래한다. 이 시는 '흑염소 한 마리'를 있는 그대로 묘사함으로써 무슨 본질이니 관념이니 초월이니 이데올로기니 하는 의미의 폭력에서 벗어난다. 말하자면 시가 객체나 삶을 지배하지 않고, 또한 무슨 본질에서 종속되지도 않는다. 한마디로 이런 시는 '시적 폭력'에 대한 저항이고, 이런 저항은 우리 시단에서 좀 더 의식화될 필요가 있다."[206]

현상적 세계의 외부에 있는 현실이란 초월적인 비현실, 즉 [이 세계의] 힘과 작용이 없는 구성물에 지나지 않는다."

206 이승훈, 『해체시론』, 도서출판 새미, 1998, p.50. 괄호 안의 구절 ("삶과 분리된 '자율적 존재'이자 진리를 전달하는 '타율적 존재'로서의")은 인용문

“본질”과 “관념”과 “초월” 그리고 “있는 그대로” 등의 말들이 ‘임의로/성글게’ ‘나열/사용’되어 언뜻 의아하게 읽힐 수 있는 문장이다. 그러나 시의 “자율적 존재”성과 “타율적 존재”성이라는 말들이 각각 “시라는 형식을 통해, 삶과 분리된 채 삶을 지배하는 시”와 “존재가 아니라 [기존의]진리를 담는, 때문에 진리에 종속된 시”라는 그 책의 또 다른 문장에 든 두 구절과 차례로 물려있다는 점을 고려하고 보면, 이 문장은 <인식론적인 ‘시의 초월’이 수반하는 “관념”과 “본질”로써 직조된 “이데올로기”의 억압을 재생하는 ‘시적 폭력’>의 극복을 하나의 풍경으로 현존된 ‘시 내부의 논리’를 통해 논증하고 있다. 아닌 것이 아니라 시(詩) ≪귀래에서≫는 “세계와의 거리가 사라진 것”으로서, 그래서 < (일상에 대한 폭력이되, ‘일상이 품고 있는 현실적 진리’에 대한 폭로와 ‘일상의 어떤 야만’에 대한 공격이 아니라, ‘일상 저편의 진리’에 대한 누설과 ‘일상의 존재자체’에 대한 폄하로 추락하며 끝내는 사회의 ‘부당한 폭력’을 묵인 혹은 간과했던)전통>의 옛 형이상학적 인식의 ‘부정적인 폭력’으로부터 벗어나려는 의지가 반영된 것으로서, 충분히 예시될 수 있다. 시가 일상에 내려진 야만의 폭력에 대한 ‘정당한 폭력’, 즉 “반(Anti)폭력”으로서의 ‘시적 폭력’을 ‘자신 내부에 은폐된 존재론적 초월’의 복구로써 재건하며 모더니즘과 리얼리즘을 능가하는 ‘비판’ 혹은 ‘혁명’의 미학을 취할 수 있는 것은 그 극복 이후의 일이다. 하지만 그 시에서는 정작 ‘긍정적인 폭력’의 새로운 기미, 즉 ‘폭력의 재건’이 보이지 않는다. 분명한 것은 ‘시 외부에’ 있을 ‘시적 초월’의 관념을 <유발하는 혹은 기다리는> ‘질료’(hylè)의 이미지뿐이다. 위

의 앞에 나오는 부분의 내용을 요약해 필자가 첨가한 것이다.

의 인용문에 들어있는 그 논증의 해석을 수용할 경우에 이 이미지는 "우리 주변세계의 현실은 물론 우리 자신의 현실에 대한 일체의 판단을 '괄호 속에 묶어놓음'으로써 겪게 될 세계상실"[Man muß erst die Welt durch Epoché verlieren]의 사태로서, 우리에게 "그 '내용'이 아니라 '있음의 방식'(Wie seines Seins) 차원에서 받아들여지는"[207] '후설의 세계'—선험적 현상학의 '기착지'로서의 "생활세계"—의 형상(形象)과 다르지 않을 것이다.[208] 그렇지만 이러한 비유가 시인과 철학자, 그 둘의 인지양식이 전적으로 동일하다는 것을 뜻하진 않는다. 그것은 오히려, 메를로-퐁티가 회화론을 쓰는 도중에 말했던[209] "예술적 감각"과 "철학적 지성"의 상호간섭적인 관계에서처럼, 전자[시인]는 <철학자의 지성>의 "감각"(sensation)으로써, 후자[철학자]는 <시인의 감각>의 "지성"(intelligence)으로써 표현하고 설명했다는 것을 뜻한다.

---

207 E. Husserl, *Cartesianische Meditationen und Pariser Vorträge*, Martinus Nijhoff, the Haag, 1973, p.39. 그리고 W. Szilasi, *Einführung in die Phänomenologie Edmund Hussers*, Tübingen, Max Niemeyer Verlag (Satz und Druck : Graphische Betriebe W. Büxenstein G.m.b.H,, Berlin), 1959, pp.64-65.

208 한전숙, 『현상학』, 민음사, 1996, p.111 참조: "'형상적 환원' (eidetische Reduktion)이라는 말은 본질직관과 반드시 일치하는 것은 아니며, 본질직관을 위해 필요한 예비적 절차라고도 생각"할 수 있다. 그리고 차인석 外, 『현대의 철학』, 서울대학교출판부, 1990, pp.52-71 참조: "『위기』(1936)에서 후설은 유럽의 학문적 위기의 극복은 선험적 현상학에 의해서만 가능하다고 주장하는데, 이 선험적 현상학에 이르는 길로는 생활세계로부터의 길과 심리학으로부터의 길 둘이 있다는 것이다. 그리하여 객관적 학문에 대한 판단중지에 의해서 생활세계로 도달하는 것이며, 이것은 다시 선험적 환원에 의해서 선험적 주관까지 소원되어야한다. 따라서 생활세계는 주관작용의 결과 형성된 의미적 세계로 회복된다. 그러므로 이 경우 생활세계적인 길이란 더 정확히는 생활세계에 이르는 길이라기보다는 생활세계를 통한 길을 말한다."

209 M. Merleau-Ponty(1948), p.22.

핑크는 "아직 수행하지 못한 이에게 '기술'해줄 수 없는 것이 현상학적 환원"[210]이라고 주장한다. 그러나 적어도 <시인은 '표현'을 통하여 그 환원의 태도에 주어질 '의미'를 보여줄 수 있다>는 판단이 틀리지 않은 것이라면, 우리는 이렇게 말할 수 있다. 《귀래에서》와 같은 시들은 또 다른 '시적 폭력'을 재건하는 '시의 초월'이 아니라 예기치 않게 형이상학적인 옛 '시적 폭력'을 동종이류의 차원에서 반복할 '시의 초월'에 수반하는 다음의 두 사건, 즉 (1) 의미의 형이상학적 근거가 사라진 언어로써 세계의 진리를 생산하는 우리[독자]의 '해체론적' 관념의 태도나 '소박한' 관념의 태도를 야기하는 사건, 그리고 (2) 우리가 "세계를 보편적인 자기성찰의 한 복판에서 '되찾기'(wiedergewinnen) 위해" 혹은 "아직 초재(超在)적인 (객관적인) 그것 [즉, 시가 그려낸 '선험적 현상학의 기착지로서의 생활세계'의 형상(形象)]을 순수의식에 '내재'(內在)화함으로써 '현상학적 현상'으로서의 '진리의 의미세계'로 만들기 위해"[211] 선험적인 주체의 '관념론적' 태도를 부르는 사건 등에 직면하여 마침내 그 성취['부정적인 폭력'의 극복]의 무게마저 잃게 된다. 결국은 그 '시의 초월'의 의도와는 반대로, 또는 미필적인 고의로써, 나타나게 될 이때의 '시적 폭력'이 그러나 결코 무가치한 것은 아니다. 거기에는, 우선 (1)의 경우: 물론 기존의 형이상학적 사유에 되잡혀 세계의 의미를 '고안/구성'하는 '타성의 귀환'도 있겠지만, 마치 "현실을 일단

---

210 E. Fink, "Die phänomenologische Philosophie Edmund Husserls in der gegenwärtigen Kritik", *Kantstudien* 38(1933) : H. Spiegelberg, *The phenomenological movement — A historical introduction*, Martinus Nijhoff Pub., the Hague, 1982, p.121.

211 W. Szilasi(1959), pp.65-67.

폐허로 만들어 놓고 비재(非在)의 세계를 엿볼 수 있게 하는 무의미의 시"에서처럼 "모든 통제로부터 벗어난 연상(聯想)의 쉼 없는 파동으로 만나게 될 현기증 나는 자유"[212]가 데려올 '질료의 미학'이 있다. 그리고 (2)의 경우: "우리의 해석상의 신념이 끼어들기에 앞서 명증하게 주어진 것이 무엇인지를 비판적으로 '재고-조사'하도록 준비시키는 일차적 기능"[213]에 함축된 새로운 '시적 폭력'의 지평을 숨기고 있다. 이러한 가능성은 다름 아닌 <'철학의 초월'의 시적 본질로서의 '시의 초월'의 철학적 본질>에서 유래한 것인 한, 그 은폐성의 짙고 옅음의 차이를 염두에 두고 하는 말인데, 종래의 모든 시 혹은 문학의 것이기도 하다. 문제는 후자[(2)]에 들어있는 이러한 가능성의 실현을 통해 후자[(2)]의 한계는 물론 전자[(1)]의 한계를 마저 깨며 전자[(1)]에 들어있는 '자유'의 시간을 달리 전용하여 누릴 어떤 '시의 초월'의 확보다. 이것은, 한 시인[김춘수]의 말에 붙여 말하자면, '개인적 차원으로 분리된 감각과 의식'의 파편들을 연결하되 "새로운 의미[대상(對象)], 아니 의미가 새로 소생하고 대상이 새로 소생할"[214] '질료의 세계'에 흘러들 주관주의적 관념성이 근원적으로 차단된 '존재론적 초월'의 시선을, 즉 일상 속의 현실적 진리를 폭로하고 일상의 야만을 파괴할 '시적 폭력'의 더 나은 "간과"(Waffe)를, 찾는 일과 같다. 이 종합의 노동이 없을 경우 시는[나아가, 문학은] 모더니즘과 리얼리즘의 주체에 작용하는 옛 '초월'의

212 김춘수, 「의미에서 무의미까지」, 『현대시사상』, 고려원, 1990, pp.176-181

213 H. Spiegelberg(1982), p.119 : "The primary function of all reduction is to prepare us for a critical 'stock-taking' of what is indubitably given before our interpreting beliefs rush in."

214 김춘수(1990), p.183.

한계를 일정부분 극복할 수 있다하더라도 '심미적인 감각'의 차원에서 그러할 뿐, <분열된 '타자'(독자)의 무력한 초월> 또는 <'주관주의를 넘어선 주관주의'(현상학적 주관주의)[215]적 주체의 초월>에 걸려 전혀 새로운 강도의 시적 폭력을 재건할 수가 없다.

3. '시적 폭력'의 재건과 '초월론적' 타자성

"어떠한 개시도 폭력의 사용 없이는 불가능하다"[216]는 생각의 타당성에 비추어 볼 때, 폭력의 토대 없는 '작품'('시의 초월'의 구현)은 아무래도 꿈이다. 대놓고 무관하다 주장되는 것들도 있겠지만, 독자(작가를 포함한)와의 접촉이 있고서야 비로소 시와 문학일 수 있다는 측면의 '예술 사회학'적 논리를 헤아리면, 사실은 '직접적'으로 혹은 '간접적'으로 새로운 (존재론적)폭력을 표현하거나 아니면 옛 (인식론적)폭력을 '변주 / 반복'하는 시가 있을 뿐이다. 따라서 현안은 '시적 폭력'의 질(質)이다. 설령, <옛 폭력의 '변주 / 반복'>과 <새로운 폭력의 가능성>이 동시에 들어있다 했던 시《귀래에서》가 '질료의 이미지'로써 '시적 폭력'의 <'정치성 자체'>를 불허하는 미학의 차원에 우리를 묶어둘 경우가 가정된다하더라도 이 같은 사정

---

215 이에 대해 후설은 한 곳에서 이렇게 쓰고 있다: "주관주의는 가장 보편적이고 극도로 일관된 선험적('초월론적')인 주관으로써 극복될 수 있다. 이 선험적('초월론적')인 형태를 갖는 주관주의는, 일치하는 경험을 통해 입증할 수 있는 모든 객관성의 권리를 대변하고 있는 한, 동시에 객관주의가 된다." E. Husserl, *Phänomenologische Psychologie* (Vorlesungen Sommersemester 1925), Martinus Nijhoff, The Hague, 1968. p.300.

216 D. R. Villa, *Arendt and Heidegger: The Fate of the political*, Princeton Univ. Press, New jersey, 1996 : 서유경 옮김, 『아렌트와 하이데거』, 교보문고, 2000, p.323.

은 변하지 않는다. 왜냐하면 그렇다하더라도 시는, 예컨대 하나의 대극에서 "순수한 형이상학적 실재"이고자 했던 시들에서처럼 '내적인 감각의 해방과 유희의 심미성'에 붙들린 채, 외부[일상의 세계]에 존재하는 야만의 억압과 구속을 방조하는 파국을 피하기 어려울 것이기 때문이다. 그러니까 이 경우에도 시는 형이상학적인 옛 시의 모양으로 명백하게 혹은 은밀하게 정치적 억압과 내응하며(그러나 정말로 <정치성 자체>를 불허하는 미학의 차원에 시가 우리를 묶어두고 있는 것이라면, 형이상학적인 옛 시에서와는 달리 이 '내응'의 '의도성'은 없다) 야만의 폭력으로 작동하는 결과를 면하기 어렵다. 시가 그리고 시인이 "폭력을 행사하는 자들에 대항하여 폭력을 가하지 않음으로써 스스로를 그들의 공모자로 만든다."[217] 문제는 그러니까 '시적 폭력'이되, 일상에서 탈취한 진리로써 일상의 야만이 내릴 '부당한 폭력'에 맞서는 '정당한 폭력', 즉 "반(Anti)폭력"으로서의 '시적 폭력'이다.

만일 한 철학자의 주장대로 "폭력은 본성상 도구적이므로, 누군가가 폭력을 정당화시켜야 하는 목적[그것도 '단기적인' 목적]을 달성하는 데 효과적일 때까지만 합리적인 것"[218]이라면, 지금 문제는 '정당한 폭력'이 아니라 '비폭력' 혹은 '폭력의 또 다른 대립물'이어야 한다. 그러나 우선 전자는 무엇보다 다음의 이유, 즉 인식의 경우에서든 실천의 경우에서든 '비폭력'(nonviolence)은 "(1) 역사를 회피하는 수단, (2) 폭력을 감추는 수단, (3) 폭력에 대항해 싸우는 수단"

---

217 "[…]s'abstenir de violence envers les violents, c'est se fair leur complice.", M. Merleau-Ponty(1947), p.117.

218 H. Arendt, *On Violence*, Harcourt Brace & Company, Orlando, 1970: 김정한 옮김, 『폭력의 세기』, 도서출판 이후, 2008, p.121.

일 수 있다는 이유로 인해 폭력 앞에서 무색하다.[219] 요컨대 (1)의 경우, 비폭력은 "헤겔이 보여주듯 금세 '허무한 의식'(la conscience de vide)의 것"이 되어 폭력에 대한 저항이 아닌 관조로 전락한다. 그리고 (2)와 (3)의 경우, 비폭력은 예컨대 "반대자를 정신병원에 넣어 치료토록 하는 처분"과 "압력의 방법으로서 동맹파업 벌이는 실천"의 행위들이 그렇듯이 폭력의 위장 혹은 이면의 형태가 된다. 이처럼 폭력의 대립물로서의 비폭력이 결국은 <폭력에 맞서는 폭력>이거나 <폭력에 무심한 "아름다운 영혼"(la belle âme)의 도구>일 뿐이라면, 선택될 것은 둘 중 하나다 : 폭력에 대해서 폭력을 행사하거나, 아니면 폭력을 외면하거나. 끝내는 '부당한 폭력'과 내통할 후자를 들 수는 없을 터이니, 결국 시(詩)가 일상의 야만으로 존재할 폭력의 소거를 위해 취해야할 것은 '폭력과 단절한 비폭력'이 아니라 "그 속에서 '합리적인 발전'과 '인간적인 미래'가 읽히고 열리는"[220] 정당한 폭력["반-폭력"]일 수밖에 없다. 따라서 여기에서도 '시로써 추구할 폭력'의 정당성의 문제는 유효하다; 과연 무엇이 이 정당성을 가능하게 하는가? 폭력을 지배하는 '이성'이 관건임을 예고하는 물음이다. 우리는 그러나 이 물음에 주의력을 쏟기에 앞서, "폭력자체에는 어떤 이성도 없다"는 가정에 짝할 '폭력의 또 다른 대립물'에 먼저 주목해야 한다. 그 가정이 옳다면 정당한 폭력은 불가능할 것이기 때문이다. 사실 폭력의 반(反)개념을 '비폭력'이 아니라, "그냥 행동하지 않고 제휴하여 활동할 수 있는 우리의 [합리적]능력에

219 F. Stirn, *Violence et Pouvoir*, Hatire, Paris, 1978 : 이화숙 옮김, 『인간과 권력』, 도서출판 예하, 1989, pp.46-47.

220 M. Merleau-Ponty(1947), p.104.

조응하는 '권력'(potestas)"[221]으로 보았던 아렌트의 경우가 그랬다.

폭력과 이성의 상관성이 존재하지 않는다면, 그리고 '정치적 공간'이 "동등한 다수가 설득적 담화를 통해 상호작용토록 하는" 이성의 힘으로써 유지될 '공적인'(publica) 영역과 같은 것이라면, 폭력은 "선(先/ pre) 정치적"이다. 물론 그렇다 하여도 폭력이 전혀 무의미한 것은 아니다. 아렌트 역시 "폭력을 전제정치에 대항하는 하나의 정당한 수단으로 보는 한편, 정의상 해방을 위한 투쟁의 일부분으로 생각"[222]하며 <'폭력' 혹은 '폭력에 맞서는 비폭력의 폭력'>의 한시적인 '합리화와 정당화'['합리성과 정당성'이 아니라]를 현실적 입장에서 승인한다. 하지만 이성과 분리된 이상 이 철학자에게 폭력은 자율적이고 민주적인 '공적 영역'을 생산할 수 없는 자신의 '정치적 한계'를 무너뜨릴 수가 없는 그런 것일 뿐이다. 나아가, 폭력은 "항상 수단이 목적을 압도하는 결과를 초래하는 것으로서, 세계를 변화시킬 모든 행동 중 더 폭력적인 세계로 변화시킬 확률이 가장 크다"[223]는 점에서 위험하다. 최선의 '공적 행동'에서 유래할 "권력"으로써 폭력에 저항해야한다는 강령으로 귀착될 이러한 논리는 분명, "전래의 도구적 폭력을 거의 절대적으로 인정했던 근대의 '폭력'론이 갖고 있는 문제점－모든 폭력을 싫어하는 이성이 위협을 당할 경우에 폭력에 손을 대는 역설의 상황－을 지적함으로써 폭력으로부터 벗어날 수 있는 가능성"[224]을 제시한다는 점에서 충

221 H. Arendt(1970), p.74.
222 D. R. Villa(1996), p.323.
223 H. Arendt(1970), p.123.
224 최재식, 「폭력에 관한 철학적 연구－폭력의 파괴성을 넘어서」, 『철학과 현상학연구』(19집), 한국현상학회, 2002, p.232 (인용문의 일부는 이 글의 문

분히 매혹적이다. 그러나 '폭력의 존재론적 진실'[225]을 고려할 때, '시적 폭력'을 <불만의 극적 표현으로써 공적인 주의(注意)를 환기하는 수준>에 머물게 할 <폭력의 '선(先)정치성'과 이에 따른 '정치적 한계'>에 가두기가 난감하다. 사정이 이렇다면, "권력"의 정치성을 시가 취할 수는 없는 노릇이므로, '폭력과 이성'의 잘린 고리를 다시 붙여 양자의 배타성을 지워야 한다. 사실은 플라톤 이후 홉스와 칸트 그리고 헤겔 등을 거쳐 현대에 미치는 철학의 전통 속에서 이미 시도된 것임에도 불구하고, 이 일이 새로운 것은 그 시도 속에서 "이성의 내부에서, 이성의 이름으로, 이성에 의해 존재"[226]하는 것으로서 규정되었던 폭력들이 '폭력을 거부하는 폭력'(이타적 폭력, 개방적 폭력, 창조적 폭력)과 온통 등치될 수 없는 이유에서다. 근대 이후 숱한 이들이 지적했고 아렌트가 집약했던 "도구적 폭력"의 한계, 즉 <'폭력과 이성의 이원론적 대립구도'와 이에 따른 '폭력의 특권화 및 일반화'>가 넘어야할 장애로 남아있다.

따라서 <'시적 폭력'의 정당성에 대한 문제의 관건이 폭력을 지배하는 이성>이라 했을 때, 단서는 '정당한 폭력'과 '이성'의 '배타

맥에 따라 변형되었다.).

225 최재식은 폭력의 '존재론적 진실'에 닿지 못한 아렌트의 처지를 같은 곳에서 이렇게 분석한다. 즉, "그녀는 극단적인 상황에서 '순수하고 벌거벗은' 폭력이 존재할 수 있다고 믿는다. 그러나 폭력자 역시 매번 정당화근거를 내세우고 있기 때문에 '순수하고 벌거벗은' 폭력의 상황은 실제로 일어나지 않는다. 따라서 어떤 경우에도 이성과 권력 대 비이성적이고 비(非)정당화된 폭력이라는 극단적 대립이 있기보다는, 오히려 권력과 폭력이 서로 교차되면서 발생한다고 보아야한다. 즉, 권력이 폭력을 수반하고 폭력 역시 권력을 함께 수반하면서 나타난다. 또한, 폭력은 어떤 것이 발생하는 데 방해하거나 억압할 뿐 아니라, 그것이 발생하도록 영향을 주기도 한다. 하지만 그녀는 폭력의 이 긍정적 기능을 제대로 주목하지 못했다."

226 F. Stirn(1978), pp.48-51.

적/이원론적' 지배관계의 해체다. 한 논자가 "통일성의 조화를 추구하면서 다름을 해체하는 폭력"으로부터 "다름 그 자체를 인정하면서 통일성을 해체시키는 폭력"으로의 이행으로서 적확히 표현한 바 있는[227] 이 해체는 '폭력으로서의 새로운 이성, 또는 이성으로서의 새로운 폭력'에 대한 논증과 다르지 않다. 만일 <초월은 이성의 운동이고, 이성은 이 운동의 주체>라는 말이 공허한 수사가 아니라면, '폭력으로서의 새로운 이성'을 찾는 것은 '폭력으로서의 새로운 초월'을 찾는 것과 같은 일이 된다. 결국 폭력의 두 반(反)개념에 대한 이상의 분석과 귀결로써 다음의 두 이유, 즉 <시의 초월의 문제를 시적 폭력의 문제로 전환시킬 수 있었던 이유>와 함께 <'인식론적 초월'에 상응했던 '시적 폭력'이 극복된 자리에서 새로이 재건될 '시적 폭력'의 지평이 '존재론적 초월'에 있다고 말할 수 있었던 이유>를 뒤늦게 더 설명할 수 있게 된 셈인데, 이 부연이 결코 새되지 않은 것은 '존재론적 초월'의 지평 위에서 재건될 '시적 폭력'의 정당성을 세계진리의 경험[개시]차원에서 밝힐 논지의 키워드[폭력과 이성의 연관성]를 제출하기 때문이다. 이것을 갖고 다시 시(詩)《귀래에서》로 돌아가서 말하자면, 시의 '존재론적 초월'이 시의 문제였으니 만큼 시가 우선은 '자신의 내부'를 뒤져 세계의 '더 나은 이성의 진리'에 걸려있는 정당한 폭력성을 찾아야할 것이다. 그러나 각자의 '고유한 논리'로써 시가 도달해야할 '시의 초월'의 존재론적 깊이까지 내려갔던 철학들의 두 전형, 예컨대 메를로-퐁티와 하이데거의 현상학들을 경유하는 우회로도 있다. 시의 '철학적 본질'을 자신의 '시적 본질'로 갖기 위해 예술의 시적 인식이 갖는 근원적 초

227 최재식(2002), p.237.

월성에 빚진 그들의 현상학 쪽에서 보면, 말이 '우회로'이지 결코 멀지 않은 그 길–그 두 철학자의 사유는 시인의 행위에 이미 배태된 것이므로 사실은 이 길, 시 안의 길이라 해도 무방하다–은 그 부채 때문에 시(詩)에의 '상환 같은 기여'의 길이 될 것이다.

물론, 시(또는 문학)의 자리에서는 이렇게 생각할 수도 있다:<굳이 '존재론적 초월'의 자리를 회복할 필요가 없는, 그러니까 한 시인이 "머리맡"[228]이라 비유했던 '세계의 내부' 혹은 '비(非)반성적인 삶'에 입각한 인식의 진리를 시종 벗어나지 않았던 시들 또한 존재하였지 않는가? 사실이 그렇다면, 애써 자신의 안을 뒤지거나 현상학 같은 '철학의 기여'를 헤아리지 않아도 되는 '시의 초월'의 '시적 폭력'이 있는 것 아닌가?> 아닌 것이 아니라, "내 머리 속"으로부터 뻗치던 전통의 '철학의 초월'을 의도적으로 또는 결과적으로 취하며 자신의 '근원적인 초월'을 그것(전통의 '철학의 초월') 아래에 묻어버렸던 시가 전부였다고는 말할 수 없다. '세계'와 '인식의 자리'를 팽팽히 이어주던 "지향성의 끈들"(les fils intentionnels)을 단지 느슨히 함으로써, '여전히 세계에 대한 긴장을 놓지 않되' 세계로부터 "한발 뒤로 물러나"[229] '세계의 진실'이 스스로 모습을 드러내는 "순수한 분출의 순간"에 임하게 될 초월[혹은, 반성]의 존재론적 경지

228 아래의 "내 머리 속"과 대립하는 이 말은 이정록의 시: "[…]쓸쓸하다는 것은 내 머리맡에서 / 살얼음이 잡히기 시작한 거죠 그래요 / 진리는 내 머리 속이 아니라 / 내 머리맡에 있던 따뜻한 손길과 목소리란 것을 / 알고 있지만 말이예요 다음 주에 다음 달에 / 내년에 내 후년에 내 손길이 갈거예요 / 전화 한 번 넣을게요 소포가 갈거예요 택배로 갈거예요[…]"(《머리맡에 대하여》(『의자』, 문학과 지성사, 2006, p.67)에서 땄다. [이 책의 1장 참조]

229 "[…] <prend recul> pour voir jaillir les transcendances, […]pour les faire paraitre.", M. Merleau-Ponty, *Phénoménologie de la Perception*, Paris, Gallimard, 1945, p.viii.

를 무의식적으로나마 처음부터 '철학이 들지 않은 곳'에서 훼손하지 않고 사뭇 지켜낸 시가 있어왔을 것이고, 또 있게 될 것이다. 하지만 그렇게 존재할 시는 "더 이상 철학이 아닌 철학"의 눈에게 <'아직 철학이 아닌 철학'으로서의 철학>으로 읽히는 한에서만 철학적일 수 있다. 때문에 이때의 시는 '철학적일 수 있음'에도 불구하고—더 분명하게 쓰자면, "더 이상 철학이 아닌 철학"을 추구하는 철학의 현 단계에서 '철학적이고자' 열망하는 시가 제 속을 들추며 '회복해야할 고유성'[즉, '아직 철학이 아닌 철학'으로서의 시의 '철학적 본질']을 이미 실현하고 있는 것으로서 '지목될 수 있음'에도 불구하고—스스로는 '세계의 진실'에 대한 자신의 철학적 위상을 모른다. 자신이 부리는 심미적 초월이 "더 이상 철학이 아닌 철학"이 갈구하는 '존재론적 초월'과 같은 것임을 알지 못한다. 전통의 한계를 허물며 "더 이상 철학이 아닌 철학"을 추구하고 있는 현대의 철학 속에서 설령 '아직 철학이 아닌 철학'으로서 지목된다 하여도 '존재론적 초월'의 자리를 결코 벗어난 적이 없는 그 시는, "더 이상 철학이 아닌 철학"의 단계에서 새로이 '철학적이고자' 하는 시의 눈으로 보면, "아직 철학이 아닌 철학"의 외부로 나갔던 시가 회복해야 할 상실된 '철학의 시적 본질'의 증표로서 지시될 수 있을 뿐 결코 '더 나은 철학적 인식을 위한 자기극복의 현안'에 직면한 시의 기능을 수행할 수는 없다. 요컨대, <본질적 초월의 경지를 무의식적으로나마 처음부터 '철학이 들지 않은 곳'에서 훼손하지 않고 사뭇 지켜낸 시> 역시 '존재론적 초월'에 대해, 비록 전통의 '철학의 초월' 아래에 그것을 묻어버리지 않았다 해도, 그렇게 했던 시와 무지하기는 마찬가지인 것이다.[230]

이러한 사실은 그러나 자신의 '철학적 본질'을 통해 세계의 진실에 더욱 가까이 가려는 시에서나, 자신의 '시적 본질'을 통해 그렇게 하려는 철학에서나 문제가 되지 않는다. 왜냐하면 이제야 비로소 밝혀진 자신들의 그 '시적 본질'과 '철학적 본질'을 각각 자각하며 전통의 '철학의 초월'의 '시적 폭력' 아래에서 자신들의 '존재론적 초월'의 '시적 폭력'을 복구하는 철학과 시의 모색이 사실은 그것으로부터 가능하기 때문이다. 중요한 것은 다음의 사실이다. 즉, '아직 철학이 아닌 철학'으로서의 자신의 '철학적 본질'을 지향하는 과제 속에서 <본질적 초월의 경지를 무의식적으로나마 처음부터 '철학이 들지 않은 곳'에서 훼손하지 않고 사뭇 지켜낸 시들> 혹은 <그러한 것을 흔적으로서 내포하고 있는 시들>을 자신의 가능성으로 '전용(轉用)/해석'하며 현대의 시가 자신의 '철학적 본질'이 될 '존재론적 초월'의 '시적 폭력'을 모색하듯이, 현대의 철학은 '더 이상 철학이 아닌 철학'으로서의 자신의 '시적 본질'을 지향하는 과제 속에서 <본질적 초월의 경지를 무의식적으로나마 처음부터 '철학이 들지 않은 곳'에서 훼손하지 않고 사뭇 지켜낸 시> 혹은 <그러한 것이 흔적으로서 들어있는 시들>을 자신의 가능성으로 '전용/해석'하며 '존재론적 초월'의 '시적 폭력'을 자신의 고유한 폭력으로서 모색해야 한다.

철학이 '시의 초월'에 기대어 얻을 것은 결국엔 자신의 '시적 본질'이 될 '존재론적 초월'의 '시적 폭력'—'본질적'이라는 말로써 수식할 수 있을 이 '철학적 폭력'을 통해 철학은 전통의 인식론에 기

---

230 송석랑 外(2008), pp.191-192.

초한 옛 '형이상학' 또는 '이데올로기'의 이론적 폭력성과 이에 따른 정치적 폭력성의 한계를 극복할 수 있다—일 것이지만, 이때 나올 철학의 성취는 보다 정당한 '시적 폭력'의 재건에 바쳐질 시의 '존재론적 초월'의 모색에 기여하게 된다. 이를테면, 하이데거의 책 『형이상학입문』과 메를로-퐁티의 책 『휴머니즘과 테러』가 "폭력"에 대한 현상학적 관점에서 '시적 폭력'을 '존재론적 초월'과 연결 지으며 그 정당성을 규명했던 것은 그러한 기여의 일환들이었다. 그 책들에서 그들은 모두 '폭력'을 인간의 본질적 차원의 것으로 규정한다. 그런 뜻에서 그들의 폭력론은 현상학적 실존론의 보충 내지 확장이라 할 수 있는 것인데, 먼저 하이데거의 경우 그는 "인간은 폭력적인 다른 어떤 것들 '곁에서'(neben) 그리고 그것들의 '밖에서'(außer) 존재하는 하나의 '또 다른 폭력적인 어떤 것'이 아니다. 그보다, 인간은 오로지 자신의 근원으로부터 폭력적인 것 '안에서'(in) '거기에—있음'['현-존재']으로서 자신을 '압도하는 것'에 대항해 폭력을 사용해야한다는 의미에서 폭력적인 것"[231]이라고 말한다. 그리고 메를로-퐁티의 경우, 그는 "우리 인간은 '육화된 존재'[nous sommes incarnés]인 까닭에 폭력의 운명을 갖는다. 모든 분석의 결과를 통해 볼 때 '경멸 없는' 설득은 없다. 폭력은 모든 체제가 공유하는 '출발의 상황'이다. 인간의 삶과 토론, 정치적 선택, 이 모든 것은 그 '폭력의 토대'에서 일어나는 것"[232]이라고 이야기한다. 상당한 이질성이 함축된 두 문장이지만, 그러나 거기엔 그들이 함

231 M. Heidegger(1976), p.245. (괄호 속의 구절, 독어, 그리고 일부내용은 필자가 독어원본에 따라 첨가하거나 '변형/수정'하였다.)

232 M. Merleau-Ponty(1947), p.118.

께 현상학자로 불리는 만큼의 외적 유사성도 있다.

우선, 그들의 "폭력"에 든 유사성의 요체를 둘로 추론하자면, (1) "세계-내-존재"로서 사물들의 존재를 "부수고"(zerbrechen) "깨뜨리며"(craquer) '진리'를 폭로하는 "현-존재"[하이데거]와 "육화된 존재"[메를로-퐁티]라는 현상학적 주체, 그 '본질적 인간'의 끈에 이들의 두 폭력이 나란히 걸려있는 것은 이것들이 '이성'(logos)의 운동으로서의 '존재론적 초월'의 신분을 함께 공유하고 있음을 일러준다. 물론, 부수고 깨뜨리는 존재론적 초월의 이성이 '본질적 인간'의 것인 만큼, 이때의 폭력은 인간의 임의적 품성과 무관하다. 우선 하이데거의 경우: '죽음'의 '무', 그 "두려운 것"으로부터 생기하는 '탈자'적 시간 속에서 실존을 "압도하는 것"(das Überwältigende)의 의미로서 경험될 "존재"(Sein)의 지배 아래에 놓일 수밖에 없는 '폭력 귀속자'인 동시에, "그렇게 자신을 지배하고 있는 '그것(압도하는 것)을 드러내는'(läßt es in eine Offenbarkeit)" 필연적인 '폭력 행위자'— 이것이 필연적인 것은, '압도적인 것'이 '인간의 폭력을 필요로 하기'["'현-존재'의 '고유한 필요성'(die einzige Not)"] 때문이다—가 인간이라는 측면에서 폭력은 인간의 본성이다.[233] 그리고 메를로-퐁

---

233 M. Heidegger(1976), pp.242-264. 이 중 특히 '현-존재의 고유한 필요성'에 대해서 하이데거는 이렇게 말한다. "'존재'라는 것이 지배하는 것으로서, 다스려 머무는 것으로서, 즉 퓌시스로서, 열려져 다스림으로서 있는 것이라면, 이 폭력성은 <'존재'의 압도>에 대항해서, 이것에 부딪쳐 깨어져버려야만 하는 것이다. 이 깨어져 부서져야한다는 필연성은 깨어져 부서져야 될 것이 인간의 '현-존재' 안에서 그와 같은 것을 필요로 하고 있는 한에서만 가능하다. 그런데 인간이야말로 이와 같은 '현-존재'로서 존재의 필요성 안에 던져져 있는 존재다. 왜냐하면 압도적인 것 그 자체는 자신을 '다스리는 것'으로 나타내 보이기 위해서, 그와 같은 것이 열려 나타나 보일 장소를 필요로 하는 것이기 때문이다."

티의 경우: 어쩌면 죽음보다 더 '두렵게' 느껴질 '삶의 심연'에서 뻗어나는 실존의 지향적 시간성을 통해 경험될 것이지만, 그것이 "유보로 가득 찬 무진한 리얼리티"(une réalité inépuisable)[234]인 이상, '압도적인 것'의 의미로서 경험되기는 한가지일 "존재"(Être)에 사물과 "살"(chair)로서 엮이며 <이미 하나로 속해버린> 육체의 숙명을 타고난 동시에, 이 숙명을 감당하며 "압도적인 것"에 대해 폭력을 행사해 왔음이 문화를 세우며 역사를 열어 온 우리의 사실로써 설명될 수 있다는 점에서 인간은 폭력의 본성을 갖는다. 하이데거와 메를로-퐁티에게 폭력은 인간의 임의적 품성이기는커녕 '인간의 본성'을 넘어 인간의 본질을 "세계-내-존재"로 만드는 '세계의 본성'이다. 때문에, 우리는 오히려 이렇게 더 말할 수 있다. 그들의 폭력은 모두 <폭력과 분리된 채 필요에 따라 폭력을 호출하는 개인—이 개인은 '동일화'의 중심으로서 인간을 표상한다—의 것>이 아니다. '이성인 까닭에 폭력일 수 있고 폭력인 까닭에 이성일 수 있는' 그것들은 <폭력과 섞여 폭력의 힘으로 각자 세계를 "열어서"[erschließen] '저마다의 세계'의 진리를 "실현하는"[réaliser] 이성>으로서의 '폭력', 또는 <'세계의 폭력'으로서의 이성이자 '세계의 이성'으로서의 '폭력'>이다. 그리고 (2) '이성적인 폭력'[혹은, '폭력적인 이성']의 현상학적 주체인 "현-존재"와 "육화된 인간"을 그 두 철학자가 '원초적인 언어'의 의미론과 표현론에 입각해 '시인'(예술가)으로서 논증한 숱한 내용들[235]을 갖다 대고 보면, 그 두 현상학적 주체들의 폭

234 M. Merleau-Ponty(1948), p.25.

235 특히 다음의 책들: M. Heidegger, *Holzwege*, Vittorio Klostermann Fankfurt a / M, 1977 / *Unterwegs zur Sprache*, Neske, Pfullingen, 1959. M. Merleau-Ponty(*Sens et Non-sens,* Nagel, Paris, 1948 / *Signes*, Paris, Gallimad, 1960).

력은 이미 <'시의 초월'로서의 '존재론적 초월'>의 '시적 폭력'으로서 있다. 요컨대, "미리 주어진 세계를 '반영/재현'하는 것이 아니라 시인[예술가]처럼 진리를 존재하게"[236]하는 그것[현상학적 주체]들의 언어는 "오로지 '압도적인 것'[그리고 '두려운 것']으로부터, 즉 '존재'를 향한 인간의 출발에서 시작되었으며, 이 출발은 '존재'가 말[의 '의미']로 변화된다는 뜻에서의 [최초의]언어, 다시 말해 시(詩)가 된다."[237]

이러한 유사성만을 두고 말하자면, '일상의 해방'을 꿈꾸는 우리의 시에게 메를로-퐁티와 하이데거의 <'존재론적 초월'의 폭력>이 말해주는 것은 동일하다. 즉, 만일 '시적 폭력'이 정당성의 날을 '다시' 세우려면 그 폭력의 초월이 '진리의 거처'[존재/Sein, Être] 앞에 놓인 '벽'[외관/Erscheinung, apparence]을 '이성의 힘'으로써 돌파할 수 있어야할 것인데, '시적 폭력'은 현상학적 주체가(시인이) '존재론적 초월'로써 "'우리를 압도하는 것' 혹은 '존재'를 정복"하는 '진리의 사건'이다.[238] 그러나 중요한 것은 폭력의 유보된 이질성이다. '폭력의 질'은 여기서도 가늠되어야할 것이기 때문이다. 아렌트가 "공적이며 일상적인 모든 것에 [결국은] 등을 돌리는 본래적 자아"를 가리키며 말했던 <'탈속(脫俗)성' 혹은 "비세계성"(unworldly)>과

---

236 M. Merleau-Ponty(1945), p.xv.

237 M. Heidegger(1976), 275. 그리고 이와 같은 맥락에서 하이데거는 또 이렇게 말했다. 즉, "[…]시인(詩人)은 '압도적인 것' 안에서 자기 자신을 찾았으며 이와 같은 것 안에서 처음으로 자신을-즉 행동하는 자의 폭력이라는 것을-찾았다." M. Heidegger(1976), p.254.

238 "Being itself must be overcome, subdued—subdued, indeed, by There-being, whose task is to do violence to the Over-powering." William. J. Richardson, S. J., *Heidegger*: *Through Phenomenology to Thought,* Martinus Nijhoff, the Hague, 1974, pp.268-269.

<“프락시스”(praxis)의 망각>의 개념들은 그들의 ‘존재론적 초월’과 이것의 힘으로 열리는 두 ‘세계’의 차이가 나타낼 ‘시적 폭력’의 내적 차이를 구분할 중요한 단서가 될 수 있다. 사실 이 두 개념은 오히려 정치철학적인 용어로 보다 빈번히 호명되는 것으로서, 하이데거에 대한 평가에서 동원되는 ‘추상성’과 ‘낭만주의적 이상성’ 등의 용어들이 함축하는 비판적 의미와 상응하며 메를로-퐁티와의 변별성을 단적으로 보여준다. “비세계성”과 “프락시스의 망각”이 하이데거에서 인정된다면, 아렌트가 주장하듯 그의 철학에는 “전기와 후기를 막론하고” 인간의 삶을 구성하는 활동, 즉 정치적인 것을 위한 공간이 사라지게 된다.[239] 이럴 경우 하이데거가 말했던 ‘존재론적 초월’의 ‘시적 폭력’은 사회와 단절된 순수한 포이에시스[세계를

239 ‘정치적 폭력의 한계’를 주장했던 아렌트는 하이데거에 대해서도 ‘정치적 폭력’ 중 ‘정당성’이 인정되는 부분을 부정한다. 하이데거의 “탈취로서의 초월성”[“시작(詩作)의 진정성”]을 전유했던 그녀의 일면에서 보면 하이데거의 ‘시적 폭력’은 정당성을 가질 수 있지만, 그것은 ‘선’(先)정치 영역(“존재의 드러냄”으로서의 포이에시스 차원)에서 그러할 뿐이다. ‘존재론적 폭력’과 단절된 ‘정치적 폭력’은 <단지 수단으로서 “정당화”(justification) 될 수 있을 뿐이며. 권력과는 달리 “정당성”(legitimacy)을 가질 수 없다.> 따라서 궁극적으로 정치의 영역에선 “타자와 일치하는 인간의 (이성적)활동에 상응하는 ‘권력’(power)”으로써 폭력을 극복해야한다. 정당한 정치적 폭력의 존재론적 근원을 거부하는 이러한 아렌트의 관점은 결과적으로 하이데거의 그릇된 정치적 행적에 대한 변론을 함축하고 있지만, 무엇보다도 그의 “본래적인”(eigentlich) ‘현-존재’를 부분적으로 전용함으로써 “형이상학적 전제들로부터 정치(철학)를 구출”하려는 의도를 반영하고 있다는 점에서 중요하다. 그러나 “권력과 폭력의 모순성”이 전제된 그녀의 이러한 입장은, J.하버마스의 말대로, “정치를 ‘경제적-사회적’ 조건과 분리시키는 한편으로 폭력을 전략적 요소로서 간주하여 정치에서 골라냄으로써 ‘구조적 폭력’이라는 정치현상을 파악하지 못하는” 심각한 한계를 보인다. D. R. Villa(1996), pp.235-297. 그리고 H. Arendt(1970), 62-94. Sakai Takashi, *Bouryoku No Tetsugaku*, Tokyo, K. S. Shinsha Pub, 2006: 『폭력의 철학』, 김은주 옮김, 산눈 출판사, 2007, pp.84-88. 또, Mrtin Jay, *Permanent Exiles,* Columbia University Press, New York, 1985, pp.242-250.

개시하는 시작(詩作)]의 차원에 갇혀 정치성이 약화되거나 상실될 것이다. 비록 "['시작'으로서의]포이에시스의 선점성이 우리의 가장 기본적인 존재론의 범주 속에 내장되어 있기 때문에 그것에 대한 ['정치'로서의]프락시스의 종속은 거의 예정된 결론이나 진배없다"[240]라는 주장이 오히려 타당하다 하더라도, '포이에시스'의 폭력이 그 자신이 말하듯 우리를 '압도'하며 주어지는 "존재"(Sein)에 대한 탈세속적이고 비세계적인 주체의 '경험'으로 먼저 오는 것일 수밖에 없다면, 철학이 말해 줄 <'더 이상 철학이 아닌 철학으로서의 시'의 초월>의 '철학적 본질'을 시는, 시가 적어도 일상의 야만에 대한 '폭력의 표출'이려고 하는 한, 수용하기 곤란하게 된다.[241]

하이데거의 철학이 이렇듯 궁지로 몰리는 까닭은 "고독하게 사유하는 일 자체가 역사 사실의 기록 속에서 유일하게 적실한 행위를 구성한다는 생각"과 "사유의 감사함과 같은 것"[242]으로 그것이 위축

---

240 D. R. Villa(1996), pp.349-350.

241 수용할 경우 시(詩)는 '비정치적 폭력'["이론의 포이에시스"]에 머물거나, 아니면 '이상'의 도덕성을 설파하는 '허약한 정치적 폭력'에 그치는 상황을 '존재론적 차원'에서 달리 재연하며 결국은 야만의 폭력을 '방조/간과'하는 파국을 맞게 된다. 물론, 시의 기능을 '정치적 영역'으로 제한하지 않을 경우, 하이데거의 철학은 시에게 많은 것들을 시사해줄 수 있을 것이다. 그러나 이 글이 애당초 문제로 삼았던 것은 시의 다른 어떤 기능이 아니라 '시의 정치적 기능'에 관계된 것, 즉 <'자신의 시적 본질'을 다양한 갈래로 주장하는 현대의 여러 철학들> 가운데 어떤 것이 <정치적인 '시적 폭력'의 재건>에 올바로 기여할 수 있는지를 그 철학들의 두 전형이었던 하이데거와 메를로-퐁티의 현상학을 통해 고찰하는 것에 있었다. 결국은 부정적 귀결에 접하게 된 하이데거가 그럼에도 고찰의 대상이 되었던 것은 그의 철학이 하나의 성취, 즉 <종래의 '시적 폭력'들이 기대고 있었던 '전통의 철학'의 초월을 극복하며 '시의 초월의 철학적 본질을' 자신의 철학적 본질로 갖는 철학의 '시적 폭력'>을 주장하며 <정치적인 '시적 폭력'>의 재건 가능성을 이야기하고 있었기 때문이었다.

242 D. R. Villa(1996), p.574.

됨으로써, 결국 그 논리가 '존재론적 초월'의 '시적 폭력'이 드러낼 '진리의 세계'를 일상의 구체적인 '사회적 세계'로부터 떼어놓는 '고상한 탐닉'에 바쳐진 귀결에 있다.[243] 설령 하이데거가 말하는 그 "적실한 행위를 구성하는 고독한 […]사유의 감사함"이 <자기를 세계로부터 유리시킨 채로 자기와 세계를 되돌아보면서, 어떤 세계를 지향하며 어떻게 실존할지를 각오하는 '본래적 자아'>에 상응하는 것이라 해도 사정은 변하지 않는다. 그 '본래적 자아'의 반성이 꿈꾸는 세계, 그리고 그것이 결단한 실존의 질에 대한 물음이 답해져야 할 것으로 여전히 남아있기 때문이다. 하이데거의 그 세계와 실존은 아무래도 '탈세속적'이고 '비세계적'이다. 이러한 사실은 따지고 보면 시(詩) 《귀래에서》가 '질료'로서 만났던 "생활세계"가 그에겐 '존재론적 초월'의 종착지가 아니라 그것을 뚫고 나갈 비행의 기착

243 '현실사회의 정치적 세계' 혹은 '구체적 사회현실의 일상세계'는 본질적으로 서로 다르게 나타났던 <하이데거 철학의 세계>와 <메를로-퐁티 철학의 세계>를 비교하는 이글의 척도인 '타자'성과 짝한다. 이에 대해 혹자는 이렇게 지적할 지도 모른다. 즉, "메를로-퐁티에게라면 그럴 수 있지만, 다차원의 세계를 논하는 하이데거에게 그러한 척도를 적용해 평가하는 것은 그의 세계개념이 갖는 고유성을 간과하는 것이다." 그러나 하이데거가 어떤 차원의 철학을 이야기하든 '정치적인 현실사회'를 살아갈 수밖에 없을 우리에게 제출된 것이라면, 더욱이 그의 철학이 갖는 정치철학적 함의가 분명 존재하고 또 실제로 빈번히 거론되고 있다는 사실을 감안한다면, 그의 철학은 그러한 척도를 피할 수 없고, 또 그렇게 만들어서도 안 될 것이다. 도대체 '무엇을 위한 철학'인지는 언제나 유효한 물음일 것이기에 그러하다. 물론 하이데거의 철학의 '정치적 사회성 내지 현실성'의 '결여'를 인정한다 하여도, 예컨대 '정치적 문제를 어떤 초재적인 질서에 맡겨야 좋을 것이라 판단하는 의식'이나 '정치적 문제와 단절하고 초의(草衣)의 진리를 추구하려는 의식' 또는 '정치적 문제를 외면할 정도로 무심하거나 방관할 정도로 안녕한 삶을 누리고 있는 의식', 아니면 '정치적 신념과 철학적 가치관이 사실은 분리된 의식' 들에서라면, 그의 철학은 나름대로 매우 유의미할 수 있을 것이지만, 그러나 이러한 사실은 이 글의 논의와는 별도의 사안이다.

지였다는 사실에서 유래한다. 그러하기는 후설의 현상학이 먼저였지만, 그러나 그 기착지로 회귀하려 부단히 노력했던 이 '순수관념론'자의 초월론보다 하이데거의 초월론은 어떤 면에서 더 멀리 '이 세계'의 밖으로 나간다. 그의 현상학적 초월론의 존재론적 주체가 '언어를 섬기며'[244] 도달한 곳은 '타자'와 함께 빚는 '욕망의 균열' 아래로 비친 세계가 아니었다. '타자'와의 이 같은 분리에도 불구하고 이 초월론이 존재자를 향한 '근대적 주관'의 욕망을 거두고 '타자'와의 동화를 이야기할 수 있었던 것은 '단절로써 단절을 잇는 아이러니' 때문이었는데, 하이데거는 『존재와 시간』에서 "현-존재"의 "세계-내-존재"성을 분석하는 중에 이렇게 썼다: "'현-존재'의 고립은 사실상 세계 안에 함께 있음을 가리킨다. 타자의 결여라는 것은 함께 있음의 '안에서'(in), 그리고 '대해서'(für)만 가능하다. […]고립은 함께 있음의 결여된 상태이며, 이로 인해 고립의 가능성이야 말로 오히려 함께 있음의 증표가 된다."[245] '고립의 가능조건으로서의 타자'와 '나'의 관계를 승인하고 있는 진술이지만, 그러나 그 책의 또 다른 곳[246]에서 이야기 되는 내용, 즉 '현-존재'의 퇴락한 국면을 의미하는 '세인'(das Mann)이 "본래적인" '현-존재'로의 초월을 위한 적극적 계기'로 주장된다는 점을 갖다 대고 보면, 이 진술의 진경은 <'서로가 타자를 통해 서로의 타자를 넘어' 존재이해의 지평에 들어서는 '존재론적 결단'>의 시간에서 성립하는 '타자'성이다. 그러니까 이때의 '타자'성은 '일상의 현실'을 사는 구체적

---

244 "Das Entsprechen ist Höhren […]Der Mensch Spricht nur, in dem er der Sprache entspricht." M. Heidegger (1959), p.30.

245 M. Heidegger(1972), p.120.

246 M. Heidegger(1972), pp.176-179.

인간의 것이 아니다. 다시 말해, 타자성이 사회적이지 않다. '세인'을 지양하는 '나'가 비록 <'존재로부터의 소외'를 극복>하는 수준에서 '타자들과의 관계'를 적극적으로 받아들여진다고 해도, 이 관계는 타자들과의 단절을 위한 전주에 불과하다.

따라서 하이데거의 초월의 '시적 본질'을 시가 자신의 초월의 '철학적 본질'로 삼게 될 경우 '시적 폭력'은 '이성적 / 심미적' 경지를 전통 철학의 통제를 벗어난 자리에서 달리 실현할 수는 있겠지만, 때문에 리얼리즘과 모더니즘의 '시의 초월'의 '시적 폭력'이 지양될 하나의 계기일 수는 있겠지만, '일상의 시간'을 벗어나며 '일상의 야만'에 대한 폭력의 강도를 상실한다.[247] 하여, 코지크가 말했던 '나'의 "실존적 수정", 즉 "세계를 변화시키는 것이 아니라 세계에 대한 자신의 태도를 변화시키는 한 개인의 '극적인'(dramatisch) 사건" 혹은 "죽음의 상하에서 '왕좌의 처지'와 '사슬에 묶인 처지'의 차이가 무화되는 실존의 시간"[248]에 그친다. 이렇게 되면 존재론적 이성이 취할 '시적 폭력'의 진리가 <'나'와 '타자'가 삶의 욕망을 '분출 / 충돌'하며 살아갈 '지금－여기'의 이 세계에서 생성할 능동의 시간 어

247 하이데거에 대한 이러한 비판적 입장은 <보다 더 큰 과제, 이를테면 "서양 문명 전체에 대한 시적 비판">을 수행하고 있는 철학자에게 "구체적인 특정한 사회들에 대한 시적 비판"이라는 "지엽적인 과제"를 수행하지 못한다고 불평하는 일로 비칠 수도 있다. 이렇게 보이는 입장에서는 아마도 하이데거의 철학이 갖는 더 큰 의의에 비해 '구체적 현실성에 대한 비판적 강도의 상실'이라는 하이데거의 철학의 문제가 미약하거나 무의미하게 보일 것이다. 하지만, 우선은 우리의 '삶'이 그럴 것이지만, '시'[문학]나 '철학'도 현실의 문제를 더 중요하게 여길 수 있으며 이는 결코 '시야의 협소함'이나 '상상력의 빈곤'과 무관한 일이다. 그것은 하나의 건강한 신념이다. 이 신념 속에서라면, 그 기획의 원대함에도 불구하고 하이데거의 철학은 오히려 '일정부분'의 유용성을 갖는 '추상의 논리'에 그칠 것이다.

248 K. Kosik(1985), p.75.

딘가에서 작용하는 '상호관계의 힘'>이 아니라, <타자를 '통해' 타자를 딛고 도달한 세계에서 생성하는 수동의 시간 어딘가에서 '나'와 타자를 하나로 묶어줄 '어떤 존재의 힘'>으로부터 유래할 것이다. 일상은 "현실을 은폐하면서도 일정한 방식으로 그것을 드러내는 현상적 세계"[249]라는 말이 옳다면, 아니 옳아야 한다면, 시의 초월의 '시적 폭력'은 일상을 초월하되 '일상의 시간' 속에서 '일상의 시간'을 초월하는—한 시인[김지하]의 말로써 다시 쓰자면, '현실의 비애' 속에서 '현실의 비애'를 뚫고 나가는—'내재적 초월'이라야 맞다.

> "폭력은 그 폭력의 피해자 속에서 비애로 전화되는 것이다. 해소되지 않고 지속되며 약화되지 않고 날이 갈수록 더욱 더 강화되는 동일한 폭력의 경험과 정은 무한한 비애 위에 더욱 무한한 비애를, 미칠 것 같은 비애 위에 미칠 것 같은 비애를 축적한다. […]비애가 지속되고 있고 한이 응어리질 대로 응어리져 있는 한, '부정'은 종식되는 법이 없으며 오히려 부정의 폭력적인 자기표현의 길로 들어서는 법이다. 비애야말로 패배한 시인을 자살로 떨어뜨리듯이 그렇게 또한 '시적 폭력'으로 그를 떠밀어 올리는 강력한 '배력'(背力)이며, 공고한 저력이다. 비애에 의거하여, 한의 탄탄한 도약대의 그 미는 힘에 의거하여 드디어 시인은 '시적 폭력'에 이르고, 드디어 '시적 폭력'으로 물신의 폭력에 항거한다. 가장 치열한 비애가 가장 치열한 폭력을 유도한 것이다. 비애와 폭력은 서로 모순되면서 동시에 서로 함수관계 속에 있다. 폭력이 없으면 비애도 없고, 비애가 없으면 폭력도 없다. […]현실의 폭력이 시인의 비애로, 시인의 비애가 다시 예술적 폭력으로 전화한다." 250

"현실의 폭력" 혹은 "물신의 폭력"이 초래한 "비애"가 폭력으로

---

249 K. Kosik(1985), p.69.
250 김지하, 『생명』, 솔 출판사, 1992. pp.246-247.

바뀌되 실제의 "치열한 폭력"으로 바뀌는 저항의 역학이 <'나'의 일상의 "한"(恨)이 '너'의 일상의 "한"으로 통하는 '실존론적인 시간의 의미'>에서나 가능한 법이라면, 필요한 것은 <'나'의 고립의 가능조건으로의 타자>가 아니라 <타자의 가능조건으로서의 '나'의 고립>이다. 이 고립에서라면, "'나'의 현재는 '나'가 더 이상 살지 않는 과거와 아직 살지 않은 미래를 향해 열리는 것처럼 그렇게 내가 살지 않는 시간성들 쪽으로 열리며 '하나의 사회적 지평'(un horizon social)을 획득할 수 있게 된다. 그리고 이로써 나의 세계가 나의 '개인적 실존'이 취하고 진행하는 '집단적인 역사'의 차원으로 확장한다."[251] 그러한 고립의 시간 속에서 메를로-퐁티는 하이데거에 대해 이렇게 말한다. 즉, "그 역시 타자의 실존이나, 이것의 귀결로서 나타나는 역사성에 대해 부인하지 않는다. […]그의 철학이 결여하고 있는 것은 '역사성'이 아니라, 거꾸로 '개인의 확립'(l'affirmation de l'indiviu)이다. 하이데거는 자유의 적이나 의식의 투쟁을 말하지 않았으며, 그로 인해 '인간의 공존'은 익명의 일상성, 그 진부함으로 매몰된다."[252] 그리고는 『지각의 현상학』에서, 하이데거의 "역사성"이 간과한 그 "개인"['나']에 대해 이렇게 진술했다: "세계와 관계하는 [초월의]체계인 '나'의 신체가 내가 지각하는 대상들의 통일성을 정초하듯이, 그와 동일한 방식으로 타자의 신체(즉, '상징적 행동'과 '실재의 진정한 행동'의 소유자)는 '나의 현상들 중 하나로 있는' 자신의 처지를 벗고 나에게 참된 소통의 과제를 부여한다. 그럼으로

251 M. Merleau-Ponty(1945), 495. 두 철학자의 시간관에 대한 필자의 입장은; 「귀향의 시간, 유랑의 시간: 하이데거와 메를로-퐁티의 존재론적 주체論의 토대」, 『동서철학연구』(46호), 한국동서철학회, 2007, pp.160-191.

252 M. Merleau-Ponty(1948), p.120.

써 타자의 신체는 나의 대상들에게 '상호 주관적인 존재'의 새 차원, 달리 말하면 '객관성'의 새 차원을 갖다 준다."[253] 여기에서, 문제는 "객관성의 새 차원"이 아니라 그것의 속내다. 종래의 '인간주의적인 주관성'을 넘어서는 주관성의 "새로운 객관성"[254]은 하이데거[혹은 현상학 이후]의 철학에서도, 물론 각기 고유한 양상으로 주장되지만, 나타나기 때문이다. 중요한 것은 '사회적 현실의 구체성'이다. 메를로-퐁티의 현상학적 초월론이 시의 과제 앞에서 내놓을 수 있는 <'존재론적 주체'의 '시의 초월'>이 기꺼운 것은, 그것의 '시적 본질'이 몸을 매개로 구축된 그 구체성의 '타자'성[255]을 놓지 않은 까닭에서다. 그것의 '시적 폭력' 자체가 모더니즘과 리얼리즘의 것을 넘어선 '세속(世俗)의 세계성 안에, 그리고 프락시스의 구조 안에' 있게 될 시의 '철학적 본질'일 수 있기 때문이다. 물론 하이데거도 몸을 이야기 한다 : "손의 모든 활동은 사유에 근거한다. 바로

---

253 M. Merleau-Ponty(1971), p.18.

254 메를로-퐁티나 하이데거의 철학에 대해 '객관성'이라는 말은 모순인 듯싶지만, 객관성을 "보편성'으로 이해할 경우 변별성을 수식하는 말을 붙여 쓸 수 있다. R. Palmer, *Hermeneutics,* Northwestern University Press, Evanston, 1969, pp 124-139.

255 신인섭은 <'하이데거의 철학을 윤리의 차원에서 극단화한 레비나스의 타율적(혹은 수동적) 타자경험'에 대한 '메를로-퐁티의 자율적(혹은 능동적) 타자경험'의 우위>를 리쾨르와 더불어 논증하는 중에 메를로-퐁티의 '구체적인 타자'성을 다음처럼 명증하게 기술한다. 즉, "상호신체성 (intercorporéité)에 대해 말한다는 것은 각각의 개인을 위한 살의 관계, 즉 자아와 타자들의 살로 짜인 세계관계에 필수적인 성격을 강조하는 것이다. […]나는 타자가 나에게 이기주의를 금하는 것을 이해할 수 있지만 그렇다고 그 역시 하나의 자아이고 나도 그의 이웃이라는 사실을 잊은 척할 수는 없다. 타자를 이웃으로 인정한다는 사실은, 꼭 동일한 시기일 필요는 없더라도, 나도 그로부터의 기대를 전제로 하는 것이다." 신인섭, 「메를로-퐁티의 타자경험에 대한 레비나스와 리쾨르의 논쟁－타자를 위한 삶과 타자와 더불어 삶」, 『철학과 현상학연구』(20집), 한국현상학회, 2003, p.165.

이런 이유로 인해 사유는 가장 순수한 차원의 손작업이지만, 그러나 그러니 만큼 때맞춰 실행되기 가장 어려운 손작업이기도 하다."[256] 하지만 이 "몸"은 이미 '세속' 혹은 '프락시스'와 소원해진 '사유의 몸'이다.

메를로-퐁티를 "압도하는 것"["두려운 것"]으로 서있는 것은 존재하면서 존재하지 않는 '사물의 존재'가 아니다. 그것은 "깊이와 '포개진'(superposé) 채 깊이를 덮는 견고한 외피" 혹은 "사물들의 (보이지 않게 존재하는 의미의 층을 지닌) 가시적 표면"[257]으로 존재하는 것인데, 이러한 사실은 그의 철학적 혹은 현상학적 상상력이 '가시적인 세계', 그 '일상의 풍경' 이면에 놓인 사회현실의 '진리'[의미]로 뻗어있음을 뜻한다. 그가 말하는 '존재론적 초월'의 '시적 폭력'이 드러낼 '진리의 세계'는 '타자'와 함께 부딪치며 살아가는 시간

---

256 "Alles Werke der Hand beruht im Denken. Darum ist das Denken selbst das einfachste und deshalb schwerste Hand-Werke des Menschen, wenn es zu Zeiten eigens vollbracht sein möcht." M. Heidegger, *Was heißt Denken?,* Max Niemeyer Verlag, Tübingen, 1971, p.51. 하이데거의 이 말에 대해 한 논자는 다음과 같이 논급하고 있다. 즉, "손이 촉감적인 것처럼 생각하고 말하고 특히 행동하는 것도 촉감적인 것이다. <말과 몸과 사유>는 서로 분리되는 것이 아니다. 말을 사유 아래에 종속시킬 수는 없다. 실제 말하기보다 말에 대한 사유가 선행한다고 한다면, 몸에서 이탈된 사유가 몸을 종속시킨다는 고루한 <형이상학적 오류>를 범하게 된다. 두 다리로 걷는 것처럼 우리는 두 손으로 말하고 생각한다. 생각하는 것이 손재주라면, 그 반대, 즉 무(無)사려(thoughtlessness)는 인간과 사물 모두를 포함한 외부세계와의 접촉이 차단되거나 피부로 느끼지 못하는 '피부마비'(cutaneous alagia) 상태라고 할 수 있다." 정화열, 『몸의 정치』, 민음사, 1999, p.71. 그러나 이러한 논급은 "말과 몸과 사유"의 일원성이 '몸' (나아가 '사물')에 존재론적으로 앞서 있는 "언어의 본질"(das Wesen der Sprache) [M. Heidegger, *Unterwegs zur Sprache*, Pfullingen : Neske, 1959, p.200] 로서의 "언어의 존재"에서 유래한다는 사실을 반영하지 않은 채, <'몸'의 존재성과 함께 '말과 사유'의 존재성을 결정하는 하이데거의 정신주의>를 간과한다.

257 M. Merleau-Ponty(1964), pp.85-86.

들의 '이면' 혹은 "깊이"가 실현된 세계다. 시(詩) 《귀래에서》의 '심미적 질료의 세계'["생활세계"]를 벗어나지 않는 '초월의 몸'으로써 인간주의와 비인간주의 모두의 관념성을 소거하며 구체적인 '생성의 진리'에 이르는 이 상상력은 '시적 폭력'의 재건으로 전용될 수 있다. 메를로-퐁티는 <'주관주의'(모더니즘)와 '객관주의'(리얼리즘)의 표상원리>와 절연한 새 '시적 폭력'을 '색과 공간의 표현'으로써 비유한다. 즉, "우리에겐 '형식－광경'을 '깨뜨리는 것'(faire craquer)이 필요하다. 자연색의 시뮬라크르는 그러므로 문제가 아니다. 오히려 색의 '차원, 즉 동일성들과 차이들, 짜임새, 물질성, 또 어떤 무엇 등을 창조하되, 무엇보다 자기로부터 스스로 창조하는 것'이 문제다. 그리고 […]'어디인지 모를 곳'으로서 색의 평면들에게 흐름의 운동을 부여하는 공간, 그렇기 때문에 '화가가 재현할' 것이 아니라 오히려 가시적인 것들의 자기집중과 자기회복을 통해 '화가를 탄생시킬' 것으로서의 공간이 문제가 되는 것도 그런 이유에서다."[258] '순수한 정신'과 내통하는 어떤 관념성에도 자신의 진실을 내주지 않을 <'지금-여기'를 사는 '우리'의 세계>에서 사물과 함께 그러한 세계의 "깊이"(profondeur)를 실현할 노동의 입구는 '몸'뿐이다. 몸이 되, <'감각의 지성'이 되는 '지성의 감각'과, '지성의 감각'이 되는 '감각의 지성'>의 몸으로써 '타자'와 얽히며 사물로 스며드는 '초월의 힘'을 통하여, 마치 클레와 세잔 같은 화가들이 '사물들의 껍질들'["색의 '덮개'(enveloppe)"와 "공간의 덮개"][259]을 벗기듯, 우리를 "압도하는 것"에 폭력을 가하며 시인이 들어올릴 <"비애"의 시간>

258 M. Merleau-Ponty(1964), pp.67-69(의 내용을 재구성했다.)
259 M. Merleau-Ponty(1964), p.68.

혹은 <“비애”의 의미>; 하나의 진리가 될 이 <‘시간의 의미’> 혹은 <‘의미의 시간’>이 일상의 야만에 무심한 ‘시의 내용’일리 없다. 그렇기는커녕 거기에는 타자의 윤리를 터득한, 아니 정확히 말하자면 ‘회복한’, 몸으로써 “자유의 적”(l’opposition des libertés)과 맞서 “의식의 싸움”을 벌이며 일상의 해방을 당기는[260] ‘시적 폭력’이 있다.

4. 에필로그

전통의 한계에 이른 철학이 자신의 ‘시적 본질’을 ‘아직 철학이 아닌 철학’으로서의 ‘시의 철학적 본질’에서 찾아 취하며 “더 이상 철학이 아닌 철학”으로 거듭나게 되었을 때, 시 또한 그러한 철학이 가리켰던 자신의 ‘철학적 본질’을 스스로 회복하며 다시 ‘철학적’일 수 있다. 그러나 그 ‘회복’도 ‘회복’이지만, 정작 중요한 것은 우리의 ‘일상’을 해방시킬 수 있는 ‘시적 폭력’의 진리 혹은 진실이 무엇인지에 있다. ‘시적 폭력’이 일상에 저도 일상인 듯 몸을 숨긴 야만을 겨냥하는 것이라 할 때, 이후의 실행은 일상의 야만을 단번에 떨어내는 것이 아니라 ‘일상 속에서’ 야만의 기재들에 부단히 맞서며 일상을 ‘더 나은’ 삶의 장으로 바꾸는 수고의 연속이어야 한다. 자신의 ‘철학적 본질’을 스스로 회복하며 재차 ‘철학적’이 된 시의 진실이 만일 이 과정과 무관한 내용이라면, 이 세상에 제출될 시의[혹은 문학의, 나아가 예술의] 진실은 사실상 ‘사회적인 의미’를 결여할 것이다. 이러한 사실에 대해, 비록 인식론적 초월이 아닌 ‘존재론적 초

260 M. Merleau-Ponty(1948), p.120.

월'의 자리에서 사물의 실체를 파악하는 모색이 있었다 해도, 시인은 과연 자신의 폭력성을 주장할 수 있는 것일까?

이 글이 하이데거와 메를로-퐁티의 현상학에 함축된 <'시의 초월'을 통한 '시적 폭력'의 '극복'과 '재건'의 방향>을 '타자'성의 척도로써 '비교/평가', 모더니즘과 리얼리즘 이후의 가능한 시(혹은 문학)의 '정치성'을 후자[메를로-퐁티]의 입장에서 고찰하며 그 난제의 출로로 취한 것은 시적 폭력이되, '존재론적 초월'의 시적 폭력이었다. 이 폭력은 물론 종래의 '철학적인 시'(여기서는 '모더니즘'과 '리얼리즘'의 시)의 그것보다 세계의 "사물들의 심장"(le coeur des choses)[261]에 더 가까이 다가설 것이지만, 문제는 '타자와 얽히는' 구체성이다. 문학과 사회의 관련은 한 논자의 말대로 "행복한 조화의 그것이 아니라, 서로 불온시하는 불편과 조화의 관계이다. 따라서 문학과 사회의 관계에 대해 논의한다는 것은 문학이 사회에 어떠한 기능을 가지고 어떻게 기여할 수 있는가에 대한 탐구라기보다는, 문학이 기존의 현실을 어떻게 비판하고 넘어서려 하는가를 추구하고 그 대답을 모색하는 것이라고 할 수 있다."[262] 그러나 '더 이상 철학이 아닌 철학'의 국면에서도 철학의 진리가 여전히 '일상의 야만'을 제거할 해방의 무기일 수 있어야 한다면, 또 '존재론적 초월'의 길이 한 갈래일 수 없는 것이라면, '철학적인 시' 또한, 다음의 물음들로부터 풀려나지 못할 것이다. 즉, "인간이 자신의 진짜 이미지를 제대로 드러내기 위해서는 이(虱)나 강아지나 원숭이로 '변화되어야'하는 이 사회 이 세계는 도대체 어떤 종류의 사회이며 어떤

---

261 M. Merleau-Ponty(1948), p.67.
262 정과리(2005), p.204.

종류의 세계인가? 사람들이 자신의 얼굴을 바라보고 자신의 세계를 인식하기 위해서는 어떤 '폭력적인' 은유와 우화로 세계를 드러내야하는가?"[263] 세계를 반성하려는 초월이되 세계의 끈을 놓지 않는 '내재 속의 초월'이 존재론적 초월이라 했지만, 초월은 초월인 까닭에 거기에도 누항의 삶을 이탈할 여지는 있다. 흡사 '일상의 깊이'인 양 일상에 들러붙어 일상을 지배하는 '어떤 추상의 힘'에 상응할 '실존'의 비(非)인간주의적 초월의 관념(성)이라는 것도 있기에 그러하다. 메를로-퐁티의 말대로 "우리는 '과학'이 아니라 '분노'(indignation)를 통해서 혁명적일 수 있다."[264] 그러나 중요한 것은 "비애"를 지나왔을 이 '분노'가 '시적 폭력'으로 폭발하는 과정—[이것이 '사회적 실존'의 "비극적 표현이나 희극적 표현"의 길이든, "자기 자신과 자기가 속해있는 부류에 대한 자학적 표현"의 길이든, 혹은 "계급의 당파성을 수반하는 부정적 표현"의 길이든, 아니면 "그러한 것들을 섞는 배합의 길이든"][265]—에서 선택해야할 '시적 폭력의 방향'이다.

263 K. Kosik(1985), p.107.
264 M. Merleau-Ponty(1947), p.13.
265 김지하(1992), p.247.

5 철학의 시적 본질들

— 하이데거의 '현상학적 태도'와 노장의 '선(禪)적 무위'의 이질성

1. 하이데거의 '연계성'과 노장의 '단절성'

하이데거의 궁극적 기획은 철학의 "또 다른 시원"[266]을 열어 밝히는 것이다. 이 또 다른 시원은 "첫 시원"에 대한 '회상'(Andenken)을 통해서만 성립 가능하다. 회상은 "첫 시원"으로의 되돌아감과 같은 것이며, 이때의 "첫 시원"은 사물의 리얼리티[267]("존재자의 존재")에 닿아있는 근원적인 사유의 장(場)을 이른다. "또 다른 시원"은 따라서 전통의 인간주의적 형이상학의 시작에서 종말로 이어진 시간의 간격을 거슬러 올라가 "첫 시원"의 기원적인 세계인식을 회복하는 철학적 전환의 사건이다. 이러한 사실은 하이데거의 철학이 '이

266 M. Heidegger, *Einführung in die Metaphysik*, Tübingen, Niemyer, 1983, p.42.
267 이하 '리얼리티'는 존재론적 의미에서의 리얼리티, 즉 세계의 실재를 뜻한다.

전의 철학', 즉 전통의 인간주의적 형이상학과 단절한 채 그 외부에 놓여있는 것이 아님을 가리킨다.[268]

철학의 퇴행적 흐름에 대한 하이데거의 존재사적 고찰 속에서 선명히 드러났던 이 극복의 양상은 '사물'과 '나' 사이에 놓인 인식론적 거리를 지우려는 그의 현상학적 태도로써, 비록 우회적이라 하더라도, 파악가능하다. 왜냐하면 하이데거의 "회상"이 뜻하는 '첫 시원에 든 기원적인 세계인식의 회복'은 사물의 리얼리티와 맺고 있던 '나'의 존재론적 경험을 되찾는 일과 결국 다르지 않은 것이 되기 때문이다. 이때 그러한 '되찾음'은 사물과 '나' 사이를 소원케 하였던 장애의 요체, 즉 전통의 인간주의적 형이상학의 주관과 이 주관에 작동했던 종래의 언어를 바로 그것들 내부에서 해체하며 사물의 진리를 인식하는 현상학적 사유의 수고로 귀착하기 때문이다. 요컨대 그의 "또 다른 시원"은 전통의 철학 내부에 있는 동시에 전통의 철학 외부에 있는 '이중의 철학'이 펼쳐지는 자리, 혹은 주관성 속에서 주관성을 이탈하거나 종래의 언어 속에서 종래의 언어를 벗어나며 세계의 진리를 드러내는 사유의 "장소"(Ort)다. 후설과는 달리 순수의식이 아니라 "실존" 혹은 "탈존"의 삶에 걸려있는 그의 현상학적 태도가 인간["현존재"]의 시간성["죽음"]이 몰고 온 "불안"을 매개로써 도달한 사유의 그 "장소"는 전통의 철학적 주관 및 이 주관에 상응하는 언어의 상실이 빚어낸 '사물의 의미상실'이 우선 목도되는 자리다. 의미가 상실된 사물의 풍경은 사유주체의 인식론

268 이런 점에서 하이데거는 '새로운 시원'이라는 말을 쓰지 않고 "또 다른(ander) 시원"이라는 용어를 사용하는데, 이 용어는 그의 기획이 이전의 철학들과 단절한 전혀 다른 어떤 철학을 염두에 두고 있지 않음을 뜻한다. M. Heidegger, *Vorträge und Aufsätze*, Neske Pfullingen, 1954, p.79.

적 표상을 넘어선다는 점에서 단순한 '질료'(hylé) 이상의 의의를 보여준다. 하이데거의 표현에 따르면 그것은 "무(無)가 온통 들어찰 정도로 […]사물의 있음에 대한 모든 언명이 침묵 속으로 빠져버리는"[269] 세계의 모습이다.

이러한 사실은 전통의 인간주의적 형이상학의 주관과 언어를 전통의 인간주의적 형이상학의 주관과 언어 속에서 "이겨냄"(Verwindung)이라는 타협의 형태로 극복하는 그의 "또 다른 시원"의 사유가 '무의 경험' 속에서 이루어진다는 내용을 함축한다. 이론적 체계와 개념적 규정을 위협하는 '무의 경험'은 서구의 인간주의적 형이상학의 사유가 자신의 보전을 위해 애써 외면해왔던 것[270]이라는 사정을 고려할 때, 하이데거가 '무의 경험'을 통하여 말하는 "또 다른 시원"의 철학은 분명 비(非)서구적이다.[271] 그것은 어떤 면에서 도가적이라 할 수 있는 것인데, 아닌게 아니라 『형이상학이란 무엇인가?』 이후 무에 대한 '현상학적 태도의 경험'을 "존재를 위한 말들의 결여를 느끼는 것"으로 규정하는 그의 해명[272]은 무에 대한 선적 "무위"(無爲)의 경험을 이야기 하는 '노자와 장자'(老莊)의 견해[273]에

---

269 M. Heidegger, *Was ist Metaphysik?*, Vittorio Klostrrmann, Frankfurt a/M, 1965, p.32.

270 "눈앞의 존재자에 대한 부정으로도, 발언의 부정으로도, 어떤 이념이나 상상으로도, 혹은 의식되어있지 않음으로도 사유될 수 없는 무는 […]세계관적으로 확고히 붙잡을 수 없는 것으로서 그 자체에 대한 어떤 발언이나 개념적 규정도 배제하는 것"[H. P. Hempel, *Heidegger und Zen*, Athenäum, Frankfurt a/M, 1987: 『하이데거와 禪 』, 이기상 外 옮김, 민음사, 1995, p.264.]이기에 그러했다.

271 흡사 노장(老莊)이 말하는 사유의 경험에서처럼 하이데거의 무는 무엇보다도 주어진 대상이 아니다. 그것은 세계관, 진술, 개념적 규정 등을 배제한다.

272 M. Heidegger(1965), pp.33-42.

오히려 가깝다. 하이데거와 노장의 사상을 나란히 놓고 읽을 때 먼저 그 둘의 동질성이 우리의 주의력을 끄는 이유는 이 근접의 양상일 것이다. 그러나 그들의 동질성도 동질성이지만, 더 중요한 것은 그 이면의 이질성이다. 모든 비교논의의 경우가 그러하듯 여기에서도 철학적 의미가 확장되는 장소는 결국 '균열의 틈'일 것이기에 그러하다. 이 글은 동서 전통의 '인간주의 철학'['유가적 사유'와 '인식론적 형이상학']에 대한 노장과 하이데거의 '비(非)인간주의'(de-humanism)에 내재된 '연계성'과 '단절성'을 통해 전자와 후자의 차이를 논급함으로써 그 두 철학자의 유사성 규명에 집중된 기존 논의들[274]의 일면성을 보충하고, 나아가 하이데거와 노장의 차이

---

273 노장의 무위가 선적인 성격을 갖는 것으로 보려는 시도는 철학사적 문제를 야기할 수 있다. 하지만 비록 노장사상의 도(道)가 후대 당의 혜능(慧能)에 와서 정립된 선(禪)보다 오래된 것이라 하더라도, 현재의 관점에서 우리는 전자를 후자와 연결해 이해할 수 있을 것이다. "선에서는 도가의 '초-형이상학'이 가지고 있는 자연적 사유의 방식을 흡수"[C. Wei-Hsun Fu, "Heidegger and Zen on Being and Nothingness", ed. N. Katz, *Buddist and Western Philosophy*, Sterling Pub., Pvt Ltd, New Delhi, 1981 : 김종욱 편역, 『서양철학과 禪』, 민족사, 1993, p.154] 한 이력이 있으며, 또한 한 논자는 그러한 사안에 주목, 노장의 무위를 "선 속에서 근원적으로 획득된 […]도의 의미"에 대한 경험으로서 이해한다.[H. P. Hempel(1987), pp.270-333]. 이 논의 역시 이와 같은 생각들과 유사하게 '선적 무위'란 말을 노장의 무위에 이미 함축된 것으로 볼 수 있는 경험의 한 속성을 가리키려는 의도로 사용했다.

274 예컨대, 윤병렬, 「도(道)와 존재-노자와 하이데거의 사유세계 엿보기」 & 전동진, 「하이데거와 노장의 사상」, 한국 하이데거학회 편, 『하이데거의 철학사상과 동양사상』, 철학과 현실사, 2001, pp.106-164. 그리고 박찬국, 「하이데거와 동양사상의 대화 가능성과 필연성」, 하이데거학회 편, 『하이데거의 예술철학』, 철학과 현실사, 2002, pp.311-340. 이러한 논의들은, 비록 신중성의 차이가 있긴 해도, 하이데거와 노장 사이의 유사성을 밝히는 일에 관심을 쏟고 있다. 물론 이러한 작업들은 동질성을 통하여 그들 철학의 관점과 시대적 효용성 내지 의의를 상호 대조 속에서 '연대/확장' 시켰다는 점에서 적지 않은 의의를 가질 수 있었지만, 이러한 의의는 그러나 하이데거와 노장 사이의 차이성에 대한 비판적 논의가 따를 때 비로소 생산적일 수

가 드러낼 비인간주의의 문제해결을 위한 그들의 소통의 과제를 제시하고자 한다.

2. 현상학적 태도와 선적 무위: 존재론적 초월

"무"(Nichts/ 無)는 하이데거와 노장의 철학에서 읽히는 세계의 리얼리티들, 즉 "존재"(Sein)와 "도"(道)를 대리한다.[275] 먼저, 노장의 사상에서 "무와 도는 동일한 위격에 있는 것으로서 '무'는 '도'를 형용한 말이다. 이 형용어로서의 무는 그러나 '존재무'(아무것도 존재하지 않는 대상화된 무)가 아니라 어떠어떠하다고 서술되거나 개념화 될 수 없다는 의미의 '무명'(無名)이다."[276] 노장의 이 같은 무는 하이데거의 다음 진술 속에 표명된 무와 <사물 혹은 존재자와 분리된 단적인 무>가 아니라는 점에서 일단은 동일하다. 즉, "무는 '존재로서 본재한다'([…]west als das Sein)."[277] 하이데거의 이 진술은 『존재와 시간』에서 죽음을 통해 이야기 되던 무가 이후 저작들에서 존

있다는 점에 비추어 볼 경우, 일면적이다.

275 노자와 장자의 도와 무를 이처럼 동일지평에 놓는 것은 자칫 단순한 환원의 오류를 초래할 수도 있을 것이다. 무엇보다도 노자의 경우 그의 도가 많은 이들에게 달리 사유되고 있기 때문이다. 예컨대, 『도덕경』의 무를 '유(有)에 대립하는 비존재의 의미로 보는 왕필'[王弼, 『왕필의 노자』, 임채우 옮김, 예문서원, 1997, pp.322-333]의 해석도 있지만, 동시에 노자의 도를 이해하는데 있어 "유 또는 무의 어느 한쪽에서 일방적으로 편중되었던 태도에 대해 부정적인 입장"을 보였던 박세당의 견해[이종성, 『도가철학의 문제들』, 문경출판사, 1999, pp.102-103]도 있다. 이 논의에선 후자의 견해에 입각해 노장의 무를 유와의 존재론적 관계, 하이데거의 표현을 빌려 말하자면, 존재의 증여[비-은폐/ die Unvervorgenheit]와 철회[은폐/ die Vervorgenheit])라는 진리의 이중적 사건 속에서 이해했다.

276 이종성(1999), pp.101-102. (괄호 안의 내용은 필자)

277 M. Heidegger(1965), p.45.

재를 위한 하나의 '말'(Wort)[278]로서 (하이데거 자신에 의해) 다음처럼 달리 언급되는 과정에서 나온 것이다. 요컨대, "존재망각의 시대"에 '무'는 '존재를 위한 하나의 이름'이 되며 또한 그러한 존재망각으로 인해 만일 우리가 인지할 수 있는 모든 것이 존재자들뿐[279]이라면, 존재자가 아닌 존재자체는 무로서 다가온다. 즉, "무는 존재자의 '아님'이며, 따라서 그것은 존재자의 관점을 통해서 경험된 존재와 다르지 않다."[280]

이러한 사실에 『도덕경』의 한 구절인 "이름 없음은 천지의 시작이고(無名, 天地之始), 이름 있음은 만물의 어머니다(有名, 萬物之母)"[281]를 갖다 대고 보면, '무의 경험' 속에서 세계의 리얼리티["존재"(Sein)와 "도"(道)]를 경험하기는 노장도 하이데거와 매한가지다.[282] 둘 모두에서 사물(존재자들) 혹은 만물의 근원적 진실은 그것들의 비언어적인 의미로서 인식된다. 하지만, 존재와 도를 위한 "말" 내지 "이름"의 결여를 느끼는 경험으로써 이야기될 것인 까닭에, 이때의 인식은 다음의 물음을 통과한 후에야 우리에게 수긍될 그런 것이다: 하이데거와 노장은 왜, 그리고 어떻게 그러한 경험에 도달하려 했는가? 또한, 비언어적이라 했던 그 '의미'는 어떻게 이

---

278 M. Heidegger, *Unterwegs zur Sprache*, Vittorio Klostrrmann, Frankfurt a/M, 1959, p.96.

279 R. Bernasconi, *The Question of Language in Heidegger's History of Being*, Humanities Press, 1985, London, pp.54-57.

280 "Das Nichts ist das Nicht des Seienden und so das vom Seienden her erfahrene Sein." M. Heideger, *Wegmarken*, Vittorio Klostermannp, Frankfurt a/M, 1976, p.122.

281 老子, 『道德經』, 박일봉 역주, 육문사, 1997, p.11.

282 하이데거와 노장 사이의 사상적 영향관계 및 유사성에 대한 논의로는 앞의 각주를 통해 언급한 논문들 및 Otto Pöeggeler, *New Wege mit Heidegger*, Karl Alber, Freiburg, München. 1992, pp.384 이하 참조.

야기될 수 있었는가? 이 물음들은 그들 양자에 대한 동질성과 차이성의 진상을 동시에 가져다줄 것이다. 하지만 그들 각각의 철학을 더 잘 이해하기 위해, 혹은 그것들 간의 유비적인 양상과 대조적인 면모를 보다 선명히 파악하기 위해 주의력을 쏟아야할 곳은, 다시 말하건대, 후자다. 예컨대 헴펠 같은 이 역시 그렇게 생각했는데, 그는 책 『하이데거와 선(禪)』에서 이렇게 주장한다. "우리가 경계해야 될 것은 하이데거의 경험을 성급하게 (노장의) 선적 무위의 경험과 동일시하는 일이다. […]도(내지 선)의 근본물음을 하이데거의 존재물음으로 변형하여 해석하는 일, 혹은 후자를 피상적으로 전자에다 설치하는 일, 그 어느 것도 우리의 관심사가 되어서는 곤란하다."[283]

노장과 하이데거가 무의 경험을 통해 존재와 도의 의미에 이르려 했던 이유는, "주나라 말기의 타락한 인문주의"[284]와 '20세기에 극에 달한 유럽 휴머니즘의 오만과 좌절'이라는 시대적 배경에 대한 진단의 차이를 접고 볼 경우, 다르지 않다. 그들 모두에겐 기존의 또

---

283 H. P. Hempel(1987), pp.267-268. 이 인용문 중 괄호 안의 내용은 문맥을 고려해 필자가 첨가한 것이지만, 임의적이지는 않다. 인용된 책의 전반적 내용을 참조해 변형했기 때문이다. 실제로 헴펠(H. P. Hempel)은 같은 책의 다른 곳들에서 예컨대 "선(禪)의 향기를 숨 쉬고 있는 어떤 것, 즉『도덕경(道德經)』"(p.50), "도(道) 또는 선(禪)을 […]명명하는데 쓰인 이름은 이름이 아니다"(p.263), "도는 선에 상응하는 낱말들 중 하나다"(p. 331), "도 내지 선의 원전들"(p.333) 등의 표현을 통해 '선의 경험'과 '도의 깨달음'을 무의 경험을 통한 근원적인 세계인식의 실천(체험)에서 수렴한다. 물론 이러한 견해는 도가사상과 선사상 간의 동질성과 이질성에 대한 보다 구체적인 논의를 요구받을 수 있다. 이는 헴펠의 한계이자, 도와 선에 대한 그의 수렴지에서 논의를 시작한 이 글의 한계이기도 할 것이다. 그러나 이 한계는 무의 경험을 매개로 노장의 선적 무위를 하이데거의 현상학적 태도와 연계해 그 이질성을 규명하려는 이글의 논리와 의의를 훼손하지 않는 채 하나의 과제로 남을 그런 것이다.

284 이종성(1999), pp,68-59.

는 전통의 철학적 논변을 이겨낼 세계의 진정한 리얼리티가 필요했다. 하지만 '인식론적 형이상학'[하이데거]과 "유가로 대표되는 기성체제의 이념"[285][노장]이라는 기존의 인간주의철학들을 능가할 사유의 실천이 그들의 현안이 될 때, 사정은 달라진다. 왜냐하면, 그러한 철학들을 능가하는 사유의 방법들과 이 방법들에 따라 전개될 사유의 질(質) 측면에서 그들의 철학은 유사성과 함께 현격한 차이를 보이기 때문이다. 우선 인간주의적인 철학들을 넘어 무의 경험을 통해 진정한 리얼리티["존재"와 "도"]를 세계의 의미 혹은 진리로서 인식하기 위해 취했던 방법의 경우, 그들은 각각 <존재론적 환원의 현상학적 태도>와 <"심제좌망"(心齊坐忘)의 선적 "무위">를 들고 있지만 이것들은 '비(非)인간주의적 사유의 양태라는 본질에서 일치한다. 물론 따지고 들자면 『존재와 시간』에서 하이데거가 말하는 현상학적 태도의 능동적 '인위'(人爲)성 -그의 말로써 달리 쓰자면 "특이한 휴머니즘"(ein Humanismus seltsamer Art)[286]-이 여기서도 문제로 제기될 수 있을 것이다. 그렇지만 이때의 능동성은 결국 '존재의 증여'를 맞이하는 2차적인 능동성 혹은 수동의 능동성이라는 점을 고려하면, 그 현상학적 태도의 본질은 노장의 선적 무위와 통하는 "내맡김"(Gelassenheit)[287]에 있다. 그리고 이른 바 '후기 하이데거'의 시기에 쓰인 저작들에 '현상학적 태도'를 적용할 수 있

---

285 박이문, 『老莊思想 -철학적 해석』, 문학과지성사, 1992, p.145.

286 M. Heidegger(1976), p.345.

287 M. Heidegger, *Gelassenheit*, Günter Neske, Pfullingen, 1982, pp.23-24. 실제로 하이데거는 "내맡김"에 초점을 맞춘 후기의 전회적인 사유에 대해 "그것은 『존재와 시간』의 입장을 변경시킨 것이 아니라, 그 책의 근원적 경험에로 파고드는 태도에 다름 아니다"(M. Heidegger, *Zur Sache des Denkens*, Tübingen, Max Niemyer, 1976b, p.31)라고 말한다.

는지 또한 문제로서 거론될 수 있지만, 이 문제는 거꾸로 '존재에 전용된 인간의 이차적 지향성으로 심화된 것이 현상학적 태도'라는 사실로써 풀려질 수 있다: 그의 현상학적 태도는 언제나 다음의 사실, 즉 '숨겨진 모습이 숨겨진 모습 그대로 드러나는 존재의 의미현상'에 상응한다.

진정한 세계의 리얼리티["존재"와 "도"]에 이르려는 하이데거와 노장의 인식방법 일단에서 나타나는 이러한 동질성은 그러나 '무의 경험'을 차단했던 요체—즉, 기존 철학의 인위적 혹은 인간주의적 주관성과 언어—를 넘는 단계에서 이질의 다음 두 길로 갈라진다. ① 전통철학의 주관성과 언어의 '존재론적 변형' 속에서[하이데거], 그리고 ② 세대를 이어 전승되는 일상의 주관성과 언어의 '소박한 원형' 속에서[노장], 각각 인간주의를 능가하는 주관성과 언어를 확보하기가 그것이다. ①의 논리가 결국은 ②의 논리를 경유하게 된다는 점에서 그 두 길은 유사한 귀결로 떨어질 것이지만, 그러나 그 출발의 상이성으로 인해 그것들은 기존의 인간주의철학들에 대하여 간과할 수 없는 중요한 차이를 함축한다. 요컨대, 하이데거의 길이었던 ①의 경우엔 '인식론적 형이상학'으로 호명되는 이전의 철학들을 '이겨냄'[288]으로써 극복하는데 비해 노장의 길이었던 ②의 경우엔 '유가'로 표상되는 종래의 철학들을 '부정함'["절학"(絕

288 인식론적 형이상학을 "이겨냄"으로 극복하는 태도에 대해 하이데거는 이렇게 말한다. "존재를 […]사유한다는 것은 형이상학과 무관히 존재를 사유한다는 것을 뜻한다. 하지만 형이상학에 대한 고려는 여전히 유효하며, 심지어 그것은 형이상학을 극복하려는 시도에서조차 유효하다. 따라서 우리의 과제는 (형이상학을 단적으로 폐기하는) 극복의 시도를 단념하고 형이상학을 그것자신에게 '위임하는 것'(zu überlassen) 이다." M. Heidegger (1976b), p.25.

學)[289]]으로써 한쪽으로 치워버린다. ①의 연계적인 역사성으로 인한 사유의 역설을 "사유의 전회"를 통해 "또 다른 시원"의 자리에서 해소하며 비언어적인 '무의 경험'에 임할 수 있었던 하이데거의 철학과 달리, 노장의 철학은 ②의 단절적인 비역사성으로 인해, 하이데거의 표현을 빌려 말하자면 단지 "첫 시원"에서와 같은 사유의 자리에서 그렇게 할 수 있었다. 종래의 '인간주의 철학'에 대한 하이데거 철학의 '연계성'과 노장사상의 '단절성'으로 말해질 수 있는 이러한 사실은 노자와 장자가, 비록 후자[장자]에 와서 좀 더 느슨해지긴 했지만, 그들과 상당부분 동일한 언어관을 갖는 하이데거에 비해 말의 제약을 훨씬 크게 받았던 이유가 된다. 전통의 철학 내부에서 외부를 이야기하는 하이데거와 처음부터 전통철학의 내부로 들지 않는 노장 사이의 차이를 우리는 '더 이상 철학이 아닌 철학'과 '본래 철학이 아닌 철학'으로써 바꿔 말할 수 있다.[290] 이 두 철학은 "내맡김"과 "무위"의 상당한 동질성에 따라 무엇보다도 '시의 철학

---

289 老子(1997), p.65.

290 여기서 두 용어, 즉 '더 이상 철학이 아닌 철학'과 '본래 철학이 아닌 철학'은 필자가 임의적으로 쓴 말이다. 우선 전자의 경우 자신이 주장하는 "또 다른 시원"의 철학을 이르기 위해 하이데거가 사용한 구절인 "더 이상 형이상학적이 아닌"(nicht mehr metaphysisch) [M. Heidegger(1965), p.44]을 변형해 쓴 것이다. 그러나 후자의 경우에는 변형할만한 표현을 찾을 수 없었다. 그런 만큼 적확하지 않은 감도 들지만 적어도 기존의 철학과 단절하는 노장사상의 상태를 나타낼 수 있을 것이라는 판단 하에 사용했다. 요컨대, 이 글이 이 용어들로써 앞으로 논하고자 하는 것은 하이데거와 노장 사이에서 나타나는 '시적 사유'의 이질성, 즉 <인간주의 철학을 극복하되 인간주의 철학 내부에서 사물의 진리를 위한 비(非)인간주의적 존재론의 '현상학적 태도'를 펼쳐보였던 하이데거의 '더 이상 철학이 아닌 철학'>과 <인간주의의 형이상학적 인위와 단절하며 인간주의 형이상학 외부에서 사물의 비인간주의적인 진리를 '선적 무위'로써 이야기했던 노장의 '본래 철학이 아닌 철학'> 사이의 차이다.

적 본질'을 '철학의 시적 본질'로 공유한다. 그러니까, 이 철학들에서 인식론적인 혹은 인위적인 주관성과 언어를 '극복/폐기'하는 동시에, 인위적 주관을 갖고서는 진술 불가능한 무의 '비(非)언어적 경험'을 말해야 하는 과제는 당초부터 철학 내부의 시적 인식을 구현하는 문제였다. 비록 전통의 철학이 시적 인식을 내부에 흔적으로나마 지니고 있다는 견해[하이데거]와 그렇지 않다는 견해[노장]의 차이를 보인다 하더라도, 다른 무엇이 아닌 바로 철학 자신의 '시적 본질'을 통해 인간주의적 사유를 '극복/부정'하게 될 그 두 철학들의 이 같은 구현의 문제는 인간주의 철학의 형이상학적 초월 내지 인식론적 인식의 초월을 '세계의 진실'에 대한 진정성의 측면에서 '발생론적으로' 앞서 존재하는 시적 인식의 근원적인 초월—[세계내부에서, 달리 바꿔 쓰자면 '무에 대한 비언어적 경험'과 상응하는 비(非)인간주의적인 주관과 언어에서, 작동하는 존재론적 인식의 초월]—로써 새 차원의 철학을 여는 일로 해소된다.

하이데거의 현상학적 태도와 노장의 선적 무위의 두 차원에서 이러한 '철학의 시적 본질'(즉, '시적 인식의 근원적 초월')은 그러나 위에서 언급한 역사성의 유무에 따라 서로 다른 방식으로 고유한 철학을 불러올 수밖에 없었다. 우리는 하이데거가 전통의 철학 내부와 외부, 좀 더 정확히 말하자면 "내부도 외부도 아닌 곳"[291]에서 복구한 철학('더 이상 철학이 아닌 철학')의 '시적 본질'과 노장이 기존의 철학 외부에서 달리 터득한 철학('본래 철학이 아닌 철학')의 '시적 본질'을 <시들 속에 상이하게 함축된 '시의 철학적 본질'>

291 R. Bernasconi(1985), pp.1-3.

을 통해 변별할 수 있다. 우선, 예컨대 아래의 것과 같은 시들에 함축된 '시의 철학적 본질'은 하이데거가 가리키는 철학의 '시적 본질'에 상응한다.

해 속의 검은 장수하늘소여 눈먼 것은
성스러운 병이다

활어관 밑바닥에 엎드려 있는 넙치,
짐자전거 지나가는 바깥을 본다, 보일까

어찌하겠는가, 깨달았을 때는
모든 것이 이미 늦었을 때
알지만 나갈 수 없는, 無窮의 바깥;
저무는 하루, 문안에서 검은 소가 운다

<「바깥에 대한 반가사유」[292] 전문>

여기 이 세계에 처한 인간의 유한한 시선을 시는 불가의 '돈오'(頓悟)적 견성의 상상력으로 깨뜨린다. 하지만 그 외부의 진리, 즉 "무궁의 바깥"에 대한 시의 돌연한 깨달음은 흡사 "활어관 밑바닥에 엎드려있는 넙치"처럼 여전히 여기 이 세계 내부에 갇힌 자의 숙명에 묶여있다. 그렇다고 시가 '하얀 소'의 표상[293], 즉 '인식의 초

292 황지우, 『어느 날 나는 흐린 酒店에 앉아 있을 거다』, 문학과 지성사, 2000, p.12.

293 불가의 견성(見性)에 이르는 과정을 검은 소와 하얀 소를 통해 상징적으로 묘사한 그림이 중국의 송(宋)대에 있었다. 검은 소에서 하얀 소로 점차 변

월'을 체념하는 것은 물론 아니다. 오히려 그것은 깨달은 자의 비애를 말해준다. "눈먼 것"의 성스러움과 "문 안에서 우는 검은 소"의 울음소리로 은유된 이 비애는 여기 이 세계의 '밖과 안' 혹은 '성(聖)과 속(俗)' 두 영역 모두에 걸려있는 하이데거의 이중적 인식, 즉 존재론적 사유의 미학적 정서로서 읽힐 수가 있는데, 이 경우 시의 언어는 전통의 인간주의적 형이상학의 언어와 분명 다른 것이 된다. 무엇보다도, 시의 그 정서가 '여기 이 세계와 끝내 제대로 섞이지 못할 초월'의 태도를 부정하기 때문이다. 이러한 독해는 다음의 진술을 가능케 한다. 즉, 이 시는 <전통의 인간주의적 형이상학의 언어 내부에서 "또 다른 시원"의 언어[비(非)인간주의적 철학의 언어]로 육박하며 이 세계의 진실을 사유>하는 자신의 '철학적 본질'로써 "더 이상 철학이 아닌 철학"의 시적 본질을 가리켜준다. 실제로 그렇게 이야기될 수 있는 것이라면, 이 시의 경우가 그러하듯, 시의 철학적 본질을 가리키는 철학의 시적 사유가 '더 이상 철학이 아닌 철학'의 사유로서 '세계의 진실'에 닿기 위해서는 "문 안에서" 확보해야할 존재론적 초월의 인식이 여기 이 세계에 대한 내재적 반성 혹은 비(非)인간주의적 반성[근원적 초월]의 인식이되 그 세계의 경계를 이탈하는 인간주의적 인식주체의 반성[전통의 형이상학적 초월]과 연결되는 사태가 몰고 올 역설을 어떤 식으로든 '견디어내는'—하이데거에 기대어 말하자면, "이겨내는"(verwinden)—인식이어야 한다. 이와 같은 인식은 위의 시가 말하는 비애의 인식과 다르지 않

해가는 모습이 그려진 보명(普明)의 '목우도'(牧牛圖)는 점오(漸悟)의 견성을, 단번에 변하는 모습이 그려진 곽암(廓庵)의 '십우도'(十牛圖)는 돈오(頓悟)의 견성을 표상한다. 곽철환, 『불교사전』, 시공사, 2004, p.442.

을 것이다. 이때 그것이 비애의 인식인 것은 탈속의 외부(비인간주의적인 언어의 차원)로 나가는 존재론적 진리의 초월이 언제나 세속의 내부(인간주의적 언어의 차원)에 존재하는 한에서의 초월이라는 점에서 시시포스적인 수고를 반복하는 '반성의 행보'와 같기 때문이다.

전통의 철학, 즉 인간주의적 형이상학의 초월에 따르는 한에서 철학적일 수 있었던 시의 문학사적 이력을 고려할 경우, 「바깥에 대한 반가사유」와 같은 시는 '인간주의적 형이상학의 초월'을 의도적으로(혹은 결과적으로) 취하며 자신의 '근원적인 초월'을 그것 아래에 은밀히 묻어버렸던 시가 회복해야할 새 철학적 본질을 "더 이상 철학이 아닌 철학"의 수준에서 이야기하는 시의 한 전형이 된다. 그러나 시가 "더 이상 철학이 아닌 철학"의 차원에서 보여줄 비애의 미학적 반성만 있는 것은 아니다. 애써 '근원적 초월'의 자리를 회복하지 않아도 되는, 그러니까 '존재론적 초월의 세계 내재적 인식'의 자리가 단적으로 읽히는 시, 그리고 이러한 내력으로 인해 그와 같은 자리에서 전통의 인간주의적 형이상학의 초월이 부당함을 반증하고 있는 듯이 읽히는 시도 있다.

물 한 모금 입에 물고, 하늘 한번 쳐다보고
또 한 모금 입에 물고, 구름 한번 쳐다보고.

<「닭」[294] 전문>

294 강소천, 『강소천 아동문학 독본』(박목월 엮음), 을유문화사, 1961, p.303.

이 시는 어른이 쓴 동시지만, 어린아이가 쓴 것인지 어른이 쓴 것인지는 그러나, 적어도 이 자리에선, 전혀 중요하지 않다. 중요한 것은 단순한 연령의 차이가 아니라[295] '시적 인식'과 '인간주의적인 형이상학의 초월'의 관계성 여부다. 어른이나 아이 그 누구의 것이든 간에 비(非)인간주의적 초월의 시적 인식을 <어린아이의 것과 같은 것>으로 정의할 경우 비(非)인간주의적 초월의 시적 인식은 '처음부터' 그러한 것과 '어린아이처럼 되기'를 통해 그러한 것, 이 두 가지다. 이를테면 시 「닭」이 만일 '처음부터' 어린아이의 것과 같은 시적 인식의 소산이라면, 따라서 그것이 아직 세계에 대한 인간주의의 형이상학적 반성의 이력을 겪지 않았거나 못한 자의 것이 된다면, 시의 맑은 풍경은 아무래도 인간주의 철학의 어떤 형이상학적 태도와도 애당초 무관한 시간에 주어진 비(非)의도적인(자연적인) 존재론적 초월의 인식에 포착된 세계일 것이다. 이러한 세계를 그린 시는 단지 '더 이상 철학이 아닌 철학'이나 '본래 철학이 아닌 철학'의 눈에 읽히는 한에서만 철학적일 수 있다.

하지만 말이 철학적이지 따지고 보면 이러한 시는 '더 이상 철학이 아닌 철학'이나 '본래 철학이 아닌 철학', 나아가 '그러한 철학들과 은밀히 혹은 명백히 소통하는 시들'이 회복하거나 주장해야할 고유성(즉, '철학의 시적 본질'로서의 '시의 철학적 본질')을 이미 실현하고 있는 것으로서 호명될 수는 있겠지만, '세계의 진실'에 대한 자신의 철학적 위상을 스스로 지각할 수가 없다. 이 경우 시의 주체

295 왜냐하면 어린아이와 다를 것이 없는 어른, 그러니까 일상의 일반적 과정을 밟지 못한 채 어린아이의 삶을 이어온 어른 같지 않은 어른이 있을 수 있으며, 또한 역으로 생각할 경우 어린아이 같지 않은 어린아이의 존재도 가능할 것이기 때문이다.

는 자신의 내부에 있는 근원적 초월이 '더 이상 철학이 아닌 철학'과 '본래 철학이 아닌 철학'에 작동하는 존재론적 초월의 인식과 같은 것임을 인지하지 못한다. 거기에는 인간주의의 형이상학을 이겨낸 하이데거의 '연계적인 극복'에 짝할 현상학적 태도에 필요한 존재론적 시도뿐만 아니라 그 형이상학을 제거하려는 노장의 '단절적 부정'에 짝할 선적 무위의 존재론적 시도 또한 개입되어있지 않다. 그럼에도 불구하고 그러한 시도들 모두에 대해 '처음부터 어린아이의 것과 같은 시적 인식'으로부터 나온 시가 철학적 의의를 가질 수 있는 것은, 그 시가 '더 이상 철학이 아닌 철학'[하이데거]이나 '본래 철학이 아닌 철학'[노장]의 시적 본질은 물론 <'아직 철학이 아닌 철학'[296]으로서의 시>의 '철학적 본질'까지 아우를 수 있는 언어의 예증으로 지목될 수 있기 때문이다.

이에 비해 만일 인간주의 철학의 형이상학적 언어에—아니면 이로부터 비롯한 교육체계, 사회의 제도 및 가치 등에—젖었던 혹은 정통했던 사람이 쓴 것이 시 「닭」이라면, 이러한 시는 '진리왜곡의 한계를 빚는 인간주의'에 대한 비판적 반성을 통해 그것을 의식적으로 부정하며 그것과 단절하는 비(非)인간주의적 태도의 산물로 읽힌다는 점에서 '처음부터 어린아이의 것과 같은 시적 인식'의 표

---

296 이 표현은 「헤겔과 희랍인」(Hegel und die Griechen)이라는 논문에서 고대 그리스(희랍)의 철학이 갖는 역사적 의의를 말하는 가운데 그 특성을 형용하며 하이데거가 언급한 말 "Noch nicht"[M. Heidegger(1976), p.444]을 따온 것이다. 이 철학은 '더 이상 철학이 아닌 철학'[하이데거]과 '본래 철학이 아닌 철학'[노장]과 비교해 볼 때, '아직'이 뜻하는 '가능성'의 의미로 인해, 그 두 철학 모두의 원형으로 취해질 수 있다. 하이데거가 같은 논문의 다른 곳(p.427)에서 말한 "첫 시원의 철학"(die Anfang der Philosophie)적 사유와 다르지 않을 이 철학의 의의는 그러나 '아직'의 단계에 있을 때 보다 온전히 이해될 것이다.

현과는 다를 것이다. 그리고 그와 같은 다름 속에서 하이데거의 '더 이상 철학이 아닌 철학'과 노장의 '본래 철학이 아닌 철학'의 '시적 본질'이 다르게 규정될 수 있다. '어린아이처럼 되기'라는 점에서 이런 시들에는 하이데거와 노장에서처럼 인간주의적 사유 이전의 사유로 파고드는 극복의 회귀성과 이를 위한 비(非)인간주의적 저항이 존재할 것이기에 그러하다. 그러나 이 양자가 동일한 것은 아닌데, 이는 그 '어린아이처럼 되기'가 노장의 경우 하이데거의 '현상학적 태도'가 말하는 인간주의 철학(의 형이상학적 언어)을 <이겨내는> 일이 아니라 '선적 무위'가 말하는 "심제좌망"의 귀결, 즉 인간주의 철학(의 형이상학적 언어)을 <지워내는> 일에 상응할 것이기에 그러하다.[297]

3. 이질의 철학들: '정적의 소리'와 '희언'의 진술

하이데거의 현상학적 태도와 노장의 선적 무위가 갖는 시적 본질의 차이는 철학의 차이로서 반복된다. 그러나 이 반복 역시 일단은 '시적 사유'의 동질성으로 묶이는 표현성, 즉 "정적의 소리"(das Geläut der Stille)[298]와 "희언"[299]이라는 동질의 비(非)인간주의적 진술형태 ["희언자연"(希言自然)의 언어와 "끊임없이 자신을 숨기는"[300] "존재"의 언어] 속에서 이루어진다. "희란 들으려 해도 들리

297 하이데거의 경우 '어린아이처럼 되기' 이되, 노장의 경우에서와는 달리 어린아이다움 자체의 상태로 회귀를 지향하는 것이 아니라 어른의 인위적 마인드 내부에서 어린아이다움을 회복을 지향하는 태도라 할 수 있다.

298 M. Heidegger(1959), p.27.

299 老子(1997), p.46.

지 않는 것"(聽之不聞, 名曰希)[301]이라 했으니, '희언'은 '음성 없는 말'이라 해도 틀리지 않을 것이다.

그렇다면, 이 말은 '침묵으로 이야기하는 말' 혹은 '말하지 않는 말' 내지 '진술하는 비(非)-진술' 등을 뜻하는 하이데거의 '정적의 소리'로서의 언어와 다른 것이 아니다. 따라서 우리는 이렇게 쓸 수 있다: 하이데거와 노장의 철학은 무로서 경험되는 세계의 리얼리티["존재"와 "도"]에 대하여 그 '의미의 진리'를 시적 본질로서 이야기한 <'정적의 소리'와 '희언'>의 진술이다. "무위의 도로써 하지 않는 일이 없다"(道常無爲 而無不爲)[302]는 노자(나아가 장자)의 주장은 표현의 장에서도 유효하며 하이데거의 그것에도 해당한다. 하이데거와 노장의 철학이 갖는 시적 본질의 차이를 뒤로 미루고 하는 말인데, 우선 그 동질성의 수준에서 우리는 노장의 철학에 대해 이렇게 말할 수 있다: "도를 도라고 부르면 영원한[참된] 도가 아니고, 이름으로 불리는 이름은 영원한[참된] 이름이 아니다"(道可道非常道, 名可名非常名)[303]와 같은 메타적인 진술이든, 그리고 "곡신은 죽는 일이 없으니, 이를 일러 검은 암컷이라 한다. 검은 이 암컷의 문이야말로 하늘과 땅을 낳은 생명의 근원이라 이른다. 그것은 태고부터 있어왔건만, 아무리 써도 지칠 줄 모른다(谷神不死, 是謂玄牝. 玄牝之門, 是謂天地之根. 綿綿若存, 用之不勤)"[304]와 같은 비유적 진술이든, 노장의 철학은 도를 말하지 않으면서 도를 말한다. 인간주

---

300 M. Heidegger, *Holzwege*, Günter Neske, Pfullingen, 1977, p.50.
301 老子(1997), p.46.
302 같은 책, p.114.
303 같은 책, p.11.
304 같은 책, p.27.

의의 형이상학적 주관성과 언어를 부정하고, 시적 인식의 근원적인 비(非)인간주의적 초월로써 사물존재의 무를 경험하며 '세계의 진리'[道]로 나가는 노자와 장자의 '본래 철학이 아닌 철학'의 이 같은 시적 표현은 특히 장자에 와서 더욱 적극적으로 전개된다.

거칠게 말하자면, 노자의 "희언"을 계승한 장자의 시적 전략은 대략 두 가지다. 우선 "조궤"(弔詭)[305]가 있다. 즉,

> 북녘 바다에 물고기 곤(鯤)이 있는데, 크기가 몇 천리에 이른다.
> 곤이 변하여서 새가 되면, 붕(鵬)이라 불린다.
> 붕(鵬) 역시 그 등이 몇 천리인지 가늠할 수가 없을 정도로 광대하여,
> 한번 비상하면 날개가 하늘 가득 드리운 구름처럼 펼쳐진다.
> 이 새는 대양의 기운이 만들어낸 큰 바람을 타고
> 남쪽의 바다, 천지(天池)로 날아간다.

<「逍遙遊 第一」[306] 부분>

이러한 신화적 '조궤'는 무엇보다도 메타픽션적인 허구의 이야기를 이르겠지만, 문학이 그러하듯이 이때의 허구는 "남을 속이기 위한 것이 아니라 [···]누구에게도 속아 넘어가지 않는 확실한 것이 있음을 알게 한다"[307]는 점에서 단순한 허구가 아니라 "일상의 언어를 사용하면서도, 또한 이 언어의 형식을 벗어날 것을 요구하는 '수준 높은 거짓말'(the supreme swindle)"[308]을 가리킨다. 초탈을 통해 획

---

305 莊子, 안동림 역주, 현암사, 1998, p.82.
306 같은 책, p.27.
307 이종성(1999), p.190.

득된 도 체험의 경지를 함축하는 이러한 '거짓말'의 전략을 통해 장자는 노자의 "희언", 그 말없는 말—만일 그렇게 부른다면 '침묵'—을 '전용/확장'한다. 그리고 이 '전용/확장'은 언뜻 언어와 침묵 모두를 부정하는 듯 보이는 진술들[이를테면 「잡편」(雜篇) 중 '즉양'(則陽)의 진술]의 수사를 통해 넓이와 깊이를 더한다. 부연하자면, "도는 모든 사물의 극치이기에 말로도 침묵으로도 일일이 다 설명할 수가 없다. '말을 떠나고 침묵을 떠나'(非言非默) 무위의 경지에서 도의 극치를 찾아야한다"[309]라고 했을 때, 장자의 침묵은 '말없는 말'이 아니라 '말'자체의 상실과 짝하는 절대적 침묵이기 때문이다. 그리고 이렇게 보아도 충분히 일리가 있는 것이라면, 빈번히 회자되는 「외물」(外物)의 다음 구절, 즉 "말은 뜻을 얻기 위한 것이니 생각의 뜻을 알고 나면 말을 잊어야 할 것"(得意而忘言)[310]이라는 구절 역시 언어의 폐기가 아니라 '말없는 말'에 얽혀있는 '침묵의 의미'를 듣기위해 말의 소리를 '괄호에 넣으라는'(epoché) 전언으로 들린다. 일거에 드러나지 않을 것이 "도"라면, 언어는 한번 쓰고 버려야할 사다리(도구)일 수 없다.

노자의 "희언"을 잇는 장자의 시적 전략은 또한 예컨대 다음의 두 경우에서처럼 우화적 상상력으로 확장된다.[311] 먼저, (1) "망량(罔兩 /그림자의 그림자)이 그림자에게 물었다. '너는 얼마 전에는

---

308 B. Watson, *The Complete of Chuang-tzu*, Columbia University Press, New York, 1968, p.48.

309 莊子(1998), p.647.

310 같은 책, p.668.

311 분명 신화나 우화의 시적 상상력을 직접 펼친 이는 장자였다. 그러나 그의 그러한 상상력은 『도덕경』(道德經)의 시적 사유가 보였던 의미의 경제성과 생산성을 계승한 것이라는 점에서 노자의 연장이라 할 수 있다.

걷더니 지금은 멎고, 아까는 앉더니 지금은 서 있다. 어찌 그리 일정한 절도가 없는가?' 그림자가 답하길, '나는 내 뜻대로 <그러는 것>이 아니니 내가 기대고 있는 사람의 몸을 좇아서 <그러는 것> 아닐까요? 사실이 그러하다면, 내가 기대고 있는 그것 역시 그자신이 기대고 있는 것을 따라서 그럴 것이고, 때문에 나는 마치 뱀의 비늘이나 매미의 날개에 기대고 있는 처지와 같지 않을까요? 하지만 나는 어째서 <그러는 것>인지 그 원인을 알 수가 없고. <그러는 것>이 아닌지의 이유 역시 알 수가 없습니다'라고 했다."[312]

그리고 (2) "언젠가 장주(莊周)는 나비가 된 꿈을 꾸었다. 나비가 되어 유쾌히 날아다니면서도 자신이 장주인지를 알지 못하였다. 그러나 깨어보니 장주가 틀림이 없었다. 도대체 장주가 꿈에서 나비가 된 것일까? 아니면, 나비가 꿈에 장주가 된 것일까? 분명 장주와 나비는 다르다. 이와 같은 변화를 가리켜 물화(物化)라 한다."[313] 이러한 우화적 상상력들의 은유와 환유는 오히려, 적어도 외적으로는, "조궤"의 역설보다 더 시적이다. 눈앞의 대상적인 사실이 아니라 비(非)대상적 사실을 통해 이야기하기. 이것은 장자가 대상적 사실과 관계하는 인간주의의 형이상학적 주관성의 본질이 허구임을 감안하며, 대상으로부터 자유로운 주관성의 내부로 파고들었다는 것을 뜻한다. "(대상적) 사실 밖에 있는 것만이 누구에게나 확실한 것이요, (대상적)사실 안에 있는 것은 언제나 속임을 당하는 가장 불확실한 것이 된다."[314] 물론 겉으로 볼 경우 장자의 신화적 또는 우화적

312 莊子(1998), pp.85-86.
313 같은 책, p.87.
314 이종성(1999), p.191 (괄호 안의 내용은 필자)

이야기에는 논리적 설명이 붙어 의아한 것들이 적지 않다. 그래서 그것들은 '말할 수 없는 것'[비(非)대상]을 '말할 수 없는 것'[비(非)대상]으로서 이야기하는 것이 아니라, 마치 하나의 개념에 도달하려는 인식의 논리구조에 따라 쓰인 것처럼 비친다. 이러한 경우 장자는 언뜻 "시비를 초월한 말"(言惡乎存而不可)[315]과 맞갖은 '시적 본질의 표현'을 위반하는 듯하다, 하지만 다시 보면 그것도 시적이다. 그러한 설명들 역시 '도'의 의미를 '말하지 않는 동시에 말하는' 사태로 결국은 수렴되고 있기 때문이다.

역시 무에 대한 경험과 표현이 관건이었던 하이데거도 노장(老莊)이 그러했듯 철학의 시적 본질에 주목하며, '시적 인식의 근원적 초월'(존재론적 인식의 초월)로써 세계의 리얼리티를 사유한다. 이에 대해 그는 이렇게 말하였다. 즉, "극도로 충만한 사유의 발언은 단순히 침묵을 유지해 나간다고해서 곧바로 성립하는 것은 아니다. 오히려 그것은 '비(非)-진술'(Nichtsagen) 속에서 명명되는 바의 방식을 통해 적합하게 말하여질 것에 대해 진술하는 가운데 성립한다. 사유의 그러한 발언은 '이야기하는 침묵'이다. 이 같은 발언은 그 근원을 침묵 속에 갖고 있는 언어의 심오한 본질과 상응한다."[316] 하이데거가 여러 국면에서 분석한 '언어의 심오한 본질' 중 하나는 다음의 사실이다. 즉, 전통의 인간주의자들이 썼던 형이상학의 특정한 말들이 "첫 시원"에 대한 회상을 통하여 '존재'의 것으로 인지될 때 그 형이상학의 언어가 이미 비인간주의적으로 이야기한다. 하지만

---

315 莊子(1998), p.57.

316 M. Heidegger, *Nietzsches metaphysische Grundstellung im abend- ländischen Denken*, Vittorio Klostermann, Frankfurt a/M, 1986, p.233.

이 같은 그의 시적 사유는 전통의 인간주의적 형이상학(의 언어)과 단절하는 노장의 '선적 무위의 시적 사유'와 다르다, 그것은 예컨대 마이어(C. F. Meier) 같은 시인이 쓴 시의 철학적 본질을 해석학적으로 전용하는 '현상학적 태도'의 시적 사유다.

> 공중으로 솟구치다 떨어진 물줄기가
> 둥근 대리석 물 받침대를 채우며 아래로 흘러내린다.
> 물보라의 베일에 휩싸여 두 번째 물 받침대 위로 흘러든 물줄기는
> 다시 양을 더해 거품을 일으키며 세 번째 물 받침대 위로 낙하한다.
> 물 받침대 각각이 물줄기를 받아들이고 내보내면서
> 물을 흐르게 하며, 또 휴식하게 한다.

<「로마의 분수」[317] 전문>

마치 근대의 '재현의 원리'로써 객관적 대상을 이야기하고 있는 듯이 보이는 이 시에서 하이데거가 읽어낸 것은 그러나 객관성을 초과하는 비(非)대상이었다. 그에 따르면 이때의 비대상은 외부세계의 어떤 사실도 아니지만 그렇다고 내부세계의 심적인 상태도 아니다. 그것은 모든 종류의 '주/객'관성을 넘어선 자리에서 우리인간을 '세계의 근본정서'[파토스(pathos)]로 빠져들게 하는 것[318], 즉 세계의 존재론적 리얼리티["존재자의 존재"]에 다름 아니다. 그러므로

317 M. Heidegger(1977), p.23.

318 Kathrin Busch, "Raum- Kunst- Pathos: Topologie bei Heidegger", Stephan Günzel, Hg., *Zur Raumbeschreibung in den Kultur und Medienwissenschaften*, transscript Verlag Bielefeld, 2007, pp.115-134.

하이데거의 눈으로 보자면 지금 이 시 「로마의 분수」는 그 리얼리티를 실제의 대상[“물줄기”와 “물 받침대”]의 ‘현상학적 현상’의 의미로써 “수식 없이”(ungeschmückt) 표현하며 분수의 본질을 드러내는 ‘비(非)-진술’의 진술이 된다.[319] 이러한 사실은 무엇보다 ‘대상을 통해’ 대상의 진리를 드러내는 하이데거를 가리킨다. 그리고는, 비록 하이데거와 노장이 모두 현존의 대상들로부터 자유로운 특성을 공유하고 있다하더라도, ‘대상적 사실들’과 ‘리얼리티’(이 경우엔 “도”)를 잇는 구체적 삶의 시간을 간과하는 노장에 대한 하이데거의 차이를 다음 두 측면에서 일러준다.

① 그들과 달리 하이데거는 상상의 사실이나 허구들이 아닌 실제의 대상이나 사실들에 더 주목함으로써, 그것들의 ‘부재’[무(無)] 속에서 그것들의 ‘리얼리티’(이 경우엔 “존재”)의 의미 내지 진리를 인식한다. 그에겐 “정적의 소리”로 진술하는 철학의 시적 본질은 “어떤 것을 임의로 뒤틀어 생각하거나, 단순한 표상 혹은 공상을 비현실적인 것으로 해소하는 일 모두와 무관하다.”[320] 물론 노장의 도 역시 “만물의 근원 같은 것”(似萬物之宗)[321]으로서 “사물을 초월(逃物)하지 않고 모든 것 속에 있는”[322] 세계의 (사물이 출현하는)리얼리티지만, 이것을 말함에 있어 노장은 ―세속의 “생활세계”를 살아가는 인간실존의 비(非)본래적 퇴락을 단서로 취해 그로부터 “존재”를 말하는[323] 하이데거와는 달리― 누항의 삶과 단절한 무욕의 맑은

319 M. Heidegger(1977), pp.42-43.
320 같은 책, p.60.
321 老子(1997), p.23.
322 莊子(1998), p.546.
323 M. Heidegger, *Sein und Zeit*, Tübingen, Max Niemeyer, 1972, pp.127 이하.

내면으로 과정 없이 도약할 것을 요구한다. 그리고 이러한 까닭으로 인해 결국 다음의 차이가 빚어진다.

즉, ② 운문적 상징이나 은유 및 신화나 우화로 표출되는 문학의 시적 언어로써 세계의 리얼리티를 사유하는 노장에 비해 하이데거는 눈앞의 사물들로부터 세계의 진리를 추상했던 전통의 인간주의적인 형이상학적 언어의 '시적 변형'[324]을 통해 그렇게 한다. 이러한 차별성에 대해 혹자는 이렇게 반문할 수도 있을 것이다. 즉 노장 또한, 마치 하이데거가 "이데아"(Idea)나 "헨"(Hen), 그리고 "실체"(Substance), "주체"(Subject), "존재"(Sein) 등 서양전통의 철학용어들을 사용하듯, 유가의 사상에서 사용했던 "도"(道)나 "덕"(德), "예"(禮)와 같은 용어들을 사용하면서 유가의 사상에서 망각된 도나 덕 또는 예의 근원적 의미를 드러내고 있다는 점에서 양자는 무차별적이지 않은가? 그러나 이러한 반문이 간과하고 있는 것은 그러한 용어들에 대한 단순한 비판적 언급을 넘어 그 용어들에 대한 그들의 태도가 보이는 차이다. 하이데거에겐 전통 인간주의의 형이상학에 의해 망각된 근원적인 의미가 다름 아닌 바로 그 형이상학의 용어 속에 '흔적'으로 보존되어 있으며, 따라서 그에게 늘 중요한 것은 그 용어들을 '승인/수용'하는 대화였다. 하이데거의 철학은 기존의 철학들과의 친화력 속에서 존재(혹은 존재의 다른 이름인 '무'(Nichts))의 의미를 세계의 진리로서 사유하는 이중성을 보인다. 이런 점에서 전통의 철학적 언어와 일상 언어를 가르지 않고 사용하며 일상 언어의 본질로서의 시적 언어에 집중하는 하이데거의 사

324 이에 대해선 R. Bernasconi(1985), pp.65-80.

유는 기존의 철학적 언어(내지 '이름'["常名"])를 비판하는 가운데 '부인/단절'하며 말을 최소화하거나[老子] 혹은 기존의 철학적 언어와 괴리된 일상 언어의 본질로서의 시적 언어(신화적 또는 우화적 표현)를 활용하는[莊子] 노장의 사유와는 아무래도 일정한 차이를 보인다고 말할 수 있다.

시의 문학 언어를 통하되, 여전히 인간주의적 형이상학의 언어와 내통하는 시의 문학 언어를 통해 하이데거는 세계의 리얼리티를 해석학적으로 읽고 듣고 쓰는 철학[현상학]으로써 사유한다. 그리고 이러한 사실 때문에 그는 노장(老莊)에서와 달리 인간주의의 극단에서 인간주의철학[전통의 형이상학]의 전용을 통해 무로써 존재를 경험하고는, "마치 두더지처럼 그 형이상학 속으로 파고들어감으로써 서양 전통의 형이상학 내지 '존재-신-자아'론의 틀을 해체"[325]할 수 있었다. '정적의 소리'를 진술하는 '비-진술'로써 진술하는 하이데거의 비(非)인간주의 철학은 전통의 형이상학과 [극복의 차원에서]단절하지 않은 채 전통철학의 언어들 속에 흔적으로 남아있는 의미의 진리를 추적한다. 전통의 형이상학적 주관의 근본경험을 분석하고 언어를 해석할 경우에도, 그리고 "더 이상 철학이 아닌 철학"의 시적 본질을 그것에 상응하는 시의 철학적 본질을 통해 존재론적으로 해명할 경우에도, 그의 '현상학적 태도'는 늘 해석학적이다. 전통의 형이상학적 주관성과 언어를 지우며 인간주의적 인위가 제거된 순수직관의 자리로 우리를 이끌어가 무로서 경험되는 도

325 H. P. Hempel(1987), p.266. 노장과의 차이를 함축한 하이데거의 이 해체국면과 연관해 또 다른 논자는 이렇게 말한다. 즉, "하이데거는 어디까지나 유럽철학의 전통 속에서 사유하면서 그것을 넘어서고자한 사상가다."[전동진(2001), p.141]

(道)를 인식할 것을 진술한 것이 노장의 사상["희언"(希言)의 철학]이라면, '정적의 소리'로써 진술되는 하이데거의 철학을 우리는 다음처럼 말할 수 있다. 즉, 그러한 '비-진술'의 진술은 예컨대 플라톤, 칸트, 셰링, 그리고 니체와 헤겔 등 숱한 이들의 저작들 내부에서 "그것들의 언어를 읽는 가운데, 우선 그 안의 형이상학적인 것을 듣게 되고, 그런 연후 두 번째 읽기를 통해 그 언어 속에 울려 퍼지고 있는 [존재(Sein)의] 침묵 및 은폐를 듣게 되는 그런 종류의 읽기"[326]로 독자를 데려가는 철학이다.

4. 하이데거와 노장의 소통: 한계해소를 위한 과제

선사 혜능이 "움직이는 것은 바람이나 깃발이 아니라 사람의 마음"[327]이라 했을 때, 이 말은 '내적 주관성'을 돌파한 '사실적 주관성'의 깊이로 진입할 때 비로소 사물의 진리를 알 수 있음을 가리킨다. 하이데거에서 이 주관성의 깊이는 인식대상을 향한 '외적 객관성'과 '외적 주관성'을 해소하고 '내적 주관성'과 이것이 전도된 '내적 객관성'마저 다 지워버릴 때[328] 비로소 이를 수 있는 자리가 된

326 R. Bernasconi(1985), p.97.

327 "時有風吹旛動. 一僧旛動, 一僧風動, 慧能云, 非旛動風動, 人心自動." 慧能, 『육조단경(六祖壇經)』, 양기봉 옮김, 김영사, 1993, p.272.

328 대상과 인식주체의 사이를 직선으로 연결했을 때, 이 직선상에 위치하는 인식주체의 관점(위치)에 따라 외적 객관성과 외적 주관성이 결정된다. 인식론적 견해를 선명히 천명하는 철학은 그 직선의 양극에 대응하는 객관성과 주관성을 주장하지만, 사실은 그 관점(위치)의 정도에 따라 객관성과 주관성의 크기가 상대적으로 평가될 수 있다. 외적 객관성은 우리가 흔히 말하는 객관성을 이르는 것으로서, 인식주체의 관점(위치)이 대상에 가까워질수록 외적 객관성의 정도가 강하게 나타난다. 또 그것이 대상에서 멀

다. 그리고 노장의 사상에서 보면, 그러한 자리는 “인간의 모든 욕망을 제거한 뒤에야 얻을 수 있는 관점”(常無欲以觀其妙, 常有欲以觀其徼)[329]일 것이다. ‘외적 주관성’과 이것이 전도된 ‘외적 객관성’ 그리고 이를 넘어선 ‘내적 주관성’은, 정도의 차이를 고려하고 하는 말인데, 모두 세계를 대상으로 설정해 자신에게 종속시키는 인간주의의 형이상학적 관점을 가리킨다는 것을 생각하면, 노장과 하이데거의 철학 모두는 ‘타자’[자연/타인]의 장에서 열리는 인식의 ‘윤리성’과 ‘사실성’을 일러준다는 점에서, 도구적 이성과 자본의 소유욕이 초래한 ‘인간의 시간’을 사는 우리에게 더 나은 생의 좌표가 될 수도 있을 것이다.[330]

실제로 적지 않은 이들이 노장의 선적 무위와 하이데거의 현상학적 태도에서 <“인류의 당면과제로 제기된 본래성 회복이나 원초적 상태로의 귀환과 같은 의미심장한 메시지를 발견할 수 있다”>고 생각한다. 그러나 다른 회의적인 시각도 있다. 예컨대 한 논자는 그중 노장의 사상에 대하여 이렇게 말한다. “노장의 가르침을 문자 그대로 따라가면 우리들의 삶은 어떤 형태를 갖추게 될 것인가? 첫째, 반문화적인 원시생활을 하게 될 것이다. 둘째, 무위(無爲)가 위(爲)보다 더 효과적이란 주장은 보편적인 진리일 수 없고, 따라서 우리

어질수록 외적 객관성은 차차 감소하는 반면, 우리가 일상적으로 언급하는 주관성인 ‘외적 주관성’은 점점 증가한다. 한편, 내적 주관성은 대상(객체)으로부터 자유로운 ‘현상학적인 순수의식’의 주관성으로서 초월론적 주관성을, 그리고 내적 객관성은 상호교차적인 내적 주관성을 가리킨다. Jose Ortega y Gasset, *The Dehumanization of Art, and Other Writings on Art and Culture*, New York, Doubleday Anchor Books, 1956: 박상규 옮김, 『藝術의 非人間化』, 미진사, 1991, pp.49-50 참조.

329 老子(1997), p.11.

330 박찬국(2002), p.336/ 윤병렬(2001), pp.127-128.

는 그러한 행동의 원리를 언제나 지킬 수 없다. 셋째, 노장의 '대승(大乘)적' 관점은 '소승(小乘)적'인 우리의 현실을 간과한다."[331] 일리를 함축한 극단적 주장이다. 물론, 노장의 사상의 반(反)문화적인 성격은 노장이 가리키는 순수직관의 '비언어적/비(非)반성적'인 사유가 "인식이 아니라 자연현상"에 불과하다는 점을 수긍할 때, 그리고 '무위'의 어떤 능동성이나 '대승'의 어떤 현실성도 부인할 때, 그러한 비판은 저항 없이 수용될 것이다. 하지만, 언어가 부정되기 보다는 진리의 사건에 때맞춰 괄호로 묶여지는 것인 한, 노장의 사상에서 '순수직관'은 하이데거의 '존재경험'이 그러하듯 '비(非)반성의 반성'이라는 역설을 감당하는 지향성의 구조를, 비록 극한의 존재영역에서이긴 하지만, 갖지 않는가? 그리고 정말로 인간이 '무위의 도'를 깨닫는다면, 그때 인간의 능동적 행위는 이미 인위가 아닌, 흡사 하이데거의 내맡김이 그러하듯, '무위의 능동'[爲無爲][332]이 되지 않는가? 이 '새로운 능동'의 행위 속에서라면, 우리는 장자가 이야기했던 "남월(南越)의 지극한 덕이 이루어진 나라"[333]의 문화, 전혀 다른 인간의 문화를 세울 수도 있는 것 아닌가? 또, 그럴 수 있는 것이라면, 노장의 '대승'적 이상 역시 '소승'적 현실과 그리 무관한 것은 아니지 않겠는가?

오히려 노장에서의 문제는 '선적 무위'의 비(非))인간주의에 내재

---

331 박이문(1992), pp.140-143. 여기서 '대승'과 '소승'이라는 말은 '해탈'의 외연을 이르는 말이라기보다는 오히려 '대국'(大局)과 '소국'(小局)이라는 의미로 쓰였으며, 이후 이 논의에서도 그와 같은 의미로 사용되었다.

332 노자(1997), p.177. "도가의 '위무위'(爲無爲)는 수동성이되, 실제로는 차원 높은 능동성이다." P. Kreeft, "Zen in Heidegger's Gelassenheit", *International Philosophical Quarterly, vol. XI, no.4, 1971*: 김종욱 편역(1993), pp.193-194.

333 "건덕의 나라"(建德之國). 莊子(1998), p.489.

된 '단절의 비역사성'에 있을 것이다. 그것은 전통의 철학과 이 철학에 기초한 기존의 체제나 가치 및 문화 등의 난제를 노장의 사상이 극복할 수 없다는 사실을 말하기 때문이다. 그럴 경우 노장의 꿈꾸는 사회, 이를테면 장자가 "무지한 듯해도 소박하고 사심이나 욕망이 적으며, 노동을 할 줄 알아도 그것을 자신의 것으로 하지 않고, 남에게 베풀어주어도 그 보답을 바라지 않으며, 의리나 예법에 맞는 것이 무엇인지 알지도 못하는 사람들, 그 행동이 거칠 것이 없어 마음대로인데도 커다란 도리에서 벗어나지 않는 사람들, 살아서 즐기고 죽으면 묻힐 따름인 사람들"[334]이 모여 사는 곳이라고 전했던 희망의 세계는 비록 그것이 실현가능한 꿈이라 하더라도, 이 꿈의 실현은 지금의 현실을 비껴간 이상의 세계에서 이루어질 것이 된다. 이런 측면에서, "처음부터 옛 근본도식들을 파괴하며 […]오직 그 자신이 거기에서부터 하늘과 대지와 인간의 언어를 수용하고 있는 바의 전통에 따라"[335] 도의 '무로서 경험되는 의미'를 드러내는 노장의 사상에게 필요한 것은 소승이되 '이상적 현실의 소승'이 아닌 '실제적 현실의 소승', 즉 '우리가 살아가는 사회적 현실'을 뚫고 갈 힘이다. 그렇다면, '지금-여기'의 삶과 문화를 떠받쳐 온 전통의 철학을 이겨 극복하며 새로운 진리 및 가치생성의 존재론을 이야기하는 하이데거의 비(非)인간주의가 그러나 그러한 힘을 위해 무엇을 말해줄 수 있을 것인가? 하이데거 역시 문제가 있기는 마찬가지다. 무엇보다도 그에게는 "또 다른 시원"에 함축된 '존재론적 귀향', 그 "회상"(Andenken)의 관념성이 있다. 그러니, 또한 거꾸로 노장의 사

334 이종성(1999), p.208.
335 H. P. Hempel(1987), p.311.

상은 하이데거에게 무엇을 말해줄 수 있는가?

먼저, 하이데거의 철학은 노장의 사상으로부터 "더 이상 철학이 아닌 철학"의 '침묵적인 사유'를 심화시킬 방법을 제공받을 수 있을 것이다. 노장에서 읽히는 '시적 사유'의 직접성 내지 현재성을 고려할 때, 그리고 이 고려가 가능한 것이라면, 노장의 사상이 아무래도 '아직 철학이 아닌 철학'의 탈(脫)'인간주의관념성'에 더 근접할 것이기 때문이다. 그리고 노장의 경우엔 하이데거로부터 다음의 사실을 익힐 수 있을 것이다. 즉, "선적인 경험 속에서 살아간다는 것은 결코 일상의 인간실재에서 내려진다는 것을 의미하지 않는다. 그렇기는커녕 정반대로 그 속에 살면서 우리는 비로소 '오늘'의 실제, 곧 그 '산업적-과학적-기술적-진보'의 환상 및 이 환상을 근거로 제시되고 있는 물질적인 토대 전체를 파악하게 된다."[336] 하이데거는 이런 면에서 노장이 갖지 못한 현실정치성, 즉 현실정치 속에서 현실정치를 옹호하거나 개선할 수 있는 논리전개의 가능성을 갖고 있다. 물론 "소국과민"(小國寡民)의 국가관[337]이 지향하는 '무위의 정치'가 노장의 대승에 내재해 있지만, 이때의 정치성은 인간주의적 가치에 입각한 현실정치로부터 단절된 이상향의 현실과 짝하는 정치성, 즉 <소승이되 이상적 소승>의 정치성을 띤다. "인위적인 지혜를 사용하는 현명한 자를 중히 여기지 않고(不尙賢), 희귀한 재화를 귀히 여기지 않는(不貴難得之貨)" 무지와 무욕의 정치[爲無爲則無不治][338]는 실제의 현실에서 인간의 인위적 욕망이 제거된 후에 구현

336 H. P. Hempel(1987), pp.259-299.
337 老子(1997), p.219.
338 같은 책, p.20.

될 현실의 정치일 것이다. 하지만 그렇다 하여도, 여전히 문제는 남는다. <실제의 현실적 소승>과 단절된 노장의 초현실적인 대승의 추상성이 하이데거에게도 다른 국면, 즉 실제의 현실적 소승과 갖는 관계의 국면을 통해 나타나기 때문이다. 요컨대, 일상적인 인간 실존의 세속적인 삶의 세계에 대한 천착에도 불구하고 일상의 시간 속에서 끝내 일상의 시간을 돌파하며 옛 이상의 시간으로 회귀하는 하이데거의 비(非)인간주의적 초월의 진리는 사실 노장의 그것만큼이나 비현실적으로 읽혀진다.[339] 비록 실존의 세계 속에서 세계의 사물을 통해 사유하지만 그 사유가 종국엔 '지금-여기'의 사회적 현실을 벗어나는 존재론적 관념의 낭만성을 띠기에 그러하다.[340]

중요한 것은 현실의 토대에 입각한 초월이겠지만, 더 중요한 것은 초월의 실제적 현실성, 달리 말하자면 사회적 내재성이다. 이 사회적 내재성의 결핍에도 불구하고 하이데거의 비인간주의적인 사유는 전통 형이상학의 인간주의적 구조들과 정면에서 맞서며 '인간

---

339 다음과 같은 이론(異論)도 있다. "장자가 소요유(逍遙遊)의 초현실적 자유를 이해하는 자 만이 세상을 편파적이지 않고 차이와 평등의 양가성에 의하여 세상을 관리할 수 있다는 사실을 「제물론」(齊物論)에서 전개한 것처럼, 하이데거의 사유와 […]사상은 마음의 초탈이 초현실적이지만, 그 초현실적인 것이 비현실적인 것이 아님을 알리고 있다."[김형효, 『하이데거와 마음의 철학』, 청계출판사, 2000, p.414] 물론, 철학적 사유는 본래가 초월적이라는 점에서 초현실적['대승적']이며, 이 초월은 여기 이 세계와 어떤 식으로든 관계하는 재귀(再歸)성을 갖는다는 점에서 현실적['소승적']이라 말할 수는 있다. 그러나 어떤 철학적 사유가 현실적인가 비현실적인가 하는 문제는 이와 별도의 사안으로 보아야할 것이다. 이 사안의 관건은 <초월의 재귀성이 가리키는 현실성>을 띠는 사유의 진리가 어디로부터 유래하는 것인가의 문제, 즉 구체적 사회 내부에서 발생한 것인지 아닌지의 여부에 걸려있다.

340 이에 대해서는 송석랑, 『언어와 합리성의 새 차원: 하이데거와 메를로-뽕띠』, 충남대학교 출판부, 2003, pp.29-100.

주의 속에서' 인간주의를 뚫고 나간다는 점에서, 아마도 '인간주의의 한 전형'[儒家]과 부정의 날로써 단절하는 노장의 비인간주의가 갖는 비현실정치성의 한계를 넓혀줄 분명한 여지를 갖고 있을 것이다. 한편 노장의 비인간주의적인 사유 역시, '이상적인 소승'의 현실을 말함에도 그러한 현실을 벗어나지 않는다는 점에서, 그리고 해석학적인(그래서 특정의 존재론적 관점에 입각한) 서구의 어떤 비인간주의 철학보다 더 '순수한'[비(非)이념적인] 시적 인식의 자연적 태도를 견지하는 면이 있다는 점에서, 인간주의의 관념론을 존재론적 차원에서 비인간주의적으로 '변주/반복'하는 하이데거의 한계를 깨뜨릴 논리를 내포하고 있을 것이다. 하지만 하이데거의 존재론적 관념성의 귀결과 전통의 가치와 역사를 비껴간 노장의 비현실정치성의 귀결이 그 여지와 논리의 생산적 전용가능성 여부를 가릴 관건이 될 수밖에 없다면 문제는 결코 쉽지 않을 것인데, 쉽지 않을 그 소통의 과제는 다음처럼 말해질 수 있을 것이다: 즉, 우리는 어떻게 하이데거의 현실정치성으로써 노장의 비현실정치성을 보충하는 동시에, 노장의 보다 온전한 탈(脫)'인간주의관념성'으로부터 하이데거의 존재론적 관념성을 지우는 길을 얻어 양자의 초현실적 대승의 추상성에 현실적 소승의 '실제적 구체성 혹은 사회적 내재성'을 부여해야 하는가?

6 시(詩)의 현상학과 해석학, 그리고 위상학

— 김명원과 윤관용, 또 강신용의 시들에 접해

1. 시: '성적 욕망'의 현상학

—「내가 못 쓰는 시」와「사랑」에서

〈1-1〉

한 권의 텍스트341에 대한 독후감에서 랭어는 이렇게 썼다. 즉, "세계 속의 사물과 육체의 관계에 대한 모든 기술은 사물을 '미리 구성되어있는 것'으로서, 혹은 '육체의 초월성과는 무관하게 그자체로 존재하는 것'으로서, 제시하려는 경향이 있다. 그리하여<육체의

341 *phénoménologie de la perception*》(M. Merleau-Ponty, Gallimard. Paris, 1945). 특히, <1부 5장>의 "성적인 존재로서의 육체"(Le corps comme être sexué) 부분.

초월성>과 <사물> 사이의 모든 상관성은 너무 쉽게 '인식론적인 문제', 정확히 말하자면 '어떻게 인간주체가 앞서 구성되어있는 대상을 인식하는지를 결정하는 문제'로 환원된다."[342] 이러한 환원적 변질은 따지고 보면 결국은 '진리의 차원'에 진입할 시인의 '정신'과 '육체'를, 나아가 '시적 주체'와 '세계'를 이원(二元)의 논리로 가르는 국면을 초래한다. 하지만 이 '낡은 인식의 구도'를 시가 피할 수 있었다면, 그것은 가령 다음과 같은 '현상학적 물음'을 '시의 논리'로써 통과한 시인의 혜안 때문이었을 것이다: 어떻게 사물과 신체, 그 둘의 '의미성'이 정신 이전에 '정신의 토대'로서 공존하며 서로를 수반하는가? 다시 추정하건대, 이 물음의 관건은 아마도 <'무엇인가의 사물'(le quelque chose)이 시인에 대해 하나의 '의미'로서 현존할 수 있도록 해주는, 그리고 '당초부터 무엇인가의 사물에 꽂혀진(하여, 내재적인) 초월의 능력'과 '시인의 육체'가 동일한 것이라는 사실을 그 '의미'로써 가리킬 수 있음을 알려주는, '육체와 사물의 존재론적 관계'를 시인이 자신의 경험 속에서 찾는 일>이 될 것

---

342 Monika M. Langer, *Mourice Merleau-Ponty's "Phenomenology of Perception" : A guide and commentary*, Macmillan, London, 1990: 《메를로-퐁티의 지각의 현상학》, 서우석 옮김, 도서출판 청하, 1993, p.94. 인용된 위 글의 내용 가운데, 〈'초월성'(超越性)>은 사물과의 인식관계에서 언급된 것으로서, 굳이 말하자면 '내재성'(內在性)과 대비되는 용어다. 그리고 〈'미리 구성되어있는 것'> 혹은 〈'육체의 초월성과는 무관하게 그자체로 존재하는 것'>은 '소박한 실재론'적 세계관의 '사물'로서 생각될 수도 있지만, 그러나 '사물'을 대하는 이 관점은 철학의 역사에서 '물음들'에 밀려 일단은 정신의 '주/객'관적으로 구성된 '관념론' 혹은 '유물론'의 세계관 아래로 묻히게 된다. 여기에서 "이미 구성되어있는 것" 혹은 "육체의 초월성과는 무관하게 그자체로 존재하는 것"이라 했을 때, 그것은 '소박한 실재론'의 통속성을 철학의 논리로 정련한—적어도 '실재'에 대한 믿음을—'주/객관'적 관념론(종래의 유물론을 포함해서)의 단계에서 제시된 '사물'이다.

이다.

〈1-2〉

시인의 육체는 ‘가장 예민하게’ 작동하는 감각능력들의 ‘유기적 통일체’다. 이 본질의 육체는 ‘감각될 수 있는 것’을 지향하지만, 이 지향은 ‘감각능력들의 종합이 실현될 자리자체’에 다름 아닌 ‘감각 가능한 어떤 사물’의 존재론적 인력에 끌려 벌써 그것과 섞여있는 자의 갈망과 같다. 이러한 까닭에 시인은 <‘이미’ 그때마다의 대상을 향해있는> ‘본래의 초월’로서 ‘여기의’ 이 세계를 살아가는 ‘구체적 실존’[“세계-내-존재”]의 전형을 띤다. 이 전형성으로 인해 그의 육체는 ‘공간성’과 ‘시간성’을 필연적으로 갖게 되는데, 그러나 이때의 시간성과 공간성은 “의미”(le sens)에 걸린 각별한 뜻을 품고 있다. 왜냐하면 근원적인 투사(投射)라 불리어도 무방할 시인의 육체, 그 구체적인 ‘실존’ 혹은 내재적인 ‘초월’은 “‘시간적-공간적’인 축을 세워 특정한 감각대상들의 ‘방향’(le sens)을 정위(定位)하는 운동”[343]과 동일한 것이기 때문이다. 여기에서의 공간성과 시간성은 그러니까 시인의 안팎에 실재하는 ‘주/객’관적인 선험의 것들, 즉 ‘의식의 내적 형식’들이나 ‘눈앞의 연속하는 계기’ 혹은 ‘외부사물의 총체’와 같은 사항들을 지시하지 않는다. 오히려 그것들은 시간과 공간이란 ‘육체로서의 시인이 어떤 거리의 관점으로부터 바라보는 시선(초월)의 방향들’과 ‘이 방향들을 향해 이미 당겨있는 사물들’의 상호침투력에서 분출될 <사실적인 의미의 흐름>[344]과 <이 흐

343 Monika M. Langer(1999), p.93.

름 속에서야 비로소 개방되는 객체의 영역>임을 고지한다.

낡은 철학의 논리와 내통하는 '전통의 시학'의 한계를 현상학(새 철학)의 논리로써 뚫어줄 이 '의미의 존재론'은 한 논자도—비록, 다른 맥락에서이긴 하지만— 말했듯이 "몸에는 언제나 […]감각의 세계가 몸과 관련된 제도화된 규정의 틀 속으로 완전히 환원될 수 없는 잉여부분, 바로 감각적 '사유(私有)의 영토'가 존재하고 있다"[345]는 데에서 발생한다. 그렇다면 우리는 이렇게 말할 수도 있다. 즉, 시인의 육체에 든 '본래의 초월성'은 "제도화된 규정의 틀"의 진경인 '주/객'관적 지성의 이념들이 아직 미치지 못한—그리고 앞으로도 영원히 그러할 것이고, 그렇기에 정신의 '새 근원'이 될 수 있었던—'감각의 체험'을 이르는 다른 이름이다. '제도화된 규정' 이전의 것이라는 점에서 그러한 '감각의 체험'의 '사유지'는 육체 내부의 "시원적 자연성"으로 호명될 수 있겠지만, 이 경우 '사유지'가 조각난 주체의 고립성을 뜻하는 것은 물론 아니다. 뻗어 시간이 되어 공간을 여는 초월의 '방향'성 혹은 '시간'성으로 인해 진작 '사물'과 의미로서 얽혀있는 시인의 육체는 '타자'와도 역시 그렇게 얽혀들 것이기 때문이다.[346] 이러한 측면을 함께 고려할 때, '주/객'관적 지

344 M. Merleau-Ponty(1945), p.469. 시간과 의미와 방향, 이 셋이 '육체의 초월'의 장에서 수렴된다는 사실을 함축하는 이 구절은 다음의 표현 참조: "(구체적 실존의) 시간이란 '삶의 의미', 즉 사람들이 말하는 '물의 흐름'이나 '문장의 구절들' 또는 '직조된 피륙'이나 '냄새의 감각' 같은 것들의 '방향'과 동일한 것이다."[P. Claudel, 《시의 기술》(*Art Poetique*) 내용 가운데 일부]

345 박혜경, 《세기말의 서정성: 90년대 시의 내면 풍경, 문학과 지성사, 1993, p.113.

346 M. Merleau-Ponty(1945), p.495 참조. 여기에 따르면, 나와 타자, 이 둘의 시간성은 그들의 두 의식에서처럼 서로를 배척하지 않는다. 왜냐하면 그것들 각자는 현재에서 스스로를 투사하는 가운데 서로 얽힐 수 있는 곳에서만 자신들을 인식하기 때문이다. 요컨대, '나의 생생한 현재'(mon présent

성의 이념들에 앞서 작동할 '감각의 체험'은 "제도화된 규정의 틀"에 균열을 내며 끊임없이 사회의 새로운 제도와 질서를 꿈꿀 더 나은 '시의 주체'일 수 있다. 그러나 그럴 수 있는 것은, 당연한 말이 되겠지만, 이 같은 현상학적 논리의 전개에 앞서 시인이 자신의 경험으로써 '육체와 사물의 존재론적 관계'를 터득한 이후의 일이다.

근래의 몇몇 빼어난 시인들이(혹은 작가들이) 육체에 몰두한 사정이 '세기말의 무력한 혹은 병든 욕망'의 타락한 서정과 온통 등치될 수 없는 데에는 그러니까 이유가 있었던 셈인데, 사실이지 그 몰두의 한 켜에는 서정은 서정이되 '시적 주체'의 복원을 겨냥한 반성의 서정이 있었다. 거기에는, 달리 이르자면, 예컨대 시인 김명원이 시집 『달빛 손가락』(2007)의 한 곳에서

얼마나 얼마나
내입이 타도록 빨아주어야
깨끗하게 온몸 살아나겠니?
무구히 사정하며 물방울 튀기며
탈수 되겠니, 절정의 접점에서
비로소 가득 찬
신음소리 내겠니?

<「빨래 3」[347] 부분>

---

vivant)는 더 이상 내가 살지 않는 과거에 대해 열리는 한편, 아직(어쩌면 끝내) 내가 살지 않는(않을) 미래를 향해 열리는 것처럼 또한 내가 살지 못한 시간성들 쪽으로 열리며 하나의 사회적 지평을 얻게 된다.

347 김명원, 《달빛 손가락》, Poetics/시학, 2007, pp.47-48.

라고 물으며, 사물과의 '공존 및 상호 침투'의 관계가 빚는 초월의 "의미성"을 현저히 드러내는 육체의 장소, 즉 '욕망'에 대해 주의력을 집중했던 존재론적 모색의 서정이 있었다. '인간의 실존'이 도구가 아니라 스스로의 주체임을 입증하는 '육체의 욕망'. 이 '은밀하고도 강렬한 표현'의 본질에서라면, 아닌 것이 아니라 시인의 육체는 제도화된 고정의 "기관"(l'organe)성을 벗고 그 자체가 유동적 기표이자 기호인 존재가 되어 자신의 그 초월의 "의미성"을 (그리고 이로부터 생겨나는 '의미'들의 '진리성'을) 단적으로 보여줄 수 있을 것이다. 이 경우, 욕망의 정체는 더 이상 '세계의 내부와 단절한 인간주관'의 어떤 결핍에 짝하는, 그리하여 결국은 <'이 세계 안에선 채워지지 않을 절대적 결여'>에 이끌려 형이상학적 환상에 끊임없이 몰입하는, '획득/소비'의 정서가 아니기 때문이다. 이에 대해 현상학의 극한(極限)에서 들뢰즈와 가타리는 이렇게 말했다. 즉, 그것[욕망]은 어떤 활동을 하기 위해 만나는 '육체들'—'인간의 육체(들)' 뿐 아니라, <생물의 육체(들)> 및 <인간육체(들)의 존재론적 연장(延長)이라 할 수 있는 무생물의 육체(들)>를 포함한 '사물의 육체(들)'— 속에서 육체들을 접속하여 작동하게 만듦으로써 육체들로 하여금 "에너지(힘)의 흐름을 절단하여 '채취'하게끔 해주는 생산능력이다. […]성이나 생식과 관련된 욕망은 리비도의 흐름을, 그리고 먹고 마시는 것과 관련된 욕망의 경우에는 영양소의 흐름을, 절단하고 채취하는 방식으로 작동한다."[348] 그러니 그 '접속하는 항'에

348 들뢰즈와 가타리는 이렇게 '절단하고 채취'하는 방식으로 작동하는 것들을 '욕망하는 기계'들로 규정한다. 그렇다면, 인간 역시 '욕망하는 기계'다. 그러나 이때의 '기계'(la machine)는 "스스로 움직이지 못하며 물리적인 법칙에 따라 항상 동일하게 움직이는, 그래서 생명이나 유기체에 대립되는

따라 육체의 숱한 욕망들이 성립할 것이고, 또 그런 만큼 그것들을 뒤좇는 시인들의 존재론적 모색의 장 또한 쪼개질 것이다.

시인 김명원이 시 <빨래 3>에서 주의력을 집중한 대상은 그중 맨 앞의 본능이었다. 시집 『달빛 손가락』의 다른 한 곳은 "리비도의 흐름"이 '절단/채취'되는 '성적 욕망'에 '시의 주체'로 임했던 시인의 연유를 이렇게 썼다.

가령 나는 이런 시를 쓸 수 없다
질(膣) 밑바닥에 육십 촉 알전구를 켜고
밤새 아파요, 세상아, 문 열어라,
진땀 범벅인 구름아, 비 내려라,
비명 끝에 핏덩이로 솟아오르는 딸아이 낳고 싶다고
아직 따순 울음소리에 터지는 젖을 물리며
살살 물어라, 오래오래, 성적 흥분이

그런 것이 아니다. 그것은 다른 것과 접속하여 어떤 흐름을 절단하고 채취하는 방식으로 작동하는 모든 것"을 뜻한다. 한편, 위에서 <육체(들)>은 '전체'와 '부분' 모두를 가리키기 위해 필자가 임의적으로 표기한 것이다. 왜 그랬는가하면, "육체의 접속"은 분명 '어떤 생성을 낳는 욕망'에 입각한 육체 간의 만남이지만, 이 만남은 예컨대 <나의 입과 나의 성대>, <나의 입술과 너의 입술>, <망치와 손>, <펜과 종이> 등등의 만남을 우선 의미할 것이기 때문이었다. 물론, 이 '부분의 접속들'이 절단하고 채취할 어떤 힘의 흐름—예컨대 리비도의 흐름—은 '육체의 전(全) 장(場)'["기관 없는 신체"]에서 분산하고 집중한다. 그리고 이 '집중과 분산의 양상' 혹은 '집중의 강도'에 따라 그때그때 달리지는 '접속'과, 이 접속의 전환들에 따른 '욕망하는 기계'들의 '절단/채취'가 형성, 소멸, 변형된다. 이런 측면에서 육체의 부분적인 대상은 "전체의 직접적인 힘"을, 전체는 "그 부분적 대상의 가공되지 않은 질료"라 할 수 있다. 이진경(2002), 《노마디즘(1)》, 휴머니스트, pp.130-135. 그리고 G. Deleuze & F. Guattari, *L'Anti-Oedipe : Capitalisme et Schizophrénie*, Editions de Minuit. Paris, 1972; 《앙띠-오이디푸스: 자본주의와 정신분열증》, 최명관 옮김, 2000, 민음사, pp.418-435.

나를 저 푸른 남십자성 별빛과
능욕하게 한다고

<「내가 못 쓰는 시」[349] 부분>

자신의 주체를 '성적 욕망' 쪽으로 데려가는 시의 방법이 '현상학적'인 것은 표면과 이면에 놓인 다음의 두 '역설(逆說)의 장치' 때문이다. 즉, (1)"쓸 수 없다"고 했지만 사실은 쓰고 있는 '진술하는 비(非)진술.' 그리고 (2) 미래를 현재로 들이며 과거로 흘러가 시간의 폭과 층을 의미의 표현적 생성으로써 늘려가는 '가역의'(réversible) 시간성. 이 철학적인, 아니 현상학적인 기재들은 '성적 욕망'에 임했던 시인의 이유가 또 다른 역설('육체의 내재적 초월')이 가리킬 세계의 '의미성'에 있음을 시의 내용으로서 함축한다. 먼저 (1)에 대하여; 지금 시가 마주친 '성적 욕망'은 출산에서의 경우가 꼭 그러하듯 "비명"과 "울음소리" 같은 육체의 언어로 밖에는 자신의 '생산'을 표현할 수 없을 그런 것인데, 이러한 사실은 그것[성적 욕망]의 '의미성'에서 돋는 어떤 '의미'를 이야기할 때 시가 다음과 같은 전통의 두 한계—즉, "성욕에 대한 기계론적이고 생리학적인 관점을 채택하여 그것을 '자율적인 반사장치' 내지 '해부학적으로 규정된 성기관의 자극과 반응의 문제'로 여기는 '경험주의'적 생각"과 "성욕은 일차적으로 기쁨이나 괴로움 같은 심리학적 혹은 정서적 상태를 특정한 '관념이나 표상'들과 결합하는 문제이므로 후자가 전자를 불러낼 수 있다고 판단하는 '주지주의'적 신념"[350]—를 '말하지

349 김명원(2007), pp.65-66.

않는 말' 또는 '침묵하는 발음'의 언어로써 돌파할 수 있음을 예고한다. 그리고 또 하나의 역설이라 했던 (2)를 두고 하는 말인데, 시인의 육체 안에서 '성적 욕망'과 '글(시)쓰기의 욕망'이 현상학적 욕망으로 '중첩/변주'되는 상황은 여기에서도 마찬가지다. 이러한 반복은 인용된 위 구절들의 바로 아래 구절들에서 비롯하는데, 시인은 그곳에서 이렇게 말한다.

[…]언제 내 몸에서 달아났는지
기억도 없지만 산만큼 커 버린 딸아이를 두고
딸 하나 낳고 싶다는 욕망으로 젖는 시를 쓸 수는 없다
그러나, 쓰고 싶다, 쓰고 쓰고 또 쓰고 싶다
밤마다 내 몸에 별 뜨는 어둠 속
헤엄쳐 들어가면 만날까, 바다보다 더 비린
애무와 키스를 한 사발씩 마시고 마셔 취해
새벽을 지나는 골목에 이르면, 아, 아파라,
또 태어날 것 같아요, 한 번도 이르지 못했지만

꿈마다 꿈꾸는 엄마의 엄마, 나는
낳고 싶어요, 꿈꾸지 못한 꿈까지
나는 불경과 정사하고, 마른 몽정의 달빛을 핥아
잠 못 드는 모든 남성들 밤꽃숲을 내달리며
무의식의 황홀을, 끝없이
출산하고 싶어요
다시 그 몸을 빌려 우주를 임신할

---

350 Monika M. Langer(1999), p.97.

딸의 딸을 자꾸 낳고 싶어요

<「내가 못 쓰는 시」 부분>

'쓰고 싶고 그래서 결국은 썼지만, 쓸 수 없었던' 사정의 이유가 만일 '금욕의 억압'이나 '자신의 소외 혹은 창조물'(여기서는 "딸") 의 성장에 반비례 하는 '성적 욕망의 상실'에 있었다면, 길은 새로운 시간이되 윤리의 금기를 무릅쓰는 시간이 아니라 '도덕성 너머의 도덕성'을 누리는 자유의 시간 혹은 '딸의 엄마이길 그친 엄마의 딸'이 되어 "우주"의 "모든 남성들"에 민감히 반응하는 '출산의 원력'을 되찾는 복구의 시간일 것이다. 사실은 창조의 역능으로 승화하는 '성적 욕망'에 함께 맞물려있는 이 길들은 과거에 대한 관념이나 이미지를 현재로 불러들일 '비가역적인 재현의 초월'이 아니라 과거로 되돌아가 현재와 미래의 차원을 다시 개방하며 시간을 '수직/수평'으로 '누적/확장'할 '가역적인 표현의 초월'로서의 시간성을 시의 주체가 자신의 존재론적 본질로 가질 때 비로소 체현한다. 하여, "꿈"의 두 '방향'을 고려하고 하는 말인데, 다시 말과는 달리 시인이 "한 번도 이르지" 못한 것이 아니라 이미 미래("엄마의 엄마") 를 현재("엄마"와 "딸"의 두 겹, 혹은 이중)로 침식하며 과거("딸의 딸")로 흘러들어 시간의 깊이와 넓이를 더하는 "나"의 시간성 속에서—"내 몸에 별 뜨는 어둠 속에서"— '성적 욕망'의 육체, 생산의 육체로 거듭나고 있다. 그러니까 시에 젖어들 것은 몸의 해방구, 탈식민화의 지대에서 유출된 욕망이다. 남성의 강압, 자본의 유혹, 사악한 쾌락 등 온갖 야만의 증후들에 저항할 이 욕망과의 해후를 딛고

<육체와 사물의 존재론적 공속관계, 즉 자신의 초월성>을 드러낼 시인의 귀결은, 부연을 붙여 '반복/환기'하건대, 주관주의의 '능동'과 객관주의의 '수동'을 넘어서는 '제3의 의미성'과 이것이 낳는 '의미'의 진리성일 것이다. 그러나 「내가 못 쓰는 시」로 충분한 것은 아니었다. 그 시적 갈구의 논리도 논리지만, 더 긴한 것은 그 논리가 지향했고 또 이 지향을 가능하게 했던 경험과의 직면이다.

'꽃'으로 불러달라고 부탁했다
그가 '꽃'이라고 부르자
'꽃'이 되었다

못 견딜 듯 '바람꽃'이 되었고
굴헝 속 진흙으로 빚어낸 '인연꽃'이 되었고
마음을 들키기 위해 안달하는 입술이 차마 가벼워졌고
질긴 시간에 두들겨 매 맞아 온 '천년꽃'이 되었고
기다림의 꼭지점에 마침내 이른
발정 난 '암꽃'이 되었다

[…]

숨 조여 잠드는 어둠조차
쉴새없이 개화하는 꽃잎 휘장 거친 물결로
죽음보다 깊은 그의 꿈에 가시로 돋아
나를 느낄 때까지 긁고 무수히 못질할 것이다
흥건한 피 꽃물 문신 새길 것이다

나, 그에게
지독한 숱한 이름의
'지옥에피는꽃들'이 되었다

<「사랑」[351] 부분>

성적인 욕망은 "재현과 반성의 혼합이 아니라 지향성"이다. 극한의 관점을 갖고 달리 말하자면, 리비도의 '절단/채취'는 "나"의 것도 "그"의 것도 아닌 '욕망자체'의 것이다. 스스로에 갇혀있는 성적 욕망이란 없으며, 따라서 "성의 '초월'(l'depassement)"이라는 것도 없는 법이다. 정말로 위의 시가 이 '욕망의 현상학'을 철학보다 일찍— 사실은 발생론적 측면에서 그러할 것이지만— 수행하고 있는 것이라면, 육체의 시간과 공간에 걸려있는 욕망 속에선 "그"와 "나" 둘 중 "누구도 온전히 구원될 수 없으며 누구도 온전히 죽지 않는다."[352] 그런 의미에서, "나"의 성적 욕망을 변주하는 "[…]이 되었다"와 "[…]할 것이다"라는 시의 말투는 미완의 에너지를 표상한다. 시의 끝에서 그것들이 <"그"의 "지옥에피는꽃들">과 <"지옥에피는꽃들"의 "나">로서 합류할 수 있었던 것은, 욕망에 걸려있는 "-되기"["-하기"]가 다른 '육체'(들) 혹은 '육체들'과의 접속을 통해 이루어지는 데 있었듯이, "나"만의 수동과 능동을 "그"가 거역하지 못할 힘으로서 수렴하는 '정념의 의지'가 있어서라기보다는 차라리 "나"의 수동과 능동이 "그"의 능동과 수동을 맞아 만나 하나로 채워지는

351 김명원, 《시와 인식》14집 (2007 겨울호), pp.192-193.

352 M. Merleau-Ponty(1945), pp.180-181 "La sexualité n'est pas un mélange de représentations et de réflexes, mais une intentionnalite." 그리고 pp.98-199.

'육체의 상황'이 있어서일 것이기에 그러하다. 시인의 「사랑」에서 수동적이지도 않고 능동적이지도 않은 제3의 '시의 주체'를 입증할 '성적 욕망'이 보이는 것은 그런 이유에서다: "나"가 "그"에게 호소하고 "그"를 유인한다는 점에서, "나"는 전적으로 타성적인 존재가 아니다. "그" 또한 자신이 "나"에게 끌려있음을 '느끼고 있기에' 순수한 의식일 수 없다. 그러므로 예컨대 "그"를 향한 "나"의 태도로부터 "수동적 변신에서 능동적 변신으로 나가다가, 급기야는 그러한 능동과 수동 모두를 허무는 정념의 완결로 종결"되는 '정열의 양태'를 유추하고 있는 한 평자[353]의 논리가 비록 충분히 온당하다 하더라도, 그러나 ―"나"의 정념이 '섹슈얼리티'(la sexualité))의 요소인 '성적인 욕망'과 단절할 수 없는 것인 한 ― 이 '정열의 양태'는 "희열, 비탄, 혼란, 여과, 다짐의 과정들이 녹아있는 마음의 서사시"에서 그칠 수 없을 것인데, 이는 "성적인 욕망의 장에선 촉각, 시각, 운동능력들 간의 맞물림이 이전보다 훨씬 선명하게 드러날 것"[354]이라는 현상학적 분석의 존재론적 확장 때문이다. 정작 중요한 것은 "정념과의 재회"이되 이것의 '정신분석학적'(혹은 정신철학적) 의미 이면에 있는 <육체의 진실>, 정확히 말하자면 <육체에 기록되는 '성적 욕망'의 '의미성'>일 것이다.

〈1-3〉

설령 '자신이 아닌 것과 자신을 동일시하려는 인간'의 '마술적 이

353 이명원, 「정념과의 재회」, 《시와 인식》14집(2007 겨울호), p.203.
354 Monika M. Langer(1999), p.96.

상'과 단절할 수 없는 것이 예술이라 하여도, 일차적으로 "예술의 기능은 일상의 억압과 강제와 필연성 같은 '현실의 직접적인 부하(負荷)'에서 인간들을 해방시켜 그들로 하여금 '자유의 영역'을 확장하도록 해주는 '행동의 자극'에 있다"[355]는 주장의 정당성이 시에게 '지금-다시' 문제가 된다면, 혹은 그래야 한다면, 시는 자신의 "고유한 폭력성"[356]을 왜곡했던 '포이에시스의 인식론적 타락'뿐 아니라 '프락시스의 망각' 내지 '탈속의 비세계성'의 덫에도 빠지지 말아야한다. "몸의 시원적 자연성"이라 회자하는 '육체의 초월성'이 여전히 기꺼운 것은 무엇보다도 이 요청의 답을 그것이 품고 있기 때문이었다. 문제는 "시적 폭력"의 형태에 있을 것이지만, 정치에 관심을 잇는 철학들에서처럼 굳이 자신의 의도를 하얗게 드러내지 않아도, 언뜻 정치와 가장 멀리 있는 듯 읽혀도, '인식론적 타락'과 '비세계성' 혹은 '프락시스의 망각'을 극복한 뒤라면 시는 필요한 '폭력의 강도'를 가질 수 있다. 예컨대 김명원의 몇몇 시에서처럼 시가 '성적 욕망'을 말하며 단순한 '정념으로의 회귀'가 아니라 아름다운, 그래서 더욱 예리할 해방의 간과(干戈)['의미의 진리성' 또는 '진리성의 의미']를 보여주는 것으로도 일단은 충분하다. 아니, 차라리 그것이 더 시적이다. '성적 욕망'의 본류인 욕망은 억압의 사회적

---

355 부단히 '상상력의 경계'를 허물며 '자유의 영역'을 불려야할 예술의 책무는 예술의 이러한 양립적인 처지의 지양, 즉 <'디오니소스적 자아도취'를 잠재적 가능성으로 전용하는 '아폴론적 위안'>에 걸려있다. E. Fischer, *The Necessity of Art*, Penguin Book, London, 1978, pp.10-16

356 이에 대해선, 〈M. Heidegger, *Einführung in die Metaphysik*, Max Niemeyer Verlag, Tubingen, 1976, pp.153-173〉 중 예컨대 다음의 구절 참조: 즉, "시인은 자신을 압도하는 것 안에서 자신을 찾았으며, 이로써 시인은 처음으로 자신을, 즉 행동하는 자의 폭력이라는 것을 찾았다."

제도와 주체를 형성하는 권력이기도하지만, 시인의 육체에 작동할 경우 그것은 동시에 '탈주의 혁명'을 <이끌어 내는> 기재로서의 "시적 폭력"일 수 있다. "혁명적인 것은 욕망이지 좌익의 제전(祭典)이 아니다. 어떤 사회에서든 참된 욕망의 정립이 허용된다면 그 사회의 착취, 예속 및 위계의 구조들은 곧 위험에 처한다."[357] 물론 욕망의 '찰나적'이고 '불완전한' 속성이 그 무기의 날을 무디게 할 수는 있겠지만, 이것은 전혀 장애가 되지 않는다. '욕망의 시간' 속에서 끊임없이 날을 벼릴 노동의 필요성을 반증하는 하나의 국면일 뿐이다.

2. 시: 표면의 해석학

— 「무덤」과 「까치밥」과 「빗소리」에 대하여

〈2-1〉

가시적인 사물들에 대해 시(詩)에서도 결국은 '주관의 표현성'이 더 타당한 것이라면, 넘어서야 할 장애는 역시 '재현의 객관성'이었을 것이다. 그러나 후자를 넘어선다 하여도 전자에겐 여전히 주관성이 문제로 남는다. 표현이되 어떤 표현인지가 중요할 것이기 때문이다. 객관적 공식에 사물들을 끼워 맞추던 전통 재현을 폐기한

357 "욕망은 혁명을 원치 않는다. 비록 비의도적이라 해도, 자기가 원하는 것을 원한다는 점에서 욕망은 자체가 혁명적이다." G. Deleuze & F. Guattari (1972), p.180.

다 하더라도, 만일 이 폐기가 사물과의 소통을 상실하며 세계를 개인의 내면에 가두게 된다면 시는 공허한 표현의 주관성에 되걸리고 만다. 따라서 정말로 주관의 표현성이어야 한다면, 그것은 우선은 '외적 객관성'과 '외적 주관성' 모두[358]와 단절한 주관의 표현성이어야 한다.

'내적 주관'의 길이 이 요구에 먼저 호응한다. 이 경우에서라면, 시의 인식은 외적인 객관성과 외적인 주관성 모두를 넘어섬으로써 사물로부터 자유로운 '주관 그 자체'의 활동이 된다. 그러나 이러한 내적 주관성은, 물론 사물에 대한 기존의 외적인 주관주의와 외적인 객관주의의 태도를 벗고 비대상적인 사물과 관계하는 시적 주체로부터 유래할 것이지만, 마치 현상학의 '순수한 의식'에서처럼 새로운 주관주의와 묶인다. 비록 외적인 객관성과 외적인 주관성의 경계가 사라진 주관내부로 파고들었을지언정, 그 안에선 '초월론적 관념'[359]으로서 구성되는 사물의 실재 -[생각되는 것으로서의 대상과 일치하는 실재] -와 또 다른 재현의 관계가 발생하기 때문이다. 그렇다면 이 경우의 시의 인식은 '주관주의를 넘어선 주관주의'의 표현에 다름 아닌 재현, 따라서 기존의 재현과는 달리 사물의 의미

358 외적 객관성과 외적 주관성 : '사물'(대상)과 '나'(인식주체)의 거리를 직선을 그어 이었을 때, 이 직선상에 위치하는 '나'의 관점의 위치에 따라 결정된다. 인식론적 견해를 선명히 천명하는 철학은 그 양극에 대응하는 객관성과 주관성을 주장하지만, 사실은 그 정도에 따라 객관성과 주관성의 크기가 상대적으로 평가될 수 있다. 외적 객관성은 우리가 흔히 말하는 객관성을 이르는 것으로서, '나'의 관점의 위치가 주관에서 멀어질수록 외적 객관성의 정도가 강하게 나타난다. 반면 그것이 주관에 가까울수록 외적 객관성은 차차 감소하는 반면, 우리가 일상적으로 언급하는 주관성인 외적 주관성은 점점 증가한다.

359 초월론적 관념: 칸트 이후 각별한 철학적 의미를 갖고 있는 이 용어는 정도의 차이는 있지만 대상으로부터 자유로운 '주관자체'의 관념을 뜻한다.

를 거의 추상으로 빚는 '표현적인 재현 혹은 '재현적인 표현''으로써 사물의 실재를 이야기할 그런 것이다. 시의 그러한 인식은 잘해야 '서로 소통하는 내적 주관'의 표현성- [우리는 이 표현성이 '내적 객관성'을 갖는다고 말할 수도 있다] - 을 취하게 된다. 만일 표현의 주관성이 이처럼 변형된 재현과 짝하고 말 그런 것이라면 가시적인 사물들에 대한 재현의 외적 객관성은 물론 표현의 외적 주관성도 극복되지 않는다. 오히려 그것은 주관주의의 태도를 '내적 주관성'으로 되살리며, 가시적 세계에 대하여 종래의 객관적 재현과 주관적 표현을 달리 반복할 뿐이다. 그렇다면 가시적인 세계의 '사실적 진실'을 시의 인식은 단념해야하는가?

〈2-2〉

가시적인 세계에 대하여 시가 진리의 미학을 버리고 사물로부터 자유로운 비대상의 형식을 좇으며 세계상실의 미학만을 불사할 것이 아니라면, 문제는 가시적 세계의 진실에 임하는 표현성일 것이다. 외적 객관성과 주관성 뿐 아니라 내적 주관성과 객관성도 마저 극복해야할 이 표현성의 입구는 의미의 깊이를 잃게 된 '사물의 표면'과 마주할 제3의 주관이다. 사물과 비(非)대상적으로 관계하되, 외부 세계와의 구체적 관계를 놓지 않는 수준에서 관계하는 것이 그 주관일 것인데, 이 관계는 어쨌든 모든 '내/외'적 주관들의 해석이 폐기되어 '의미의 껍질이 벗겨진 사물의 표면'이 드러난 자리에서부터 시작되어야하기 때문이다.

이런 점에서 '내/외'적 주관들과 분리된 사물의 표면으로 주관을 끌고 갔던 탈근대의 시도는 전술적인 측면에서 옳았다. 문제는 그렇게 드러난 사물의 표면을 대하는 시인의 태도일 것이다. 우선 그는 무의미한 것을 무의미한 것 자체로 보여줄 수 있을 것이다. 세계의 질료라 할 수 있을 그 표면에 대한 의미를 포기한다는 점에서 그러나 이러한 태도는 허무주의에 속한다. 이 경우라면 시에서 사물의 실재는 없다. 기의를 이탈하는 기표가 빚어낼 사물의 가상만 있게 된다. 이때의 가상은 보드리야르가 말했듯이 "의미와 싸우기 위해, 의도적이거나 비의도적인 의미를 뿌리 뽑기 위해 공모한다. 그리고 의미를 놀이로, 더 나아가서는 놀이의 독단적인 규칙으로, 즉 의미의 기준선 보다 더 모험적이고 유혹적이어서 파악할 수 없는 다른 의례적인 규칙으로 전환시키기 위해 공모한다."[360] 그럴 경우 시의 전략은 "표면의 심연" 혹은 "비상식의 눈부신 가상과 이것이 가능하게 만드는 모든 놀이의 환영"[361]이 된다. 이 같은 시는 대상의 구속을 벗고 의미를 무한히 증식할 수 있다는 점에서 매우 유혹적인 것이 되겠지만, '내/외'적인 주관들이 폐기된 연유로 의미의 껍질이 벗겨진 사물의 표면', 그 무의미가 몰고 올 허무의 정서를 가상의 의미로써 버티는 나약한 주관의 산물에 그친다.

제3의 주관이 불안한 전략과 짝하는 귀결을 비껴갈 하나의 방도는 의미가 지워진 표면을 해석하며 의미를 여전히 사물에 묶어두는 일이다. 시가 취할 수 있는 이 또 하나의 태도는 분명, 언어의 가상을 파괴하고 사물의 숨겨진 의미를 해방시킨다는 점에서, 사물에 다시 의미를 입힐 수 있다. 이 경우 무엇보다도 허무의 미학을 극복

360 J. 보드리야르, 《유혹에 대하여》, 배영달 옮김, 백의출판사, 1996, p.79.
361 같은 곳.

할 수 있을 것이지만, 그러나 해석이 주관과 분리불가능하다는 사실을 어떤 식으로든 해소해야한다. 왜냐하면, 가상의 유혹에 기꺼이 몸을 맡길 시인의 그 불안한 전략의 이유가 사실은 그 '주관'의 무능이었기 때문이다. 문제는 그러므로 해석이되, '내/외'적인 주관 모두를 능가하는 주관의 해석이다. 언어의 차이가 만드는 가상의 의미로써 사물의 껍질 위에 구축된 "표면의 심연"이 아니라, 사물의 표면 아래에 숨겨진 실재의 의미를 해석해낼 이 제3의 주관을 말할 수 있는 것은 철학이겠지만, 모든 철학적 개념이 그러하듯, 보여줄 수 있는 것은 시다. 예컨대, 이미지 시인 강신용은 시집『나무들은 서서 기도를 한다』의 한 곳에서 그 주관을 이렇게 전용한다.

단 하나뿐인
내 형의 무덤은 平葬이다
누구 하나 찾아오지 않는
외딴 섬이다
일 년 내내

<「무덤」[362] 전문>

한 평자는 시인을 두고 "최고의 이미지스트"[363]라 진술했다. 시인이 제출한 숱한 시들의 회화성을 표상하는 시 「무덤」은 그 언명이

---

362 강신용, 《나무들은 서서 기도를 한다》, 문경출판사, 2003, p.16(이하 인용된 시인의 시구들은 이 시집보다 먼저 나온 시집 《복숭아밭은 날 미치게 한다》(1993, 문경출판사)에서 따온 것으로서. 이후 <까치밥>과 <빗소리>를 제외하곤 별도의 출처표기 없이 제목만 밝혔다.)

363 반경환, 《명시감상 I》, 종려나무, 2008, p.128.

빈 수사가 아님을 단적으로 나타낸다. 시의 절제된 시각성도 시각성이지만, 우선은 시가 이미지의 내용 면에서 종래 이미지스트들의 이미지들, 즉 '외적 주관'과 '내적 주관'이 창조하는 모더니스트의 관념의 이미지 및 '무력한 주관'이 창조하는 포스트모더니스트의 관념의 이미지 모두를 적어도 이미지의 철학적인 질(質)의 수준에서 넘어서기 때문이다. 먼저, 시는 무의미로써 의미를 이야기하는 것이 아니라 의미로써 무의미를 이야기한다. 이는 시가 말하는 것이 사물의 무의미를 뚫고 나오는 기호의 관념적 의미가 아니라, 우리의 눈앞에서 불현듯이 사물의 사실적 의미로 전환되는 무의미임을 뜻한다. 시인에게 표면의 무의미는 그러니까 의미의 잠재태였던 셈이다. "단 하나", "平葬", "누구 하나", "찾아오지 않는", "외딴 섬", "일 년 내내"; 시를 구성하는 말들은 의미의 농도를 엷게 만드는 동시에 짙게 만드는 이중의 기재다. 따라서 의미를 제거하며 독자를 유혹하는 이미지가 있기는 여기서도 마찬가지지만, 그러나 이 유혹의 주체는 무의미의 지평으로 물러난 사물을 가상의 의미가 아니라 실재의 의미로 다시 불러들이며 표면에 깊이를 드리우는 주관의 힘, 대상을 잃어버리지 않은 채 대상의 껍질을 통해 무의미를 의미로서 전환시키는 주관의 의지다. 이러한 사실들은 다음과 같은 일련의 성취를 부른다.

(1) 이 시에는 외적 주관의 극한에서, 사물과 한없이 멀어진 모더니스트들의 망막에서, 생성된 "순수한 이미지"[364]의 감각적 관념이

364 '순수한 이미지'는 그러나 모더니즘 이후의 감각론을 고려하고 보면 여전히 외적 주관에 걸려있는 것이기에 '관념의 한계'를 아직 다 벗지 못한 것이 된다. 그런 점에서 이 경우 '순수한'이라는 말은 상대적 수준에서 이해되어야 한다.

주는 회의의 정서가 없다. (2) 물론 여기에는 그러한 관념을 배제하고 모더니즘의 옛 이미지로부터 도피하려했던 후발 모더니스트의 새 이미지를 가로막던 외적주관의 어떤 흔적도 또한 나타나지 않고 있다: 예컨대, 시인 김춘수의 '이미지'를 여전히 외적 주관의 관념의 덫에 빠뜨렸던 '설명', 달리 말하자면 "눈 속에 초겨울의/ 붉은 열매가 익고 있다/ 서울 近郊에서는 보지 못한/ 꽁지가 하얀 작은 새가 그것을 쪼아 먹고 있다/ 越冬하는 인동 잎의 빛깔이/ 이루지 못한 인간의 꿈보다도/ 더욱 슬프다"(「忍冬잎」)의 말미에 나오는 구절처럼 심리적 표현의 타성에 굴복하는 기미[365]가 시 「무덤」에는 없다. (3) 그리고 그 흔적을 지우고 모더니즘의 한계를 돌파하며 사물과 단절하며 "비대상의 시"에 도달했던, 그리하여 인식론적 회의 속에서 인식론적 회의를 극복하고 구해낸 새로운 주관, 그 '내적 주관'(이승훈의 표현을 빌자면 "나가 없는 나"[366])의 무의미한 (그러나 '탈근대의 나약한 주관'에서와는 달리 결국엔 실재의 의미로 소생될) 이미지의 관념성 또한 보이지 않는다. 모더니즘의 이미지를 능가하는 시 「무덤」의 이러한 면모는, "표면의 심연" 내지 "비상식의 눈부신 가상과 이것이 가능하게 만드는 모든 놀이의 환영"을 좇는 탈근대의 시들에서 나타날 진실의 베일 (달리 말하자면 의미의 잠재태가 아니라 '절대의 무의미' 위에서 가상의 이미지로써 펼치는 의미)에 가려진 비(非)인간주의적 관념성의 불안을 제거한다는 점에서, 가시적 세계에 대해 그 시들보다 더 믿을 수 있는 주관의 표현성을 가리킨다.

---

365 김춘수, 「의미에서 무의미까지」, 《현대시사상1》, 고려원, 1989, p.170.
366 이승훈, 「비빔밥 시론」, 《해체시대의 시 쓰기》, 고려원, 1997, pp.99-110.

시인의 이미지에 함축된 이 같은 철학적 우위는 일차적으로 관념을 내려놓고 사물의 사실들로 육박하는 '기술'(記述)의 절제된 사생력에 함축된 '능동적 주관의 수동성'에서 연유한다. 물론 관념의 응집력을 잃어버리는 순간, 말들의 의미는 이내 무의미의 영역으로 다시 흩어져버릴 것이다. 그럼에도 시의 이미지가 의미로써 무의미를 이야기할 수 있었던 것은 그러한 수동성도 수동성이지만 이미 삶 속에서 형성된 의미의 출구를 터주기 위해 '말들을 선택하고 배치하는, 그리고 비유의 표현을 부리는 수동적 주관의 능동성'이 더 있었기 때문이다. 무의미를 의미로 전환시키는, 아니 표면으로써 깊이를 보여주는 시인의 해석학적 이미지를 시각화한 아래의 시는 그러한 사실을 보다 선명히 입증한다.

얼굴
하나
떠
있다

빈
산
홀로
지키는

낮
달

<「까치밥」367 전문>

시각적인 효과를 지향하기는 주관의 '내/외'적인 해석력과 이에 상응하는 문법 혹은 문장의 질서를 해체하여 시의 의미를 언어의 차이에 맡긴 채 "놀이의 환영"을 추구하기는 탈근대의 시들도 마찬가지다. 하지만 시 「까치밥」은 다르다. 시가 시각적 효과를 겨냥하며 문법이나 문장의 질서를 해체하되, 좀 더 정확히 말하면 "우리의 기대지평으로부터 일탈"[368]시키되, 기술적 사생을 <실재의 장에서 가상의 장으로 스스로를 철회한 무력한 주관>이 아니라 <실재의 사물에 대해 은유를 부리며 말들을 선택하고 배치하는 능동적 주관>의 것으로 보여줄 수 있었기에 그렇다. 이러한 사실은 예컨대 시 「屯山詩抄 · 하나」ㅡ 전문을 옮겨 쓰자면, "눈을뜬다아파트/ 길을간다아파트/ 꿈을꾼다아파트/ 섹스한다아파트// 아파트위에아파트/ 아파트밑에아파트/ 아파트앞에아파트/ 아파트뒤에아파트// 아파트는나의길이다"ㅡ 에서와 같이 다른 시들에서도 유사한 모습으로 반복된다. 이처럼 문장의 틈을 제거하거나, 혹은 행을 낱말 단위로 잘라 세워 무의미한 표면에 깊이를 새기는 시인의 탈근대성은 어떤 의미에서 다분히 기하학적이다.

'내/외'적 주관이 폐기된 자리에서 직면할 무의미의 세계, 그 세계에 대해 여전히 하나의 주관인 채 '어떤 관념에도 기대지 않고' 무의미를 의미로 역전시키는 일이 정말로 시인 강신용의 과제였다면, 더욱이 이 과제의 수행을 위해 취한 것이 모더니스트의 것을 넘어선 이미지라면, 그의 시가 말하는 사실들의 의미가 기하학적인 '수직의 깊이'로 수렴되는 것은 결코 우연이 아니다. 더 이상 낯설다

367 강신용(2003), p.37.
368 정효구, 「우리 시의 해체주의」,《현대시사상 2》, 고려원, 1998, pp.67-68.

고 할 수 없는 시인의 이 '형식의 탈근대성'이 지금 새로운 것은, 그 '수직의 깊이'가 관념이 누적한 언어의 깊이도 아니고, 또 언어에서 흘러든 관념의 깊이도 아니라는 사실 때문이다. 그것은 시의 구절[낱말들 혹은 절들]이 켜들로 보이도록 써 내린 배치의 두께, 그리고 이 두께에 의미를 대는 시인의 단어선택 및 은유의 능동이 '기술'(記述)적 사생의 수동과 결합해 세우는 의미의 층이다. 만일 언어에서 흘러든 것이 그 '수직의 깊이'라면 현기증 나는 무의미의 전주가 읽혀야하는데, 시에서는 그렇지가 못하다. 그렇기 보다는 차라리 은유가 부르는 관념의 의미가 먼저 읽힌다. 이러한 사태는 그러나 시인에게 작동하는 제3의 주관을 훼손하는 관념의 유입과 누적을 뜻하지 않는다. 오히려 그것은 대상을 규정하거나 구성하는 '내/외'적인 주관성을 비유를 통해 떨어내는 '역설의 관념'이라야 맞다. 시「까치밥」에서, 물론 다른 시들에서도 그렇지만, 관념의 기능은 주관의 '최저한계'인 '어쩔 수 없는 능동'과 이 능동의 의미부여성을 반증하는 것, 그 이상도 이하도 아니다. "까치밥(감)"에서 "얼굴"로, 그리고 "얼굴"에서 "낮 달"로, 선택된 용어로써 그렇게 이어지는 이 은유의 진행과 이 진행 따라 드러나는 시의 기하학적 수직의 배치 형상이 분명 주관의 산물임에도 그 끝이 관념을 넘어 사물로 향하는 것은 바로 이 때문이다.

시인에게서 '주관의 표현성'에 대한 이처럼 견고한 철학적 성취를 읽을 수 있는 것은 따지고 보면 '허무의 미학'을 비껴 온 그의 행보에서 유래한다. "빈 강물소리를 들으면서/ 비어있지 못한 내가 부끄러웠다"(「아침」)던 반성, 또는 "버림으로 채워지는 자연의 이치를 산은 나에게 말해주고 있지만 나는 버리면서 산다는 것이 얼마나 어렵고 힘든 일인지 알 수가 없"(「산에서」)다는 자각의 귀결이 그 행보의 단초였던 이유에서 그렇다. 그러니까 시인은 마침내 '비움'을 통해 무의미의 허무를 피할 수 있었을 것인데, 사실이지 '비움'은 허무의 한 순간을 경험할 수는 있어도 '무'(無)를 창조적으로 수용해 다시 의미의 세계로 나갈 수 있다는 점에서 무 앞에 굴복한 허무와는 다르다. 또, 이러한 '비움'은 늘 인식과 실천의 도덕성과 통한다. '내/외'적인 주관의 관념성을 극복한 주관의 '더 나은' 표현성이 시인의 시에서 읽히는 것은 시인의 시가 그러한 인식과 실천의 도덕성에 상응하는 시적 주체의 것이기 때문일 것이다.

창 앞에 앉아
가을비를 듣는다
낮은 사랑으로 젖어드는
빗물 소리
그 속삭임에도 오늘은
허전하다
기다림의 시간을 마련하고
마냥 비어있는
한낮,
창 앞에 어리는
물든 잎새 하나 바라본다.

<「빗소리」[369] 전문>

---

369 강신용(1993), p.53.

여기서는 이렇게 써도 틀리지 않을 것이다: '허전함'은 '비워져있음'의 한 양태이고, 따라서 우리는 전자를 느끼는 기분 속에서 후자가 몰고 올 무와 직면할 수 있게 된다. 이러한 사건은 의도에 따른 귀결일 수도, 예기치 않은 귀결일 수도 있을 것이지만, 그러나 어느 경우든 '무의 경험'을 통해 욕망을 내려놓을 수 있기는 매 한가지다. '허전함'은 욕망의 강열도가 '영도'(零度)로 떨어지는 자리다. 이 자리에서는 무엇보다도 먼저 감각의 '능동과 수동'이 하나로 수렴된다. 욕망이 실존의 본질이라는 명제의 진정성을 고려하면, 그리고 이 명제로부터 인간과 인간, 혹은 인간과 사물의 모든 관계가 욕망의 끈으로 묶여있다는 명제를 추론하는 것이 타당하다면, 욕망이 사그라진 시간에서는 능동과 수동의 관계 역시 소멸할 것이기에 그러하다. 물론 이 소멸의 시간은 또 다른 욕망을 부를 것이지만 적어도 시인의 경우, 이 욕망은 '타자가 되려는' 욕망이다. 시에서, 사물의 소리를 들으며 사물의 형태를 바라보는 시인의 청각과 시각이 각각 '이중의 형상'으로 비치는 까닭의 진상은 여기에 있다. "가을비를 듣는" 시인에게 그 "빗물소리"가 "사랑으로 젖어드는" 것은 그의 귀가 소리의 파동을 받아들이되 훈련된 기관의 타성을 버리고 받아들이면서 결국엔 '귀의 소리'가 '소리의 귀'가 된다는 것. 그리고 그 역 또한 성립한다는 것. 이 둘을 동시에 나타낸다. 이러한 사실은 '감각의 주관' 뿐 아니라, '감각의 대상' 쪽에서도 가능하다. 즉, "물든 잎새 하나" 바라보는 시인의 눈앞에 보이는 사물("잎새")은 전적으로 시인의 처분을 기다리는 수동의 존재가 아니다. 그것은 시가 말하듯 "기다림의 시간을 마련하고" 만남의 시간을 비워둔 존재다.

요컨대, 시에는 '능동의 수동'과 '수동의 능동', 달리 말해 시인의 감각 안에서 이미 자신을 말하며 시인을 자신의 감각으로 만드는 사물들의 풍경이 있다. 이는 그가 <감각하는 것 [듣는 것, 보는 것]이 '감각되는 것' [소리, 형태] 내부로 흘러들고, 감각되는 것 또한 '감각하는 것' 내부로 스며드는> '능동/수동'의 주체임을 의미한다. 이러한 시인의 감각은 "가시적인 세계에 대한 주·객관적 시선의 단순한 물리적 광학의 관계"를 이르지 않으며, 따라서 그것은 재현의 표상을 통해 가시적인 세계를 나타나게 하지도 않는다. 들리거나 보이는 것의 "자기집중, 혹은 자기복귀와 같은 방식을 통해 그 세계의 사물들이 탄생시켜놓는" 사물 속의 존재가 시인의 감각이다.[370] 시 「빗소리」의 메타적 이미지가 보여주는 이러한 감각은 다음의 사실로 집약될 수 있다. 즉, 시인이 가리키는 '주관의 표현성'은 가시적 세계 내의 사실적 실재에 닿아 있다. 그리고 또 하나: '허무의 관념'을 지나쳐 '표면의 무의미'를 넘어 '사실의 세계'로 우리를 끌고 가 주관의 표현성을 보여줄 수 있었던 시인의 해석학적 전략은 감각의 방향성을 온전히 되살리는 '감각의 복원'이었다. 이 복원된 감각은 의미가 되어 새로운 지성을 부른다. 불러서는, 자신의 표현성을 <새로운 주관의 '새로운 관념' ('내/외'적 주관과 단절한 역설의 관념)을 표상하는 언어>로 구현한다.

〈2-3〉

'해석'이 거부될 경우 시인의 주관도 거부될 것이므로 세계의 사

370 M. Merleau-Ponty, *L'oeil et l'esprit* Paris, Gallimard, 1964, pp.68-69.

물은 무의미한 표면으로 남는다. 어떻게 세계의 진실을 의미로서 드러낼 수 있을까? 이 물음 앞에서 예컨대 보드리야르 같은 이는 모든 종류의 진실을 부정하는 허무주의와 타협한다. 이 타협은 '내/외' 적 주관들이 '실재'의 이름으로 행사하는 억압적 권력을 넘어설 기회를 약속하지만, 여기에는 나약한 제3의 주관이 '초'(hyper)실재의 이름으로 행사하는 '가상'의 유혹에 휘둘릴 상황을 무릅써야하는 조건이 딸린다. 물론 이 난국의 출구가 없는 것은 아니다: "사람들은 왜곡된 진리를 생각하는 것만으로도 살아갈 수 있다. 이것이 바로 진리로써 살아가는 유일한 방법이다. 다른 방법은 지탱될 수가 없다. 정확히 말해서 진리는 존재하지 않기 때문이다. 가상(이미지의 유혹)을 멀리하려고 해서는 안 된다. 진리의 부재가 명백히 드러나지 않도록 하기 위해 이러한 기도는 실패해야한다."[371]

철학적이라기보다는 오히려 '정치적인' 이 출구의 빗장을 여는 비밀이 허무를 허무로써 이기는 것임을 막상 우리가 알아버린다 하여도, 난국은 여전하다. 그럼에도, 그 비밀의 생산성을 주장하며 실재에 대한 담론을 허위의 이데올로기로 몰아세우는 자본의 논리 속에서 우리는 '의식적으로' 혹은 '무의식적으로' 정교한 속임수의 정치학을 실재가 사라진 이 시대의 숙명으로 승인하며 가상의 세계를 견디고 있다; '실재보다 더 실재 같은', 그러나 사실은 가상인, 실재의 세계로 몰입하고 있다. 하지만 아무래도 중요한 것은 실재의 진실이다. 정말로 없는 것이라면 몰라도, 그렇지 않은 이상 추구하는 것이 더 철학적이지 않은가? 가상에 몰입하는《매트릭스 (Matrix)》의

---

371 J. 보드리야르(1996), p.84.

'사이퍼'들에 대하여 해석을 부정해야하는 철학적 사정을 거스르지 않는, 그러나 해석을 부정하기보다는 또 다른 해석의 길을 시로써 이야기하고 있는, 시인 강신용의 시가 보여준 '주관의 표현성'은 그 영화 속 인물 같은 이들이 신뢰하는 다음의 강령, 즉 "내가 너의 거울이 되는 것은 너의 반영이 아니라 너의 환상이 되는 것을 의미한다!"에 저항하며 이 세계 사물의 실재를 끌어안는다. 이 저항은 결코 패하지 않을 그런 것인데, 이는 시인의 상상력이 사물의 근원에 닿아있기 때문이다 : "[…]나는 무어라 말 못할 순수의 목소리 그 빛살 터지는 태초의 아침과 만난다."(「한 때」)

3. 시: 공간의 위상학

— 「정물4」의 파토스에 기대어

〈3-1〉

시간과 공간의 한계에서 숱한 역설이 발생한다. "영원의 모상"[플라톤]으로 간주된 시간,[372] 그리고 이러한 시간을 기초로 지각되는 사물의 '용기'(Container)로서의 공간. 그 두 겹의 테두리 안에서, 그러니까 시간의 공간 속에서, 시간의 공간을 넘어서려 애쓰며 세계의 진실을 꿈꾸었던 철학의 초월 또한 그중 하나였다.

이 역설의 꿈이 남긴 논리는 그러나 추상의 피난처였고, 그곳에

372 플라톤의 시간관에 대한 현상학적 비판은 특히, M. Heidegger, Sein und Zeit, Max Niemeyer, Tübingen, 1972, pp.421-423 참조.

서 공간은 생성 소멸하는 연장에 점유된 하나의 실체(세상의 모든 사물에게 무차별적인 빈 공간)인 듯 표상되며 우리에게 대상(물리적 연장들의 범위)으로 맞선다. 그리고는, 시간을 벗을 수 없는 사물의 속성으로 편재하며 초월을 야기하는 마당이 된다. 하지만 거기에서의 초월이 마주칠 세계의 진실이, 달리 말해 시간의 다양한 양태로서 직관되는 '지금 여기'의 공간을 이탈한 사물의 이념이, 과연 유효한가? "살아있는 것들의 목을 베며 자신을 알리는 시간"[트리스탄 차라][373]의 제단에 처한 인간의 경험으론 도무지 들어갈 수 없는 곳—혹은, 시간으로부터 분리된 공간—에서 조우될 진실, 사실이지 그것은 환영 아닌가? '생의 경험에서 분출하는 시간과 더불어 사물의 의미로서 형성될 공간이 있을 뿐'이라는 명제는 이러한 회의를 돌파하려는 현대철학의 유력한 주장이다. 사물의 경험적 의미가 세계의 진실로서 드러나는 '장소'[374]를 공간의 성립근거로서 규명하는 논리를 달고 있다는 점에서 '위상학'(Topology)의 한 갈래로 분류되는 이 주장은 종래의 인식론에 박혔던 시간초월의 역설을 '시적 사유'로써 해소하려는 존재론적 기획과 내통한다. 무엇보다도 시詩가 장소와 인간의 경험관계 속에서 사물의 '낯선 혹은 새로운' 의미를 통해 공간을 창출하는 내력을 갖기에 그러하다. 이는 따지고 보면 시의 존재론적 면모가 공간의 위상학에 닿아있기 때문이라는 말

373 이하 별도의 출처 없이 꺽쇠괄호 안의 인명과 함께 인용 처리된 문구는 É. Klein ≪*Le Temps*≫, Flammarion, Paris, 1995: 박혜영 옮김, 서울: 1997, pp.17-127 에서 따왔다.

374 장소場所는 시장, 운동장, 집회장, 공연장, 연회장, 공사장, 운동장 등등 인간의 어떤 행위가 이루어지는 곳이라는 의미를 갖는 까닭에 종래의 공간, 즉 영원의 그림자로서의 시간과 짝하며 '용기(容器)'와 같은 것으로 이해되었던 공간을 극복하게 해주는 단서가 된다.

인데, 그러나 어떻게 그럴 수 있는 것인가?

〈3-2〉

수학의 용어 위상학은 예컨대 지하철 노선도가 표상하는 것과도 같은 공간의 구조, 달리 말하자면 지형적 위치의 부단한 변형에도 변하지 않는 공간의 본질을 연구의 주제로 취한다.[375] 그리고, 세계의 진실이 인간존재의 시간 속에서 자신을 의미로서 흘려보내는 사물의 자리가 그 구조와 본질로 여겨질 경우, 위상학은 진실과 장소의 분리 불가한 연관을 말하는 존재론적 공간론으로 변질한다. 그렇게 바뀐 위상학은 연장성 내지 실체성이라는 '공간의 선험적 특질'을 다루는 대신 일종의 가능조건, 즉 '공간의 공간성'에 대한 탐구를 수행함으로써 전통의 인식론적 공간 (마치 세계의 상자와도 같은 용기)에 인간실존의 시간성을 주입하며 삶의 핏기를 대는 전복의 사태를 빚는다.[376] 공간에 대한 사유의 전회로 회자되는 이 사태는 공간의 존재론적 위상학이 물리학적이고 유형론적인 종래의 공간이해를 능가하는 한편, '시적 사유'와 내통하는 사정의 골간이 된다. 이러한 귀결은 '삶의 핏기'와 '파토스'(Pathos)의 관계를 고려

375 É. Klein(1997)은 '위상학'(topology)에 대해 "유한성. 혹은 무한성 같이 적용 가능한 연속적인 변형에도 반응이 없는 공간들의 총체적 속성에 관심을 갖는 것" [p.140]이라고 정의 한다. 위상학적 입장에서 바라보면, 예컨대 원형의 손잡이가 달린 컵과 도넛은 동일한 속성을 갖는데 비해 직선과 원은 그렇지 않은 것이 된다. 존재론적 위상학은 이 같은 수학적 위상학의 견해를 인간경험의 시간차원에서 전용하며 '공간 본질의 속성', 또는 '공간성'을 사물들의 의미출현의 사건으로써 묻는 것이라 할 수 있다.

376 물론 이 사태는 그냥 빚어진 것이 아니다. "직관의 형식"으로써 공간을 설명하려 했던 칸트의 성취에 삶의 내용을 더한 이후에야 비로소 가능했다.

할 때 분명해진다.

우선, 공간의 구조 내지 본질에 대한 탐구가 '공간의 공간성'을 겨냥하고 있는 것이라면, 그것은 공간의 생성방식에 주의력을 집중하며 다음의 물음을 따라갈 것이다. 즉, 공간은 어떻게 열리는가? 물론 이 물음이 멈추는 곳은 눈앞의 사물들이 존재하는 공간적 영역을 외적 직관의 범위확장을 통해 늘리거나 혹은 내적인 상상력을 통해 그 공간적 영역을 구상하거나 하는 사건으로서의 열림이 아니다. 그곳은, 달리 반복하건대, 시간을 타고 '사물의 경험적 의미가 드러나는 장소'로 진입한 인간에 의해 세계의 진실로서 부단히 개방될 공간의 열림이다. 세계의 진실이 사물의 경험적 의미로서 현상하는 이 개방의 장소, 그 공간의 가능근거가 우리에게 기꺼운 것은 그것이 인간의 임의적인 인식태도가 지워진 공간을 창출하는 까닭에서다. 이 경우 적어도 현 단계에서 인간의 그 태도를 지우는 길은 아무래도 하나, 즉 공간에 '삶의 핏기'를 대는 일뿐이다. 이 일은 공간이 열리는 장소를 '인간실존의 시간'으로써 규정할 때 가능한 일이겠지만, 그것만으로는 충분하지 않다. <공간은 우리가 먼저 있고난 연후에 존재하는 그런 것이 아니다>라는 명제가 성립될 때 비로소 인간 인식의 임의성이 초래할 왜곡을 제거할 수 있을 것이기 때문이다. 따라서 더 필요한 것은 그 '인간 실존의 시간'에서 사물로부터 낯설게 밀려오는 의미를 맞아들이는 '진정한 인간실존'의 어떤 능력이다.

공간의 존재론적 위상학은 그러한 능력을 '파토스'라는 말로써 설명한다. 이 말은 일차적으로 외부에 있는 사물로 인해 일시적인 고통 또는 즐거움을 수반하는 감정적 흥분 내지 격정에 사로잡힌 기분이라는 의미를 갖는다. 그러나 이러한 정의가 파토스를 주관성을 띠는 어떤 심적 상태로 규정하는 것은 아니다. “인내하는 것, 감수하는 것, 무엇인가에 자신을 내맡기는 것” 등의 기분들과 연관된 것으로서 이해되는 파토스는 우리의 내부에서 의지로써 솟는 것이 아니라, 사물과 함께 세계의 직물을 이루는 실존의 시간에서 불현듯 생기는 것이기 때문이다. 그리고 이와 동일한 이유에서, 비록 그 기분들이 사물들에서 유래하는 것이라 하더라도, 파토스는 객관성을 띤 감정으로서 규정될 수 있는 것도 분명 아니다. 정확히 말하자면 그것은 사물과 단단히 묶인 인간, 즉, 현상학이 말하는 “세계-내-존재”의 시간성이 불러오는 공간 내재적 수동의 기분인 동시에, 그 기분 속에서 사물에 대한 지향성으로 공간을 펼쳐내는 공간 초월적 능동의 기분이다.

요컨대, 파토스는 우리를 사물의 낯선 의미가 세계의 진실로서 출현하는 장소로 몰입시키는 동시에, 그 의미의 진실을 드러내어 공간을 개시하는 존재론적 정서다; 공간의 열림은 ‘수동=능동’적 실존의 초월에 다름 아닌 파토스를 통해 일어난다. 이러한 위상학적 사건은 인간주관의 작위성을 극복하려는 현대철학의 존재론적 기획에 결정적인 힘을 제공했던 ‘시적 인식’의 본질이기도 하다. 이렇게 보면, “어떤 사실이나 심적인 것들을 그리는 것이 아니라 인간을 근본정서로 빠져들게 하는 것이 예술”[하이데거]이라는 말은 공간의 존재론적 위상학의 예비명제로 읽힌다. 파토스를 통해 조우한 ‘본질의 장소’에서 세계의 진실이 사물의 의미로서 흘러나오는 사방, 그 위상학적 공간은 사물에 대한 ‘시적 인식’을 경유해 시의 존재론적 의미로서 새로이 열리는 시간의 형상(形象)과 다르지 않다. 하지만, 철학이 그러하듯이 아래의 시 <정물4>에서처럼 시 역시 어떤 지형을 언급하지 않고서도 존재론적인 '공간의 위상학'이 될 수 있다.

슬리퍼를 신은 채
연탄재를 들고 나갔다
조릿조릿 쌓는 마음
잘 탄 탄은 가볍고 단단하다
구멍에 모래 같은 것이 튀어나와 있다
연통의 연기는 꺾여 흔적이 없다
조절구를 막아도 바람 겨울 바람은
불을 괄게 한다 다습게 한다
집게를 옥죄며
다 살게 돼 있다고
겨울 없는 봄 없다고
일 없는 들판을 본다
일할 때가 되면 녹는 진창에
탄재가 댓바람에 나설 게다 바람아

지금은 전판 네 때다

<「정물4」 전문[377]>

---

377 윤관영, 《시와 인식》10호 (2009, 겨울호), p.82.

시에서 '세계의 진실'이라는 것은 어차피 생을 견디는 시간의 의미로 밖에 표현될 수 없고, 또 그러하기에 시가 존재론적일 수 있다는 사실을 고려하면, 지금 시가 '사물의 의미로'서 구성해 여는 공간은 우리의 나날이 들고 나는 공간일 것이다. 이때, 일상의 공간이 구성되어 열리는 장소는 어떤 구체의 자리일 수도 추상의 자리일 수도 있다. 하지만 어느 경우든 시가 '장소화된 사물', 즉 '파토스의 시간을 깨워 눈앞의 사물을 늘 처음 같은 눈으로 인지하게 함으로써 세계의 진실로서의 의미의 공간을 우리에게 역사적으로 개방하는 생산물'이기는 마찬가지다. <정물4>의 경우 시인이 시로써 장소화시킨, 그래서 결국은 시인의 시가 '장소화된 사물'일 수 있게끔 해주었던, 사물로서 읽히는 것은 '연탄을 가는 행위'일 것이다. 아닌 것이 아니라, 우리는 그 사물의 풍경을 들어낸 뒤에도 결코 지울 수 없는 것으로 끝내 남아있을 선험의 공간 대신에 그 사물로부터 하나의 장(場)으로서 열려지는 경험적 공간을 이 시에서 목도한다. 공간이 "슬리퍼를 신고 연탄재를 […]조릿조릿 쌓는" 일상의 소소한 장소에서 기분 잡힌 파토스의 시간을 통해—바꾸어 쓰자면, 친숙하게 누리던 일상의 거주공간을 '전혀 낯선 곳'으로 만나게 해주는 실존의 느낌을 통해—시의 의미로서 새롭게 열린다.

시 <정물4>는 그러니까 시로 쓴 공간의 존재론적 위상학이 되는 셈인데, 그러나 이 경우에 그것은 과학이라기보다 차라리 철학이라고 말해야 맞다. 시가 공간의 위상학적 차원에서 말하는 사실, 즉 '연탄을 가는 행위'의 존재론적 의미가 '세계의 진실'의 한 현상(現象)일 수 있는 것은 그것이 개별의 사물에 대해 '외적 경험'으로 파악된 속성들을 표명한 진리 (이상한 듯싶지만, '연탄을 가는 행위'의 경우에 대해서도 이러한 진리의 표명이 전혀 불가능한 것만은 아닐 것이다)를 뜻하지 않기 때문이다. 그리고 그와 같은 진리는 '연탄을 가는 행위'와 같은 사물의 의미를 통해 '세계의 진실'을 드러내며 공간을 열어가는 인간실존의 초월론적 토대, 그 파토스의 시간 위에서 성립 가능하다.

낯설음의 표현 방식과 내용의 강도가 부를 비평적 차이를 괄호 속에 넣어두고 이야기하는 것인데, 철학의 자리에서 보면 모든 시는 적어도 그 '고유성 혹은 본질에 있어서' 공간의 존재론적 위상학이라는 사실에 대해 무차별적이다. 시를 이야기하되, 거기에선 무엇보다도 공간을 개시하고 있는 시 일반의 근원적 본질을 이야기하기에 그러하다. 그러나 시 <정물4>는 그 환원 속에서도 여전히 남아있을 하나의 사안에 대한 중요한 변별력을 우리에게 환기시킨다. 시는 파토스를 통해 때맞춰 진실의 장소로 몰입하고, 그때마다 공간을 연다. 그리고 세계의 진실은 사물의 진실로써 자신의 모습을 나타낸다. 하지만 파토스의 이 공간개시적인 사건이 그냥 일어나는 것은 아니다. 그것은 예컨대 위의 시 <정물4>의 파토스가 "지금은 전판 네 때"라고 진술되었던 시간, 달리 말하면 "겨울"의 궁지를 버티며 "봄"의 노동을 꿈꾸는 시인의 시간 내부에서 발생할 수 있었듯이 실존의 시간을 필요로 하는데, 공간의 존재론적 위상학으로 수렴되는 시의 그 무차별적 환원성 앞에서 우리가 환기할 변별력은 그러니까 바로 이와 같은 '실존의 시간'에 함축된 파토스의 이질성, 더 분명히 말하자면 그러한 파토스의 공간개방성 내지 '수동=능동'의 초월성이 서로 달리 가리키는 공간의 두 양태, 즉 숙명의 파토스와 모험의 파토스에 대한 것이다.

물론, 공간의 존재론적 위상학으로 환원되는 시의 두 파토스는 '시간의 살인'을 기꺼이 실존의 조건으로 받아들인다는 점에서 겉으로 일치한다. 이러한 일치의 국면에선 파토스의 일면인 수동의 정서가, 당연한 말이겠지만, "실존의 시간 속으로 침투된 영원"[키에르케고르]을 포착할 어떤 마법의 정서와, 최소한 논리적으로, 무관하다. 만일 그렇지가 않다면, "존재와 사물의 유한성이 불러일으키는 온갖 결핍"의 느낌 속에서 '이 세계'의 시간은 비록 순간의 사건에 그칠 수도 있겠지만 어쨌든 정지되고, 그런 연후 '이 세계'의 시간에 걸려있는 공간은 생의 활기를 상실하며 잦아들 것이다. 그리고 이로 인해 우리의 삶은 덧없는 허무의 늪에 빠져 '지금 여기'의 세계를 벗어나려는 헛된 욕망에서 뻗어 나온 히스테리의 우울에 사로잡히게 될 것이다. 이러한 경우라면, 그 영원이 "늙은 크로노스의 횡포"[378]로부터 우리를 해방시키고 또한 우리로 하여금 시간의 공간을 비웃으며 유한의 비극을 잊게 해줄 인간의 어떤 피난처로 기억되는 아이러니가 성립되기에 하는 말인데, 거기서 우리가 얻을 수 있는 가치의 최대치는 '위안'일 뿐이다. 그 위안의 의의가 결코 작은 것은 아니겠지만, 그것은 지금 우리에게 정작 중요한 실제의 문제들을 '지금 여기'의 삶에서 해결해 줄 힘이 없다. 그러니 예컨대, "온 마음으로 사랑하는 한 여인에게 입을 맞출 때 시간이 정지하고 따라서 공간도 존재하기를 그칠 것"[슈뢰딩거]이라 했던 한 사려 깊은 물리학자의 이야기가 설령 과언이 아니라 하더라도, 시간과 공간이 증발된 그 절정의 느낌에 우리의 모든 것을 맡길 수는 없는 노릇 아닌가?

---

378 É. Klein(1997), p.122 참조.

중요한 것은 시간에 처한 우리의 운명과 이 운명 속에서 모색할 세계의 진실이지만, 이때의 인식은 '죽음으로써 살고 삶으로써 죽는' 이 공간을 떠날 수가 없다. 올바른 시간과 공간, 즉 시간을 비집고 들어온 어떤 영원이 아니라, 죽을 운명의 삶들이 겪는 [그래서 영원보다 더 소중한] 시간 위에서 펼쳐질 생활의 공간을 확보할 때, 비로소 '이 세계'의 진실에 도달할 수가 있다.

이파리가 몸인 이것
손바닥 같은 호박잎을 손에 얹으면
안지 못한 손
일 안한 손, 호박잎 물든
손금까지 전수 보인다
삶은 호박잎을 보면, 삶은 뭉친 잎처럼 깊어져
생모래 먹었다 뱉는 그 끊어지는,
물속에서 폐음절 울음 들리는, 잉어 보러
강변에 나간다 노는 잉어처럼
강에 박힌 밤하늘이
저냥 보인다

<「칠월칠석」[379] 부분>

아마도 그러한 시간과 공간은 유물론적인, 그러나 어떤 정신의 형이상학이 가리키는 사건보다 더 숭고할 존재론적인, 사건의—위의 시로써 말하자면, "뭉친 잎처럼 깊어진" 삶의 날숨이 마치 거친 "생 모래를 먹었다 뱉는" 물속 잉어의 "폐음절 울음" 모양으로 정지

379 윤관영(2009), p.81

하는 곳에서 우리에게 '화해의 포옹'과 '노동의 생산'을 이어갈 수 있도록 생물학적 기력의 들숨을 다시 채워줄 '식사'(食事)의— 아픈 진실에서 파생될 시간과 공간일 것이다. 시간 밖으로 이어진 '기적의 출구'와 '신성한 장소'가 있다면, 그것은 우리의 머릿속에 아름다운 비의의 (공간 아닌)공간을 건립해 줄 것이다. 하지만 이러한 미적 체험도 생활의 시간이 미치는 모든 곳에서 실존의 원력, 파토스의 힘으로 분출하는 공간이 먼저 있고 나서야 유의미한 것 아닌가? 존재론적 위상학으로 수렴되는 시의 파토스는 이러한 생각을 분명 물리치지 않을 것이다. 그러나 이러한 외적 동일성 이면에는 심각한 차이도 존재한다. 이 차이는 공간을 여는 능동의 정서 이면인 수동의 정서가 띠고 있는 이질성으로 나타나는데, 우리는 이 이질성을 '숙명의 파토스'와 '모험의 파토스'로써 구분할 수 있다.[380]

'시간의 살인'을 어떻게 받아들이느냐에 따라 우리의 공간은 다른 모습으로 열릴 것이지만, 삶의 시간이 내리는 모든 종류의 고통이 결국은 숙명의 정조 아래에서 무화되는 전자의 경우 보다 그렇지 않을 후자의 경우에서의 '능동의 정서'가 아무래도 훨씬 건강하다. 사실은 시 <정물4>의 공간이 그러한 것인데, 이를테면 "집게를 옥죄며/ 다 살게 돼 있다고/ 겨울 없는 봄은 없다고/ 일 없는 들판을

---

380 이 구분을 통해 공간의 존재론적 위상학의 견해는 '장소의 우위'와 '인간경험의 우위'를 차례로 각각 강조하는 <탈(脫)구조주의 및 이와 내응하는 현상학>의 입장과 <구조주의 및 이와 내응하는 현상학>적 입장으로 나뉠 수 있다. 어떤 논자들은 후자에 비해 전자가 위상학적 사고방식에 정확히 부합하는 존재론적 공간이론으로 생각한다. 하지만 후자 역시 '장소'를 통한 공간의 개방 혹은 세계의 구성과 연관된 인간경험을 주장한다는 점에서, 전자에 대해 파토스의 이질성에 상응하는 정도와 양상의 차이를 보일 뿐, 공간의 존재론적 위상학의 범주에 해당한다.

본다"고 말하는 이 시의 파토스엔 시간을 견디는 시간 속에서 힘 있게 공간을 열어젖히는 능동의 파토스가 있다. "일 없는" 휴식의 곤궁을 강요하는 시간의 위력에 순응하되, "때가 되면 녹는 진창에" 뿌려질 "탄재"를 "댓바람에" 밟고 나가 삶의 공간을 다시 펼쳐낼 모험의 정서가 있다.

〈3-3〉

푸코의 말대로 지금은 '공간의 시대'다. 이 시대에 우리의 해방은 어떤 의미에선 '더 나은' 공간을 취하는 일과 다르지 않을 것이다. 관건은 실제의 공간이되, 어떠한 시간의 파토스로 어떠한 실제의 공간을 열어 가는지에 있다. 수많은 비(非)공간이 실제의 공간과 뒤섞여 있으며, 또 생겨난다. 무엇보다도 한결 더 정교해진 하이퍼 리얼리티의 공간이 우리를 유혹한다. 만일 누군가의 예언대로 이러한 의사공간이 위조되지 않은 실제의 공간보다 우리의 다가올 미래의 실천적 경험과 행동에 결과적으로 더 큰 인과적인 영향력을 갖고 있는 것이라면, "실용주의적인 의미에서 그것은 보다 사실적"인 것이 될지도 모른다. 그러나 그렇다하여도 그것은 일면, 그것도 더 큰 부정성을 내포한 일면일 뿐이다. 아무리 멀리 그리고 깊게 응시할 시각기술이 있어도, 또는 실재의 것보다 더 실재 같은 사이버스페이스가 있어도, 그것들이 공간의 실재모습을 자신으로 대체하거나 혹은 그 존재성을 해체하여 치워버릴 수는 없다. "공간의 실재는 정의상 우리들이 그것에 관해서 가지고 있는 이미지로부터 추론될 수 없는 것"[웨버먼][381] 이라는 진술의 타당성에 비추어 볼 때, 중요한 것은 우리의 실존이 시간을 껴안고 확장해갈 공간의 존재론적 깊이와 질이다.

실제의 외부공간들은 내재화된 성찰들로 하여금 자신들의 타자인 외부세계와 직접 대결하게끔 조장한다. 따라서 존재론적 위상학이 말하는 공간은 '인문-사회'학적 주체의 구체성과 함께 '인문-사회'학적 담론(문학, 역사학, 사회학, 경제학 등 순수영역 뿐 아니라 기술, 매체, 문화, 예술, 건축, 디자인 등을 다루는 학문분야에서의 '인문-사회'학적 담론 모두)의 새로운 정치성을 가능하게 해줄 것이다. 이는 무엇보다도 다음의 이유, 즉 공간의 존재론적 위상학의 태도에 입각할 경우 우리는 역사와 사회에 대한 서술의 시간층위들을 "원근에 배치하거나 나란히 병치"[카를 슐레겔][382]할 수 있기 때문이다. 그러한 태도로써 우리는 역사와 사회에 대한 인식주체의 입체적 시각을 획득할 수 있으며, 그렇게 획득된 관점으로 인해 인간 현실의 다양한 층위를 가장 높은 수준에서 '구체적/사실적'으로 파악해내는 '역사적-사회적' 진술이 가능해진다. 그러나 이러한 것들도 예컨대 시 <정물4>에 시사된 것과 같은 건강한 위상학적 '공간과 태도'가 있은 후에야 가능한 일일 것이다.

---

381 D. 웨버먼, <매트릭스, 현실과 시뮬레이션의 사라지는 경계>, S. 지젝 외, 《매트릭스로 철학하기(Matrix & Philosophy)》, 이운경 옮김, 한문화, 2003, pp.260-281.

382 S. Günzel (ed.), Topology: Zur Raumbeschreibung in den Kultur - und Medien wissenschaften, Bieefeld, Transcript Verlag, 2007, pp.48 이하.

7. 시(詩)로써 빚은 존재론의 경지

— 시인 백무산의 경우

1. 새로운 '시의 주체'

시는 일상에 폭력을 가한다. 그러나 일상의 익숙한 것들에 대한 무비판적 체험을 파괴하는 태도를 공유할 뿐 폭력의 양상과 귀결은 시인에 따라 사뭇 다르다. 우선, 일상의 역사를 저항할 수 없는 삶의 실재라 여겼던 업보로 부조리의 덫에 걸려 끝내 '허무주의의 투항'에 짝할 수 있다. 그리고 이와는 반대로, 완벽성을 영위할 어떤 세계로 비약하기 위해 일상을 거부하는, 하여 '이상주의의 도피'와 짝할 수도 있다.

하지만 이럴 경우에 시의 폭력은 현실에 대한 인식을 상실한 채 일상의 야만을 방치, '역사의 진보'를 가로막는 처지로 전락한다. 일상은 현실의 진상도 물론 아니지만, 그렇다고 파괴되어야할 단순한 가상도 아니다. 코지크가 쓴 대로[383] 현실이란 여전히 "사물이나 의미 그리고 관계들이 사회의 생산물로 이해되는 동시에, 인간 자신이 그 사회의 현실적 주체로서 나타나는 세계"이자 "세속화된 천국이나 이미 완성된 무시간 상태의 이미지가 아닌, 인류와 개인이 그들의 진리를 실현해 나가는 과정 속에서 진리가 생성되는 세계"이며, 일상은 "그것을 은폐하면서도 일정한 방식으로 드러내는 현상"이다. 따라서 자신의 폭력성을 '역사의 진보'에 바칠 시라면, 그것은 일상을 깨뜨리는 동시에 그 순간 나타날 현실의 진리에 닿아야 한다. 이럴 때, 시는 비로소 일상의 누설된 야만을 제압할 정치적 권력일 수 있을 것이다. 물론 과거의 숱한 시가 '허무주의의 투항' 및 '이상주의의 도피'와 대립하며 그러한 권력으로서 자신의 폭력을 행사해왔다는 점만을 생각하면 이 말이 새삼스럽다. 그러나 정작 인간의 해방을 향한 역사의 행보가 화두인 지금의 시인들을 고려하면 그렇지가 않은데, 왜냐하면 그들이 의존할 수도 있었던 옛 '시의 주체'가 인간의 욕망에 갇힌 근대의 '인식론적 한계'를 노출하며 정당성의 논리를 잃었기 때문이다. 문제는 거듭날 '시의 주체'일 것이지만, 그들 중 적지 않은 이들이 짧지 않은 시간 동안 자신들의 내면을 끓였던 근래의 사실이 말하듯, 그것은 만만치 않은 반성의 치열함을 요구한다. 친숙한 일상에 폭력을 가해 드러낸 현실의 진리로써 일상의 야만을 제압하며 역사의 길을 텄던 시인들이 새로운 '시의 주체'로 초월하기 위해 보여준 반성의 치열함은 근대를 극복하는 '존재론의 경지'에 이른다. 하지만 그렇다 해도 거기서 성취된 내

383 K. Kosik, *Die Dialektik Des Konkreten -eine Studie zur Problematik des Menschen und der Welt*, Suhrkamp Verlag. Frankfurt am/Main, 1967, pp.18-24 : 『구체성의 변증법』, 박정호 옮김, 도서출판 거름, 1985, pp.22-24.

용의 질은 별개의 문제로 남게 된다. 그들이 잡은 것이 또 다른 투항과 도피일 수도 있을 것이기에 그렇다.

이 글은 그 반성의 치열함이 누구보다 뜨거웠던 시인 백무산이 시의 의미로서 빚어놓은 '초월'론과 이에 수반하는 '진리', 그리고 '역사의 진보'에 대한 사유를 탈근대의 존재론적 입장에서 읽은 후에 그 의의와 한계를 분석한 내용을 담았다. 그런 까닭에, 시인이 도달했어야할 탈근대의 '철학의 경지'에 대한 우회의 언급이 될 이 내용의 진술들은 억압의 온갖 기재와 싸울 또 다른 힘을 찾아 '시의 경지'에 들어선 현대의 철학 일각의 논리와 상응할 것이다.

2. 초월의 진리, 역사의 진보

더 나은 내일을 위해선 더 맑은 진리가 필요하다. 백무산의 시집들인 『인간의 시간』(1996)과 『길은 광야의 것이다』(1999) 그리고 『초심』(2003), 『길 밖의 길』(2004) 등[384]은 이 요청에 시로써 응한 시인의 답변이었다. 이전의 시집들인 『만국의 노동자여』(1988)와 『동트는 미포만의 새벽을 딛고』(1990)가 품었던 근대의 진리가 무너진 자리에서 끓었던 시인의 반성은 더 맑은 진리의 부대로 바뀌려는 존재변형의 의지로 폭발한다. 폭발하여 한 때 가장 맑았다 여겼던 진리조차 '일상의 야만'이게 했던 인간의 욕망을 뿌리째 도려내는 수

384 따로 출처를 밝힌 예외의 시 「스스로 미래가 되어라」 한편을 제외하곤, 앞으로 인용될 시들은 모두 이 네 권의 시집들에 수록된 것들이지만, 인용된 그 시들이 들어 있는 시집들을 각각 명기하지는 않았다. 시집들 간의 어떤 의미의 차이나 변화를 추적하는 것에 의도를 두지 않았으니 그럴 필요가 없을 것이라 판단했기 때문이다.

고를 부른다. "욕망"을 지우며 "대지" 내지 "광야"로 호명되는 진리의 세계로 초월하여 "게으른 역사의 바퀴를 서둘러 움직일" 시의 주체로 거듭나기. 이것은 그런 까닭에 하나의 주제가 되어 위의 네 시집들을 관통한다. 어느 시인이 그 요청에 무심할 수 있었겠는가. 그러나 "내일의 문턱에서 먼저 일어나야 할 것도 역시 인간"[385]이라 단언한 후, "지난 시대에 대한 잘못과 오류를 수정하는 차원의 것이 아니라 존재자체에 대한 근원적인 반성"을[386] 시로써 펼치며 일상, 즉 "감옥이 일상이었고/ 짓밟힘이 일상이었고/ 생존의 공포가 일상이었다/ 반걸음 옆에서 타는 불덩이가 일상이었다"(「생존의 일상」)고 말한 그 '일상'에 시의 폭력을 가해 뽑은 진리의 끈으로 '역사의 진보'에 자신을 고쳐 묶을 길을 대놓고 모색했던 시인의 경우는 사뭇 각별했다. 물론 이러한 사실이 '의도와 결과가 늘 일치하진 않는 것'이라는 명제를 피할 수 있는 것은 아니다. 시인의 존재변형과 그에 따른 진실의 형색이야 시가 말하겠지만, 시인의 초월이 일러줄 진리에 역사의 고삐를 맡겨도 좋은지는 따져볼 일이다.

블로흐는 "희망이란 가장 좋고도 가장 나쁜 유혹이다. 우리를 현혹시키는 희망이 인류를 쇠약하게 하는 사악한 짓을 저지르는 자라면, 구체적이고 진정한 희망은 우리에게 아주 진지하게 선행을 베푸는 자"[387]라고 말하며 역사의 전방에 걸어둘 건강한 희망의 토대로서 가능성의 '현실성', 정확히 말하자면 '일상의 현실성'을 가리키고 있는데,[388] 이 현실성을 결여할 경우 사악함의 병이 들기는 진리

385 백무산, 『인간의 시간』, 창작과 비평사, 1996, p.151.
386 백무산, 『길은 광야의 것이다』, 창작과 비평사, 1999, p.133.
387 블로흐(E. Bloch), 『희망의 원리1-더 나은 삶에 관한 꿈』, 박설호 옮김, 솔출판사, 1995, p.12.

도 마찬가지일 것이다. 아니, 블로흐가 역사의 머리 쪽에 걸어두려 했던 "희망"이라는 것도 사실은 일상의 현실을 체험하며 그 속의 진리를 인식하는 자의 예감 속에서나 가능할 것이다. 일상의 현실성은 구체성과 진정성을 띤 건강한 진리를 인식하며 "더 나은 삶에 관한 꿈"을 심어줄 '시의 주체'가 선취해야할 필요조건이다. 일상의 친숙함에 가려진 세계의 진리를 드러내려는 열망으로 욕망을 초월했던 시인을 두고 적지 않은 평자들이 일상의 현실과 관련짓는 반응을 제출한 바 있다. 이를테면 『인간의 시간』을 다루는 글에서 "그는 자연과의 합일을 위해 산정으로 물러난 것이 아니라 공장, 즉 고통 받는 저잣거리로 돌아오고 있다"고 주장하면서 "눈부신 '화엄'적 통일"의 경지를 감지한 이[389]와, 그 시집에 『길은 광야의 것이다』와 『초심』을 더해 읽고 "현실 속에서 실천적으로 벌이는 새로운 유형의 투쟁"과 "새로운 인식으로 발전"하는 "도덕주의"의 기미 및 "자본의 물신주의에 대한 강력한 대안적 원리"를 포착한 이[390]가 그랬다. 그러나 시들이 함축하고 있는 현실성에 대한 충분한 검토를 앞세우지 않은 그들의 평가는 정도의 차이가 있을 뿐 소박한 독자로

---

388 "깨어있는 꿈 가운데서도 현실적으로 가능한 무엇을 선취하게 해주는 꿈이 분명한 신선함을 가져다준다. 예컨대 유토피아의 기능은 '단순한 희망 사항'(wishful thinking) 속에는 전혀 담겨있지 않거나, 다만 움칫거릴 뿐이다. […]순수한 개인적인 희망 사항은 오래전부터 유토피아를 불신하도록 작용하였다. 그리하여 정치적 실천의 문제에서 그리고, 갈망의 가능성을 다른 곳에서 그대로 전달하는 문제에서 커다란 오해가 발생했던 것이다. 모든 유토피아는 현실과 거리가 먼 추상성을 담고 있다는 것이 바로 그러한 오해였다." 같은 책, pp.274-275.

389 고미숙, 「전복과 생성의 도정」, 『창작과 비평』(1996 겨울호), p.245, 248.

390 정남영, 「바꾸는 일, 바뀌는 일, 그리고 백무산의 시」, 『당대비평』(1999 여름호), pp.293-305. 그리고 「건너는 일과 다시 사는 일」, 백무산, 『초심』, 실천문학사, 2003, p.174.

하여금 시인의 초월과 이 초월이 말할 진리를 비판 없이 받아들이게 할 소지가 많다.

어떻게 보면 초월의 종점이 어디든 시인이 있는 곳이면 거기가 곧 '그의' 현실이고, 거기서 이를 진리 역시 어디까지나 그 세계에서 인식된 것이니까 아무튼 현실의 것이라는 논리도 성립할 수 있지만, 그만큼으로는 부족하다. 정작 문제는 일상의 친숙함을 없애고 야만을 폭로하기 위해 욕망을 뚫었던 시인의 초월이 가리킬 진리가 '우리'와 함께하는 '일상의 현실'의 것인지 아닌지에 있기 때문이다. 그렇다면 중요한 것은 '시인이 들어설 현실'의 질일 터인데, 아래의 시는 그것의 진상을 가릴 단서가 된다.

그리 틀린 말은 아닐 것이다
날 오랫동안 지켜본 사람의 말이라
날 보고 십구 세기에나 살았으면 좋았겠고
이십일 세기에도 어울릴 것 같은데
이 시대에 살기엔 참 곤란한 존재란다

맞는 말이다 난 여태 현실을 한 번도
잡아본 적이 없는 사람이다

과거나 오지 않은 미래도
나는 잡을 수 있겠다
잡히는 것은 현실이 아니다

나비를 잡으니 나비춤은 사라지고

파도를 잡으니 물결무늬가 사라지고
꽃을 잡지만 봄 물결은 사라지고
너를 붙들지만 사랑은 사라지고

잡히는 것은 망상이라는 물건 뿐
나는 아예 손을 털 생각이다
살았느냐고 묻지 않을 생각이다

<「없는 현실」 전문 >

사물에 대한 기다림의 대상인 미래가 주의의 대상인 현재가 되고, 이어서 기억의 대상인 과거가 되는 마음의 흐름이 시간이다.[391] 그런데 시인은 대뜸 현재의 외연인 현실을 잘라냄으로써 말과는 달리 미래와 과거까지 무산시키며 "나"를 근거 없는 기획과 반추의 시간 속으로 끌어당긴다. 하지만 이것은 시의 장치, 말하자면 어떻게 현실을 똑바로 볼 수 있는가? 아니, 그 전에 도대체 현실이 있기는 한 것인가? 라는 형이상학적인 물음을 부리는 전략이다. 시의 진실은 오히려 그러한 물음에 대한 탐색의 원력으로 과거와 미래를 되살리는 길을 통한 현실의 복구와 진입에 이른다. 미래는 아직 오지 않았으며 과거는 이미 가버렸고 현재는 시작하는 그 순간부터 있기를 그친다는 점에서 두 개의 무 사이에 두께가 거의 없는 것이 걸쳐있는 구조가 또 시간이라면, 현실은 "찰나의 가냘픔"으로 시간을 구출

391 Augustinus, *Confessions*, The Loeb Classical Library, Havard University Press, Cambridge/ Massachusetts, 1970 : 『고백』, 김희보 옮김, 종로서적 출판사, 1989, p.305참조.

하는 유일한 보루일 현재의 공간일 것이다. 그렇지만 자신을 경과했거나 경과해야할 것들이 부정될 경우 스스로 파괴될 것이므로 그것은 시간 밖의 정물이 될 수 없다. 있지만 없으며, 없지만 있다. 죽음을 통해 생을 반복한다. 이상하지만 어차피 사물과 상응하는 마음의 흐름 속에 있다한 '대상'이 전개하는 양상이니 불가능한 일도 아니다. 시의 두 번째 연은 이 시간의 존재론을 딛고 나온 낱말들의 집합이다.

머무르지 않기에 잡을 수는 없지만 "나비춤"과 "물결무늬"와 "사랑"처럼 사라지는 방식으로 있는 것. 시인은 현대의 철학에서 회자하는 '움직이는 생성의 현실'을 그렇게 가리켰다. 지금 그가 부인하는 것은 안으로 편입시키기 위해 무엇을 붙들려는 자신의 욕망에게 잡혀 생리를 잃고 소멸할 수밖에 없었던 현실, 그 "망상이라는 물건" 하나다. 때문에 차라리 셋째 연의 "나는 아예 손을 털 생각"이라는, 그리고 "살았느냐고 묻지 않을 생각"이라는 다짐은 '사물과 인간을 임의로 주무르며 일상의 야만을 초래할 욕망'을 넘어선 마음으로 현실을 보겠다는 시인의 '존재론적' 초월의 의지와 결탁하게 된다. 이 의지는 그러므로 어떤 것을 규정하려 드는 객관주의와 주관주의의 인식론적 속내와는 무관하다. 그때마다 마음에 새로운 의미로서 인식될 세계가 '미리 주어진 실재'로 간주되거나 '도모된 어떤 구성물'로 여겨질 턱이 없기 때문이다. 과거를 돌아보며 미래의 희망을 들려줄 '시의 주체'이기 위해 오히려 현실로 진입하려했던 시인의 행보는 이제 자신의 존재를 변형하는 자기반성의 수고와 맞물리게 된다.

언뜻 생각하면 시인의 이 수고가 '예전의' 마음을 정화하는 노동일 수밖에 없을 것 같지만, 벌써 다른 곳에서 그것을 "세상을 비추는 거울인줄 알았더니/ 녹슨 청동거울 보다 못"한 것이 "세상을 지시"하며 "눈에 보이는 것들 살아 있는 것들/ 다 쏴 죽이고서/ 그 시체들이나 잔뜩 쌓아두고 있는"(「마음을 살해하다」) 욕망의 화신으로 단언한 후 처단한 시인에게 그런 추측은 처음부터 당치가 않다. 하지만 어느 누가 있어 마음 없이 세상의 참과 거짓을 헤아리며 고통과 절망에 희망의 물줄기를 댈 것인가. 마음은 없앨 것이 아니며, 없어질 수도 없다. 아닌 것이 아니라, 시인이 애써 마음을 죽인 일은 몸에서 생겨날 마음을 호출하는 전주곡이었다. 채울 수 없는 결핍을 채우려는 무모한 욕망의 뿌리라는 죄명 아래에서 억압된 타자, 그 내부에서 맑은 마음을 길어오라는 '절명의 주문'이었다. 업보처럼 솟아난 것이었지만, 그런 만큼 시인에게 그것은 이미 예탁된 것이었다. 마음을 살해한 이상 처음부터 그 주문에 응할 길은 한 갈래뿐이었기 때문인데, 아래의 시가 그렇다고 말한다.

내 뒤척일 만큼 뒤척여도 밖을 볼
문구멍 하나 뚫어보기 어려웠네

다닐 만큼 쏘다녀도 안을 들여다 볼
까치발 밑 벽돌 한 장 되기 어려웠네

비울 건 몸 밖에 없는데
마음이야 무슨 수로 비우나
쌓이는 먼지 어찌 다 닦나

몸을 비우려네
내 몸 투명해져 밖을 보려 하네

밥통을 어찌 비우나
머리를 어찌 비우나
빈손을 어찌 비우나
몸을 비우려네

비운 몸이 투명해져 안을 보려네

<「몸」 전문>

시인은 지금 마음의 처분을 기다리던 옛 타성을 베고, 자신의 현실을 움켜쥐려했던 욕망을 씻어낸 후 "잃을 것 가질 것 더 이상 없는 눈"(「쇠의 눈」), 맑디맑아 겉과 속을 두루 보는 마음의 새 창을 단 몸으로 '시의 주체'가 되려한다. 그러나 의지가 그렇지, 여전히 욕망에 아주 민감하게 반응하는 감각의 노예로 실존하면서 저항하기 힘든 타락의 욕정으로 우리를 오염시키는 것이 우리의, 그리고 시인의 몸 아닌가. 시인이 들어설 현실'의 질은 고사하고, 우선 그렇게 비루하고 음습한 몸이 어떻게 스스로의 힘으로 금욕의 경지에 이를 수 있는가? 결국은 자신의 것이 되었던 이 회의를 시인은 몸에는 '시원적 자연성'[392]이 있다는 탈근대의 고고학적 귀결 한 구석을

392 몸의 이 '시원적 자연성'을 두고 <박혜경, 『세기말의 서정성—90년대 시의 내면풍경』, 문학과 지성사, 1999, p.112>은 다음과 같이 말하고 있다. 즉, "몸에는 언제나 그 욕망과 감각의 세계가 몸과 관련된 제도화된 규정의 틀 속으로 완전히 환원될 수 없는 잉여부분, 바로 감각적 사유(私有)의 영토가

받아들임으로써 떨쳐냈다. 몸의 욕망을 벗기기 위해 조용하지만 치열했던 반성의 성취를 그린 시 『물 위에 있네』가 그러한 사실을 입증한다.

사람 하나 기다리네
냇가 풀섶에 앉아
건너 방천둑에 미루나무 한 그루
물위에 거꾸로 비치네

두 시간 세 시간 네 시간
약속을 잊어먹었네
그 사람을 잊어먹었네
긴 여름해가 중천에서 기우네
여섯 시간 일곱 시간 여덟 시간
눈앞 풍경이 무게를 잃네
기다리는 나도 무게를 잃네

존재하고 있다(…) 몸이 지닌 '사유'성(私有性)은 몸의 감각이 근본적으로 제도에 의해서 완벽하게 통제될 수 없는 생물학적인 자체의 발생구조를 가지고 있다는 데 있다. 말을 바꾸면 몸 내부의 심연 속에는 여전히 제도적인 삶의 차원으로 넘어가기 이전의 어떤 '시원적 자연성'이 내재해 있는 것이다. 물론 그러한 생물학적인 자연성 또한 수많은 이데올로기적 감각장치들에 의해 끊임없이 왜곡과 훼손을 겪어왔지만, 그럼에도 불구하고 몸 내부의 고유한 생물학적 자연성은 제도적 이데올로기에 의해 끊임없이 오염 당해온 몸의 영토에서 그 이데올로기적 오염에 대한 저항적 담론의 자리를 가능케 하는 근본적인 바탕을 이루는 것이라 할 수 있다." 물론, 몸의 '시원적 자연성'의 "생물학적인 자체의 발생구조"는 물리주의의 차원 너머의 것으로 보아야 한다. 실제로 그것을 생물학적인 입장에서 뿐 아니라 '새로운 형이상학'의 입장에서 다양하게 해명하는 탈근대의 철학적 관점들, 이를테면 '생물-형이상학'(예컨대 '신경-현상학') 같은 것이 존재가능하기 때문이다. 따라서 보다 중요한 것은 어떤 "시원적 자연성"인가이다.

풍경은 풍경으로 남고 나는 나로 남네
수면에 비친 그림자처럼

그 사람이 말했네
인생 전체를 잃어버리라고
인생 전체를 타파하라고

물위에 거꾸로 비친 미루나무 한 그루
물위에 비친 나와 함께
물위에 있네

<「물위에 있네」 전문 >

늘어나는 기다림의 길이에 비례해 주위의 것들은 "나"에게서 조금씩 멀어진다. 온종일 버티다가 단념할 즈음엔 구심력을 상실한 "나"로부터 마침내 사물들이 풀려나며 "나"는 눈앞의 풍경과 분리된다. 그러나 이 분리는 예기치 않은 뜻밖의 분리로 끝나지 않고 수면에 나란히 비친 "나"와 "미루나무"처럼 두 개체로 하여금 보고 보이는 주와 객의 신분을 허물고 시간과 공간을 공유하며 하나의 세계를 이루게 한다. "미루나무"가 "나"와 함께 보고 보인다. "나"는 자신을 보고 자신에게 보이며, "미루나무"를 보고 그것에게 보인다. 이처럼 시는 일련의 역설로 시각의 본질을 뒤집는 감각경험의 비밀을 숨기고 있다. 보는 것은 사물 속의 보이는 몸이므로 마음 역시 몸의 외부에 있지 않다는 시의 현상학적 전언[393]은 몸을 마음의 타

393 M. Merleau-Ponty, *L'OEil et l'Esprit*, Gallimard, Paris, 1964. pp.18-19 참조.

자에서 주체로 격상하는 시인의 존재변형을 함축한다. 시인이 얻은 것은 마음을 갖는 몸, 그러니까 생각하는 몸이었다. 타자가 환생한 자이니 타자를 동화시킬 이유가 없을 이 주체 아닌 주체는 단숨에 무욕의 품성을 획득한다. 그리고는 세상의 온갖 것들과 교감하는 의미의 시간 위에서 "모든 생명이 하나가 되는 기쁨의 축제"를[394] 벌이며 "몸을 풀어 나누듯이/ 숨을 마시고 토하듯이" "대화와 공정한 나눔의 약속"(「자연과의 협약」)을 주고받는 열린 공간을 건축한다. 이 시간과 공간은 우리 인간들 사이에도 있다. "잡는 나와 잡히는 나무와/ 듣는 나와 소리를 내는 새와/ 들어온 물건과 비추는 물건 모두/ 나 아닌 것 없으니 나인 것도 없고"(「예감」) 같이 다른 몇몇 시에서 되 읊어놓은 "나"와 사물의 결속력은, 어떤 사람이 물위에서 아른댈 "나"와 "미루나무"를 가리키며 그것이 "나"를 보면서 "나"에게 보이고 저를 보는 동시에 저에게 보인다고 마저 말할 수 있듯이, 심지어 사물간의 틈까지 미칠 것이기 때문이다. 시인은 욕망을 접은 나와 너와 그가 공존하며 의미를 생성하는, 그래서 "누가 중심인지/ 알 수가 없다/ 알 필요도 없어졌다// 중심은 처음부터 무수하다"(「촛불 시위」)라고 쓰게 했던 몸의 '시원적 자연성'에서 자신의 윤리성을 확신한 것이다.

일상을 겨냥한 비판미학의 새로운 무기가 될 시인의 이타성이 매혹적이다. 그러나 아직 그 현실성을 검증 받지 못한 시인의 '몸의 마음'을 욕망을 깨고 나왔다는 이유 하나만으로 섣불리 믿을 수는

394 백무산, 「스스로 미래가 되어라」의 한 구절, 『매일 노동뉴스』, 2004년 5월 3일자. (조정환, 「바람의 시간, 존재의 노래」[백무산, 『길 밖의 길』, 갈무리, 2004], p.131에서 재인용.)

없다. 그것이 일상의 이면일 일상의 현실로 초월한 '시의 주체'이려면, 일상의 끈을 놓지 않고 욕망의 해소를 충족하는 몸이 있어야한다. 그리고 그런 몸이려면 무엇보다도 욕망에 치어 사는 자신의 또 다른 모습을 망각하지 말아야한다. 달리 말하자면 욕망과의 단절이되, 어디까지나 욕망에 처한 자신 스스로의 힘으로 욕망을 이겨내는 내재적이고 자율적인 단절이어야 한다. 욕망은 "개인의, 삶의, 사회의, 역사의 진행을 지배하는 시간의 조직이며 리듬인 일상"[395]의 코드다. 그리고 욕망이 다양한 양상으로 표출되는 그 일상은 "구체적인 현실을 은폐하는 사이비 현실이면서도 동시에 일정한 방식으로 그것을 드러내는 현상의 세계"라 했으니, '욕망의 몸' 안에서 욕망을 극복하지 못하는, 그리하여 일상 속에서 일상을 넘지 못하는 몸은 공존의 방식을 익힌 존재가 아니라 독존의 태도를 터득한 존재가 될 것이다. 시인은 이 사실을, 그러니까 '시원적 자연성'의 또 다른 가능성을, 이를테면 현대의 철학자 메를로-퐁티나 들뢰즈 같은 이들이 도달했던 '시의 경지'에서 나타난 몸의 '시원적 자연성'[396]을

395 K. Kosik, *Die Dialektik Des Konkreten* p.71(p.66). 그대로 따오지 않고 '사회의'라는 말을 첨가했다.

396 M. Merleau-Ponty, *Sens et Non-sens,* Gallimard, Paris, 1948. pp.15-44. *L'Œil et l'Esprit,* p.19. 그리고 G. Deleuze, *Francis Bacon, The Logic of Sensation,* tr. Daniel W. Smith, University of Minnesota Press, Minneapolis, 2003, pp.31-47 참조. 이 책들에서 메를로-퐁티와 들뢰즈는 "시원적 자연성"을 갖는 몸을 "살"(la chair)과 "고기"(la viande)로서 명명한다. 우선 화가 세잔의 몸이 그러했던 것처럼 메를로-퐁티의 "살"은 "보며 동시에 보이는 구조"를 갖는다는 점에서 시인의 「물 위에 있네」가 가리켰던 몸과 흡사하지만, "많은 사물들 중 하나로서 사물들과 함께 세계의 조직을 이루는 동시에 몸의 물질적 배열의 결과로 존재하지도 그 배열에 선재하지도 않는 내면성을 갖는" 까닭에 구체의 일상에 내재할 "생물학적" 속성을 충분히 확보하고 있다는 점에서 그것과 상이하다. 그리고 그런 만큼 몸의 "시원적 자연성"의 질도 다르다. 한편, 가타리와 함께 쓴 『안티 오이디푸스』(Anti-Oedipus)

간과했다. 그가 도달한 곳은 "풍경"을 놓치고 "그 사람을 잊어"버린, 그래서 결국은 욕망만 아니라 일상의 지평인 타자까지 초월하는 "나"에게 빗장을 연 세계일 뿐, 사물 속에서 타인과 함께 빚어내는 욕망의 균열 아래로 비친 세계가 아니었다. 타자와의 이러한 분리는 대화의 소멸이겠지만, 그럼에도 시인의 초월이 대상을 향한 욕망을 거두고 타자에 동화될 수 있었던 것은 분리로써 분리를 잇는 아이러니 덕분이었다. 하이데거는 "현존재"의 '세계-내-존재'성을 논하는 중에 "고립은 사실상 세계 안에 함께 있음을 지시한다. 타자의 결여라는 것은 함께 있음의 '안에서'(in), 그리고 함께 있음에 '대해서'(für)만 가능한 것이다. (…)고립은 함께 있음의 결여된 양상이며, 이로 인해 고립의 가능성이야말로 오히려 함께 있음의 증표가 된다"[397]라고 『존재와 시간』에서 진술했는데, 아마도 분리를 대하는 시인의 생각이 분명 이와 같았을 것이다. 하지만 그렇다하더라도 이 경우의 '우리'관계는 분리를 위한, 그것도 분리 후에 곧바로 소멸하는 논리의 사다리에 지나지 않기 때문에 시인의 존재변형은 일상의 무게를 상실한 채 공중으로 뜬 '나'의 이상주의적인 "실존적 수정"에 그치게 된다.[398] 시인이 몸의 '시원적 자연성'에서 찾은 '시

에서 욕망에 순응하거나 탈주하는 행위의 원점이자 교차점으로 설명되며 "기관 없는 신체"(body-without-organs)라 불렸던 [W. E. Holland, *Deleuze and Guattari's Anti-Oedipus : Introduction to Schizoanalysis,* Routledge, London & New York, 1999, pp.93-94 참조] 들뢰즈의 흡사 알[卵]같은 몸, 혹은 "고기"는 화가 베이컨의 회화에 나타난 몸에서처럼 완연히 "생물학적"이다. 그런 만큼 메를로-퐁티의 경우에 비해 구체의 일상에 한결 더 단단히 매인다는 점에서 그가 도달한 몸의 '시원적 자연성'은 또 다른 것이 된다.

397 "Das Alleinsein ist ein defizienter Modus des Mitseins, seine Möglichkeit ist der Beweis für dieses". M. Heidegger, *Sein und Zeit,* Max Niemeyer Verlag, Tübingen, 1972. p.120.

의 주체'는 사실은 '욕망으로부터 자유로울 수 없는 몸'의 마음이 아니라 '욕망으로부터 온전히 벗어난 아주 깨끗한 몸'의 마음이었다. 시인은 자신의 가능성을 타자와 연결된 욕망의 회로 속에서 일상의 기능을 수행하는 일로부터 한시도 자유로울 수 없는 실제의 몸에서 찾지 않았다. 언어에 대한 사유의 깊이가 육화(肉化)한 시들은 백무산이 치른 이 추상의 대가를 선명히 보여준다.

이제야 말하는데, 시각의 역설을 통해 인식론적 주체[마음]에서 존재론적 초월의 주체[몸]로 변신한 시인이었지만 아직 그는 눈을 가운데에 둔 인식과 존재의 역전이 언어를 축으로 해서도 성립한다는 사실을 증명하지 못했다. 만일 이 사안을 해소하지 못했더라면 시인은 인식의 언어가 사라진 침묵의 출구에서 어렴풋이 연기처럼 흩어지는 세계의 의미를 방관할 수밖에 없었을 것이다. 사실은 그렇지 않았다는 말인데, 그럴 수 있게 했던 것은 상식을 녹이는 전복의 구도로 침묵과 말의 관계를 고치면서 언어를 살려낸 시인의 철학적 반성이었다.

꽃도 이름을 가질 수 있어
꽃이름도 알고 불러주어야 하지만
자꾸 억지 이름을 달아 무엇에 쓰나
정다운 우리 들꽃 이름 부른다지만 그 품에 어울리는
꽃이름 몇이나 되나
일하는 사람들이 부른 이름

398 송석랑, 『언어와 합리성의 새 차원』, 충남대학교출판부, 2003, p.182 이하 참조.

아니고선 제 이름이 있나

꽃은 뒷전이고 이름을 보나
이름 없는 걸 이름 불러 깨운다지만
어둠에서 밝은 곳으로 불러온다 하지만
나는 밝고 너는 어둡단 말이지

내가 당신을 애타게 부르지만
실은 내 욕심을 부르는 것 같아
오늘도 나는 당신 이름 어떻게 잊을까
그 생각뿐이네

<「이름」 전문 >

"내가 그의 이름을 불러주었을 때/ 그는 나에게로 와서 꽃이 되었다"며 대상에 대한 이름, 즉 언어의 존재론적 우위를 강조했던 김춘수의 「꽃」과 대척인 듯 보이는 시지만, 그렇지가 않다. 오히려 시는 언어의 주체 "나"에 대한 첫 연의 회의와 둘째 연의 체념을 통해, 재현적인 관념의 개입을 차단하며 대상의 존재를 순수한 언어의 힘으로 귀속시킴으로써 사물에 대한 언어의 우위를 극한으로 밀어붙인다. 언어를 체념하는 시인이 "꽃"과 "당신"과 함께 빠져드는, 따라서 말의 단순한 침묵이 초래한 의미의 부재가 아니라 '말하고 싶은 언어의 대상'과 '언어를 말해줄 주체'가 모두 파탄한 무의미의 침묵이 되는 세계의 몰락이 시를 그렇게 만든다. 왜냐하면 중단된 언어가 회생하며 대상과 주체를 다시 건립하는 세계복구의 반전이

이 몰락의 한 복판에서 일어나기 때문이다. 언어에 대한 통제를 포기하고, 그래서 언어를 잃을 것처럼 보였던 시인이 침묵하지 않고 무의미의 의미에 대해 시를 쓴 것이다. 「이름」은 말의 '단순한 침묵' 이전의 침묵이 진술한 시다. 그것은 예컨대 "내 침묵에 내가 잠긴다/ 숲이 숲 같지 않구나/ 새들이 새들 같지 않구나/ 내 몸 밖의 것 같지 않구나"(「숲」)라고 독백하는 시처럼 사물과 '나' '내 몸'과 '내 마음'을 침묵이 하나로 섞어놓지만 무의미에 함몰하지 않고 하나의 의미를 발음하는 시다. 그러고 보면, 시인에게 체념은 언어를 폐기하는 것이 아니라 전혀 새롭게 언어를 사용하는 방식을 뜻한다. "가장 깊은 슬픔에 내재한 가장 높은 기쁨"은 여기에도 있었다.[399]

감각의 땅에서 의식의 땅으로 의미를 날라줄 언어를 얻어 시인이 존재변형을 완수할 수 있었던 것은 침묵과 말의 역전을 안고 있는 이 역설의 결과였다. 그러나 사물과 시인에 앞서 있는 침묵에서 유래하는 이상, 시인은 언어에 대해 아무런 주권도 행사할 수 없는, 달리 말해 의미의 생산자가 아닌 소비자로 전락한다. 생산은 타자의 소관일 수밖에 없는데, 이러한 사실은 '타자의 입장에 서면 그 역시 타자'라는 역 판단과 붙어 <실체 없이 있는 제 삼의 타자로부터 의미가 도래한다>는 희한한 단안을 도출함으로써, 자력으로 타자에게 접근할 통로를 봉쇄하게 된다. 그럼에도 불구하고 백무산은 "하나를 모두가 누리고"(「하나인 사랑」) 사는 세상을 꿈꾼다. 존재하지 않으면서 존재하는 어떤 힘의 조정기능을 믿지 않고서는 불가능한 일이다. 언어의 주권상실은 타자와의 능동적 관계상실의 다른 말임

---

399 M. Heidegger, *Unterwegs zur Sprache*, Vittorio Klostermann, Frankfurt, 1959, p.222.

을 생각하면, 이러한 귀결은 타자와의 단절을 단절로써 잇던 초월의 논리를 성립시킨 것이 언어의 뒤에서 무로서 작용하는 '어떤 존재'였음을 말해 준다.

모든 것을 하나로 수렴하는, 그래서 각자가 단절의 몸으로 들어가도 결국은 하나가 되게 하는 의미의 지평을 내주는 이 '어떤 존재'를 지시하기 위해 시인은 "세상의 모든 소리가 일어나는 자리"(「에밀레」), "푸른 강물"(「그녀가 사는 곳」), "둥글고 환한 것"(「흰 언덕 붉은 골짜기」) 등 주로 여성성의 생성 이미지를 빌려 표현하고 있지만, 그것들은 전부 인간의 시간 이전부터 있었을 신비한 운명적 근원을 상징하는 진상에 걸려 있다. 이 묘한 형이상학 안에서 우리는 한 평자가 정확하게 지적한 "보편주의로 대표되는 끝없는 언어의 권력"[400]을 읽으며 시 주체의 추상성을 다시 확인하게 된다. 일상성과 함께 능동성과 자율성을 박탈당한 인간을 목격한다. 타자와 구분되지 않는 몸으로 "역사의 수레바퀴"를 재촉할 '시의 주체'로서 거듭나고자했던 시인의 바람 배후에는 '일상의 현실'을 살아가는 구체적인 개인의 자율성과 능동성의 유기가 있었던 셈이다. 그런 그에게선 타자와 부딪치며 그와 더불어 서로의 욕망을 극복하는 피와 땀은 보이지 않는다. 시인의 의지가 아니더라도, 어쨌든 욕망은 초월해야할 대상이다. 그러나 자신을 다스릴 '몸의 마음'의 힘과 존재의 장을 공유하는 욕망이 있으며, 자신의 타락을 다스릴 '몸의 마음'의 힘이 될 건강한 욕망, 이성적인 혹은 도덕적인 욕망도 있다.[401]

---

400 유성호, 『침묵의 파문』, 창작과 비평사, 2002, p.154.
401 슈벨(M. Chebel), 『욕망에 대하여』, 서민원 옮김, 동문선, 2001, pp.23-49 참조.

그러니, 달리 말하면, 일상의 현실에 닿기 위해 '몸의 마음'이 초월할 것은 우리 안에서 우리를 공격하는 욕망에 굴복하거나 타협하는 삶이다. 욕망은 철저히 인간적이기 때문에 인간의 증표가 되며, 욕망자체를 이탈한 몸은 인간성도 이탈하게 된다. 욕망의 운명 속에서 욕망을 이기는 것, 그리하여 일상의 삶과 이것이 일상 속에서 빚어낼 현실의 진실마저 쓰러뜨릴 사태를 차단하는 것. 그것이 인간의 초월일 것이다. 따라서 초월도 초월이지만, 중요한 것은 초월의 형태다. 시인의 경우에는 몸을 뚫느냐 마느냐 둘 중 하나였지만, 결국 그는 몸의 울타리를 넘었다.

잠시 졸았나보다
저녁 귀갓길 버스 차창에 기대어
여긴 어딘가, 내릴 곳을 지나쳤나
낯선 거리 불 밝힌 풍경이 환하다
어쩐지 모든 것이 있을 곳에 그대로 있고
거리거리가 그대로 정겹다
그 안에 내가 풍경인 듯 비치고

그러나 이곳은 내가 지겹도록 다니던 거리
내 답답한 삶이 구석구석 배인 거리 아닌가
방향 감각을 찾고 보니 그만 환하던
거리의 불빛들이 때 전 듯 흐려진다
가쁜 숨 몰아쉬며 뒤엉켜 혼탁하던 거리로 바뀐다

누가 세상을 허망하다 하나

허망한 것은 내 눈과 습관이다
누가 육신을 부질없다 하나
부질없는 것은 내 생각과 관념이다

나를 살아온 건
나에게 붙어 기생해온 습관들
아니면 습관에 내 삶이 기생해왔다
이제 이곳은 내가 내릴 곳이다

<「내가 내릴 곳」 전문 >

시인이 허망하고 부질없는 옛 마음의 "눈과 습관", "생각과 관념"을 거부하고 "가쁜 숨 몰아쉬며 뒤엉켜 혼탁하던 거리", 그 힘들고 지겨운 "육신"의 세계와 부닥치지만, 거기에서 환한 무욕의 심상을 내는 것은 유리창을 사이에 두고 "내 답답한 삶이 구석구석 배인" 세상을 관조하는 몸의 마음이지 결코 그런 세상과 얽혀있는 몸의 마음이 아니라고 시는 말하고 있다. 애써 마음의 욕망을 넘어 몸으로 가지만, 시가 궁극으로 취한 것은 타자와 관계하는 일상의 세계를 살며 자신에게 숙명처럼 따라붙는 욕망을 안고 욕망을 극복하는 몸의 마음이 아니라 그것으로부터 멀리 떨어져 보는 몸의 마음이다. 그러니까 시인이 초월로써 찾은 것은 사유를 '육'(肉)화하는 존재가 아니라 차라리 몸을 '사유'(思惟)화하는 존재라고 말해야할 '시의 주체'다. 이 주체는 '육화된 마음'이 아니라 '사유화된 몸'으로 인식한다. 이 경우에도 인식의 주체는 몸이라 여길 수 있을 것이지만, 그러나 이 몸은 결과적으로 이미 일상의 욕망과 인연을 끊을 몸이다.

그러고 보면, 시인의 몸이 '시원적 자연성'을 "실존적 수정"과 짝지었던 하이데거의 "현존재"를 닮은 것은 우연이 아니었다. 실제로 그는 다른 책에서 "손의 모든 활동은 사유에 근거한다. 바로 이런 이유로 인해 사유는 가장 순수한 차원의 손작업이지만, 그러나 그러니 만큼 때맞춰 실행되기 가장 어려운 손작업이기도 하다"[402]고 교설함으로써 손을 통해 몸의 본질을 '현존재적 사유'로서 피력한 바 있기 때문이다. 물론 이러한 사유는 예전처럼 몸을 "죽은 관념의 덫"(「눈이 왔네」)에 종속시키지는 않을 것이다. 하지만 그 사유가 말 내지 언어로부터 오고, 이 말과 언어가 "바람을 만나거든 말을 붙이지 마라/ 산을 만나거든 중얼거려서도 안 된다/ 물을 만나더라도 입 다물고 있으라/ 그들이 먼저 속삭여올 때까지"(「침묵」)에서 나타나듯 몸과 '몸의 연장'인 사물에 앞선 '침묵 이전의 침묵'에서 유래한다는 입장에 걸려있는 한,[403] 시인은 '일상의 현실'을 주·객관

402 "Alles Werke der Hand beruht im Denken. Darum ist das Denken selbst das einfachste und deshalb schwerste Hand-Werke des Menschen, wenn es zu Zeiten eigens vollbracht sein möcht." M. Heidegger, *Was Heisst Demken?*, Max Niemeyer Verlag, Tübingen, 1971, p.51. 하이데거의 이 말에 한 논자는 이렇게 언급하고 있다. 즉, "손이 촉감적인 것처럼 생각하고 말하고 특히 행동하는 것도 촉감적인 것이다. 말과 몸과 사유는 서로 분리되는 것이 아니다. 말을 사유 아래에 종속시킬 수는 없다. 실제 말하기보다 말에 대한 사유가 선행한다고 한다면, 몸에서 이탈된 사유가 몸을 종속시킨다는 고루한 <형이상학적 오류>를 범하게 된다. 두 다리로 걷는 것처럼 우리는 두 손으로 말하고 생각한다. 생각하는 것이 손재주라면, 그 반대, 즉 '무'사려(thoughtlessness)는 인간과 사물 모두를 포함한 외부세계와의 접촉이 차단되거나 피부로 느끼지 못하는 '피부마비'(cutaneous alagia) 상태라고 할 수 있다" <정화열, 『몸의 정치』, 민음사, 1999, p.71>. 그러나 이 언급은 "말과 몸과 사유"의 일원성이 몸 혹은 사물에 앞서 있는 "언어의 본질"(das Wesen der Sprache) [M. Heidegger, *Unterwegs zur Sprache*, p.200] 로서의 "언어의 존재"에서부터 유래한다는 사실을 반영하지 않고 있기에 몸의 존재성에 대한 변별성을 보여주진 못한다.

403 앞서 언급한 시 「이름」, 「숲」과 함께 이 시 「침묵」이 말해주듯, 침묵을 뚫

의 때를 벗은 '순수정신의 현실'로 대체할 신종의 관념과 이상에 빠질 수밖에 없으리라는 비판을 피하기 어렵게 된다.

이렇게 본다면, 시인에게 몸은 시작부터 구체의 '일상의 현실'로 들어가는 입구가 아니라 거기에서 나가는 출구였다. "바로 세우자니 통조림처럼 숨막히고/ 기운 채 두자니 세상과의 불화가 끝이 없구나"(「문」)라는 탄식을 남긴 후, "마침내 자신의 몸 하나 / 마저 비워버리고"(「풀씨 하나」) "텅 빈 구멍하나"(「감은사지」), 그 추상의 세계로 재차 도약하는 초월의 발판이었다. 이래서는 '시의 주체'가 끝없이 과거가 미래로 전환되는 구체의 시간에서 나타나고 스러질 현실의 빛과 그림자를 제대로 인식할 수가 없다. 이 경우 시의 진리가 있다면 그것은 삶의 욕망이 분출하는 일상의 세계에서 인간이 상호 작용하는 시간의 어디가 아니라, 타자와 절연한 자가 확인할 수 없는 '어떤 힘'에 기꺼이 순응하는 시간의 어디에서 생성한 것이다. 하지만 그 진리가 너무 맑고 차다. 그러나 시인은 아랑곳하지 않고 타자를 '통해' 타자를 넘음으로써 무욕의 경지에 이르는 몸의 세계를 "대지"라 명명한 후, 역사가 먹고 자랄 진리의 발생지로 삼는다. 어찌 보면 한 논자의 말대로 그 세계를 "아직 탐사되지 않고 남겨졌던 현실"[404]로 여길 수도 있지만, 이미 그 현실은 '너와 나'가 더불어 처해있는 현재의 공간이 아니다. 하나의 욕망이 다른 욕망을 제압해 가는 "인간의 시간" 대신에 욕망자체를 부수며 들어선 "대지의 시간"에서 '역사의 진보'를 확신하는 시인의 낮고 단호한

고 나올 타자의 음성을 시인이 숨죽여 기다리려야하는 이상, 언어는 시인의 것이면서 시인의 것이 아니다.

404 김진수, 「길이 끝난 곳에서 시작되는 길—최승자 · 백무산의 시집」, 『문학과 사회』, (1999 여름호), p.776.

음성에서, 비록 그가 "대지의 시간"을 통해 "다시 인간의 시간"[405]을 말한다 해도, 짙은 무력감이 새는 것은 미래를 깎아 과거를 늘릴 현실의 이 같은 형상 때문이다.

"사욕"과 그것의 지향점인 "권력"을 버리지 않은 자가 "꿈꾸는 것은 더 이상 해방이 아니라 사유물에 대한 관심"(「중력장」)일 뿐이라는 깨달음으로 '더 나은 삶'의 희망을, 아니 꿈을 다시 노래하는 시인의 저력은 구체 없는 추상이었다.

일사불란한 지휘계통도 없이
모든 것이 모든 것에 순응하는 지휘계통
흙 알갱이 하나하나 수소처럼 가볍다
새들도 숨을 죽인다

대지의 시간은 인간의 시간을 거역한다
소모와 죽음의 행로를 걸어온,
날로 썩어가고 황무지만 진전시켜온
죽은 시간을 전복시킨다
대지는 단절을 꿈꾼다
모든 것이 모든 것에 순응하는 지휘계통
대지는 이렇게 혁명을 하는 것

잠든 씨 알갱이들과 언 땅 뿌리들을
불러내는 것은 봄이 아니다
스스로 자신을 밀어 올리는 것

---

405 백무산, 『인간의 시간』, p.151.

생명의 풀무질을 충만하게 가두고
안으로 눈뜬 초미의 주의력을 늦추지 않는 것
시간과 봄은 생명력의 배경일 뿐

역사가 강물처럼 흐른다고 믿는가
그렇지 않다
단절의 꿈이 역사를 밀어 간다

<「인간의 시간」 부분>

끝 행의 "꿈" 바로 앞의 "의"를 아래의 체언이 위의 체언에 소속 소유됨을 나타내는 관형격 조사로 읽는 일도 온당하다면, 이 시에서 "꿈"은 두 개다. "대지"는 역사를 밀어갈 "단절의 꿈"을 위해 "단절을 꿈꾼다." 그런데 이미 욕망을 초월한 시인의 세계인 "대지"의 단절을 꿈꾸는 행위가 현재형이다. 이는 "단절"이 한 번에 완결되지 않고 순환의 과정 위에 놓여있다는 것을 의미한다. 순환의 과정은 무욕의 "단절의 꿈"을 재생산하기 위해 "단절을 꿈꾸는" 운동의 반복이다. 이 운동은 겉으로는 "단절의 꿈"과 대응한다. 그리고 안으로는 그것의 토대가 되는 '진리'의, 혹은 「길은 광야의 것이다」에서 그것과 동의어로 표기되고는 "길은 대지 위에 있으나/ 길은 자주 대지를 단순화 한다/ 때로는 대지에서 자란 우리를/ 대지에서 추방하기도 한다/ 우리가 헤쳐 온 길이 우릴 버리기도 한다/ 길은 자주 대지의 평등을/ 욕망의 평등으로 변질시키고/ 대지의 선한 의지를 권력의 사욕으로 타락 시킨다"라고 해명되었던 "길"의 가변성에 대응한다. "길"의 가변성에 수반하는 "단절"의 반복운동은 욕망과 싸우

는 "혁명"의 지속으로써 부단히 자신을 변모시켜 끊임없이 욕망을 떨어내는 "단절의 꿈"이 생성될 "대지"의 본질을 가리킨다. 시인은 이 본질의 "대지"를 일러 "광야"라 했다. 시의 제목이 되어버린 그의 선언, "길은 광야의 것이다"에는 이유가 있었던 것이다. 사실 '이행이되, 떠나온 곳으로 다시 돌아와 머무는 재귀적 이행'이 초월이라면, 처음부터 욕망 앞의 노출은 시인의 어찌할 수 없는 운명이었다. 그 결과 알게 모르게 끊임없이 스며드는 욕망이 꿈을 변질시키며 "대지"의 진리를 앗아간다. 때문에 늘 꿈의 유효기간에 시달리는 시인은 "이미 난 길은 길이 아니네"(「한 걸음」)라는 자각을 딛고 신생할 "단절의 꿈"을 찾아 진리의 "대지"로 떠나곤 하지만, 그것은 언제나 다시 돌아오기 위한 약속의 시작이 된다. 여기에 확정된 계획의 유토피아는 없다. 그때마다 생성하는 "단절의 꿈"이 곧 유토피아다.

생각하는 자 앞에 참되고 새로운 무엇을 갖다 주는 경험의 운동이 변증법이라면, "나아가지 못하나 머물지도 못하는"(「경계」) 힘겨운 "광야"의 삶을 감당하면서 "밟지 않은 곳/ 남겨진 그곳"(「살아있는 길」)에서 피고 질 곱고 새로운 진리와 이 속에서 예감될 꿈을 거둬들일 시인의 "단절" 또한 그럴 것이다. 혁명을 욕망과 "대지"의 접경을 넘나드는 연속적인 단절의 사건으로, '역사의 진보'를 그때마다 다시 피어날 진리와 그 '진리의 꿈'의 추진으로 풀어내는 이 변증법은 그러나 더 이상 예전처럼 대자가 즉자를 포섭하여 자신이 정해놓은 미래로 끌고 가는 욕망의 "죽은 시간"에 편승하지 않는다. 오히려 그 두 존재가 서로의 안에 없었던 것을 찾아가며 성장하는 윤리의 시간 위에서 전개된다.

그러니까 추상의 보상이 없었던 것은 아니었다. 먼저, 시인은 믿었던 진리와 꿈이 퇴색하던 날에 손 내미는 유혹, 요컨대 시간을 분할하고 인간을 조각난 의식의 다발로 환원하여 세계의 연결고리를 잘라내는 무의미의 덫에 걸리지 않았다. 오히려 그와 정반대의 방향으로 초월한 그는 역사의 대체동력인 "광야"의 진리와 꿈을 고안하여 무성했던 탈근대의 종말론을 일축한다. 그리고는 낡은 금욕의 논리 뒤에서 은밀히 어떤 욕망을 실현하려는 자들의 꿈, 다시 말해서 "자기합리화의 도구로 다듬어 엮지 않으면/ 하루아침에도 무너지는"(「집」), 걸려있고 떠있기를 "말의 상징탑 위에 아슬아슬…말의 거품 위에 위태위태"(「젖어서 갈 길을」)한 욕망의 주관 아니면 그것을 위장한 객관의 건축물에 불과한 꿈을 좇는 근대의 역사를 넘어선다. 말하려 든다면 "날로 썩어가고 황무지만 진전시켜온 죽은 시간"의 역사, 그 "인간의 시간"을 "단절의 꿈"으로써 전복하는 시인의 일면은 탈근대적일 것이며 "모든 것이 모든 것에 순응하는 지휘계통"을 "대지의 시간"에 새겨 놓은 시인의 이면은 근대적일 것이다. 그러나 비록 "나뭇잎 하나에 나무 전체가 고스란히 펼쳐진다"(「모든 것이 전부인 이유」)는 인식과 "한 사람의 이름을 부르나 모두를 부르는/ 모두를 부르나 꼭 한사람의 이름을 부르면서/ 나의 해는 이렇게 오리라"(「닭 울음소리」)는 전망이 중심을 향한 근대의 이상과 내통하고, "인간은 실체가 아니라 어떤 종류의 성질"(「겨울 조정환」)이라는 신념이 탈근대의 전략에 닿아있다 해도 그 중심과 해체의 양상이 개방적이고 건설적이다.

중심이고 해체이되 전자의 경우는 타자를 부르고 후자의 경우는 욕망을 극복할 인간의 또 다른 능력, 원한다면 하나의 '새 이성'이라고 불러도 좋을 몸의 마음을 세웠기 때문이다. 이 불연속적인 연속의 구조 위에서 시인이 노래할 "단절의 꿈", 우리의 역사에 바칠 그 희망은 분명 근대의 위선 혹은 폭력과 탈근대의 허무 내지 재난을 막아낼 두 겹의 논리를 갖고 있다. 그럼에도 불구하고 그 '희망의 토대' 혹은 '시인이 찾은 현실의 진리'가 타자의 세계 밖에 있는 몸이었던 한, 시인이 품어 시에 투영할 "더 나은 삶에 관한 꿈"은 수동과 타율의 허약함을 띨 수밖에 없다. 이런 사정의 이유는 다른 무엇보다도, 돌이켜 보면, 그 꿈이 '어찌 부정할 수 없는' 인간의 욕망이 가할 일상의 무게를 상실하고 공중으로 떴던 "실존적 수정"을 겪은 자의 희망이라는 데에 있었다. 그러니까 희망의 주체가 희망을 신뢰할 수 없게 만든 까닭으로 지목되었던 셈인데, 이 까닭은 다음과 같은 말로 변주될 수 있을 것이다.

즉, 다시 코지크의 말인데, "실존적 수정에 있어서 개인의 주체는 그 자신의 가능성을 일깨우고 선택한다. 그러나 그는 '세계를 변화시키는 것'이 아니라 세계에 대한 '자신의 태도를 변화시키는 것'이다. 실존적 수정이란 세계의 혁명적 변혁이 아니라, 세계 속에서의 '한 개인의 극적인 사건'이다. 실존적 수정 속에서 개인은 일상성을 '죽음의 양태 위에서'(sup specie mortis) 고찰함으로써 비 본래적인 실존으로부터 자신을 해방시키고 본래적인 실존을 위해 결단한다. 이리하여 그는 소외를 지닌 일상성을 무가치하게 만들고 일상성을 넘어선다. 그리고 이와 동시에 그는 자신의 행동의 의미를 부정하게 된다. 죽음의 양태위에서 진실성으로 결단하는 의지는 '귀족적이고 낭만적인 금욕주의'(왕좌에 있건 사슬에 묶여있건 죽음의 표지 아래에서 나는 진실하게 사노라)로 향하게 되거나, 혹은 죽음에의 결단을 내리는 것으로 실현된다. 그러나 이러한 형태의 실존적 수정은 개인의 진정한 실현을 위한 유일한 길이 아니며 가장 흔하거나 적합한 길도 아니다. 그것은 역시 뚜렷이 한정된, 사회계급에 얽힌 내용을 지니는 역사적인 결단에 불과하다."[406]

3. 이카루스의 날개

"삶이나 역사나 인간의 능력이 저리 하찮다"(「숲으로 간다」)는 냉소를 삼키고 "소모와 죽음"의 시간을 멈추게 한 시인은 '역사의 진보'에 대한 자신의 신념을 보존할 수 있었다. 그리고 그에게 내려진 평가처럼 이 신념이 전하는 "무소유와 근원 부정을 통한 생성의 메시지는 작금의 세기말적 상황에서 유용한 사회적 가치로 전환될 수도"[407] 있을 것이다. 따라서 그 성과를 두고 "계급 해방적 자유를 더 크고 심오한 자유에의 각성을 통해 성찰한"[408] 쾌거라 했던 주장과, "바로 '만국의 노동자'들의 단결을 넘어 풀, 나무, 강, 눈, 달, 요컨대 모든 존재의 바람이, 그리하여 '모든 생명이 하나가 되는 기쁨의 축제'(「스스로 미래가 되어라」)를 벌이는 '자율-자재'의 공간을 열어가는 것임을 누가 부정할 수 있겠는가?"[409]라 했던 반문에 선뜻 이의를 다는 것은 자칫 경박할 수 있다. 무엇보다도 시인의 의지가 그렇거니와 또 그의 시가 적어도 욕망이 빚는 일상의 야만과 다투

---

406 K. Kosik, *Die Dialektik Des Konkreten*, pp.83-84 (pp.75-76)

407 이영진, 「시장에서 산정으로」[백무산, 『길은 광야의 것이다』], p.131.

408 임우기, 「혁명의 그늘 속에서 자라는 생명나무」[백무산, 『인간의 시간』], p.146.

409 조정환, 「바람의 시간, 존재의 노래」[백무산, 『길 밖의 길』], pp.140-141.

는 이상, 구체의 사회적 현실에 대한 시인의 심미적 태도가 아직은 도피와 긍정보다는 저항과 부정의 계기를 따르고 있기 때문이다.

그러나 인간의 욕망을 벗으며 일상을 초월한 시인의 진리와 꿈이 이카루스의 날개만 같아, 그 나약함이 아무래도 불안하다. 그렇기에 시인이 일상의 공기를 호흡하는 노동자의 감정에 이입되는 순간에도 우리는 그에게서 더 이상 통렬한 파괴력을 감지할 수가 없다. 욕망의 각축장으로 귀환한 시인이 그곳에서 가령,

고통을 분담하자고 한다
저들이 우릴 보고 허리띠를 졸라매라고 한다
우리가 유사 이래 어느 시대에
고통을 전담하지 않았던 때가 있었느냐
우리가 태어나서 어느 호시절에
허리띠 한번 풀어본 적이 있었느냐

<「너희들이 손댈 수 없다」 부분>

라고 분노할 때, 당장은 그것이 "세상을 지배하는 것"(「거대한 것인 줄 알지만」)에 대한 '시적 폭력'으로 읽히지만, 언제 시인의 정서가 "한 슬픔이 다른 슬픔을 꺼버리는"(「슬픔의 맞불」) 식의 미학적 투항과 도피의 늪으로 빠져 "다만 허망과 허공을 불멸처럼 세우리라"(「무불사」)는 양양한 의지의 그늘로 떨어질지 모를 일이다. "변화는 곧 그만큼 강해지기 위한 변화라는 것을 잘 알고 있다"(「위기를 먹고 크는 나무」)는 시인의 말이 무색함을 우려하지 않을 수 없

다. "마흔 중반에 작은 집 한 채 마련해놓고는/ 그것이 미안해서"(「두 사람」) 어쩔 줄 모르는 일상의 착한 노동자는 단순한 계급을 넘어 "욕망을 분배받는 일"조차 "강물을 배반하는 일/ 나무를 능멸하는 일/ 저들과 공범이 되는 길"(「욕망의 분배」)이라 여기는 고결한 새 인간성의 표상으로 떠오르겠지만, 그의 가슴 속에 들어있는 진실과 꿈에 미래를 맡기기가 난감하다.

만약 그러한 이유가 자신이 애써 도달한 몸을 찢고 나간 데에 있다면 시인은 다시 한 번 자신의 초월에 대해, '시의 폭력'에 대해 검토해 보아야 할 것이다. 한 예언적 수정주의자는 "희망의 원리"를 논하는 자리에서, "배후에 '자아'와 '우리'라는 힘이 도사리고 있지 않은 희망"[410]의 해악을 지적한 바 있는데, 그런 희망과 만나지 않기 위해서라도 시인은 몸으로써 찾은 '시의 주체'를 일상의 내부로 되돌릴 또 한 번의 존재론적 성찰을 가져야하는 것 아닌지 싶다. 시인을 잘 아는 한 평자의 말대로, "아마도 그는 결코 옛 시절의 그 자리로 돌아올 수는 없을 것이다. 무엇보다 그가 단 한 순간도 혁명의 자리를 떠난 적이 없기 때문이며, 또 그가 지금 혁명이 스러진 반동의 황야에서 다른 혁명적 가치들을 재구축하고 그것들을 진전시키려는 구성의 노동에 매혹되어 있기에."[411] 그러나 그렇다 하여도, 욕망의 몸으로 욕망을 다스려 이기며 일상의 낮은 진창 속에서 '우리'의 연꽃 같은 현실의 진리와 역사의 희망을 아름답게 노래할 수 있는 진정한 '시의 주체'는 일상의 삶을 살며 일상에 균열을 내는 존재이어야 하지 않겠는가.

---

410 블로흐(E. Bloch), 『희망의 원리1-더 나은 삶에 관한 꿈』, p.279.
411 조정환, 「바람의 시간, 존재의 노래」[백무산, 『길 밖의 길』], p.141.

일상의 야만은 어쨌든 깨뜨릴 장애지만, 어떻게 깨느냐가 문제다. 추상의 위안이 아니라 타자를 동반하는 욕망 속의 모험이 생산해내는 구체의 위안, 그것이 역사의 건강한 희망일 것이며 그런 희망은 '일상의 현실'에 대한 진리의 인식 위에서나 생성될 수 있을 것이다. 그리고 이는 억압의 온갖 기재와 맞서 싸울 또 다른 힘을 찾아 '시와의 대화'를 통해 '시의 경지'에 들어서는 현대의 철학 일각의 지향점이기도 하다. 시 「빵과 포도주」[412]에서 시인 횔더린이 "궁핍한 시대"를 말했을 때, 현상학자 하이데거는 『숲길』에서[413] 그것을 '진리의 근거'를 상실한 "세계의 밤"으로 이해했다. 또, 그 시인이 "이 궁핍한 시대에 무엇을 위한 시인인가?"라고 자문한 뒤 답변을 시로 썼을 때, 그는 시의 의미가 된 시인의 자답을 다음과 같이 읽었다: 궁핍한 시대를 사는 시인의 사명은 '진리의 근거'를 상실한 역사의 가난한 때에 밤의 심연을 '경험/사유'하는 순간 그 심연이 흔적으로써 일러줄 존재론적 '근거의 진리'를 노래하는 데에 있다. 하이데거가 이처럼 이야기한 것은 역시 "궁핍한 시대"에 처한 철학의, 달리 쓰자면 근대에 이르러 '진리의 근거'의 상실이 극에 도달한 철학의, '인식론적인 태도'를 극복하기 위해 무엇보다 필요한 '새 주체'를 "궁핍한 시대"의 역운에 응하였던 '시의 주체'를 통해 존재론적인 것으로 예증하려는 의도에서였다.

---

412 "늘 기다리는 동안 무엇을 행하고 무엇을 말해야할지를,/ 나는 모른다, 도대체 이 궁핍한 시대에 무엇을 위한 시인인가?/ 그러나 그대 벗들은 말한다, 성스러운 밤에 이 나라 저 나라를 떠도는/ 박카스의 성스러운 사제와 다름없는 것이 시인이라고."[「빵과 포도주」(*Brot Und Wein*) 부분]

413 M. Heidegger, *Holzwege*, Vittorio Klostermann, Frankfurt am/Main, 1977, p.269 이하.

물론 '새 주체' 및 이에 맞갖을 '근거의 진리'의 존재론적 본질이야 철학자의 성향에 따라 각기 다르게 해명될 것이지만 적어도, "천상의 신들보다 일찍 심연에 도달하는 인간의 본래성"을 선취한 시인은 탈근대를 꿈꾸는 철학이 말을 섞어야할 상대라는 하이데거의 전언만큼은 '새 주체'와 '근거의 진리를 찾는 현대의 숱한 철학자들에게 하나의 신념이 된다. 시인의 "궁핍한 시대"는 철학의 "궁핍한 시대"와 맞물린 시간인데, 들여다보면 지금도 형편은 같고 그런 만큼 그 신념도 아직 성성하다. 오늘의 참된 시인들 또한 더는 "어설픈 철학에 덮인 시인"이길 거부한 채 '심연'의 흔적에 임해 저마다의 '근거의 진리'를 '시의 주체'로서 존재론적으로 사유하는 마찬가지다. 그리고 탈근대를 여전히 갈망하는 지금의 철학자들 역시 '철학이 시를 이끌기는커녕 시가 철학을 예언케 된 사정'을 잊지 않고 '심연'의 시인들이 '시로 빚은 존재론의 경지'로 진입, 그들과의 대화를 모색하는 중이다. '심연'에서 탈근대의 길을 묻되, '일상의 현실이라는 근거'의 진리에 닿을 주체의 존재론적 초월로써 묻는 철학의 편에 서서 이 글이 우리의 한 시인, 그 나름의 '심연'에 도달해 하나의 존재론의 철학을 시로써 펼친 백무산에 대해 '역사의 진보'를 시빗거리로 삼아 비판적 대화를 시도한 것은 그러니까 이 모색의 일환이었다.

8
소설의 철학적 진실들

— 양귀자와 하일지와 최윤 다시읽기

1 세계의 더 깊은 곳

현대의 철학과 예술은 "재현의 영역을 포기하는 대신에 '재현의 조건'을 탐구의 대상으로 삼는다."[414] 들뢰즈의 『프란시스 베이컨: 감각의 논리』 영역판 서두에 붙인 스미스의 이 말은 우리에게 현대의 예술과 철학, 혹은 예술가와 철학자가 공유하는 탈근대의 과제를 가리킨다. 재현하는 행위와 재현되는 사물의 상관치를 이르는 말이 '재현'이라면, 이 과제는 주체와 대상이 맺는 인식론적 관계에 대한 비판과 그 관계의 극복을 꾀하는 모색으로 이어질 수밖에 없다. 재현이란 주체가 자신이 만든 실재에 기대어 대상을 전유하는

414 G. Deleuze, *Francis Bacon-The Logic of Sensation,* tr. by Daniel W. Smith, University of Minnesota Press, Minneapolis 2003의 *translator's introduction* : "*Deleuze on Bacon-Three conceptual Trajectories in The Logic of Sensation*", *p.*xiii.

것에 불과하다는 주장은 이러한 경향의 한 면을 응축한다. 이것은 이를테면 근대, 넓혀 말하자면 '근대적인 것'에 대한 비판의 요체인데, 이로부터 '재현의 진실로 위장한 주체의 욕망'을 폭로하고 '주체의 동일성과 그것의 구성물인 실재에 구속된 대상'을 풀어줄 당위의 논리를 제공하면서 재현의 구도를 무너뜨릴 역학이 나온다. 근대 이후의 내용이 걸릴 이 역학은 언뜻 예술과 철학의 주체 외부에서 내부로 향한다는 점에서 주관주의의 논리를 요구할 듯싶지만, 사실은 그렇지가 않다. 오히려 그것은 그 주체의 주관성과 객관성, 그리고 그에 따른 '주/객'관적 실재 모두를 있게 했던 토대인 '재현의 조건'에 대한 논증을 수반한다.

철학과 예술이 지향해야할 진실은 더 깊은 곳에 있었던 셈이다. 따라서 여기에 종래의 재현의 영역을 다시 구축하기 위해 그 조건을 정비하는 보충은 없다. 재현의 주체와 그것의 연장인 실재와의 인식론적 관계를 깨고, 그 아래에서 그것들의 존재조차 가능하게 했던 것을 규명하는 일이 있을 뿐이다. 재현의 진실, 혹은 주체의 욕망 이면에 은폐되거나 흔적으로 남아있는 그것은 주체가 인식의 고지가 아니라 존재의 평면에서 대상과 관계할 때 발생하는, 그래서 재현을 거부하는 '의미로서의 실재' 내지는 '존재론적 주체의 세계'에 다름 아니다. 특히 현상학 이후, 현대의 철학과 예술은 이 세계를 탐구하는 동반의 관계를 맺고 있다. 하지만 살펴보면 여기에는 전개의 선후가 있다. 하나의 과제를 공유하는 탐구이되, 철학보다 예술의 성취가 앞선다는 뜻이다. 왜냐하면, 재현의 영역을 포기하고 그것의 가능조건을 탐구하는 일은 인간적인 대상을 지향하는 일을 중단하는 것을, 즉 인식의 비(非)인간화를 이르는 것인데, 이 경우 그러한 비인간화는 대상과의 거리를 지우는 일과 짝하고 그것은 이전의 철학들이 간과한 체험적 경험, 그 예술의 본래적 존재방식의 회복을 통해 가능한 것이기에 그러하다. 현대의 철학은 이런 의미에서 예술, 특히 자신의 본래적 존재방식에 주어지는 세계를 직접 표현의 대상으로 삼는 현대의 예술에게 많은 것을 배울 수 있다. 그러니까 현대의 많은 철학논의들이 자신들에 앞서 '탈근대의 길'을 의식하고 성취했던 현대의 작가들에 대한 분석에 매달릴 때, 거기엔 그럴만한 이유가 있었던 것이다. 그것들은 자신의 사유취향에 맞는 동질의 작가를 끌어들이면서 논지를 살찌운다. 따라서 그것들은 예술비평이라기보다는 오히려 철학적 입장의 확장, 혹은 '진리의 미학'이다. 그리고 이와 같은 사실들은 당대의 우리 작가들, 예컨대 소설가 양귀자와 하일지와 최윤의 소설에 대한 '다시 읽기'를 통해 지난 세기말에 제기되었고, 또 지금도 여전한 크기로 남아있는 철학적 문제의 한 측면에 접근하려는 이 글의 이유와 성격이기도 하다. 물론, 하나의 철학적 의미로 어떤 작가와 작품을 다 말할 수는 없을 것이다. 기존의, 혹은 미래의, 철학의 눈이 그들로부터 더 많은 것들을 보는 일이 성립하기 때문이다.

그럼에도 불구하고 이 글은 위의 세 작가들의 몇 작품들 속에 내재한 특정의 철학적 입장을 가정하고 그로부터 논지를 펼치고자 했다. 그들의 몇 작품[소설]들에서 주장된다고 전제된 비(非)재현적인 주체들과 이 주체들의 탈근대적인 세계에 함축된 철학적 진실들의 질을 비교 검토하여 평가하는 것이 글의 목적이다. 이때 하필 양귀자와 하일지와 최윤인 것은, 근대의 '재현적인 주체'의 인식세계를 버리고 존재의 세계로 초월하는 철학적 행보의 가능한 세 귀결들을 이 소설가들이 전형적으로 보여준다고 생각했기 때문이다.

2. 〈숨은 꽃〉: 지브란의 꽃말

"어쨌든 예술가는 하나의 세계관을 갖고 있다"[415]는 시인 페기(C. Péguy)의 생각이 틀리지 않는 것이라면, 그리고 "현대예술의 주요원리 중 하나는 일상성에 폭력을 가하는 것, 즉 사이비 구체성을 파괴하는 것"[416]에 있다고 했던 철학자 코지크의 말이 지금도 여전히 유효한 미학적 원리를 내포하고 있는 것이라면, 시도 그렇지만 소설을 비롯한 예술의 모든 장르에서 세계관은 일상의 해방을 위한 무기와도 같을 것이다. 때문에 자신이 품었던 세계관의 정당성이 상실될 경우 소설은 자본의 논리로 가해지는 일상의 유혹에 투항하고픈 패배감과 어떤 식으로든 그것 이면의 억압에 다시 맞서야 한다는 책임감 사이에서 위기를 느끼게 된다.

사실은, 한 비평가가 한국문학사의 한 전환기였던 지난 90년대 우리의 시들을 온당한 논리와 빼어난 수사로 해석하는 자리에서 화두로 취했던 "세기말의 서정성"에 앞서 존재했고, 또 결국엔 그것과 합류했을 이 '위기의 느낌'은 패배와 책임의 표정이 뒤섞인 두 겹의 형국을 빚는다. 그것은 우선 (1)일상의 적들에 대한 소설의 전의를

415 M. Merleau-Ponty, *Sens et Non Sens*, Nagel, Paris, 1964, pp.46-47 참조

416 Karel Kosik, *Die Dialektik des Konkreten - eine Studie zur Problem des Menschen und der Welt*, Shurkmp Verlag, Frankfurt am. Main, 1967, pp.82-83. 이하 이글에서 말하는 '일상'은 같은 책에서 이야기된 코지크의 주장대로 "평일의 종교"(Religion des Alltags)[p.75]로 떨어지는 진부한 것이 아니라, 역사의 객체이자 주체인 인간의 장으로서의 "생활세계"(Lebenswelt)를 의미한다.

박탈하고, 이어 여세를 몰아 자폐의 무력한 길로 소설을 떠밀 것이다. 그렇지만 동시에, (2)세기말의 우울한 서정을 빚어낸 그때의 시들이 그러했던 것처럼 이 경우의 소설에게도 그 자폐의 길은 "자신에게 주어진 저녁의 운명을 힘겹게 감내해가는 나름대로의 절박한 생존방식", 종말론적 연명전략일 수 있다. 그러니까 심지어 "사과맛 버찌맛 온갖 야리꾸리한 맛[유하, 「바람부는 날이면 압구정동에 가야한다6」] 속에서 즐겁게 소진되어가는 맹목의 삶"으로 표출되었을 때라 하더라도 자폐의 무력함은 그 형국의 표면인 셈이며, 마치 죽음을 연장하듯 삶을 이어가는, 그러나 겨우 존재하는 것이 아니라 세계의 어떤 시원 내지 근원을 향한 존재론적 귀환의 미학으로써 더 높이 거듭나듯 살아남는, 회상의 시간 속에서 시대의 불행을 견디는 '문학의 한 진정성'이 그 표면 아래에 놓여있다. 하지만 그렇다 하여도 죽음에 걸려 있는 까닭에 이때의 진정성은 '시원 내지 근원'의 시간, 그 과거의 흔적에 몰두하며 현재의 모든 문제들을 내려놓은 해탈의 경지에서 미래를 기획하는 추상의 가치일 수밖에 없다. 당대의 우리 시론(詩論)에서 숱하게 읽히는 다음의 우려가 여기에서도 제기될 수 있는 것은 이 때문이다. 즉,

> "우리의 시인들은 이 감각의 제국(파괴가 불가능해 보이는 이 거대한 소비사회)이 그들에게 부여한 시인의 운명을 너무 손쉽게 수락해버림으로써, 이 타락한 세계와의 싸움의 무대로부터 너무 빨리 후퇴해 버린 것은 아닐까?" (<세기말의 서정성> 42쪽)

물론 말이 후퇴지, 이 우려가 가리키는 후퇴는 현실과의 단절만

을 뜻하진 않는다. 거기에는 무엇보다도 "천박한 욕망의 제단 위에 바쳐질 제물로서의 운명을 자신의 전 존재로 받아들여 […]스스로 이 시대의 제단에 바쳐진 가장 고통스러운 제물이 됨으로써, 감각화 된 욕망의 제단을 하나의 추문"으로 만들어 버릴 문학의 힘, 그 역설의 이면이 존재하기 때문이다. 그러니까, 정확히 말하자면, 문제는 '지금-여기'가 아니라 '과거의 어떤 시간'에 붙들릴 문학의 늙음 [달리 쓰자면, "단지 폐허로 인식될 뿐인 현대적 삶에 대한 하나의 대타적 정서"]이다.[417]

만일 그러한 늙음을 불사하며 그 ["욕망의 제단을 하나의 추문으로 만들어버릴"] 힘을 이 시대의 문학이 취할 마지막 자존의 보루로서 승인하는 것 밖에 별 도리가 없다면, 그 '패배감과 책임감 사이의 위기'를 뚫고 나올 소설은 아마도 지난 '세기말의 전환기'에서 누구보다도 먼저 작심하고 세계의 근원 내지 시원의 기억을 찾아 나섰던 양귀자의 길을 좇게 될 것이다. 그러나 시에서도 그렇겠지만 소설이 취할 '단 하나의' 종말론적 연명전략만이 있는 것은 아니다. 과거 혹은 이전의 것들로 뻗으며 죽음으로써 삶을 잇는 위안의 정서가 아니더라도 죽음으로써 죽음을 닫는 '현재의 자리'에서 삶의 새 시간을 열어가는 젊은 모험의 정서들도 있을 것이기 때문인데, 이를테면 그녀와 동일한 시기에 하일지와 최윤이 각자 다른 수준에서 보여주었던 세계의 두 아우라(Aura)가 여기에 속한다. 하지만 후자의 젊음이 전자의 늙음을 능가하는지는 별도의 사안이다. 기존의

417 박혜경, 『세기말의 서정성 —90년대 시의 내면 풍경』, 문학과 지성사, 1999 (이 구절을 포함한 이상, 한 문단의 인용 구절들은 이 책의 pp.8-42에서 발췌)

모든 가치와 질서를 무화할 죽음의 정서 속에서 '이미 거기에 있는' 세계의 리얼리티를 드러내려는 존재론적 열망을 공유했던 양귀자와 하일지와 최윤의 소설이 보여줄 늙음과 젊음을 비교 평가함으로써 해소될 이 사안의 관건은 그들의 종말론적 연명전략을 다르게 만들었을 세계관들의 양상과 질이다. 그렇다면 우리는 여기에서 이렇게 규정하고 물을 수 있다. 즉, '이미 거기에 있는' 세계의 리얼리티를 꿈꾸었던 그들 각자의 철학적 진실은 모더니즘과 리얼리즘 모두의 리얼리티를 넘어선 탈(脫)근대적 세계관의 리얼리티로 귀결할 것들이지만, 그러나 세 작가들의 그 리얼리티가 모더니즘의 추상과 리얼리즘의 구체를 과연 얼마만큼 극복할 수 있는가?

우선 양귀자의 경우를 위해 먼저 이야기하건대, 그녀의 중편 「숨은 꽃」은[418] 세계의 참된 리얼리티를 찾기 위한 오랜 탐색의 수고 뒤에 나온 모색의 결정이었다. 이전의 소설들인 『원미동사람들』(1987)과 『지구를 색칠하는 페인트공』(1989), 『희망, 잘 가라 밤이여』(1990) 등이 기대었던 세계관의 시험대가 몰락한 시간에서 비롯한 그녀의 이 모색은 두 갈래다. 하나는 이전의 근대적 세계관에 대한 반성이며, 다른 하나는 새 진실을 품은 세계의 존재론적 리얼리티를 포착하려는 탈근대의 의지다. 전자는 인식의 주관에 개입되는 인간의 재현적인 욕망의 제거가 문제였고, 후자는 그 욕망 너머의 존재세계로 초월하는 사유의 방식이 문제였다. 이 두 겹의 과제를 부른 것은 "열정과 믿음과 순교와 질주의 시대"에 새날의 희망을 그렸던 문학[소설]의 기억과 무관하지 않은데, 양귀자는 이와 연관해,

---

418 양귀자, 『숨은 꽃』('제16회 이상문학상수상 작품집), 문학사상사, 1992 (이하 '꽃'으로 줄여 본문에 표기)

"미로는 사실 처음부터 미로였다. 그러나 전에는 출구를 찾을 수 있으리라고 믿었었다. 그 믿음은, 지금 생각하면, 작가에게 던져진 구명줄이었다. 차라리 안락의자였다. 거기에 편안히(역시 지금 생각하면 편안히, 라고밖에 할 수 없는) 앉아 밤이 새도록 쓰고 또 쓰면 언젠가는 출구에 닿는다는 가냘픈 희망이 있었다."(<꽃> 80쪽)라고 쓴 후, 이렇게 말한다.

"의자에 앉기만 하면 고인 물이 넘쳐나듯, 먼동이 트는 줄도 모르고 열정을 다해 써나갈 수 있었던 그때가 이토록이나 아득하게 느껴지다니, 믿을 수가 없다. 지금 내 앞에 주어진 미로는 너무 교활하다. 지식과 열정을 지탱해주던 하나의 대안(代案)이 무너지는 것을 신호로 나의 출구도 봉쇄되었다. 나는 길 찾기를 멈추었다. 길 찾기를 멈추었으므로, 나는 내 소설의 새로운 주인공을 찾을 수 없게 되고 말았다. 작은 꿈, 작은 눈물, 그런 것들로 무찌르기에 이 세계는 너무나도 음흉하다 […]그래서 나는 지브란이 무슨 꽃말을 간직하고 있는지 알고 싶다."(<꽃> 81쪽)

지난 80년대를 겪어온 우리의 많은 작가들이 그랬던 것처럼 양귀자 역시, '자본의 논리'가 점령한 일상의 세계를 '사람의 논리'로써 해방시킬 수 있다는 믿음 아래, 불온한 논박을 경멸하며 나름의 스타일로 후자의 논리를 형상화 해왔기에 할 수 있는 말이었다. 그러나 그녀에게 위기는 '사람의 논리' 내부가 아니라 밖으로부터, 그것도 예기치 않게, 왔으며 그런 만큼 갑작스러웠고 그래서 더욱 혼란스러웠을 것이다. 아닌 것이 아니라, 반신반의의 풍문에 쐐기를 쳤던 외부의 소식—굳이 말하자면 "사라진 지도자"[고르바초프] (<꽃> 18쪽)의 입을 통해 결국은 "그나마 모색되어오던 이 사회의 새로운 물결, 상식적인 삶의 예감까지 붕괴시킨" 북방의 통신—으로 인해 일거에 위축된 자신의 논리를 바라보며 작가는 이렇게 자문한다. 즉, "이제는 맹목적인 질주만 남았는가?"(같은 곳). 그렇지 않아도 더욱 투명하고 세련되게 자신의 폭력성을 은폐하던 차에 상대적 우위를 한껏 확보하게 된 자본의 논리와 체제를 이제 비무장의 몸으로 상대할 수밖에 없을 '일상의 현실'에게 들려줄 수 있는 것이 정말로 "작은 꿈, 작은 눈물"의 호소뿐이라면 결과는 비루한 소설, 비굴한 구걸의 삶일 것이다. 그때 사람의 편에 선 자라면 누구의 경우라도 마찬가지였겠지만, 출구 없는 미로에 갇혔던 양귀자의 새 "길 찾기"의 욕망("알고 싶다")은 이 자리에서 비롯한다. 새 철학을 철학보다 더 절실하게 갈구했던 소설로써 그녀가 찾은 세계의 리얼리티는 지브란의 —부연하자면, "시인이고 화가였으며 철학자이기도 했던 칼릴 지브란이 아니라, […]그토록 상처가 많던 시절, 우리의 숨통이었고 짐승으로의 추락을 막아주었던 "(<꽃> 76-81쪽) 꽃(같은 사람, "거인")들의— "꽃말"이었지만, 문제는 "예언자의 난해한 잠언"(<꽃> 80쪽)같은 꽃말의 "암호"다. "꽃말"의 의미가 암호처럼 들렸던 것은, 그리하여 소설로 하여금 "한마디로 뭉뚱그려 높은 도덕과 긴 역사의 문화라고 하는 것들이 […]사실은 아주 작은 세계에 불과하다는 것, 나는 평생 이 작은 세계 밖으로 한 발짝도 벗어날 수 없을 것"(<꽃> 63쪽)이라는 예감이 절망으로 다가온다고 말하게 할 수밖에 없었던 것은, 시대의 난해함도 난해함이지만 그 이전에 그녀의 귀를 막아온 관념의 딱지 때문이었다. "머릿속에 뭐가 들어있다는 것은 욕이에요. 그건 모두 쓰레기거든요. 머리는 즉시 청소를 해줘야합니다. 그래야 진짜 알맹이를 발견했을 때 얼른 쓸어 담지요"

(<꽃> 61쪽).

절망은 희망의 다른 이름일 수 있는데, 애당초 언어로 포착할 대상을 이미 관념 너머의 존재의 세계에서 감지했던 초월의 절망 이후 '소설을 쓰는 재귀의 시간'에 다시 밀려온 절망이 양귀자의 절망이라면, 양귀자의 절망이 그랬을 것이다. '예감이었던 절망'의 경험이 '희망의 본체가 같은 절망'이 되는 반성의 자리에서 '초월의 경험'이 조우했던 "꽃들의 꽃말", 그 암호 같은 의미의 문빗장을 혼란의 정서로 벼린 언어의 날로써 잘라낼 수 있었던 것은 무엇보다도 "위선과 타협하지 않는 국외자"의 비애와 "삶의 비밀을 엿본 자"의 유랑이었다(<꽃> 49쪽). 「숨은 꽃」이 말하는 '철학적 진실의 아우라'를 다른 어떤 것보다 더 적확히 규정할 이 비애와 유랑은 한 몸이 되어, 한편으로는

> "소설을 팔아 밥을 먹는다고요? 아니, 아직도 그런 것을 읽는 사람이 있답니까? 대체 무슨 소리를 늘어놓는 것이 소설인가요? 작가 선생님, 이런 말은 어떤지 한번 들어보세요. 하나님이 인간의 눈을 만들 때 흰자위와 검은자위를 동시에 만들어 놓고도 왜 검은 자위로만 세상을 보게 만들었는지, 그거에 대해서 선생님은 혹시 아십니까? […]그게 말예요, 어둠을 통해 세상을 보라는 신의 섭리라는 거예요. 세상을 보는 일이야 우리 같은 떠돌이들 말고 선생님 같은 분들에게 떠맡겨진 숙제 아닙니까. 그러니까 애시당초 편하게 앉아서 헤드라이트 비춰 놓고 들여다보듯 그렇게 수월한 일은 아닐 거라 이 말씀이죠. 흰자위 놔두고 검은자위로 세상을 보랄 적에는 다 그만한 이유가 있어서 그랬을 것입니다."(<꽃> 74쪽)

라는 말에서처럼, 우리의 주변에 존재하지만 들리지 않는 무언의 꽃말을 이야기할 방법에 대한 작가의 확신을 표출하면서, 또 다른

한편으로는 "나는 아마도 (비애와 유랑의 삶을 사는) 한 거인을 그리려고 덤빌지도 모르겠다. 와해된 세계의 폐허 어디엔가 숨어사는 거인, 결코 세상에 출몰하지 않는 거인의 초상, 그리고 숨어 있는 꽃들의 꽃말 찾기. 그러다 보면 언젠가는 이 세상살이가 돌아가는 이치의 끝자락이나마 만져볼 수 있을지 모른다. 그리고 아직, 거기까지는 생각하고 싶지 않지만, 영원히 설명되어지지 않는 부분도 있을 것을 나는 안다."(<꽃> 85쪽)에서처럼, 침묵의 목소리와 맞설 작가의 한계를 고백하는 의미구조를 이룬다. 양귀자의 길 찾기가 절반의 성공임을 입증하는 듯 보이는 이 확신과 한계는 그러나 어떤 미완을 뜻하지 않는다. 오히려 그것들은 그녀가 초월해 들어간 곳, 즉 "드러나지 않는 힘, 그러나 분명히 작용하고 있는 힘"(<꽃> 84쪽)의 세계의 깊이가 작가에게 요구하는 온전한 정신을 가리킨다. "나는 아마도 (비애와 유랑의 삶을 사는) 한 거인을 그리려고 덤빌지도 모르겠다" 했던 소설 말미의 말과는 달리, 그 초월의 여행("길 찾기")이 활자로써 형상화 된 이상, 사실은 이미 「숨은 꽃」의 글쓰기로써 실현된 이 정신의 한 출구에서 꽃 같은 사람, 그 "거인"이 이야기할 꽃말의 의미는 세기말의 혼란을 통과한 우리 소설의 철학적 진실 일단을 표상한다. 그러나 이 진실의 진정성을 아직 단언할 수 없다. 무엇보다도 <"선택할 수 없고 거부할 수도 없는, 그래서 어떤 것도 불확실하며 어떤 것도 전혀 보장받을 수 없는"(<꽃> 76쪽) 수동의 세계, 혹은 설명하지 말고 그저 주어지는 대로 "뚫고 나가라고만 말하는"(<꽃> 84쪽) 타율의 세계>와 <'지금-여기'가 아니라 '과거의 어떤 시간'에 붙들릴 늙은 추상의 위안>이 '오래된 미래'를 가리키며 거기에 있기 때문이다.

3. 〈경마장 가는 길〉: 의미의 상실과 생성

한때에 몇몇 평자들이 '핏기 잃은 관념'의 세계 너머로 파고 든 양귀자의 철학적 행보 속에서 리얼리즘의 진로를 우회적으로 검토하려는 의도를 갖고 「숨은 꽃」에 주목하는 가운데 '일상의 유기'와 '객관적인 힘의 무화' 혐의를 따져 묻는 일에 주의력을 집중한 적이 있었다.[419] 양귀자의 꽃말에 함축된 철학적 진실은 그러나 적어도 일상의 삶을 외면하거나 세상의 객관적 질서를 부정하진 않는다. 그녀가 말하는 존재의 세계는 내면을 향한 모더니즘의 주관이 빚는 비합리적 상대성의 세계와 유사할 뿐 결코, 외부를 향한 리얼리즘 주관이 빚는 합리성의 세계 모두의 리얼리티를 거절한다는 점에서, 동일한 것은 아니다. 따라서 차라리 이렇게 말하는 것이 더 맞을 것이다: 그녀의 꽃말은 "작은 꿈과 눈물"만으로는 감당할 수 없는 일상의 억압을 노리되, 경향적 주관의 세계가 아닌 그것을 능가하는 세계의 리얼리티로서 노린다. 물론, 꽃말의 세계는 재현의 인식 수준에서 본다면 모더니즘의 것이 반복된 듯 비합리성과 상대성을 두른 혼돈의 세계처럼 느껴진다.

하지만 그 수준을 돌파한 자리에서 볼 경우 그것 속에는 탈근대의 존재론적 합리성과 보편성이, 소설의 말로 쓰자면 "두텁고 칙칙한 안개에 갇혀 뱃길을 잃고 쩔쩔매는" 어선을 포구로 등대처럼 인도하는 섬사람들의 "울부짖음 같은 고함소리"(<꽃> 70쪽)처럼 들려올 실존의 논리와 "나의 잣대를 […]들이미는 허튼짓"(<꽃> 53쪽)너

---

419 예컨대 김종욱, 「존재론적 탐색의 여정—양귀자의 <숨은 꽃>」, 『문학사상』 (1992/10월호) 참조.

며 "나와 아주 다른 존재가 되고 싶다는 욕망"(<꽃> 54쪽)의 타자성이, 있다. 실제로 「숨은 꽃」 이후에 발표된 「곰 이야기」(1995)나 「늪」(1999) 같은 단편, 그리고 『천년의 사랑』(1995)이나 『모순』(1998) 같은 장편들에서 지속된 이 논리는 그 꽃말의 리얼리티가 결국은 현실로 귀환한 초월의 것임을 반증한다. 정말로 그러하다면, 양귀자의 철학적 진실을 두고 처음부터, 혹은 초월의 재귀성에 대한 고려 없이, 일상의 현실을 포기한 채 비의의 주관 속으로 움츠러들었다는 투의 이야기는 성급하다. 우리가 그녀를 읽고 물어야할 의혹의 대상은 소모적 논쟁을 야기할 '일상적인 현실의 유기'나 '객관적인 힘의 무화' 여부가 아니다. "숨어있는 꽃들의 꽃말" 역시, 따지고 보면, 차라리 위선의 객관성을 깨고 더 나은 객관성을 부단히 지시하며 일상의 억압에 맞설 무기의 서슬이다.

의혹은 그러니까 오히려 그녀가 이야기한 꽃말이 우리의 핍박한 생존에 얼마나 힘이 될 수 있는지에 먼저 꽂혀야 한다. 비록 "문학은 그것의 무게를 강조하면 할수록 떨어지기 쉬운 무엇이다. 강조할 대목은 삶이지 문학이 아니다"(<꽃> 29쪽)라고 마음을 다지며 소설로부터 주관의 건축물로서의 형이상학적인 힘을 떨어내긴 했지만, 그 다짐의 여세로 찾아낸 세계의 리얼리티가 사실은 은폐된 (그러나 우리보다 훨씬 오래된 시간의 지평에서 존재하며 일상의 현실에 분명히 작용하는) 힘의 질서를 갖는 것이라면, 이 질서가 우리의 일상을 해방시킬 수 있는 세계관의 철학적 원리로 주장 될 수 있다 하여도, 이 가능성은 그 힘이 실재에 대한 믿음을 전제로 하기 때문이다. 과연 이 세상 모든 이들이 그 타율의 전제를 수용할 수 있을 것인가? 아니 만일 그럴 수 있다하더라도, 의도와는 달리 그 믿음이 자칫 일상의 적들에게 부여할 면죄부는 어찌할 것인가? 만일 이 의혹을 말끔히 없앨 수가 없다면, 일상의 현실을 맡기기엔 <숨은 꽃>의 철학이, "세월의 두께를 젖히고"(<꽃> 11쪽) 드러낸 꽃말의 위안이, 아무래도 너무 추상적이고 노쇠해 실상 불안하다. 하지만 초월의 길은 늙은 추상의 상승 하나가 아니다. '과거의 어떤 시간'이 아니라, '지금-여기'에서 현재의 자리에서 일상의 이면 혹은 깊이로 육박하는 젊은 '하강의 초월'도 있다. 그것은 대략, 본질의 차원을 고려하고 하는 말인데, 둘로 나뉘어 다음 두 세계를 차례로 각각 취한다. 하나는 부조리한 무의미의 세계이고, 또 하나는 양귀자의 것과 다른 수준의 의미세계다.

그러나 하일지의 지적인 소설 『경마장 가는 길』[420]에서 분명히 나타나는 앞의 것 역시, 언뜻 생각하면 이상하게 들릴 수도 있지만, 당연히 하나의 철학적 진실을 숨겨놓고 있다. 그 소설의 뒤에 붙은 <작가의 말>을 빌려, 그는 일상의 야만을 파괴할 세계의 리얼리티(그의 메타포로써 쓰자면 "경마장")를, 보여주기에 앞서 우선 인식론적 재현의 세계를 초월해야 했던 이유를 이렇게 쓴다.

> "종래의 어떤 소설들에서 보면 소설 속의 모든 인간의 행위나 그리고 사람들마저도 작가가 의도하는 어떤 목적에 따라 재조직되고 변형되고 있다는 것을 알게 된다. […]현실을 작가의 어떤 의도에 따라 왜곡한다면 독자들은 현실에 대한 잘못된 견해를 가질 수도 있는데 그것은 작가가 도의적 책임을 져야할 일이 아닌가 한다."(<경마장> 603쪽)

420 하일지, 『경마장 가는 길』, 민음사, 1992 (이하 '경마장'으로 줄여 본문에 표기)

소설의 인식론적 기능을 부정했던 하일지는 적어도 그 출발점, 달리 말해 재현의 극복을 통해 근대적 세계를 넘어서려 한다는 점에 대해서만큼은 양귀자와 동일한 주의력을 갖고 있었다. 그는 작가의 입장에 따라 세계를 뒤틀리게 설명해내는 종래의 소설에 만족할 수가 없었다. 그가 꿈꾼 것은 인식의 때가 묻지 않은 세계였다. 이 세계는 "자세히 관찰하면 할수록 혼란되고 애매하고 또 때로는 불가해한 것"(<경마장> 603쪽)으로서 주관적인 것도 객관적인 것도 아닌 "있는 그대로의" 순결한 "현실", 즉 존재의 세계다. 하일지는 이 날 것의 땅을 되살리는, 그리하여 현실이 허구(소설)가 되고, 또 그 역이 되는 글을 쓰는 것이야말로 재현이라는 이름하에 '어떤 목적에 따라 세계를 재조직하고 변형'시키는 전통적인 인식의 구속으로부터 소설과 독자가 살아나는 유일한 방법이라고 생각한 것이다. 이러한 그의 비판적 의도는 일차적으로는 기존의 것과는 '전혀 다른' 리얼리즘을 겨냥하고 있었겠지만, 그 속에는 이미 모더니즘에 대한 비판도 내재해 있다고 보아야 한다. 작가의 인식주관 속에서 세계의 의미를 표현해 내고 있는 한, 궁극적으로 후자도 이러한 비판으로부터 자유롭지는 못하기 때문이다. 그러므로 하일지가 "어떻게 쓸 것인가' 하는 물음에 대해서 나는 가급적이면 그것(즉, 인간이나 인간의 존재를 드러내는 사물)을 있는 그대로 재현해야 한다고 대답한다"(<경마장> 602쪽)라고 말했을 때, 이 말은 이전의 소설에서처럼 인식론적 태도가 아니라 존재론적 주관의 눈에 걸려든 세계의 현실을 재현하겠다는 말로 들린다.

사실이지 우리 인간에게 '있는 그대로의 세계'가 어찌 존재 가능하겠는가. 그럼에도 불구하고 그런 것이 있을 수 있다면, 그것은 '있는 그대로의 세계'라 믿는 우리인간의 생각들뿐이다. 마치 "현상학적 잔여"(phenomenological residue) 국면[421]에서 주어질 질료(質料)의 풍경에 대한 성실한 묘사와 흡사할 그의 재현은 분명 인식론적인 재현이 아닌 존재론적인, 달리 말해 그 전제와 결론은 다르지만 들뢰즈가 말한 "미학적인 유사성"(aesthetic analogy)[422]과 일정부분 관계가 있는 탈근대적인 재현을 의미할 것이다. 존재의 세계로 진입해야 하는 존재론적 초월의 까닭과, 가서 담아 내야할 그곳의 모습까지 그는 이렇게 처음부터 알고 있었다. 아니, 그렇기 보다는 그 사실을 알고 나서부터 소설을 쓰기 시작했을 것이다. 막상 『경마장 가는 길』로써 담아낸 허구이자 그 소설의 현실인 존재의 세계에는 그러나 이를테면 '볼 수 있지만 들을 수 없는, 그러면서도 전혀 낯이 설은 사태들'이 그러하듯 어떤 맥락이나 질서의 기미도 없었으며, 따라서 양귀자의 그것과는 달리 "도저히 자초지종을 알 수 없을 만큼 혼란"(<경마장> 221쪽)의 부조리가 있는 곳이었다.

> "나는 흡사 내가 허구의 세계 속에 살고 있다는 생각이 문득 문득 들어. 가령 길에서 보이는 사람들의 표정 하나 하나가, 버스에서 듣는 대화들의 토막들이, 그리고 지금 저기에서 술을 마시고 있는 남자들의 동작 하나 하나가 모두 나한테는 허구적으로 보여, 왜냐하면 모두 그 원인도 결과도 그리고 의미도 알 수 없는 것들이기 때문이지." (<경마장> 218쪽)

이렇게 무의미한 세계가 눈앞에 펼쳐진 것은 우연이 아니다. 애

421 H. Spiegelberg, *The Phenomenological Movement -A historical introduction,* Martinus Nijhoff Pub., the Hague, 1982, pp124-126.

422 G. Deleuze, *Francis Bacon-The Logic of Sensation*, p.126.

당초 하일지의 존재론적 초월은 시골 아낙들의 일상적인 언어와 행동이 합리성과 인과성을 상실하는 "차창 밖의 놀라운 장면"을 발견한 순간에 이루어진 태도였기 때문이다.[423] 그러나 이유가 있다 하여도 그 무의미는 어떤 철학적 진실과도 무관할 것 같다. 존재의 세계가 그렇게 의미의 껍질이 벗겨진 괴이한 일상이라면 차라리 발걸음을 돌려 인식론적 주관의 세계로 돌아오는 편이 낫지 않은가? 어째서 그는 그 세계에 그토록 집착했던 것일까? "현실을 있는 그대로

---

423 하나의 '순환적인 구조', 즉 현실이 허구가 되고 허구가 현실이 되는 구조를 드러내는 소설(『경마장 가는 길』)의 끝 부분에서 작가는 이 소설이 쓰이게 된 초월의 동기를 이렇게 기술하고 있다. "버스가 어느 부슬비 내리는 국도를 한참 달리고 있을 때였다. 그는 그의 가방을 열어 우유 한 통을 꺼내었다. 그리고 그걸 열어 마시려고 입으로 가져가 고개를 뒤로 젖힌 채 막 기울이고 있을 때였다. 그 순간 그는 얼핏 차창 밖에 어떤 놀라운 장면을 발견하기라도 한 듯 심하게 몸을 움찔했다. 그 바람에 그의 입에다 대고 기울여지고 있던 우유가 왈칵 쏟아져 나와 그의 코와 입과 턱을 허옇게 뒤덮으며 주르르 흘러내렸다. 그러나 그는 그것을 전혀 의식하지 못한 듯 왼손으로는 엉거주춤 우유 통을 허공에 든 채 급히 고개를 돌려 차창 밖을 내다보았다. 마을에서도 멀리 떨어진 논벌이었다. 차창 밖 국도 가에는 두 사람의 시골 아낙네가 있었다. 두 여인은 이제 막 쌀자루 같기도 한 제법 무거워 보이는 자루 하나를 사이에 두고 그것을 함께 들어 올려 한 여인의 머리 위로 이게 하려고 하는 찰나였다. 그 자루를 일 여인은 R이 볼 때 정면으로 보이는 데 그녀는 머리 위에 똬리를 올려놓은 채 엉거주춤 허리를 구부려 땅바닥에 놓인 자루를 막 들어 올리려고 하고 있었고, 그것을 이게 할 여인은 R이 볼 때 뒷면만 보이는데 그녀는 엉덩이를 우뚝 세우고 상체를 구부리고 그것을 일 여인과 함께 자루를 막 들어 올리려고 하고 있었다… 그리고 두 여인은 모두 지금 그녀들의 곁을 약간 비켜서 지나가고 있는 버스를 의식하지 못하고 있는 것 같았다. R은 급히 고개를 돌려 차의 앞쪽, 그러니까 지금 고개를 약 삼십도 각도로 오른 쪽으로 돌린 채 눈을 찌푸리고 서 있는 여인이 보고 있는 것을 보려고 했다. 그러나 보이는 것은 안개와 같은 부슬비가 내리는 논벌뿐이었다. R은 그때 그의 코와 입과 턱과 그리고 옷 위로 흘러내리는 우유를 전혀 의식하지 못한 듯 그것을 닦아낼 생각은 하지 않고 급한 손길로 가방을 열어 두꺼운 공책 하나를 꺼내어 첫 장을 열었다. 그리고 주머니에서 만년필을 꺼내어 급히 (『경마장 가는 길』을-필자 첨가) 써 내려가기 시작했다. 하일지, 『경마장 가는 길』, p.585.

재현하기만 한다면 대부분의 경우 상당한 미적 가치를 갖는다"(<경마장> 604쪽)는 것이 대답의 하나일 것이다. 이 세계를 재현해내는 소설은 무가치한 듯 보이지만, 사실 그의 말대로 "날마다 보고 듣고 느끼고 하는 것들을 하나도 빠짐없이 낱낱이 기록해 두면 세상에서 가장 완벽한 하나의 소설[…], 대단히 신비스러운 느낌을 자아내게 하는 하나의 거대한 예술작품"(<경마장> 218쪽)이 될 수 있다. 사물들의 연결고리를 분해하고 인간의 삶을 조각 난 의식의 집합으로 환원시키는 순간 느껴지는 낯설음의 정서가 미적 감각을 불러일으키기 때문이다. 그렇다면 그는 그 느낌 하나만을 위해 그 세계로 초월한 것인가? 일상의 야만에 대한 작가의 책임은 그것과 상쇄된 것일까? 하지만 '미적 감각' 이상의 기대를 함축하는 그의 말들, 즉 "우리의 감각이 어떤 이유에서이든 잠들어 있다면 그것을 깨우기"('경마장' 606쪽) 위해 소설을 쓴다는 말과 자신의 소설을 읽고 "독자의 의식이 자유로워지길 기대"(<경마장> 605쪽)한다는 말이 그 물음에 대한 우리의 판단을 유보시킨다. 정말로 하일지의 소설이 낯설음의 미학만을 추구하는 '기형의 리얼리즘'이라면 그의 이 말들은 '처음의 광경'만을 위한 소리로 들릴 것이다.

그러나 그는 언어가 자신의 소설에 기적을 가져다 줄 것이라는 사실 또한 이미 알고 있었다. 무의미한 그의 소설에 의미를 심는 그 기적은 세계도, 그 세계를 이야기하는 소설가도 아닌, 소설의 언어가 의미를 생성하는 사건이다. 그러나 이 사건이 아무런 이유 없이 발생한 것은 아니다. 그 기적은 기적이되, 그냥 기적이 아니라 '책 읽는 시간' 속에서 "그 원인도 결과도 그리고 의미도 알 수 없는 사람들의 표정과 동작"이, 아니 정확하게 말하면 그것을 묘사한 하일지의 언어가, 독자와 접촉하는 순간에 일어나는 '몸짓과 언어'의 기적이기 때문이다. "설령 그것이 부조리한 세계에서라 하더라도 '몸짓과 언어'(le langage et les conduites)는 말하고 행동하는 이들로 인해 의미를 지니게 된다." 그리고 이 기적이 '책 읽는 시간' 속에서 가능한 까닭은 시간의 매개성, 즉 어떤 경우든 "만일 내가 우리를 분리하는 동시에 결합하기도 하는 '시간 속으로'(dans le temps) 들어가기만 한다면, 바로 거기에서 상호교섭이 출현 한다"[424]는 사실에 있다. 따라서 의미의 기재로 변모한 하일지의 소설은 언어의 작품이다. 그의 소설에서 남는 것은 언어뿐이다. 그러나 이 언어는 지금까지 우리가 생각해왔듯이 인간의 도구도 아니고, 그렇다고 양귀자가 생각했던 '오래된 시간'의 지평에서 작용하는, 그래서 따지고 보면 탈근대의 논리로써 변주된 형이상학의 선율을 타고 들려오는, 우리 존재의 "암호"에 상응할 것도 아니다. 하일지는 이 주인 잃은 언어를 독자에게 던져버린다.[425] 그가 던져준 언어의 낯설음에 당황하는 것도 잠깐, 독자는 이내 언어의 새 주인인 듯 언어로 이입해 세계의 의미를 생산해내면서 그의 말대로 "감각의 생기와 의식의 자유"마저 느끼게 된다. 하지만 사실상 그 생기와 자유는 처음과 끝이 마냥 이어지는 『경마장 가는 길』의 순환구조 안에서 언어에 감금당한 인간의 상황일 뿐이다. 그래서 그 책의 독자는 언어에 이끌려 의미의 깊은 숲을 정처 없이 헤매게 된다. 사실상 언어가 독자의

424 M. Merleau-Ponty, *Sens et Non-sens*, pp.69-71

425 이 사태는 "저자를 죽이고 역사와 전통을 '상호텍스트성'(intertextuality)으로 만들며 독자를 예찬하는" 포스트모더니스트들의 해체와 흡사한 귀결을 부른다. Madan Sarup, *An Introductory Guide to Post-Structuralism And Postmodernism*, Harvester Wheatsheaf, New York, 1988, p.59

주인이 되는 형국이다. 따라서 흡사,

"[…]J가 입을 열었다. ―어디로 갈까요? ―어디 좋은 델 가자니까? 어디 조용한 시골 같은데. ―아이, 기름도 없단 말이에요! J는 몹시 안절부절 못해 하면서 병적으로 초조해 하는 표정으로 소리쳤다. ―기름이야 어디 가 사 넣으면 되지 않느냐? R은 J의 갑작스런 반응에 질린 듯이 다급하게 이렇게 말했다. ―돈이 어디 있다고요? J는 다시 소리쳤다. 그들이 탄 차는 그 사이에 팔팔 올림픽대로 위로 올라서고 있었다. ―메흐드! 메흐드! R은 차창 밖으로 고개를 돌린 채 혼잣말처럼 웅얼거렸다. ―어디로 갈까요? 시골로 갈까요! J는 다시 소리쳤다. ―시골은 무슨 시골? 여기 아무데서나 세워다오 나는 아무데서나 내리겠다. R이 다급하게 소리쳤다." (<경마장> 244-5쪽)

에서처럼 두 남녀 주인공 R과 J의 겉도는(그래서 늘 사안이 숨겨진) 대화와도 같은 '존재의 세계'가 언어를 좇는 독자를 만나 의미의 끈으로 질서 있게 묶이는 사건은 언어에 종속된 독자의 읽기가 있을 때에만 발생한다. 하일지의 소설은 이 기적을 위해 "무엇인가를 생각하고 판단함으로써 비로소 완성되는 자료만을 제공"(<경마장> 606쪽)할 뿐이다. 그렇다면 일상의 야만에 대한 폭력의 무기, 작가가 숨겨놓은 그 철학적 진실의 거처는 근거 없는 언어의 지배를 받는 독자의 '생각'이 될 것이다. 마치 작가의 또 다른 소설 『위험한 알리바이』의 범인을 지목하는 임무가 독자의 추리에 맡겨지듯[426] 결과적으로 일상을 해방시킬 수 있는 힘은 언어의 지배력을 전제로 한 예민한 감각과 자유로운 의식을 지닌 독자의 "판단"으로 넘어간다. 의미의 껍질이 벗겨지긴 했어도 '지금-여기'의 일상을 벗어나지

426 하일지, 『위험한 알리바이』, 세계사, 1995.

않은 세계 내에서 무의미를 무릅쓴 것이라는 점에서, 분명 미학주의와 짝하게 될 이 판단은 양귀자의 "꽃말"과 달리 새로이 기획된 미래를 가리킬 젊은 모험과 감각의 구체성을 두를 듯하지만, 그 기원이 언어에 있으니 만큼 사실은 일상을 사는 인간의 능동성 및 자율성을 갖지 못하는 양귀자의 '늙은 혹은 오래된' 철학적 진실의 한 편을 닮았다. 그러나 비록 노쇠한 추상의 위안에 걸렸을지언정 그녀의 그 진실에게 있던 타자와의 개방성 내지 보편성이 그에게는 보이지 않는다. 그렇기에, 자신의 판단이 타인의 판단과 어긋날 경우, 독자는 각자가 고립된 주관의 섬에 갇힐 수밖에 없게 된다. 하일지가 말하는 세계의 철학적 진실이 개인적 차원의 감각과 의식 밖에는 책임지지 못할 듯 읽히는 것은 이런 까닭에서다.

어쩌면 그는 의미를 산출해내는 언어작용의 시간지평 속에서 서로의 능동과 자율로 소통의 주관을 빚는 독자의 감각과 의식을 기대할지도 모른다. 그렇지만 인간의 손을 떠난 언어, 더욱이 다른 어떤 힘의 통제도 받지 않는 언어가 우리에게 그러한 감각과 의식의 판단들을 약속해줄 것 같지는 않다. 설령 해준다하더라도 그것들은 추상을 피하기 어려울 것인데, 이는 독자에게 보여줄 "경마장"자체가, "거인"의 의미로서 주어질 양귀자의 "꽃말"과 달리, 작가의 글쓰기에 앞서 결코 다 재현될 수 없는 불가지론적 리얼리티[물자체]로서 주어질 수밖에 없는 것이기 때문이다. 고통을 겪는 일상의 아픈 삶에게 어떤 실제의 위로도 주지 못할 감각과 의식의 유희 말고는 얻을 것이 없을 듯싶다는 견해의 우려를 그가 해소하기 곤란한 것은 아마도 이 때문일 것이다: 우리현실의 아픔에 그 유희가 얼마나 힘이 될 것인가? 자신의 소설이 일상을 살아가는, 그래서 끊임없이 분출되는 위협에 처해 있을 독자를 향하고 있는 한, 비록 사람들에게 "무엇인가를 가르치거나 깨우치게 하려고 내 글을 쓰지 않는다"(<경마장> 604쪽) 해도 작가는 이 물음으로부터 온전히 풀려날 수 없고, 또 그래서도 안 될 것이다. 무의미의 막에 부딪쳐 근거 없는 언어에 묶인 독자의 내면으로 휘어 들어가 탈근대의 미적 감각으로 일상의 통증을 덮어버릴 그의 철학적 진실이 꼭 아름답지만은 않은 하나의 이유가 여기에 있다.

4. 〈속삭임, 속삭임〉: 무관심의 몸짓

"숨은 꽃"과 "경마장"의 노쇠한 추상의 위안과 수동의 타율, 그리고 무의미의 부조리를 제거하고 그 자리에 젊은 구체의 모험과 능동의 자율 및 의미의 합리성이 내재된 또 다른 '존재의 세계'의 철학적 리얼리티를 대체함으로써 양귀자의 불안과 하일지의 위험을 동시에 비껴가려는 작가들도 있다. 최윤이 그중 하나였다. 그녀는 단편집 『속삭임, 속삭임』[427]을 출간한 직후 가진 한 일간지와의 인터뷰[428]에서 "속삭임을 택한 것은 이제까지의 대화로서는 더 이상 기존관념과 세계관을 뛰어넘을 수 없기 때문"이라고 말한다. 그녀가 "속삭임"이라는 이야기의 방식을 들고 나온 것은 "논리적인 대화로써 상징되는 기존의 세계관은 편견으로 가득 차있고 공격적이며 파괴적인 세계관"이라는 생각 때문이었다. 최윤 역시, 적어도 여기서 살펴보려는 그녀의 몇 작품들에 있어서는, 세기말의 문학의

427 최윤, 『속삭임, 속삭임』, 민음사, 1994 (이하 '속삭임'으로 줄여 본문에 표기)
428 이 인터뷰 기사는 조선일보 1994년 12월 20일자에 실려 있다.

소란 속에서 주관들의 선입견에 사로잡힌 인식론적 재현의 세계관을 극복하는 한편 그것 너머에 있을 비재현적 주체의 세계를 향한 '존재론적 초월'을 결행하려했던 탈근대의 작가였다. 그리고 그녀의 이 시도는 그 단편집에 실려 있는 소설 「푸른 기차」에서 보여주듯 세상의 편견으로부터 떨어져 나와 세계를 새롭게 보려는 존재론적 초월의 몸짓으로 이어져 "그"를 통해 구현된다.

> "그의 삶은 흔적 없고 매끄러우며 아무에게도 이해되지 못할 것이며 어쩌면 이해할 것이 없을 지도 모른다. 그는 삶의 애호가도 아닐 것이며 그렇다고 염세가도 아닐 것이다. 그는 고함치지 않으며 흥분하지 않고 화내지 않으며 불행해하지 않고 괴로워하지 않으며 눈물을 보이지 않지만 호들갑스럽게 웃지도 않는 […]그는 살뿐이며 되도록이면 잘, 살고 있음을 잊을 정도로, 잘, 살려고 할 뿐이다"(<속삭임> 29쪽)

그녀가 택한 존재론적 몸짓은 "무관심"이었다. 무관심은 공격성과 파괴성이 잠재하고 있는 근대적인 세계관으로부터 벗어나 그 주체의 욕망 아래에 은폐된 세계의 참모습을 볼 수 있게끔 해주는 "능동적인 대응책"이 될 수 있다. 소설가로 하여금 인식의 거리를 지우고 세계와 직접적인 접촉관계를 회복할 수 있게 해주기 때문이다. 그러나 무관심은 하나의 방법일 뿐, 언제까지나 그 속에 머물 수는 없다. 그래서 최윤은 핏기 없는 관념의 너울이 벗겨진 존재의 세계를 향한 긍정적 관심으로 무관심을 이렇게 역전시킨다. 즉, "해질녘의 호수를 둘러싼 숲가에서 오랫동안 앉아본 사람은 알지. 낮과 저녁이, 물과 하늘이, 말과 말의 경계가 어떤 순간에 흐려져 버리는 것을. 바로 그 경계가 흐려지는 곳. 세상에서 가장 아름다운 풍경이 아니겠느냐"(<속삭임> 98쪽). 이 문장의 풍경이 아름다운 것은 양귀자의 운명적인 힘이 주는 감동 때문도, 하일지의 낯설음이 몰고 오는 미학적 자극 때문도 아니다. 그녀를 매료시킨 것은 화해할 수 없을 듯이 대립해 있던 모든 것들이 하나로 풀어지는 모습이었다. 사물과 사물, 사람과 사물, 그리고 사람과 사람이 서로의 비밀을 속삭이며 밀회한다. 자기를 숨기지 않는 맑은 관계 속에서 서로를 받아들이며 낮은 목소리로 가만가만히 이야기하는 대화에서 인식의 사고를 넘어선 존재론적 의미가 나온다.

비록 그 대화가 사물과 사물간의 이루어진다고 해도 전혀 이상할 것은 없다. 사물과 사물 사이의 대화는 사람과 사람, 그리고 사람과 사물 사이의 대화와 함께 우리의 삶 속에서 의미로 수렴될 것이기 때문이다. "세상의 모든 속삭임"(<속삭임> 138쪽)은 삶의 대지를 물이 되어 흐른다. 최윤이 도달한 존재의 세계는 '재현적인 대화의 논리'가 무화된 자리에서, 그러나 어떤 부조리의 비(非)논리가 아니라 '재현적인 대화의 논리'를 능가하는 자리에서, '은밀한 속삭임의 대화 논리'로부터 돋아나는 합리성, 즉 상호 교섭의 의미가 단절 없이 분출하는 창고와도 같다.

마치 아가와 엄마가 "예전에 한 몸이었을 때"(<속삭임> 139쪽)나누었던 의미가 자궁의 따뜻한 액체에 녹아 흐르듯이 그렇게 흐르는 의미로 세계는 가득 차있다. 열린 관계 속에서 나온 세계의 그 의미는 공격적이거나 파괴적이지 않으며, 또한 편견에 물들어 있지도 않다는 점에서 일단 긍정적이다. 하지만 존재론적 초월의 몸짓이 도달한 세계 리얼리티의 시적 메타포로서 읽히는 최윤의 "속삭임",

즉 "말과 말의 경계가 흐려진 대화의 세계"의 합리성은, 실존론적 의미구조를 갖는다는 점에서, 재현 너머의 세계를 바라보는 그녀의 시각을 양귀자의 그것과 언뜻 겹쳐보이게 만든다. 그러나 그렇다 하여도 지나간 시절의 열망과 좌절을 회상하며 진술했던 이전의 한 소설 「회색 눈사람」[429] 곳곳에 그녀가 박아 놓았던 실존의 정서를 갖다 대면 둘 사이엔 어울릴 수 없는 차이가 있다. "호기심, 혼란, 방황, 희망, 그리움, 불신, 당황, 슬픔, 신뢰, 반가움, 배려, 유혹, 분노, 후회, 우울, 외로움, 기다림, 창피함, 불안, 고립감, 사랑…그리고 상처." 존재의 땅에서 의미의 날실과 씨실로 떠도는 삶의 그 느낌들이 최윤의 존재론적 세계에서는 초월되어야 할 것들이 아니라, 예컨대 「문경새재」의 인물들처럼 서로의 비밀을 속삭이며 일상 안에서 일상을 이겨낼 구체의 의미 혹은 사물의 진실을 캐는 인간들의 조건이 되기 때문이다.

"한 밤중에 비밀을 가지고 문경새재를 같이 넘게 되면 그렇게 되요 비밀이 상대편에게 스며들거든요. 우리 고향 사람들은 다 알고 있는 일인걸요. 재를 넘으면서 사람들은 다 자신들을 드러내 놓지요. 잘 알던 사람이면 더 잘 알게 되고 모르던 사람이면 산 공기처럼 맑게 다 비쳐 보이게 되요. 그렇게 사람들은 문경새재를 통과하면서 인생의 공모자가 되거든요" (<속삭임> 95쪽)

그리고 그 세계의 의미에 우리가 이미 참여하고 있다는 사실을 그녀는 알고 있었다. 그런 그녀에게는 운명이라는 것도 하나의 선택일 뿐이다. 일차적으로 세계의 의미는 삶의 운명에 걸려있다. 그

---

429 최윤, 『회색 눈사람』(제23회 東仁文學賞 수상작품집), 조선일보사 출판국, 1992 (이하 '눈사람'으로 줄여 본문에 표기)

러나 이 운명은 알 수 없는 어떤 힘에 의해 끌려 다니는 수동적 운명이 아니다. 최윤이 말하는 운명은 충분히 미래를 감안하여 선택한 이후에야 비로소 말할 수 있는 그런 운명이다. 이와 연관해서 그녀는 이렇게 말한다. "아 이렇게 사람들은 운명을 만드는구나. 충분히 파국을 감지하고 있으면서도 순간적인 방임인 양 어떤 거역할 수 없는 질서에 몸을 맡겨 버리면서 사람들은 삶의 나침반을 바꾸어 버리는 지도 모른다. 그러나 그것 역시 한 선택이다."(<눈사람>, 22쪽) 심지어 거부까지도 가능할 그 운명은 그래서 먼 곳에서 보이지 않게 작용하는 어떤 존재의 힘에 매달린 까닭에 "선택도 거부도 할 수 없는"(<꽃> 76쪽) 양귀자의 운명과는 사뭇 다르다. 이는 무엇보다도 '의미의 뿌리' 내지 '언어의 근거'가 다른 두 작가의 것과 같지 않다는 것을 뜻한다. "일상적인 삶과의 치열한 싸움"[430], 안팎의 욕망과 충돌할 그 삶의 시간 속에서 하나의 욕망이 자신을 점검하며 아름다운 타자의 욕망에게 내밀 소통과 화해의 언어들, 그 새로운 대화의 방식에서 운명까지 우리의 선택에 걸려있는 세계의 의미가 나온다. 『속삭임, 속삭임』의 최윤이 말하는 철학적 진실은 춥고 음산한 단절의 땅에 의미의 열린 합리성을 심어주었다는 점에서, 그리고 그 실재성을 확인할 수 없었던 존재세계의 의미를 우리의 삶의 터전인 일상의 현실 아래 깊숙한 곳에서 '지금-여기'를 살아가는 '너와 나'[우리]의 능동적이고 자율적인 구체의 의미로 대체할 수 있게 했다는 점에서, 『숨은 꽃』의 양귀자와 『경마장 가는 길』의 하일지가 말하는 철학적 진실을 넘는다.

430 이태동, 「최윤의 작품세계, 일상적인 삶과의 치열한 싸움」, 최윤, 『하나코는 없다』(제18회 이상문학상수상 작품집), 문학사상사, 1994, pp.431-443.

"속삭임"의 철학적 진실은 밝고 단단하다. 하지만 세계의 그 밝고 단단한 철학적 진실이 예리한 실제의 무기이려면 일상의 야만 위에 균열을 내는 싸움의 실천에 더욱 바짝 다가서야할 것 같다. 소설이 안으로 끓이는 철학적 반성은 분명, 특히 혼란의 국면에서, 하나의 미덕일 것이지만, 밖에서 폭발할 때 그 의의는 배가될 것이기 때문에 그러하다. 이런 측면을 고려할 때, 보다 바람직한 존재의 세계를 확보했음에도 불구하고 최윤의 시선은 양귀자가, 비록 회상하는 늙은 추상의 시선이긴 하지만, 예컨대 『나는 소망한다, 내게 금지된 것을』(1992), 『천년의 사랑』(1995), 「곰 이야기」(1996), 『모순』(1998), 「늪」(1999) 등의 소설들을 통해 일상으로 던졌던 눈길에 비해 철학적 성찰의 영역에 아직, 적어도 「회색 눈사람」과 『속삭임 속삭임』의 경우, 더 깊이 머물러 있는 듯 보인다. 「푸른 기차」를 타고 「문경새재」를 넘어 「속삭임, 속삭임」으로 온 그 건강한 존재론적 세계관이 막상 일상의 해방을 두고 다투는 전장의 무기로 직접 활용되지 못하기에 그러하다. 그녀는 존재의 세계로써 건강한 리얼리티를 드러냈지만, 그것이 어떻게 우리의 삶과 역사에 희망으로 작동될 수 있는가를 정치/경제의 수준에서 보여주는 데는 박했다. 또 다른 소설 「그의 침묵」 끝에 나온 다음의 말이 존재론적 반성의 시간을 딛고 나가야할 사회와 역사 앞에서 머뭇거리고 있는 작가의 고백으로 들리는 것은 이 때문일 것이다.

"그러나 그 모호한 소리의 기억으로부터 하나의 단어, 역사를 형용해주는 하나의 단어에로 나가는 것은 점점 더 크게 열려올 뿐이었다. 그것은 얼마나 많은, 수 천 수 만 갈래의 길을 통과하는 일인가 […]그 길의 어디쯤에 나는 놓여 있을까. 그런데 나는 길을 떠나기나 한 것일까?"(<속삭임> 186쪽)

이후 그녀가 길을 나섰는지 여부는 여기서 중요하지 않다. 중요한 것은 그녀의 문학적 진실 속에 들어있는 철학적 진실을 살려내 일상의 야만을 파괴할 '젊은 모험'의 당위성이다. 그러나 이 모험에는 지속적인 이중의 수고가 있어야 할 것이다. '존재의 세계'는 살아 숨 쉬며 끊임없이 유동하는 역사성을 갖는 것이기에 그렇다. 일상이 희망의 지표로 삼을 수 있는 그 세계의 의미 내지 사물의 진실은 늘 생성할 것이기에 일정한 기간 동안만 우리들의 힘이 될 수 있을 뿐, 마지막 힘이 될 수는 없는 것이다. 그러므로 우리의 작가들은 '새로운 의미(혹은 사물의 진실)의 추적'과, 그것을 통한 '일상의 야만에 대한 폭력'이라는 두 개의 노동을 간단없이 병행해야만 한다.[431] 그럴 때 비로소 최윤이 『속삭임, 속삭임』으로서 이야기했던 철학적 진실은 우리가 가져야할 인간의 얼굴을 조금씩 찾아내 일상을 정화시켜나가는 현실적인 힘으로 작동할 수 있을 것이다. 그리고 이러한 것들은, 만일 세계가 갖고 있는 건강한 진실의 구조를 드러낸 하나의 존재론적 성취가 지금 이 순간에도 사회와 역사로 나가는 출구만을 바라보고 있다면, 비단 최윤의 소설만이 아니라 아니 근대의 사고를 넘어서려는 현대의 예술과 철학이 이루어야할 실천적 과제이기도 할 것이다.

진정한 희망을 주는 작가는 일상의 고통 속에서 일상의 고통과

---

431 셋 중 누구의 것보다도 최윤의 "속삭임"(즉, "말과 말의 경계가 흐려진 대화의 세계"의 합리성)이 이러한 노동을 요구할 것이지만, 그러나 그렇기는 양귀자의 '꽃말의 의미'나 하일지의 '경마장의 무의미'도 마찬가지다. 그것들 역시 "영원히 설명되지 않을"(<꽃> p.85), "언어로써 완벽하게 재현할 수 없을"(<경마장> p.221) 부분을 시간의 비밀로서 갖고 있기 때문이다. 문제는 그것들의 질적 차이다.

대결한다. 만일 야만의 폭력 앞에 노출된 일상으로부터 멀리 떨어져 있는 작가가 가리킬 희망이라면 우리는 그것들로부터 어떤 구체의 힘도, 적어도 진정성의 측면에서 보면, 얻을 수 없을 것이다. 물론 고상한 꿈이나 아름다움에 의탁하는 시간도 충분히 행복한 시간일 수 있다. 하지만 그럴 겨를을 찾기엔 아직 '우리의' 현실이 너무 핍박하지 않은가. 우선 필요한 것은 그러니 일상의 해방을 위한 진실일 것이지만, 정말로 이 진실이 더 이상 지난 세기의 논리에 갇혀선 안 될 것이라면, 아무래도 우리가 우선 취해야할 것은 일상의 삶에 인간적인 해방의 시간을 때마다 연이어 가져다줄 수 있는 철학적 진실이다. 블로흐는 "유토피아의 배후에 '자아'와 '우리'라는 힘이 도사리고 있지 않은 희망은 그 자체가 무미건조한 것이다"[432]라고 말한 바 있는데, 마찬가지로 진실의 뒤에도 그것들이 있어야할 것이다. 따라서 세계에 대해 양귀자와 하일지와 최윤이 세기말의 혼란을 딛고 철학의 경지에서 이야기해주는 진실이 참되려면, 그것은 거짓과 폭력, 그리고 사악한 권력의 욕망과 내통하는 일상의 야만을 깨뜨릴 역할을 충분히 감당할 수 있는 주체, 그러니까 타자에 개방된 존재론적 주체의 것이어야 한다. 물론 그들 중 누구도 우리에게 절망을 주려고 글을 쓰지는 않았을 것이다. 실제로 그들은 모두 어떤 억압의 기재 속에 갇혀 있는 우리에게 자유를 가져다주겠다는 의지로 무엇인가를 쓴다고 스스로 말하고 있다.

그러나 의지도 중요하지만 그 의지의 방향과 노선은 더 중요하다. 그들이 우리에게 힘을 주려 했다 하여도 늘 의도와 결과가 일치하

432 블로흐(E. Bloch), 『희망의 원리1 -더 나은 삶에 관한 꿈』, 박설호 옮김, 솔출판사, 1995. p.279.

는 것은 아니다. 만일 그들의 소설이 말하는 철학적 진실이 위안뿐만 아니라 해악을 초래할 수도 있다면, 우리는 마땅히 경계해야 할 것이다. 그렇다고 독자들에게 그 해악을 피하기 위한 신중한 독서를 요구한다는 것은 무책임하다. 일상의 교활한 야만이 그들의 신중성을 비껴가며 억압의 논리를 보다 더 깊고 정교하게 합리화시키고, 합리화 된 폭력의 강제력은 성실한 독자들의 신중성을 끝내 무력하게 만들 수도 있기 때문이다. 양귀자와 하일지가 각각 말했던 '회상적 사유세계의 리얼리티'(="꽃말")와 '미학적 감각세계의 리얼리티'(="경마장")는 이전의 작가들이 보여주었던 재현세계의 리얼리티를 많은 부분 극복했다는 점에서, 그리고 실로 만만치 않은 성과가 부정될 수 없다는 점에서, 생각하기에 따라선 추상성과 폐쇄성의 문제가 있으면 있는 대로 근대 이후 철학의 선택이 될 수도 있다. 그러나 그것은 일상의 가장 깊은 곳에서 세계의 진실 내지 사물의 의미가 구체적인 인간의 교류를 통해 형성되고 있음을 보여준 최윤의 '탈(脫)경계적 대화세계의 리얼리티'(="속삭임")를 고려하지 않았을 때의 말이다. [433]그것이 가리켰던 존재론적 세계 속에서 형

---

433 기존의 세계관을 치우고 '이미 거기에 있는' 세계의 리얼리티를 그렸다는 점에서, 얼핏 보기에 양귀자와 하일지와 최윤은 리얼리즘의 열망을 잇는 듯하다. 그리고 사실 그들은 철학의 자리에선 리얼리스트로 분류될 수 있다. 문제는 '철학의 리얼리즘'[실재론]과 '소설의 리얼리즘'[현실주의]이 다르다는 것인데, 하지만 그렇다 하여도 전자와 후자가 전혀 무관한 것만은 아니다. 이때 그 둘의 관련성이 사안이라면, 그 여부를 결정할 척도는 무엇보다도 리얼리티의 진상이며, '현실성'은 그 진상의 차이를 가릴 유효한 지표가 된다. 이를테면, 「숨은 꽃」과 『경마장 가는 길』과 『속삭임, 속삭임』이 (철학의)실재론이 아닌 (문학의)리얼리즘에 속하기 위해선 그것들의 리얼리티가 현실성을 띠고 있어야 한다. 만일 '누군가가 존재하는 곳이 현실'이라면 모든 곳이 현실이겠지만, 그러나 리얼리즘의 현실은 누군가의 현재가 아니라 '역사의 객체이자 주체인 인간'의 장으로서의 일상이라는 말의 타

성될 가치와 질서는 늙지 않고 젊되, 추상적이지도 않고, 닫히지도, 타율적이지도 않는 모습을 띠게 될 것이다. 사실이 그러하다면, 이러한 세계의 진실 혹은 사물의 의미는 재현의 한계를 포스트모더니즘의 것을 능가하는 탈근대의 논리로써 넘으며 더 나은 미래를 <지금-여기>의 진실로써 기획하려는 철학에게 필요한 시적 논리를, 시적 지성을 제공할 수 있을 것이다.[434]

5. 세 작가의 귀결들

여전히 우리의 작가는 세계의 진실로써 억압의 일상성에 '시적 폭력'을 가하고 있다. 친숙한 일상의 야만에 맞설 진실한 인간의 풍경을 드러내려는 아름다운 동기를 공유할 뿐, 그러나 막상 억압의 일상성에 균열을 내는 일의 전개 방식과 귀결은 이전의 것들과, 물론 이것들에서도 동일하지 않았지만, 사뭇 달랐다. 그 폭력의 무기

당성에 비추어볼 때, "꽃말"과 "경마장"은 모더니즘의 리얼리티가, 그리고 "속삭임"은 리얼리즘의 리얼리티가 탈근대의 차원에서 변주된 것이라 해도 틀리지 않을 것이다. 인식론적 '주/객'관성과 존재론적 사실성의 차이가 빚는 단절 속의 연속을 말해줄 이 변주는 양귀자와 하일지의 철학적 진실을 포스트모더니즘의 한 단면으로, 그리고 최윤의 그것을, 만일 그렇게 쓸 수 있다면, 포스트리얼리즘의 한 단면으로 읽히게 만든다.

434 이와 연관해서 우리는 한 필자의 표제 "우리의 탈근대—포스트모더니즘을 넘어서"에 주목할 필요가 있다. 즉, "탈근대의 원리는 다원적인 총체성에서 찾아야 한다. 그것은 서구 근대성의 헛된 보편주의가 아닌, 모든 인간이 공유하는 올바른 원리에서 얻어낸 진정한 보편성이다. 그것은 구체적 시간과 공간 안에서 드러나는 개체성과 차이성의 어우러짐을 이끌어 가는 길이며, 중심에의 통합을 거부하는 '다원적 중심'성을 의미한다. […]여기에 포스트모더니즘의 동기는 일정부분 우리의 근대비판과 문제의식을 공유하며, 그 결과는 근대극복과 탈근대의 사유 틀 형성에 많은 자극과 보탬을 줄 것이다." 신승환, 『포스트모더니즘에 대한 성찰』, 살림출판, 2003, pp.92-93.

인 진실의 근원이 주관성으로부터 자유롭지 못한, 그래서 숱한 선입견과 이권의 욕망에 은밀히 닿아있던 '인식론적 세계'의 리얼리티에서 '존재론적 세계'의 그것으로 바뀌었기 때문이다. 사정이 이렇게 변하기 위해선 옛 것을 대체할 새로운 무기에 대한 관심이 선행했어야 했다. 철지난 '근대의 진실'로써 어떻게 일상화 된 야만을 파괴할지가 아니라, 그 파괴를 위해 필요한 세계의 새 진실에 대한 탈(脫)근대적 모색과 성취가 먼저 있었다는 말이다.

그러나 말이 모색과 성취지 거기에는 어려운 과정들이 있었음을 추론할 수 있다. 거기에는 우선, 양태와 정도의 차이를 고려하고 이야기하건대, 세계관의 상실에 따른 침묵이 있었을 것이다. 침묵은 세계를 보는 새로운 시각의 정립을 기다리는 가운데 쓰기의 유보로 이어지기도 하지만, 말을 해야만 하는 작가는 언제까지나 글쓰기의 미룸을 자행할 수가 없다. 침묵이 꼬리를 물고, 쓰는 행위가 무의미한 시점에서도 무엇인가를 써보려고 하지만 그럴수록 의식은 혼란을 비추는 거울이 되어 언어의 주변을 겉돌 뿐이다. 결국 그들은 세계에 대한 새로운 조망을 얻기 위해 이렇게 자문했을 것이다. 어떻게 이 난국을 돌파할 수 있는가? 세계관의 상실에서 비롯된 것인 한, 이 물음은 일차적으로 새로운 세계관의 모색의 의지로 이어진다. 작가의 물음이 작심하고 철학의 영역으로 들어가는 순간이다. 왜냐하면, 이미 통일적으로 이해된 하나의 세계로부터 어떻게 하나의 진실을 건져낼 수 있는가 하는 물음이 아니라, 하나의 진실을 그곳으로부터 끄집어 내야할 세계에 대한 탐구의 논리와 연결되는 물음을 그가 취하기 때문이다. 그러나 탈근대와 연관된 이 물음과 탐구에 대한 작가의 진술은 철학자의 그것과 같을 수 없다. 작가는 충분히 철학적일 수 있지만, 적어도 작품에 매달려있는 한에선 단지 '세계에 대한 진지한 성찰'을 통해 그것의 참모습을 형상화함으로써 그럴 수 있다. 즉, 그의 기능은 한 현상학자의 말대로 "철학적 관념들을 논제로 삼아 진술하는 것이 아니라, 마치 사물들이 현존하는 방식으로 그 관념들을 우리들 앞에 존재하게 하는 것"[435]에 있다. 세 작가들, 양귀자와 하일지와 최윤은 이 기능에 따라 세기말의 혼돈 속에서 자신들에게 주어진 철학적 과제를 각자의 전망과 스타일로 탁월하게 수행해낸 이 시대 우리의 소설가다. 하지만 그들이 펼쳐 보인 세계가 우리를 당혹스럽게 한다. 일상의 인간화에 기여할 세계의 진실에 대해 서로 다른 이야기를 하고 있었기에 하는 말인데, 도대체 그들은 세계의 진실을 보기는 한 것일까? 존재의 세계라는 동일한 공간에서 해명된 세계의 모습이 제각기 다르게 나타난다는 사실은 그들이 그려놓은 비재현적인 세계에도 주관이 작용하고 있음을 뜻한다. 인식의 거리를 지워도 남는 존재론적 주관이 있는 것이다. 하지만 존재의 세계에서도 소멸되지 않는 그 선험적 주관마저 없애라고 요구할 수 없는 것이, 글을 써야하는 책무를 진 이상 작가는 어떤 식으로든 대상을 바라보고 이야기해야 하기에 그러하다. 그러니 당혹스러울 이유도 실은 없다. 중요한 것은 '일상을 해방시킬 수 있는 진정한 무기, 그 진실이 무엇인가'이다.

인간은 일상의 세계를 누려야만 인간일 수 있다는 점에 비추어 볼 때, 일상에 시적 폭력을 가하는 일은 일상을 일거에 소멸하는 짓

---

435 "La fonction du romancier n'est pas de thématiser ces idées, elle est de les faire exister devant nous à la manière des choses." M. Merleau-Ponty, *Sens et Non-Sens*,, p.45

이 아니라 일상 속의 야만을 부단히 제거하면서 그곳을 참다운 삶의 거처로 바꾸어 나가는 바쁜 노동이어야 하고, 그 진실은 이 노동에 바쳐져야한다. 만일 그렇지 못하다면 이 세상에 던져진 작가들의 철학적 진실이 사실상 무의미할 것이기에 그렇다. 오늘날 인식론이 아닌 존재론적 태도로써 사물의 실체를 파악하는 우리의 작가들은 이러한 요구가 수반한 물음 앞에서 과연 자신들의 모색이 취한 세계의 진실성을 '우리'에게 얼마나 주장할 수 있을까? 이 글이 동일한 계기를 가졌던 세 명의 작가들이 소설로써 보여준 철학적 모색과 그 귀결의 질적 차이에 대한 분석을 통해 얻고자했던 것은 바로 이 물음의 답을 결정할 존재론적 세계의 탈근대적인 진실, 다시 말해 일상 안에서 일상의 껍질을 깰 때마다 현실이 내주는 구체적이고 열린 힘의 모습이었다.

참고문헌

아래의 참고 문헌 목록은 각 장별로 작성한 까닭에 다른 장의 목록에 든 사항과 중복된 사항이 적지 않지만, 해당하는 글의 인용정보를 분명히 밝히는 게 좋을 것이라는 생각 때문에 그대로 두었다. 그리고 번역서의 경우에는 원본과 나란히 읽고 참조한 것은 그 둘을 다 병기했으며, 내용작성에 도움을 주었다 하더라도 한 부분을 명시적으로 '인용/참조'하지 않은 책이나 연구논문들은 포함시키지 않았다. 그러나 시와 소설의 경우는 예외로 하여 수록했다. 비록 대놓고 '인용/ 참조'하진 않았지만 해당 글들의 내용을 작성하는 중에, 특히 8장 <소설의 철학적 진실들>에서 그러했는데, 필자가 내내 필요사항을 확인해야 했던 책들이 있었기 때문이다.

〈1장〉 현상학과 진리의 미학

강신용, 『나무들은 서서 기도를 한다』, 문경출판사, 대전, 2003

김종삼, 『시 전집』, 권명옥 엮음, 나남출판사, 서울, 2005

김춘수, 『꽃을 위한 서시(序詩)』, 미래사, 서울, 2002

———, 「의미에서 무의미까지」, 『현대시사상』, 고려원, 서울, 1989

박이문, 「현상학과 문학」, 한국현상학회편, 『현상학이란 무엇인가』, 심설당, 서울, 1987

———, 「문학은 철학이어야 하는가?」, 강지수 外, 『문학과 철학의 만남』, 민음사, 서울, 2000

송석랑, 『언어와 합리성의 새 차원: 하이데거와 메를로-뽕띠』, 충남대학교 출판부, 대전, 2003

오병남, 「현상학과 미학의 문제」, 한국현상학회편, 『현상학이란 무엇인가』, 심설당, 서울, 1987

이정록, 『의자』, 문학과 지성사, 서울, 2006

———, 『가슴이 시리다』, 지식을 만드는 지식, 서울, 2012

이승훈, 「1950년대의 우리 시와 모더니즘」, 『한국 모더니즘 60년』, 고려원, 서울, 1995

테브나즈 P., 『현상학이란 무엇인가』, 심설당, 서울, 1989

Descartes R., "Rules for the Direction of our Native Intelligence", in *Descartes-Selcted Philosophical Writings* , tr. J. Cottingham & R. Stoothoff & D. Murdoch, Cambridge University Press, 1988

Durant W., *The Story of Philosophy*, W. S. Pres, New York, 1970

George Dickie, *Aesthetics, An Introduction*, Pegasus, New York, 1971

Heidegger M., *Nietzsche Vol. 1: The Wille to Power as Art*, tr. D. F. Krell, Harper & Row, San Francisco, 1987

———, *Holzwege*, Frankfurt, Vittorio Klostermann am/ Main, 1977

———, *Vom Wesen der Wahrheit*, Vittorio Klostermann, Frankfurt am

Main, 1988: 『진리의 본질에 관하여』, 이기상 옮김, 까치글방, 2004

Husserl E., *Krisis der europäischen Wissenschaften und die transzendentale Phänomenologie*, The Hague, Martinus Nijhoff, 1962.

Merleau-Ponty M., *Phénomenologie de la Perception*, Paris, Gallimard, 1945

———, *Sens et Non Sens*, le Édiions Nagel, Paris, 1960

———, *Résumés de Cours*, Paris, Gallimard, 1968

〈2장〉 두 개의 정물화, 두 개의 현상학

강윤후, 『다시 쓸쓸한 날에』, 문학과 지성사, 서울, 1995

김필호, 「욕망의 사회이론」, 서울사회과학연구소, 『들뢰즈·가타리의 정치적 사유: 탈주의 공간을 위하여』, 도서출판 푸른숲, 서울. 1997

김형효, 『데리다의 해체철학』, 민음사, 서울. 1993

송석랑, 「지성의 감각, 감각의 지성」, 『동서철학연구 』39호, 2006

신인섭, 「메를로-퐁티의 타자경험에 대한 레비나스와 리꾀르의 논쟁, 한국현상학회, 『철학과 현상학연구』[20집], 서울, 2003

최 형, 『들길의 풀꽃』, 산하출판사, 서울, 1991

Bernasconi R., *The Question of language im Heidegger's History of Being*, Humanities Press, London, 1985: 『하이데거의 존재의 역사와 언어의 변형』, 송석랑 옮김, 서울, 1995

Colebrock C., *Gilles Deleuze*, Routledge & Kegan Paul, London, 2002: 백민정 옮김, 『질 들뢰즈』, 태학사, 서울, 2004

Deuleze G., *Francis Bacon: The Logic of Sensation*, tr., D. W. Smith,

University of Minnesota Press. Minneapolis. 2003

Derrida J., *Of Grammatology*, tr., Gayatri. C. Spivak, Johns Hopkins University Press, Baltimore, 1974

———, *The Truth in Painting*, tr., G. Bennington & I. Mcleod, The University of Chicago Press, Chicago, 1987

Dufrenne M., *The Phenomenology of Aesthetic Experience*, tr., Edward S. Casey, Northwestern University Press, Evanston, 1973

Edwards C., *The Shoes of Van Gogh*, Crossroad Publishing Co., New York, 2004: 최문희 옮김, 『하느님의 구두』, 솔, 서울, 2007

Gombrich E. H., *The Story of Art*, Phaidon Press Limited, London, 1995: 백승길 外 옮김, 『서양미술사』, 예경, 서울, 2002

Gablik S., *R. Magritte*, Thames and Hudson Ltd, London, 1985: 천수원 옮김, 『르네 마그리트』, 시공사, 서울, 2001

Heidegger M., *Erläuterungen zu* Hölderlins Dichtung, Vittorio Klostermann, Frankfurt a / M, 1981

———, *Sein und Zeit*, Max Nnemeyer Verlag, Tübingen, 1967

———, *Holzwege*, Vittorio Klostermann, Frankfurt, a / M, 1977

———, *Nietzsche* (Band 1), Pfullingen, Neske, 1961

———. *Unterwegs zur Sprache*, Vittorio Klostermann, Frankfurt, a / M, 1959

———. *Identität und Differenz*, Tübingen, Günter Neske Pfullingen, 1978

———. *Wegmarken*, Vittorio Klostermann, Frankfurt, a / M, 1976

Jose Ortega y Gasset, *The Dehumanization of Art, and Other Writings on Art and Culture*, New York, Doubleday Anchor Books, 1956: 『藝術의

非人間化』, 박상규 옮김, 미진사, 서울. 1991

Megill A., *Prophet of Extremity: Nietzsche, Heidegger, Foucault, Derrida,* 1990: 『극단의 예언자들』, 조형준 옮김, 새물결, 서울, 1996

Merleau-Ponty M., *Signes, Gallimard.* Paris, 1960

———, *Résumés de Cours*, Gallimard, Paris, 1968

———, *Phénoménologie de la Perception*, Gallimard, Paris, 1945

———, *L'Oeil et l'Esprit*, Gallimard. Paris, 1964

———, *Sens et Non-sens*, Nagel, Paris, 1958

———, *Le Visible et l'Invisible*, Gallimard, Paris, 1964

Plato, Sophist (266c): *The Collected Dialogues of Plato* vol 2, Princeton University Press, New Jersey, 1982

Sherover Charles. M., *Heidegger, Kant, & Time*, Indiana University Press, Bloomington, 1971

von Hermann F. Wilhelm, *Heideggers Philosophie der Kunst*, Vittorio Klostermann, Frankfurt, a / M, 1980: 『하이데거의 예술철학』, 이기상 外 옮김(1997), 문예출판사, 서울

〈3장〉 지성의 감각, 감각의 지성

김상환, 『해체론 시대의 철학』, 문학과 지성사, 서울, 1996

김 현, 『시칠리아의 암소—미셸 푸코 연구』, 문학과 지성사, 서울, 1992

송석랑, 『메를로-퐁티의 철학-존재와 예술과 진리의 현상학』, 문경출판, 대전, 2005

———, 「시와 소설의 철학적 진실들」, 『동서철학연구』/33호, 2004

윤효녕, 「데리다 : 형이상학 비판과 해체적 주체 개념」, 윤효녕 외, 『주체 개념의 비판』, 서울대학교출판부, 1999

진중권, 『현대미학 강의-숭고와 시뮬라르크의 이중주』, 아트북스, 서울, 2003

홍준기, 『라캉과 현대철학』, 문학과 지성사, 서울, 1999

곰브리치 E. H, 『서양미술사』, 백승길 外옮김, 예경출판, 서울, 2002

도미노 C., 『베이컨-회화의 괴물』, 성기완 옮김, 시공사, 서울, 1999,

루이스 K. 마이즐, 『포토리얼리즘』, 이영준 옮김, 열화당, 서울, 1996

미셸 오, 『세잔, 사과 하나로 시작된 현대미술』, 이종인 옮김, 시공사, 서울, 2001

Beardsley M. C., *Aesthetics from Classical Greece to Present -A Short History*, The University of Alabama Press, 1966: 『미학사』, 이성훈 外 옮김, 이론과 실천, 서울, 1987

Daniel W. Smith, *Deleuze's Theory of Sensation -Overcoming the Kantian Duality, in Deleuze : A Critical Reader,* Blackwell: Oxford UK & Cambridge, USA, 1986

Deleuze G, *Francis Bacon-The Logic of Sensation*, tr. Daniel W. Smith, Minneapolis: University of Minnesota Press, 2003

———, & F. Guattari, *A Thousand Plateaus-Capitalism and Schizophrenia*, tr. Brian Massumi, Minneapolis: The University of Minnesota Press, 1987

———, *The Logic of Sense*, tr. Mark Lester, New York: Columbia University Press, 1990

Derrida J, *Dissemination*, tr. B. Johnson, Chicago: Chicago Univ. Press,

1981

———, *The Truth in Painting*, tr. G. B. Bennington & I. McLeod, Chicago: Chicago Univ Press, 1987

———, *Of Grammatology*, tr. C. C. Spivak, London: The Johns Hopkins University Press, 1976

Descombes V, *Modern French Philosophy*, tr. L. Scoot-Fox & J. M. Harding, Cambridge: Cambridge University Press, 1979

Heidegger M, *Nietzsche : Der Wille zur Macht als Kunst*, Vittorio Klostermann, Frankfurt a.M, 1985

———, *Sein und Zeit*, Max Nemeyer Verlag, Tübingen, 1972

———, *Holzwege*, Vittorio Klostermann, Frankfurt a.M, 1977

Jose Ortega y Gasset, *The Dehumanization of Art, and Other Writings on Art and Culture*, New York, Doubleday Anchor Books. 1956: 『藝術의 非人間化』, 미진사, 박상규 옮김, 서울. 1991

Lacan J, *The Four Fundamental Concepts of Psychoanalysis*, London: Penguin, 1979

Merleau-Ponty M, *Phénoménologie de la perception*, Paris, Gallimard, 1945

———, *The Primacy of Perception*, tr. James M. Edie, Northwestern Univ. Press, 1964

———, *Sens et non-sens,* Paris, Gallimard, 1948

———, *Signes*, Paris, Gallimard, 1960

———, *Résumés de cours*, Paris, Gallimard, 1968

———, *Le visible et l'invisible*, Paris, Gallimard, 1964

———, *L'oeil et l'esprit*, Paris, Gallimard, 1964

Nietzsche F, *Der Wille Zur Macht*, Alfred Kröner, Stuttgart, 1964

Osborne H, *Aesthetics and Art Theory*, New York: A Dutton Paperback, 1970

Plato, *Republic*, in *The Collected Dialogues of Plato*, ed. Edith Hamilton & Huntington Cairns, Princeton Univ. Press, 1961

Roustang F, *The Lacanian Delusion*, tr. Greg Sims, Oxford: Oxford Univ. Press, 1990

Simmon John, *Modern French Criticism*, Chicago: Chicago Univ Press, 1972

Walsh W. H, *Philosophy of History*, New York: Harper & Row Publishers, 1967

〈4장〉 하이데거와 메를로-퐁티의 타자성

김지하, 『생명』, 솔 출판사, 서울, 1992

김춘수, 「의미에서 무의미까지」, 『현대시사상』, 고려원, 서울, 1990

신인섭, 「메를로-퐁티의 타자경험에 대한 레비나스와 리쾨르의 논쟁 」, 『철학과 현상학 연구』(20집), 한국현상학회, 2003

이승훈, 『해체시론』, 도서출판 새미, 서울, 1998

정과리, 『문학이라는 것의 욕망』, 도서출판 역락, 서울, 2005

정화열, 『몸의 정치』, 민음사, 서울, 1999

최재식, 「폭력에 관한 철학적 연구－폭력의 파괴성을 넘어서」, 『철학과 현상학연구』(19집), 한국현상학회, 2002

한전숙, 『현상학』, 민음사, 서울, 1996

Arendt H., *On Violence*, Harcourt Brace & Company, Orlando, 1970 ; 『폭력의 세기』, 김정한 옮김, 도서출판 이후, 서울, 2008

Figal G., *Martin Heidegger,* Junius Verlag G.m.b.H, Haumburg, 1999,

Fink E., "Die phänomenologische Philosophie Edmund Husserls in der gegenwärtigen Kritik", *Kantstudien (38)*, 1933

Fischer E., *The Necessity of Art*, Penguin Book, London, 1978

Heidegger M., *Sein und Zeit*, Max Niemyer Verlag, Tubingen, 1972

———, *Was heißt Denken?*, Max Niemeyer Verlag, Tübingen, 1971

———, *Wegmarken*, Vittorio Klostermann Fankfurt a / M, 1967

———, *Unterwegs zur Sprache*, Neske, Pfullingen, 1959

———, *Einführung in die Metaphysik, (Vorlesung Sommersemester1935),* Max Niemeyer Verlag, Tübingen, 1976 ; 『형이상학입문』, 박휘근 옮김, 문예출판사, 서울, 1994

Husserl E., *Phänomenologische Psychologie (Vorlesungen Sommersemester 1925),* Martinus Nijhoff Pub., the Hague, 1968

———, *Cartesianische Meditationen und Pariser Vorträge*, Martinus Nijhoff Pub., the Haag, 1973

Jay Martin, *Permanent Exiles*, Columbia University Press, New York, 1985

Kosik K., *Die Dialektik des Konkreten: eine Studie zur Problem des Menschen und der Welt*, Surkamp Verlag, Frankfurt a / M, 1967 ; 『구체성의 변증법』, 박정호 옮김, 도서출판 거름, 서울, 1985

Merleau-Ponty M., *Phénoménologie de la Perception,* Gallimard, Paris, 1945

———, *Humanisme et Terreur : Essai sur le Problème Communiste,*

Gallimard, Paris, 1947

———, *Sens et Non-sens,* Nagel, Paris, 1948

———, *Le prima de la Perception et ses Conséquences philosophique* : in, *Primacy of Perception*, Northwestern University Press, 1971

———, *L'Oeil et l'Esprit*, Gallimard, Paris, 1964

Palmer R., *Hermeneutics,* Northwestern Univ. Press, Evanston, 1969

Sakai Takashi, *Bouryoku No Tetsugaku,* K. S. Shinsha Pub, Tokyo, 2006 ; 『폭력의 철학』, 김은주 옮김, 도서출판 산눈, 서울, 2007

Spiegelberg H., *The Phenomenological Movement -A historical introduction,* Martinus Nijhoff Pub., the Hague, 1982

Stirn F., *Violence et Pouvoir*, Hatire, Paris, 1978 : 『인간과 권력』, 이화숙 옮김, 도서출판 예하, 서울, 1989

Szilasi W., *Einführung in die Phänomenologie Edmund Hussers,* Max Niemeyer Verlag, Tübingen, (Satz und Druck : Graphische Betriebe W. Büxenstein G.m.b.H. Berlin), 1959

Villa D. R., *Arendt and Heidegger: The Fate of the Political*, Princeton University Press, New jersey, 1996 ; 『아렌트와 하이데거』, 서유경 옮김, 교보문고, 서울, 2000

William. J. Richardson, S. J., *Heidegger : Through Phenomenology to Thought,* Martinus Nijhoff Pub., the Hague, 1974

〈5장〉 철학의 시적 본질들

강소천, 『강소천 아동문학 독본』, 박목월 엮음, 을유문화사, 서울, 1961

곽철환, 『시공 불교사전』, 서울: 도서풀판 시공사, 서울, 2003

김형효, 『하이데거와 마음의 철학』, 청계 출판사, 서울, 2000

박이문, 『老莊思想 -철학적 해석』, 문학과 지성사, 서울, 1992

박찬국, 「하이데거와 동양사상의 대화 가능성과 필연성」, 한국 하이데거학회 편, 『하이데거의 예술철학』, 철학과 현실사, 서울, 2002

송석랑, 『언어와 합리성의 새 차원: 하이데거와 메를로-뽕띠』, 충남대학교 출판부, 대전, 2003

윤병렬, 「도(道)와 존재—노자와 하이데거의 사유세계 엿보기」, 한국 하이데거학회 편, 『하이데거 철학사상과 동양사상』, 철학과 현실사, 서울, 2001

이종성, 『도가철학의 문제들』, 문경출판사. 대전, 1999

전동진, 「하이데거와 노장사상」, 한국 하이데거학회 편, 『하이데거 철학사상과 동양사상』, 철학과 현실사. 서울, 2001

황지우, 『어느 날 나는 흐린 酒店에 앉아있을 거다』, 문학과 지성사. 서울, 2000

老 子, 『道德經』, 박일봉 역주, 육문사. 서울, 1997

王 弼, 『왕필의 노자』, 임채우 옮김, 예문서원, 서울, 1997

莊 子, 『莊子』, 안동림 역주, 현암 출판사, 서울, 1998

慧 能, 『육조단경(六祖壇經)』, 양기봉 옮김, 김영사, 서울, 1993

Bernasconi R(1985)., *The question of language in Heidegger's History of Being*, London Humanities Press, 1985

Burton W., *The Complete of Chuang-tzu*, Columbia University Press, New York, 1968

Busch Kathrin, "Raum-Kunst-Pathos: Topologie bei Heidegger", Stephan

Günzel, Hg., *Zur Raumbeschreibung in der Kultur und Medien-wissenschaften, transscript* Verlag Bielefeld, 2007

Heidegger M., *Vorträge und Aufsätze*, Neske Pfullingen, 1954

———, *Sein und Zeit*, Tübingen, Max Niemeyer, 1972

———, *Unterwegs zur Sprache*, Vittorio Klostermann, Frankfurt a/M, 1959

———, *Was ist Metaphysik?*, Vittorio Klostermann, Frankfurt a/M, 1965

———, *Einführung in die Metaphysik*, Tübingen, Niemyer, 1983

——— *Wegmarken*, Vittorio Klostermannp, Frankfurt a/M, 1976

———, *Zur Sache des Denkens*, Tübingen, Max Niemyer, 1976

———, *Holzwege*, Günter Neske, Pfullingen, 1977

———, *Gelassenheit*, Günter Neske, Pfullingen, 1982

———, *Nietzsches metaphysische Grundstellung im abendländischen Denken*, Vittorio Klostermann, Frankfurt a/M, 1986

Hempel H. P, *Heidegger und Zen*, Athenäum, Frankfurt am Main, 1987: 『하이데거와 禪』, 이기상 外 옮김, 서울: 민음사, 1995

Jose Ortega y Gasset, *The Dehumanization of Art,* Princeton University Press, New Jersey, 1968: 『예술의 비(非)인간화』, 박상규 옮김, 미진사, 1991

Pöeggeler Otto, *New Wege mit Heidegger*, Karl Alber Verlag,, Freiburg, München, 1992

Steffney J, "Trans-metaphysical Thinking in Heidegger and Zen Buddhism", *Philosophy East and West* 27. No 3, 1977 & Charles Wei-Hsun Fu, "Heidegger and Zen on Being and Nothingness : A Critical Essay in Trans-metaphysical Dialectics", ed N. Katz(1981), *Buddhist and Western*

Philosophy, Sterling Publishers PVT LTD, New Delhi & Kreeft P., "Zen in Heidegger's Gelassenheit", *International Philosophical Quarterly, vol. XI, no.4*, 1971, pp.521-545: 『서양철학과 禪』. 김종욱 편역, 민족사, 서울, 1993, pp.85-213.

〈6장〉 시(詩)의 현상학과 해석학, 그리고 위상학

강신용, 『복숭아밭은 날 미치게 한다』, 문경출판사, 대전, 1993

———, 『나무들은 서서 기도를 한다』, 문경출판사, 대전, 2003

김명원, 『달빛 손가락』, 시학, 서울, 2007

김춘수, 「의미에서 무의미까지」, 『현대시사상』, 고려원, 서울, 1989

박혜경, 『세기말의 서정성—90년대 시의 내면풍경』, 문학과 지성사, 서울, 1999

정효구, 「우리 시의 해체주의」, 『현대시사상2』, 고려원, 서울, 1998

반경환, 『명시감상 I』, 종려나무, 서울, 2008

보드리야르 J., 『유혹에 대하여』, 배영달 옮김, 백의출판사, 서울, 1996

이승훈, 「비빔밥 시론」, 『해체시대의 시 쓰기』, 고려원, 서울, 1997

웨버먼 D. 「<메트릭스>, 현실과 시뮬레이션의 사라지는 경계」, S. 지젝 외, 『매트릭스로 철학하기(Matrix & Philosophy)』, 이운경 옮김, 한문화, 서울, 2003. pp.260-281.

Deleuze G. & Guattari F.. *L'Anti-Oedipe* : Capitalisme et Schizophrénie, Editions de Minuit. Paris; 1972 『앙띠-오이디푸스: 자본주의와 정신분열증』. 최명관 옮김, 민음사, 서울, 2000

Fischer E., *The Necessity of Art*, Penguin Book, London, 1978

Heidegger M., *Einführung in die Metaphysik*, Max Niemeyer Verlag, Tubingen, 1976

———, *Sein und Zeit,* Max Niemeyer Verlag, Tübingen, 1972

Klein É., *Le Temps*, Flammarion, Pars, 1995: 『시간』, 박혜영 옮김, 영림카디널, 서울, 1997

Langer Monika M., *Mourice Merleau-Ponty's Phenomenology of Perception* : A guide and commentary, Macmillan, London, 1993: 『메를로-퐁티의 지각의 현상학』, 서우석 옮김, 도서출판 청하, 서울, 1999

Merleau-Ponty M., *Phénoménologie de la Perception,* Gallimard, Paris, 1945

〈7장〉 시(詩)로써 빚은 존재론의 경지

고미숙, 「전복과 생성의 도정」, 『창작과 비평』 겨울호, 서울, 1996

김진수, 「길이 끝난 곳에서 시작되는 길—최승자와 백무산의 시집」, 『문학과 사회』여름, 서울, 1999

박혜경, 『세기말의 서정성—90년대 시의 내면풍경』, 문학과 지성사, 서울, 1999

백무산, 『만국의 노동자여』, 도서출판 靑史. 서울, 1988

———, 『인간의 시간』, 창작과 비평사, 서울, 1996

———, 『길은 광야의 것이다』, 창작과 비평사, 서울, 1999

———, 『초심』, 실천문학사, 서울, 2003

———, 『길 밖의 길』, 도서출판 갈무리, 서울, 2004

송석랑, 『언어와 합리성의 새 차원: 하이데거와 메를로-뽕띠』, 충남대

학교출판부, 대전, 2003

유성호, 『침묵의 파문』, 창작과 비평사, 서울 2002

정남영, 「바꾸는 일, 바뀌는 일, 그리고 백무산의 시」, 『당대비평』 여름호, 서울, 1999

Augustinus St., *Confessions*, The Loeb Classical Library, Havard University Press, Cambridge/ Massachusetts, 1970 : 『고백』, 김희보 옮김, 종로서적 출판사, 서울, 1989

블로흐 E., 『희망의 원리1- 더 나은 삶에 관한 꿈』, 박설호 옮김, 솔 출판사, 서울, 1995

슈벨 M., 『욕망에 대하여』, 서민원 옮김, 동문선, 서울, 2001

Deleuze G., Francis Bacon, *The Logic of Sensation*, tr. Daniel W. Smith, University of Minnesota Press, Minneapolis, 2003

Heidegger M., *Sein und Zeit,* Max Niemeyer Verlag, Tübingen, 1972

———, *Was Heisst Demken?*, Max Niemeyer Verlag, Tübingen, 1971

———, *Holzwege*, Vittorio Klostermann, Frankfurt am/Main, 1977

———, *Unterwegs zur Sprache*, Pfullingen, Neske, 1959

Holland E. W., Deleuze and Guattari's *Anti-Oedipus : Introduction to Schizoanalysis*, Routledge, London & New York, 1999

Kosik K., *Die Dialektik Des Konkreten -eine Studie zur Problematik des Menschen und der Welt*, Suhrkamp Verlag. Frankfurt am/Main, 1967 : 『구체성의 변증법』, 박정호 옮김, 거름, 서울, 1985

Merleau-Ponty M., *Sens et Non-sens*, Gallimard, Paris, 1948

———, *L'Œil et l'Esprit*, Gallimard, Paris, 1964

〈8장〉 소설의 철학적 진실들

김종욱, 「존재론적 탐색의 여정—양귀자의 <숨은 꽃>」, 『문학사상/ 10월호』, 문학사상사, 서울, 1992

박혜경, 『세기말의 서정성—90년대 시의 내면 풍경』, 문학과 지성사, 서울, 1999

송석랑, 『언어와 합리성의 새 차원: 하이데거와 메를로-뽕띠』, 충남대학교 출판부, 2003

신승환, 『포스트모더니즘에 대한 성찰』, 살림출판사, 서울, 2003

유성호, 『침묵의 파문』, 창작과 비평사, 서울, 2002

이태동, 「일상적인 삶과의 치열한 싸움」, 최윤, 『하나코는 없다』(앞의 책), 1994

양귀자, 『숨은 꽃』(제16회 이상문학상수상 작품집), 문학사상사, 서울, 1992

———, 『원미동사람들』, 문학과 지성사. 서울, 1987

———, 『지구를 색칠하는 페인트공』, 살림, 서울, 1989

———, 『희망, 잘 가라 밤이여』(상/하 2권), 살림, 서울, 1990

———, 『나는 소망한다, 내게 금지된 것을』, 살림, 서울, 1992

———, 『천년의 사랑』, 살림, 서울, 1995

———, 『곰 이야기』(제41회 현대문학상수상 소설집), 현대문학사, 서울, 1996

———, 『모순』, 살림, 서울출판, 1998

———, 『늪』(제4회 21세기문학상수상 작품집), 도서출판 ISU, 서울, 1999

최 윤, 『회색 눈사람』(제23회 동인문학상수상 작품집), 조선일보사 출판국, 서울, 1992

———, 『속삭임, 속삭임』, 민음사, 서울, 1994

———, 『하나코는 없다』(제18회 이상문학상수상 작품집), 문학사상사, 서울, 1994

———, 『저기 소리 없이 한 점 꽃잎이 지고』, 문학과 지성사, 서울, 1992

———, 『겨울 아틀란티스』, 문학동네, 서울, 1997

하일지, 『경마장 가는 길』, 민음사, 서울, 1990

———, 『경마장을 위하여』, 민음사, 서울, 1991

———, 『경마장은 네거리에서』, 민음사, 서울, 1991

———, 『경마장의 오리나무』, 민음사, 서울, 1992

———, 『경마장에서 생긴 일』, 민음사, 서울, 1993

———, 『그는 나에게 지타를 아느냐고 물었다』, 세계사, 서울, 1994

———, 『위험한 알리바이』, 세계사, 서울, 1995

———, 『마노 카비나의 추억』, 민음사, 서울, 2002

블로흐 E., 『희망의 원리1: 더 나은 삶에 관한 꿈』, 박설호 옮김, 솔 출판사, 서울, 1995

Deleuze G., *Francis Bacon-The Logic of Sensation*, tr. by Daniel W. Smith, University of Minnesota Press, Minneapolis, 2003

Heidegger M., *Sein und Zeit*, Max Niemeyer Verlag, Tübingen, 1972.

———, *Unterwegs zur Sprache*, Vittorio Klostermann, Frankfurt, 1959.

Kosik Karel, *Die Dialektik des Konkreten - eine Studie zur Problem des*

Menschen und der Welt, Shurkmp Verlag, Frankfurt am. Main, 1967

Madan Sarup, *An Introductory Guide to Post Structuralism And Postmodernism*, Harvester Wheatsheaf, New York, 1988

Merleau-Ponty M., *Sens et Non Sens, Nage*l, Paris, 1964

———, *L'Oeil et l'Esprit*, Gallimard, Paris, 1964

Spiegelberg H., *The Phenomenological Movement -A historical introduction,* Martinus Nijhoff Pub., the Hague, 1982

인명색인

주제색인 혹은 용어색인은 작성하지 않았다. 물론 나름 필요하다 생각되는 것들을 추려 작성할 수도 있었지만, 따지고 보면 내용 중 일반적인 수식을 제외한 거의 모든 말들이 주제어나 각별한 용어가 될 것들인데, 그것들을 일일이 다 열거한다는 것이 엄두가 나지 않았기 때문이었다. 그리고 그렇게 하지 않은 데는 또 다른, 아니 사실은 그것보다 더 컸던, 이유가 있었는데, 각기 독립된 주제를 다루고 있는 글들을 모아 만든 이 책의 성격 상 각 장의 논제와 이 논제에 딸려있는 소제목들 이상의 명확한 정보를 주지 못할 주제색인 내지 용어색인은 별 의미가 없을 것이라는 판단이 그것이었다. 대신, 인명정보를 자세하게 작성하는 것이 더 유의미할 것이라는 추량에 따라 본문이나 각주의 보충설명 내용에 언급된 인명은 물론 참고 및 인용이 명시된 문건의 저자(역-편자 제외) 인명 모두를 표기했다.

[마]

[바]

[사]

[아]

[자]

[차]

[카]

[타]

[파]

[하]

원고출처

이 책에 수록된 글들은 (특정 동인들의 비정기 문예지 '시와 인식'에 에세이 형식으로 게재되었던, 그럼에도 불구하고 의미가 없지 않을 것 같아 포함시킨 6장 <시(詩)의 현상학, 해석학, 그리고 위상학>을 제외하곤) 모두 아래에 작성된 대로 한국연구재단에 등재된 전문 철학학술지에 실린 논문들을 기초로 작성된 것이다. 단행본으로 묶이는 편집과정에서, 가능한 통일성과 유기성을 부여하려는 필자의 의도로 인하여, 기초가 된 에세이나 논문들은 원문 그대로가 아니라 제목이 일부 또는 전부가 바뀌었으며, 내용 또한 곳곳이 수정되거나 새롭게 추가되었다. 특히 1장 <현상학과 진리의 미학>은 근간이 된 소논문 「현상학과 미적 경험」을 전면 수정한 뒤, 위의 문예지에 실렸던 다른 에세이 두 편의 내용 중 적합한 일부를 취해 논문형식으로 다듬어 붙이는 방식을 통하여 '확장/재편'된 것이다. 그리고 8장 <소설의 철학적 진실들>의 경우 논지를 보충해 재구성할 요량이 글의 제목을 원문과 상당히 다르게 바꾸었으며, 이에 따라 기존 내용의 한 조각(굳이 말하자면, 백무산의 시들에 대한 논급 부분)이 7장 <시로써 빚은 존재론의 경지> 내로 옮겨 합쳐지고, 옮겨진 부분의 공백은 새로 쓴 내용(양귀자의 소설에 대한 2절의 논급)으로 채워졌다. 각 장의 기초가 된 글들의 논제와 출처는 다음과 같다.

1장. 「현상학과 미적 경험」(『외대철학』 창간호, 한국 외국어대학교 철학과, 1986), <시와 철학>: 「철학적 관념의 현존」, 「아직 철학이 아닌 철학」(《시와 인식》, 시동인 모임 허리와 어깨, 2007-2008) / 2장. 「두 개의 정물화, 두 개의 현상학—하이데거와 메를로-퐁티」(『철학과 현상학 연구』 제37집, 한국현상학회, 2008) / 3장. 「지성의 감각, 감각의 지성—메를로-퐁티의 세잔論과 탈근대의 진리」(『동서철학 연구』 제39호, 한국동서철학회, 2006) / 4장. 「하이데거와 메를로-퐁티의 '타자'성—시적 폭력의 극복과 재건을 위한 고찰」(『철학과 현상학 연구』 제40집, 한국현상학회, 2009) / 5장. 「하이데거와 노장(老莊)의 비인간주의—현상학적 태도와 선(禪)적 무위의 이질성 (『인문학연구』 제82집, 충남대학교 인문과학연구소, 2011) / 6장. <시와 철학>: 「시(詩)—성적 욕망의 현상학」, 「표면의 해석학」, 「공간의 위상학」(《시와 인식》, 시동인 모임 허리와 어깨, 2008-2010) / 7장. 「시(詩)로 빚은 존재론의 경지—백무산의 경우」 (『동서철학 연구』 제42호, 한국동서철학회, 2006) / 8장. 「시와 소설의 철학적 진실들—백무산과 하일지와 최윤의 몇 작품을 중심으로」(『동서철학 연구』제33호, 한국동서철학회, 2004)

이 중 2장과 3장에 쓰인 "메를로-퐁티"는 원제에선 "메를로-뽕띠"로 표기되어 있다. 연구자들 사이에 그 두 사항이 통일되지 않고 사용되던 당시 상황에서 필자가 후자를 사용했기 때문이다. 지금도 여전히 그 두 사항이 혼용되는 경향이 있지만, 학계의 경향을 고려해 필자도 2009년도 이후부터 전자를 취해 썼으며, 차제에 전자로써 통일해 표기했다.

저자 **송석랑**

충남에서 출생. 대전고등학교를 졸업한 후, 한국외국어대학교와 동대학원 철학과를 졸업(문학석사)하고 충남대학교 대학원에서 <존재의미의 해석학적 사실성에 수반하는 언어의 변형과 전(前)합리성의 문제: 하이데거와 메를로-뽕띠의 해석학적 현상학을 중심으로>라는 논문으로 철학박사 학위를 받았다. 현재 목원대학교 교양교육원 조교수로 재직하고 있다. 최근의 논문으로, <현상학의 글로컬리티와 파토스>(2012, ≪philosophy & Culture≫ vol. 25), <명예의 정치성과 현상학적 대안>(2011, ≪동서철학연구≫ 60호), <일상사의 방법론과 해석학적 현상학: 역사주의 이후의 역사주의를 위한 고찰>(2011, ≪철학과 현상학 연구≫ 49집) 등이 있으며, 저서로 ≪언어와 합리성의 새 차원: 하이데거와 메를로-뽕띠≫(2003, 충남대출판부), ≪메를로-뽕띠의 철학: 존재와 예술과 진리의 현상학≫(2005, 문경출판사)이 있다. 번역한 책으로 ≪하이데거의 존재의 역사와 언어의 변형≫(1996, 자작아카데미), ≪정신과학입문≫(2009. 지식을 만드는 지식)이 있다.

현상학
시적 감각의 지성

초판 인쇄 2012년 9월 10일
초판 발행 2012년 9월 20일

지 은 이 송석랑
발 행 인 박 철
발 행 처 한국외국어대학교 출판부
130-791 서울특별시 동대문구 이문로 107
전화 02)2173-2495~7
FAX 02)2173-3363
홈페이지 http://press.hufs.ac.kr
전자우편 press@hufs.ac.kr
출판등록 제6-6호(1969. 4. 30)
편집·디자인 (주)이환디앤비 02)2254-4301
인쇄·제본 SM C&P 02)468-6100

ISBN 978-89-7464-766-7 94100 정가 20,000원
ISBN 978-89-7464-739-1 (세트)

[철학과문화연구소 에피스테메총서]

* 잘못된 책은 교환하여 드립니다.